2024 하반기 | 한국철도공사 | **NCS**

고시넷
공기업

한국철도공사
코레일 NCS + 철도법

기출예상모의고사

___6회___

gosinet
(주)고시넷

정오표 확인 방법

고시넷은 오류 없는 책을 만들기 위해 최선을 다합니다. 그러나 편집 과정에서 미처 잡지 못한 실수가 뒤늦게 나오는 경우가 있습니다. 고시넷은 이런 잘못을 바로잡기 위해 정오표를 실시간으로 제공합니다. 감사하는 마음으로 끝까지 책임을 다하겠습니다.

고시넷 홈페이지 접속 > 고시넷 출판-커뮤니티 > 정오표

www.gosinet.co.kr

모바일폰에서 QR코드로 실시간 정오표를 확인할 수 있습니다.

학습 질의 안내

학습과 교재선택 관련 문의를 받습니다. 적절한 교재선택에 관한 조언이나 고시넷 교재 학습 중 의문 사항은 아래 주소로 메일을 주시면 성실히 답변드리겠습니다.

이메일주소 **qna@gosinet.co.kr**

채용기업 소개 & 채용 절차

코레일의 미션, 비전, 핵심가치, 전략목표, 인재상 등을 수록하
였으며 최근 채용 현황 및 채용 절차 등을 쉽고 빠르게 확인할
수 있도록 구성하였습니다.

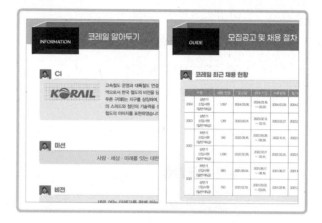

코레일 기출 유형분석

최근 기출문제 유형을 분석하여 최신 출제 경향을 한눈에 파
악할 수 있도록 하였습니다.

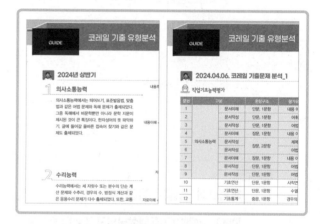

기출복원 및 예상문제로 실전 연습 & 실력 UP!!

2회의 기출복원문제와 4회의 기출예상문제로 자신의 실력을
점검하고 완벽한 실전 준비가 가능하도록 구성하였습니다.

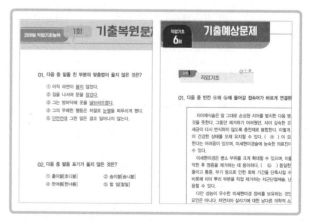

4

인성검사 & 면접으로 마무리까지 OK!!!

최근 채용 시험에서 점점 중시되고 있는 인성검사와 면접 질문들을 수록하여 마무리까지 완벽하게 대비할 수 있도록 하였습니다.

5

부록의 철도법령으로 간편한 학습

필기시험 영역에 추가된 철도법령(철도산업발전기본법·시행령, 한국철도공사법·시행령, 철도사업법·시행령)을 모아 볼 수 있게 부록으로 수록하여 필기시험에 대비할 수 있도록 하였습니다.

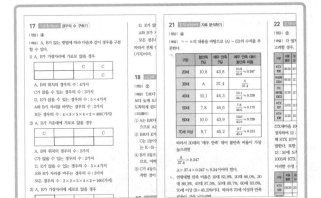

6

상세한 해설과 오답풀이가 수록된 정답과 해설

기출복원 및 예상문제의 상세한 해설을 수록하였고 오답풀이 및 보충 사항들을 수록하여 문제풀이 과정에서의 학습 효과가 극대화될 수 있도록 구성하였습니다.

CI

고속철도 운영과 대륙철노 연결로 21C 철도 르네상스 시대를 열어 나갈 주역으로서 한국 철도의 비전을 담은 새로운 철도 이미지를 구현하였습니다. 푸른 구(球)는 지구를 상징하며, 구를 가로지르는 힘찬 선(LINE)은 고속철도의 스피드와 첨단의 기술력을 상징화하여, 세계를 힘차게 달리는 21C 한국 철도의 이미지를 표현하였습니다.

 미션

사람 · 세상 · 미래를 잇는 대한민국 철도

 비전

새로 여는 미래교통 함께 하는 한국철도

 핵심가치

안전(국민안전, 안전제일) / 혁신(지속성장, 수익개선) /
소통(열린마음, 상호존중) / 신뢰(공익우선, 고객만족)

 경영목표

| 디지털기반 안전관리 고도화 | 자립경영을 위한 재무건전성 제고 | 국민이 체감하는 모빌리티 혁신 | 미래지향 조직문화 구축 |

전략과제

디지털통합 안전관리	운송수익 극대화	디지털 서비스 혁신	ESG 책임경영 내재화
중대재해 예방 및 안전 문화 확산	신성장사업 경쟁력 확보	미래융합교통 플랫폼 구축	스마트 근무환경 및 상호존중 문화 조성
유지보수 과학화	자원운용 최적화	국민소통 홍보강화	융복합 전문 인재 양성 및 첨단기술 확보

 인재상

인재상	사람지향 소통인	고객지향 전문인	미래지향 혁신인
	사람 중심의 사고와 행동을 하는 인성, 열린 마인드로 주변과 소통하고 협력하는 인재	내외부 고객만족을 위해 지속적으로 학습하고 노력하는 인재	한국철도의 글로벌 경쟁력을 높이고 미래의 발전을 끊임없이 추구하는 인재
HRD 미션	KORAIL 핵심가치를 실현하기 위한 차세대 리더의 체계적 육성		
HRD 비전	통섭형 인재양성을 통해 국민의 코레일 실현		
HRD 전략	HRD 조직발전 / 미래성장동력 확보 / 성과창출형 HRD / 공감/소통의 조직문화 조성		

코레일 최근 채용 현황

(단위 : 명)

	구분	채용 인원	공고일	접수기간	서류발표	필기시험	필기발표	면접시험	최종발표
2024	상반기 신입사원 (일반직6급)	1,057	2024.03.06.	2024.03.18. ~ 03.20.	2024.03.29.	2024.04.06.	2024.04.15.	2024.04.22. ~ 04.29.	2024.05.09. (* 이후 철도적성검사 및 신체검사)
2023	상반기 신입사원 (일반직6급)	1,261	2023.02.01.	2023.02.13. ~ 02.15.	2023.02.27.	2023.03.04.	2023.03.21.	2023.03.30. ~ 04.07.	2023.04.18. (* 이후 철도적성검사 및 신체검사)
2022	하반기 신입사원 (일반직6급)	342	2022.09.16.	2022.09.28. ~ 09.30.	2022.10.12.	2022.10.29.	2022.11.18.	2022.11.28.	2022.12.14. (* 이후 철도적성검사 및 신체검사)
	상반기 신입사원 (일반직6급)	1,290	2022.02.28.	2022.03.11 ~ 03.15.	2022.03.25.	2022.04.16.	2022.05.06.	2022.05.06 ~ 05.25.	2022.06.10. (* 이후 철도적성검사 및 신체검사)
2021	하반기 신입사원 (일반직6급)	260	2021.08.04.	2021.08.17. ~ 08.19.	2021.08.27.	2021.10.02.	2021.10.26.	2021.11.15. ~ 11.19.	2021.12.02. (* 이후 철도적성검사 및 신체검사)
	상반기 신입사원 (일반직6급)	750	2021.02.19.	2021.03.02. ~ 03.05.	2021.03.16.	2021.04.10.	2021.05.04.	2021.05.24. ~ 05.28.	2021.06.10. (* 이후 철도적성검사 및 신체검사)

채용 절차

 채용공고 입사지원 > 서류검증 > 필기(실기) 시험 > 면접시험 (인성검사 포함) > 철도적성검사 채용신체검사 > 채용형 인턴 > 정규직 채용

• 각 전형별 합격자에 한하여 다음 단계 지원 자격을 부여함.
• 공개경쟁 사무영업(수송), 토목(공개채용 및 취업지원대상자 제한경쟁) 등의 분야는 실기시험 추가 시행

▌ 입사지원서 접수

• 온라인 접수(방문접수 불가)

■ 서류검증

• 직무능력기반 자기소개서 불성실 기재자, 중복지원자 등은 서류검증에서 불합격 처리

■ 필기시험

채용분야	평가 과목, 문항 수	시험시간
일반공채	• NCS 직업기초 30문항 • 직무별 전공 30문항 • 철도관련법령 10문항	70분
제한경쟁채용	• 실기시험 미포함 전형 : NCS 직업기초 30문항, 직무별 전공 30문항, 철도관련법령 10문항 • 실기시험 포함 전형 : NCS 직업기초 50문항, 철도관련법령 10문항	
고졸 · 장애인 · 보훈	• NCS 직업기초 50문항 • 철도관련법령 10문항	

■ 면접시험 등

• 면접시험 : 신입사원의 자세, 열정 및 마인드, 직무능력 등을 종합평가
  ※ 면접시험에는 경험면접 및 직무 상황면접 포함
• 인성검사 : 인성, 성격적 특성에 대한 검사로 적격 · 부적격 판정(면접 당일 시행)
  ※ 부적격 판정자는 면접시험 결과와 상관없이 불합격 처리
⇨ 필기, 실기, 면접시험과 가점의 합산 고득점 순으로 합격자 결정. 단, 실기시험 미시행 분야는 면접시험(50%), 필기시험(50%)을 종합하여 고득점 순으로 최종합격자 결정

■ 철도적성검사 및 채용신체검사

• 사무영업, 운전 및 토목_장비분야에 한해 철도안전법에 따라 철도적성검사 시행
• 채용신체검사 불합격 기준

(시행방법) 한국철도 협약병원에서 개인별 시행하고 결과 제출	
채용직무	신체검사 판정 기준
사무영업, 운전, 토목_장비	철도안전법시행규칙 "별표2"의 신체검사 항목 및 불합격 기준 준용
차량, 토목, 건축, 전기통신	한국철도 채용시행세칙 "별표7"에 따른 신체검사 불합격판정기준 준용

• 철도적성검사 및 채용신체검사에 불합격한 경우 최종 불합격 처리

코레일 2024년 하반기 신입사원 채용제도 변경

구분	2023년 채용제도	2024년 하반기 변경사항
우대 자격증	◎ 최대 2개, 12점 우대 ▶공통직무 자격증 최대 1개, 직무관련 자격증 최대 2개, 합산 2개(최대 12점) 인정	◎ 최대 3개, 12점 우대 ▶공통직무 자격증 최대 1개, 안전관련 자격증 최대 1개, 직무관련 자격증은 최대 2개, 합산 3개(최대 12점) 인정
서류전형 도입	◎ 자기소개서 적·부 평가 ▶짜깁기, 표절, 회사명 오기재, 반복 단어 사용, 비속어 기재자 등을 제외한 전원에게 필기시험 기회 부여	◎ 서류전형 평가를 계량화하여 고득점 순으로 채용 인원의 10배수 이내 필기시험 기회 부여 ▶서류전형 배점 : 자기소개서 78점＋자격증 12점＋어학 10점 ※ 단, 고졸·장애인·보훈 전형 등 사회형평적 채용 자기소개서 88점＋자격증 12점
필기시험 개선	◎ 시험문항 : 50문항 ▶NCS 직업기초 [25문항], 직무별 전공 [25문항] ※ 단, 고졸·장애인·보훈 전형 등 사회형평적 채용은 NCS 작업기초 [50문항] ◎ 제한경쟁채용 필기시험 미시행 ▶실기시험이 없는 전형(사무영업_관제, 운전_전동차) : NCS 직업기초 [25문항], 직무별 전공 [25문항] ◎ 시험시간 : 60분	◎ 시험문항 : 70문항 ▶NCS 직업기초 [30문항], 직무별 전공 [30문항], 철도관련법령 [10문항] ※ 단, 고졸·장애인·보훈 전형 등 사회형평적 채용은 NCS 작업기초 [50문항], 철도관련법령 [10문항] ◎ 제한경쟁채용 필기시험 시행 ▶실기시험이 없는 전형(사무영업_관제, 운전_전동차) : NCS 직업기초 [30문항], 직무별 전공 [30문항], 철도관련법령 [10문항] ▶실기시험이 있는 전형(사무영업_관제, 운전_전동차 분야를 제외한 전형) : NCS 작업기초 [50문항], 철도관련법령 [10문항] ◎ 시험시간 : 70분

실기시험 개선	◎ 실기시험 진행 ▶공개경쟁채용 　– 사무영업_수송, 토목 ▶제한경쟁채용 　– 사무영업_무선제어 　– 차량_장비유지보수, 용접, 도장, 천장 기중기 등 　– 토목_장비운전, 굴착기 　– 전기통신_장비운전	◎ 실기시험 진행 ▶공개경쟁채용 　– 사무영업_수송, 토목 ▶제한경쟁채용 　– 사무영업_무선제어 　– 차량_장비유지보수, 용접, 도장, 천장 기중기 등 　– 토목_장비운전, 굴착기 　– 전기통신_장비운전 ◎ 실기시험이 없는 차량, 건축, 전기통신 직렬 채용시 체력심사 시행 ▶국민체력100 체력인증센터의 6개 평가 항목 중 4개 항목이 3등급 이상 (근력, 근지구력 필수) 시 적격(단 장애인은 체력 심사 면제) ▶제출서류 : 국민체력100 체력 인증서(공고일로부터 1년 이내 인증 받은 인증서만 인정)
최종 합격자 선정방식 개선	◎ 면접시험 점수와 가점의 합산점수 고득점 순	◎ 필기, 실기, 면접시험 점수와 가점의 합산점수 고득점 순

구분		계	필기	실기	면접
실기 시행	필기 시행	100%	50%	25%	25%
	필기 미시행	100%	–	50%	50%
실기 미시행		100%	50%	–	50%
필기·실기 미시행		100%	–	–	100%

공개경쟁채용(운전 직렬) 지원자격 변경

구분	2023년 채용제도	2024년 하반기 변경사항
지원자격	◎ 제한 없음.	◎ 철도차량운전면허(장비 면허 제외) 소지자에 한하여 지원 가능

※ 채용제도 변경과 관련된 내용은 내부사정에 따라 변경될 수 있습니다.

필기시험 과목 변경

구분	필기시험		
	직업기초능력평가 [NCS 공통영역]	직무수행능력평가 [전공시험]	철도법령
사무영업	• 의사소통능력 • 수리능력 • 문제해결능력	• 일반, 수송_경영학 • IT_컴퓨터일반(정보보호개론 포함)	• 철도산업발전기본법 · 시행령 • 한국철도공사법 · 시행령 • 철도사업법 · 시행령
운전		• 기계일반, 전기일반 중 택1	
차량		• 차량기계_기계일반 • 차량전기_전기일반	
토목		• 토목일반	
건축		• 건축일반_건축일반 • 건축설비_건축설비	
전기통신		• 전기이론	

GUIDE 코레일 기출 유형분석

 2024년 상반기

1 의사소통능력

의사소통능력에서는 띄어쓰기, 표준발음법, 맞춤법과 같은 어법 문제와 독해 문제가 출제되었다. 그중 독해에서 비문학뿐만 아니라 문학 지문이 제시된 것이 큰 특징이다. 한자성어의 뜻 파악하기, 글에 들어갈 올바른 접속어 찾기와 같은 문제도 출제되었다.

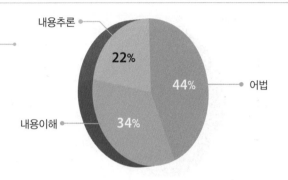

2 수리능력

수리능력에서는 세 자릿수 또는 분수의 단순 계산 문제와 수추리, 경우의 수, 방정식 계산과 같은 응용수리 문제가 다수 출제되었다. 또한, 교통 관련 표 자료를 분석하는 문제와 적절한 그래프를 선택하는 도표작성문제가 출제되었다.

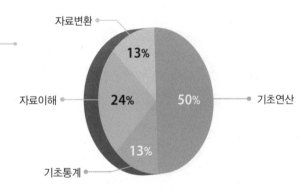

3 문제해결능력

문제해결능력에서는 명제추리, 논리 오류 또는 논리적 사고 이론 확인과 같은 사고력 문제와 철도 관련 자료를 해석하여 내용을 이해하고 전략을 세우거나 문제를 처리하는 문제가 출제되었다. 제시된 자료로는 SWOT 분석 자료, 열차 운행 안내 및 일정 자료, 설문 결과 분석 자료, 통계 자료, 기사 등이 있었다.

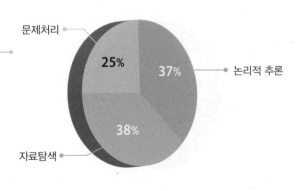

코레일 기출 유형분석

2023년 상반기

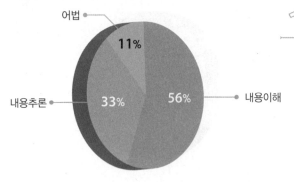

어법 11%
내용추론 33%
내용이해 56%

1 의사소통능력

의사소통능력에서는 코레일과 관련된 보도자료 등의 지문을 이해하는 문제로의 일관된 출제구조를 나타냈다. 자료의 내용이해를 직접 묻고, 응용문제로는 문답 형식의 대화를 완성하는 문제가 주로 출제되었다. 어법으로는 문장 사이에 들어갈 올바른 접속사를 찾는 문제가 출제되었다.

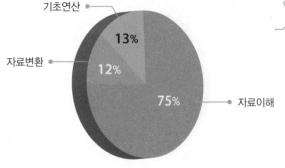

기초연산 13%
자료변환 12%
자료이해 75%

2 수리능력

수리능력에서는 자료해석 문제를 주로 하는 출제구조를 보였다. 제시된 그래프와 표를 통해 시간에 따른 수치의 변화를 분석하고, 표를 그래프로 변환하는 문제에서는 그래프의 수치와 비율을 통해 그래프에서 표시되지 않은 범례를 추론하는 문제 등이 출제되었다. 응용수리에서는 일률 계산, 비율 계산 문제가 출제되었다.

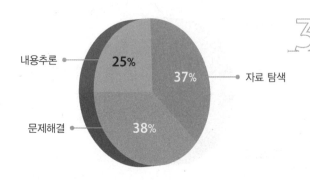

내용추론 25%
자료 탐색 37%
문제해결 38%

3 문제해결능력

2023년에서도 문제해결능력에서는 제시된 자료를 해석하여 내용을 추론하고 이에 관한 문제를 해결하는 문제들을 출제하는 구조를 유지하였다. 코레일의 사업과 관련된 업무제도와 절차에 관한 시각자료를 제시하고, 추론과 계산을 활용하여 다음에 수행하여야 할 절차 추론, 날짜 계산, 요금 계산 등으로 다양한 상황의 문제를 해결하는 능력을 측정하였다.

2022년 상반기

1 의사소통능력

의사소통능력에서는 사용된 어휘를 대체할 수 있는 단어를 찾는 문제, 제시된 글을 이해하는 문제, 제시된 글을 토대로 하여 적절한 결론을 추론하는 문제, 문맥에 따라 문단의 순서를 배열하는 문제 등이 출제되었다. 코레일의 외국과의 협력 사업, 모터라이제이션 등의 소재로 구성된 지문이 한 페이지 정도의 분량으로 출제되었다.

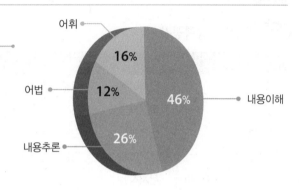

2 수리능력

수리능력에서는 임금을 계산하거나 시간의 범위를 계산하는 등의 응용수리 문제가 출제되었으며, 경우의 수나 비율을 통해 값을 산출하는 문제도 출제되었다. 자료해석에서는 제시된 그래프 또는 표를 통해 적절한 계산을 이용하거나 이를 해석하는 문제가 출제되었다. 난이도는 작년 하반기보다 조금 쉽게 출제되었다.

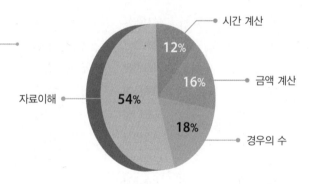

3 문제해결능력

문제해결능력에서는 제시된 내용을 보충하기 위해 필요한 자료를 탐색하는 문제, 제시된 자료 또는 법률에 대한 설명을 읽은 다음 이를 이해하고 응용하여 요구하는 답을 찾아내는 문제 등이 출제되었다. 의사소통능력, 수리능력과의 유사성을 가지고 있는 문제가 다수 출제되었으므로, 이에 대한 연습과 풀이 능력이 요구된다.

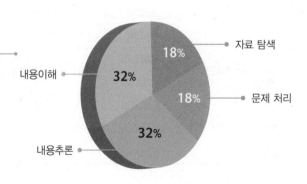

2024.04.06. 코레일 기출문제 분석_1

 직업기초능력평가

문번	구분		문항구조	평가요소	소재
1	의사소통능력	문서이해	단문, 1문항	내용 이해	최치원, 〈촉규화(蜀葵花)〉
2		문서작성	단문, 1문항	어휘	한자성어
3		문서작성	단문, 1문항	어법	띄어쓰기
4		문서이해	장문, 1문항	내용 이해	박제가, 〈북학의〉
5		문서작성	장문, 2문항	제목	플랫폼의 변화와 글쓰기
6		문서작성		어법	
7		문서이해	장문, 1문항	내용 이해	최익현, 〈유한라산기〉
8		문서작성	단문, 1문항	어법	맞춤법
9		문서작성	단문, 1문항	어법	표준발음표기
10	수리능력	기초연산	단문, 1문항	사칙연산	세 자릿수 계산
11		기초연산	단문, 1문항	수열	수의 규칙 찾기
12		기초통계	중문, 1문항	경우의 수	토너먼트 경기
13		도표이해	표1, 1문항	자료이해	전국 스크린라인 조사시점 교통량
14		기초연산	단문, 1문항	수열	수의 규칙 찾기
15		도표이해	표1, 1문항	자료이해	차종별 1일 평균 주행거리
16		기초연산	단문, 1문항	방정식	최대 판매 금액 계산
17		도표작성	표1, 1문항	자료변환	전자제품 평점
18	문제해결능력	사고력	단문, 1문항	조건 추리	팀 순위 추론
19		사고력	중문, 1문항	내용 추론	메인 메시지 도출
20		사고력	단문, 1문항	이론 이해	논리적 사고의 구성요소
21		문제처리	중문, 표2, 2문항	문제 해결	열차 이용 안내
22		문제처리		자료 탐색	
23		문제처리	표1, 1문항	자료 탐색	여가활동 만족도 설문
24		문제처리	중문, 1문항	문제 해결	폭설 피해 전략 수립
25		문제처리	표1, 1문항	자료 탐색	시도별 대중교통 접근시간 가설 검증

2024.04.06. 코레일 기출문제 분석_2

 ## 직업기초능력평가

문번	구분		문항구조	평가요소	소재
1	의사소통능력	문서작성	단문, 1문항	어법	맞춤법
2		문서작성	단문, 1문항	어법	표준발음표기
3		문서이해	장문, 1문항	내용 이해	작가미상, 〈용부가〉
4		문서작성	단문, 1문항	어법	띄어쓰기
5		문서작성	단문, 1문항	어휘	한자성어
6		문서이해	장문, 1문항	내용 이해	신영복, 〈매직펜과 붓〉
7		문서이해	장문, 1문항	내용 이해	이덕무, 〈갓의 폐단〉
8		문서작성	장문, 1문항	내용 추론	접속어
9		문서이해	장문, 1문항	내용 이해	독해
10	수리능력	기초연산	단문, 1문항	사칙연산	분수의 덧셈
11		기초연산	단문, 1문항	수열	수의 규칙 찾기
12		도표이해	표1, 1문항	자료이해	전국 코든라인 조사시점 교통량
13		기초연산	단문, 1문항	수열	수의 규칙 찾기
14		기초연산	단문, 1문항	거리 · 속력 · 시간	열차와 터널
15		도표이해	표1, 1문항	자료이해	도로 등급별 차종별 주행거리
16		도표작성	표1, 1문항	자료변환	중국 노인
17		기초통계	단문, 1문항	경우의 수	이웃하여 앉을 때의 경우의 수
18	문제해결능력	사고력	단문, 1문항	조건 추리	출근 순서
19		사고력	중문, 1문항	내용 추론	메인 메시지 도출
20		사고력	단문, 1문항	논리적 오류	동일한 논리적 오류 유형
21		문제처리	표2, 1문항	내용 추론	SWOT 분석
22		문제처리	중문, 표2, 2문항	문제 해결	열차 이용 안내
23		문제처리		자료 탐색	
24		문제처리	단문, 1문항	문제 해결	폭우 피해 전략 수립
25		문제처리	표1, 1문항	자료 탐색	시도별 대중교통 환승 횟수

2023.03.04. 코레일 기출문제 분석_1

 직업기초능력평가

문번	구분		문항구조	평가요소	소재
1	의사소통능력	문서이해	장문, 3문항	내용 이해	정보화 산업
2		문서작성		주제	
3		문서이해		내용 추론	
4		문서이해	장문, 2문항	내용 이해	객차설비의 역사
5		문서작성		어법	
6		문서이해	장문, 2문항	내용 이해	까치집 자동검출시스템
7		문서이해		내용 추론	
8		문서이해	장문, 2문항	내용 이해	온라인 승차권 서비스
9		문서이해		내용 추론	
10	수리능력	도표분석	표2, 3문항	자료이해	실내공기질
11		도표분석		자료이해	
12		도표작성		자료변환	
13		도표분석	표2, 2문항	자료이해	역 운영 현황
14		도표분석		자료이해	
15		도표분석	그래프3, 2문항	자료이해	지역경제 활성화
16		도표분석		자료이해	
17		기초연산	중문, 1문항	일률	일률계산
18	문제해결능력	문제처리	중문, 그림, 3문항	자료 탐색	유지보수체계
19		문제처리		문제 해결	
20		문제처리		문제 해결	
21		문제처리	장문, 표2, 3문항	자료 탐색	기념주화 예약
22		문제처리		내용 추론	
23		문제처리		내용 추론	
24		문제처리	중문, 그림, 2문항	자료 탐색	화물운송절차
25		문제처리		문제 해결	

2023.03.04. 코레일 기출문제 분석_2

 직업기초능력평가

문번	구분		문항구조	평가요소	소재
1		문서이해	중문, 1문항	내용 이해	혁신제품 선정
2		문서이해	중문, 1문항	내용 이해	철도관광
3		문서이해	중문, 1문항	내용 이해	AR글라스
4		문서이해	장문, 2문항	내용 이해	봄철 안전점검
5	의사소통능력	문서이해		내용 추론	
6		문서작성	중문, 2문항	주제	노조파업 비상운용체제
7		문서작성		서술 방식	
8		문서이해	장문, 2문항	내용 이해	연구기관 모집 공고
9		문서이해		내용 이해	
10		도표이해	표2, 3문항	자료이해	철도 운행 장애
11		도표작성		자료변환	
12		도표작성		자료변환	
13	수리능력	도표이해	표1, 2문항	자료이해	환경성과
14		도표작성		자료변환	
15		도표작성	표1, 2문항	자료변환	철도 안전 투자
16		도표이해		자료이해	
17		기초연산	중문, 1문항	비율	직원 수 계산
18		문제처리	표1, 중문, 3문항	자료 탐색	멤버십 등급 구분
19		문제처리		문제 해결	
20		문제처리		문제 해결	
21	문제해결능력	문제처리	그림, 중문, 3문항	자료 탐색	화물운송절차
22		문제처리		문제 해결	
23		문제처리		문제 해결	
24		문제처리	표3, 2문항	문제 해결	관광승차권 가격
25		문제처리		문제 해결	

2022.04.16. 코레일 기출문제 분석

 직업기초능력평가

문번	구분		문항구조	평가요소	소재
1	의사소통능력	문서이해	단문, 1문항	어법	형태소의 분류
2		문서작성	중문, 1문항	어휘	중국 철도단과의 교류 협력
3		문서작성	장문, 1문항	어휘	주차 공간에 대한 관점
4		문서이해	장문, 1문항	내용 이해	스트레스의 특성
5		문서작성	장문, 1문항	문단 순서	인간의 유전체 연구
6		문서작성	장문, 1문항	서술 방식	모터라이제이션
7		문서이해	장문, 1문항	내용 이해	학문 간의 상호관련성
8		문서이해	장문, 2문항	내용 이해	휴리스틱
9		문서이해	장문, 2문항	내용 추론	수리 능력
10	수리능력	기초연산	단문, 1문항	금액 계산	무용수의 임금
11		기초연산	단문, 1문항	비율	H사의 직원 수
12		기초통계	단문, 1문항	경우의 수	사원을 뽑는 경우의 수
13		기초연산	단문, 1문항	시간	태풍의 도착 예정 시간
14		도표분석	표, 2문항	자료이해	특허 및 상표 출원 동향
15		도표분석	표, 2문항	자료이해	
16		도표분석	그래프, 2문항	자료이해	미래 농업 · 농촌의 역할
17		도표분석	그래프, 2문항	자료이해	
18	문제해결능력	문제처리	그래프, 1문항	자료 탐색	가정 간편식 시장
19		사고력	중문, 1문항	내용 추론	교통안전 캠페인
20		문제처리	장문, 1문항	내용 추론	공유 모빌리티 서비스
21		문제처리	장문, 1문항	문제 해결	정부의 가격 상한선 설정
22		문제처리	중문, 그림, 2문항	내용 추론	골절의 종류
23		문제처리	중문, 그림, 2문항	내용 추론	
24		문제처리	장문, 2문항	내용 이해	제한능력자의 법률행위
25		문제처리	장문, 2문항	응답 추론	

2021.10.02. 코레일 기출문제 분석

 ## 직업기초능력평가

문번	구분		문항구조	평가요소	소재
1	의사소통능력	문서작성	장문, 1문항	제목	전기자동차
2		문서이해	장문, 1문항	내용 이해	공유자원에 의한 시장실패
3		문서이해	장문, 1문항	내용 이해	홉스
4		문서작성	장문, 1문항	빈칸 추론	언론의 기능
5		문서이해	장문, 1문항	내용 추론	달걀
6		문서이해	장문, 1문항	내용 이해	ASMR
7		문서이해	장문, 1문항	내용 이해	그리스 수학
8		문서이해	장문, 1문항	내용 추론	박쥐
9		문서이해	장문, 1문항	내용 이해	딥페이크 기술
10	수리능력	기초연산	단문, 1문항	길이	TV의 크기
11		기초통계	단문, 1문항	확률	직원의 성별과 신입 여부
12		기초통계	단문, 1문항	경우의 수	인스턴트 커피와 핸드드립 커피
13		기초연산	단문, 1문항	거리 · 속력 · 시간	등산
14		도표분석	표, 그래프, 2문항	자료이해	통합시청점유율
15		도표작성		자료변환	
16		도표분석	표, 그래프, 2문항	자료이해	기업의 투자유형별 추이
17				자료계산	
18	문제해결능력	문제처리	장문, 1문항	내용 이해	의료비 지원 사업
19		문제처리	표4, 1문항	조건 추리	한식당 메뉴
20		문제처리	단문, 표3, 1문항	금액 계산	세미나 일정
21		문제처리	장문, 1문항	내용 이해	온돌
22		문제처리	단문, 표, 그림, 2문항	순서 추론	병원 회진시간
23				내용 추론	
24		문제처리	단문, 표2, 2문항	금액 계산	본인부담 병원비
25					

2024 상반기

(단위 : 점수)

구분		사무영업			운전	차량		토목	건축		전기통신
		일반	수송	관제	일반	기계	전기	일반	일반	설비	일반
공개경쟁채용	수도권	78.38	68.74	78.6	–	80.53	70.23	60.66	82.45	68.13	65.73
	강원권	74.15	–	–	73.13	57.85	64.62	–	–	–	46.53
	충청권	75.65	75.03		–	74.64	66.26	54.64			47.26
	호남권	76.7	–			74.6	68.47	54.35			64.22
	대구경북권	76.88	71.68		73.8	74.22	66.51	58.13	80.36		64.43
	부산경남권	82.61	–		–	78.22	70.61	64.51			66.51
보훈	수도권	75.64				47.72		–	–	–	–
	부산경남권	82.33				–	–				
장애	수도권	60.35				41.72					
	강원권	51.24				–	–				
	부산경남권	70.09				47.18					

2023 상반기

(단위 : 점수)

구분		사무영업			운전		차량		토목	건축		전기통신
		일반	수송	IT	일반	전동차	기계	전기	일반	일반	설비	일반
권역별	수도권	89.07		83.40		65.96			77.01	73.20	51.08	74.80
	강원권	74.53			58.13				62.78			69.00
	충청권	87.90	80.20		71.30				63.38	75.85		77.10
	호남권	87.22	78.03		67.89				64.95	72.78		78.80
	대구경북권	88.28	77.03		70.15				66.42	73.05		76.63
	부산경남권	89.07	76.03		71.52					78.95		74.97
차량분야	수도권						87.07	80.25				
	중부권						83.20	70.40				
	충청권						87.47	80.70				
	호남권						89.18	80.72				
	영남권						91.04	80.95				

2022 상반기

(단위 : 점수)

구분		사무영업					운전		차량		토목	건축		전기통신
		일반	수송	관제	IT	사업개발	일반	전동차	기계	전기	일반	일반	설비	일반
권역별	수도권	93.4	84.58	54.49	75.63	—	—	60.82			48.11	59.19	46.76	64.84
	강원권	—	—								48.34	59.13		55.8
	충청권	93.42	84.73	—	—	72.71	62.37	—	—	—	52.51	62.3	—	64.8
	호남권	93.75	88.05				65.79				45.22	—		63.38
	대구경북권	—	—				60.75				53.31	58.4		64.88
	부산경남권	97.56	91.08				63.58				—	64.86		70.46
	거주지 제한	65.42	—								—	—		—
차량분야	수도권	—	—	—	—	—	—	—	80.86	84.63	—	—	—	—
	중부권								74.2	74.76				
	충청권								78.71	80.69				
	호남권								79.81	83.89				
	영남권								87.68	86.86				

2021 하반기

(단위 : 점수)

구분		사무영업		운전		차량		토목		건축		전기통신
		일반	수송	일반	전동차	기계	전기	일반	장비	일반	설비	
전국권		—	—	—	—	—	—	—	—	80.93	70.9	—
권역별	수도권	80.72	75.13	—	65.4			73.2				72.98
	강원권	—	75.28	72.92				—				—
	충청권	78.48	72.85	—	—	—	—	65.73	—	—	—	70.48
	호남권	79.95	72.43					65.03				70.57
	대구경북권	—	—					66.98				72.87
	부산경남권	79.2	75.23					77.47				70.62
차량분야	수도권	—	—	—	—	89.22	82.4	—	—	—	—	—
	중부권					84.32	74.9					
	충청권					89.17	79.45					
	호남권					91.7	80.98					
	영남권					89.03	81.13					

고시넷 코레일 | 한국철도공사 **NCS**

영역별 출제비중

▶ 어법을 이해하고 적용하는 문제
▶ 글의 세부 내용과 문맥을 파악하는 문제
▶ 연산식을 세워 계산하는 문제
▶ 도표 자료의 수치를 분석하고 그래프로 표현하는 문제
▶ 조건에 따라 논리적으로 추론하는 문제
▶ 철도 자료를 분석하여 결론을 도출하는 문제

코레일 필기시험은 의사소통능력, 수리능력, 문제해결능력의 세 영역으로 출제된다. 2024년 상반기 출제대행사가 변경된 이후 의사소통능력에서는 맞춤법, 발음 표기, 띄어쓰기와 같은 어법 문제가 출제되었고, 함께 출제된 독해 문제의 경우 비문학 지문과 더불어 문학 지문도 제시되었다는 것이 특징이다. 수리능력에서는 기초연산 및 응용수리 문제, 도표 자료 분석 문제, 조건에 적합한 형식의 그래프 선정 문제가 출제되었다. 문제해결능력에서는 조건에 따른 논리적 추리 문제, 철도 또는 교통 관련 자료 분석 문제가 출제되었다. 자료 분석 문제의 경우 결론 도출 또는 가설 및 전략 수립이 요구되었다.

파트 1 기출예상모의고사

▶ 정답과 해설 2쪽

01. 다음 중 밑줄 친 부분의 맞춤법이 옳지 않은 것은?

① 아직 라면이 <u>붙지</u> 않았다.

② 집을 나서며 문을 <u>잠갔다</u>.

③ 그는 방바닥에 옷을 <u>널브러뜨렸다</u>.

④ 그의 무례한 행동은 저절로 <u>눈쌀</u>을 찌푸리게 했다.

⑤ <u>단언컨대</u> 그런 일은 결코 일어나지 않는다.

02. 다음 중 발음 표기가 옳지 않은 것은?

① 홑이불[호디불]   ② 솜이불[솜니불]   ③ 색연필[생년필]

④ 한여름[한녀름]   ⑤ 할 일[할릴]

03. 다음 중 사자성어와 그 뜻의 연결이 옳지 않은 것은?

① 조삼모사(朝三暮四) : 간사한 꾀로 남을 속여 희롱함을 이르는 말.

② 마부위침(磨斧爲針) : 아무리 어려운 일이라도 끊임없이 노력하면 반드시 이룰 수 있음을 이르는 말.

③ 와신상담(臥薪嘗膽) : 고지식하고 융통성이 없어 구습과 전례만 고집함

④ 인면수심(人面獸心) : 마음이나 행동이 몹시 흉악함을 이르는 말.

⑤ 각골난망(刻骨難忘) : 남에게 입은 은혜가 뼈에 새길 만큼 커서 잊히지 아니함.

04. 다음 작품을 이해한 내용으로 옳지 않은 것은?

> 흥보기도 슳다마는 저 부인(婦人)의 거동(擧動)보소. 시집간지 석달만에 시집살이 심하다고 친정에 편지하며 시집흉을 잡아내네. 계엄할사 시아바니 암상할사 시어머니 고자질에 시누이와 엄숙(嚴肅)하기 맏동서라. 요악(妖惡)한 아우동서 여우같은 시앗년에 드세도다 남녀 노복(奴僕) 들며나며 흠구덕에 남편이나 믿었더니 십벌지목(十伐之木)되었에라. 여기저기 사설이요 구석구석 모함이라. 시집살이 못하겠네 간숫병을 기우리며 치마쓰고 내닫기와 보짐싸고 도망질에 오락가락 못견디여 승(僧)들이나 따라갈가 긴 장죽(長竹)이 벗이 되고 들구경 하여볼가. 문복(問卜)치기 소일이라. 겉으로는 시름이요 속으로는 딴 생각에 반분대(半粉黛)로 일을 삼고 털뽑기가 세월이라. 시부모가 경계(警戒)하면 말 한마디 지지 않고 남편이 걱정하면 뒤받아 맞넉수요 들고 나니 초롱군에 팔짜나 고쳐 볼까. 양반 자랑 모두 하며 색주가(色酒家)나 하여 볼가.
>
> 남문 밖 뺑덕어미 천성(天性)이 저러한가 배워서 그러한가. 본데없이 자라나서 여기저기 무릎맞침 싸흠질로 세월이며 남의 말 말전주와 들며는 음식공론 조상은 부지(不知)하고 불공(佛供)하기 위업(爲業)할제 무당소경 푸닥거리 의복가지 다 내주고 남편모양 볼작시면 삽살게 뒤다리요. 자식거동 볼작시면 털벗은 솔개미라. 엿장사야 떡장사야 아이핑게 다부르고 물레앞에 선하품과 씨아앞에 기지개라. 이집저집 이간질과 음담패설 일삼는다. 모함(謀陷)잡고 똥먹이기 세간은 줄어가고 걱정은 늘어간다. 치마는 절러가고 허리통이 길어간다.
>
> 총없는 헌짚신에 어린자식 들쳐업고 혼인장사 집집마다 음식추심 일을 삼고 아이싸움 어른쌈에 남의 죄에 매맞히기 까닭 없이 성을 내고 의쁜 자식 두다리며 며느리를 쫓았으니 아들은 홀아비라 딸자식을 다려오니 남의 집은 결단이라. 두 손벽을 두다리며 방성대곡 괴이하다. 무슨꼴에 생트집에 머리싸고 드러눕기 간부(姦夫)달고 달아나기 관비(官婢) 정속 몇 번인가. 무식한 창생(蒼生)들아 저 거동(擧動)을 자세보고 그른 일을 알았거든 고칠 개(改)자 힘을 쓰소. 오른 말을 알았거든 행하기를 위업(爲業)하소.
>
> – 작가미상, 〈용부가〉

① 부인과 뺑덕어미의 행태를 신랄하게 비판하고 있다.

② 양반의 생활상을 비판과 풍자의 대상으로 삼고 있다

③ 뺑덕어미의 외모만 가꾸는 태도를 비판하고 있다.

④ 열거법과 과장법으로 부인과 뺑덕어멈의 모습을 경계하고 있다.

⑤ 구체적인 상황제시를 통해 바른 도리를 깨우치고자 한다.

05. 다음 작품을 통해 알 수 있는 붓의 특성이 아닌 것은?

> 저는 주로 붓으로 글씨를 쓰고 있습니다만 가끔 '매직펜'으로 줄을 긋거나 글씨를 쓸 일이 생깁니다. 이 매직펜은 매직잉크가 든 작은 병을 병째 펜처럼 들고 사용하도록 만든 편리한 문방구(文房具)입니다. 이것은 붓글씨와 달라 특별한 숙련이 요구되지 않으므로, 초보자가 따로 없습니다. 마치 피아노의 건반을 아무나 눌러도 정해진 음이 울리듯, 매직펜은 누가 긋더라도 정해진 너비대로 줄을 칠 수 있습니다. 먹을 갈거나 붓끝을 가누는 수고가 없어도 좋고, 필법(筆法)의 수련 같은 귀찮은 노력은 더구나 필요하지 않습니다. 그뿐만 아니라 휘발성이 높아 건조를 기다릴 것까지 없고 보면 가히 인스턴트 시대의 총아라 할 만합니다. 그러나 저는 이 모든 편의에도 불구하고 이것을 좋아하지 않습니다. 종이 위를 지날 때 내는 날카로운 마찰음 — 기계와 기계의 틈새에 끼인 문명의 비명 같은 소리가 좋지 않습니다. 달려들듯 다가오는 그 자극성의 냄새가 좋지 않습니다.
>
> 붓은 결코 소리내지 않습니다. 어머님의 약손같이 부드러운 감촉이, 수줍은 듯 은근한 그 묵향(墨香)이, 묵의 깊이가 좋습니다. 추호(秋毫)처럼 가는 획에서 필관(筆管)보다 굵은 글자에 이르기까지 흡사 피리소리처럼 이어지는 그 폭과 유연성이 좋습니다. 붓은 그 사용자에게 상당한 양의 노력과 수련을 요구하지만 그러기에 그만큼의 애착과 사랑을 갖게 해줍니다. 붓은 좀체 호락호락하지 않는 매운 지조의 선비 같습니다.
>
> 매직펜이 실용과 편의라는 서양적 사고의 산물이라면 붓은 동양의 정신을 담은 것이라 생각됩니다. 저의 벼룻집 속에는 이 둘이 공존하고 있습니다만, 이것은 제가 소위 '동도서기'(東道西器)라는 절충의 논리를 수긍하는 뜻이 아닙니다.
>
> 절충이나 종합은 흔히 은폐와 호도(糊塗)의 다른 이름일 뿐, 역사의 특정한 시점에서는 그 사회, 그 시대가 당면하고 있는 객관적 제조건에 비추어, 비록 상당한 진리를 내포하고 있는 주장이라 하더라도 그 경중, 선후를 준별하고 하나를 다른 하나에 종속시키는 실천적 파당성(派黨性)이 도리어 '시중'(時中)의 진의이며 중용의 본도(本道)라고 생각됩니다.
>
> 저는 역시 붓을 선호하는 쪽입니다. 주로 도시에서 교육을 받아온 저에게 있어서 붓은 단순한 취미나 여기(餘技)라는 공연한 사치로 이해될 수는 없는 것입니다.
>
> — 신영복, 〈매직펜과 붓〉

① 날카로운 소리가 난다.

② 사용자에게 노력과 수련이 필요하다.

③ 선비와 같은 동양의 정신을 담고 있다.

④ 사용할 때 묵향이 난다.

⑤ 가는 획과 굵은 획의 표현이 모두 가능하다.

06. 다음 글의 (a)와 (b)에 들어갈 단어로 옳은 것은?

볼터(Bolter)는 지금 우리가 사는 시대를 '후기 인쇄 시대'라고 명명하며 이전과는 다른 공간에서 필자가 글을 쓰고 이를 소통하게 되었음을 역설하였다. 물론 지금까지도 책이나 잡지 등의 인쇄 매체는 여전히 가치 있고 위력적인 자료로 기능한다. 그러나 인쇄 매체는 이미 다양한 디지털 매체의 도전을 받고 있다. 이제 우리는 과학적·학술적 지식을 조직하고 제시하는 데에 더 이상 인쇄물에만 전적으로 의존하지 않는다. 시간이 흐르면서 한층 다양한 매체가 생겨나고 있으며, 사람들은 자신의 문제 상황을 해결하기 위해 자신에게 가장 적절한 매체를 선택하고 이에 더 적합하고 효율적인 표현 방식을 동원한다. 이렇게 매체가 발달할수록 텍스트를 생산하고 소통할 수 있는 범위와 영역은 점차 거대한 폭으로 확장되고 있다.

이러한 변화를 추동한 것은 바로 '인터넷'이다. 인터넷은 글쓰기의 상호 작용성을 한층 확장하는 데 기여하였다. 인터넷이 만든 가상 공간을 통해 많은 사람들이 보다 능동적으로 소통할 수 있는 환경이 마련되었기 때문이다. 물론 모든 독자들이 수동적인 위치를 벗어났다고 볼 수는 없다. (a) 적어도 예전처럼 단편적인 수용자의 위치에만 머물러 있는 것은 아니다. 콘텐츠를 배포하고 유통할 수 있는 통로가 제한되었던 예전과 비교해 콘텐츠 소비자가 직접 보고 듣고 느낀 것을 대중에게 보여 줄 수 있는 수단이 확보되었기 때문이다. 이것은 분명 이 시대의 읽기, 쓰기가 갖는 특징이다. 그렇다면 인터넷에서 소통되는 텍스트는 어떤 속성을 갖고 있을까? 대개 이들은 영상과 이미지, 문자가 결합된 복합 양식 텍스트의 성격을 띤다. 크레스(Kress)는 복합 양식적으로 '디자인'된 텍스트를 읽는 경로와 연속된 인쇄 텍스트를 읽는 경로 사이의 차이를 '보여 주기'와 '말하기'의 차이로 보았다. 즉 21세기에 들어서면서 기존의 읽기, 쓰기와는 다른 새로운 종류의 읽기, 쓰기가 급속도로 생겨나고 있다는 것이다. (b) 이러한 새로운 읽기, 쓰기는 사회 각계에서 일어나는 세계적인 규모의 재빠른 변화를 반영하는 것이다.

	(a)	(b)		(a)	(b)
①	따라서	그래서	②	따라서	그러나
③	하지만	그래서	④	하지만	그리고
⑤	하지만	따라서			

07. 다음 중 밑줄 친 부분의 띄어쓰기가 옳지 않은 것은?

① 어려운 시절을 모두 보낸 그에게 남은 것은 <u>웃음뿐</u>이었다.
② 방 안은 숨소리가 <u>들릴 만큼</u> 조용했다.
③ 그는 출소한 지 <u>사흘 만에</u> 재범하였다.
④ 그와 나는 장기를 <u>세 판</u>이나 두었다.
⑤ 그가 집을 <u>떠난지</u> 벌써 3년이 지났다.

08. 다음 작품을 이해한 내용으로 옳지 않은 것은?

> 갓은 농부가 비를 피하는 도구이다. 그러나 우리나라 사람들은 대소 귀천을 막론하고 관혼상제(冠婚喪祭) 때 쓰는 것은 말할 것도 없고 비 오지 않을 때도 쓰니, 이는 매우 무의미한 일이다. 어떤 사람은, "우리나라 사람이 싸우기를 좋아하므로, 기자(箕子)가 우리나라에 와서 큰 갓을 씌우고 긴 소매의 옷을 입혀 백성으로 하여금 몸을 마음대로 활동하지 못하게 하였으니, 이는 싸움을 금지하기 위한 것이다."라고 한다. 이는 믿을 수 없는 허황한 말이다.
>
> 이익의 〈성호사설(星湖僿說)〉에는 갓이 옛 고깔의 남겨진 모양이라고 하였으나, 이 역시 그렇지 않다. 고깔은 꽈리와 같이 생겼으므로 꽈리를 일명 피변초(皮弁草)라고 한다. 지금의 갓은 위는 평평하고 아래 갓양태는 넓은데 어찌 고깔이라 보겠는가? 옛날에 풀로 갓을 만들어 비를 피했던 것일 따름이다.
>
> 요즈음 갓의 제도는 점점 높고 넓어져, 쓰기에도 아치(雅致)가 없고 균형이 안 맞아 볼품이 없다. 속담에 "갓이 너무 크면 항우(項羽)라도 쭈그러들고, 갓이 파손되면 학자도 당황한다."라고 했다.
>
> 조정에서 명령을 내려 일체 금하고 별도로 관건(冠巾)을 만들어 반포하되 등급의 차별을 정해야 한다. 다만 소립(小笠)을 제작하여 말 타는 자와 보행자가 들길을 걸을 때에 머리에 쓰고 비를 피하거나 햇볕을 가리는 도구로 하는 것은 괜찮다. 그 제도는, 모자는 이마를 덮을 수 있으면 되고 꼭대기는 지금의 갓같이 평평하지 않아도 좋으며, 만약 꺾을 수 있으면 꺾어서 전립(氈笠)처럼 뾰족하지 않은 것이 좋다. 다만 갓모의 높이는 조금 낮추고 갓양태는 날카롭지 않게 해야 한다. 베 2자 5푼이면 되고, 갓끈은 넓되 길게 할 필요는 없다. 평양 무열사(武烈祠)의 이여백(李如栢)의 화상을 보면 알 것이니, 이는 그 본보기이다.
>
> 갓의 폐단은 이루 다 말할 수 없다. 나룻배가 바람을 만나면 배가 기우뚱거리는데, 이 때 조그마한 배안에서 급히 일어나면 갓양태의 끝이 남의 이마를 찌른다. 좁은 상에서 함께 밥을 먹을 때에는 양태 끝이 남의 눈을 다치며, 여러 사람이 모인 자리에는 난쟁이가 갓 쓴 것처럼 민망하다. 이는 사소한 일이지만 들에 가다가 풍우를 만나면 갓모자는 좁고 갓양태는 넓고

지투(紙套)는 경직하여, 바람이 그 사이로 들어오면 펄럭이는 소리가 벽력 같은데, 위로 갓이 말려 멋대로 펄럭인다. 양쪽 갓끈을 단단히 동여매면, 갓끈이 끊어질 듯 팽팽하게 턱과 귀가 모두 당겨 올라가고 상투와 수염이 빠지려 한다.

유의(油衣)는 치마같이 하여 머리에 써서 손으로 잡는 것인데, 바야흐로 비바람이 불어칠 때는 갓이 펄럭여 일정하지 않으므로 불가불 끈을 풀어 손으로 갓의 좌우를 부축해야 한다. 그러나 빗물이 넓은 소매로 들어오므로 무거워서 들 수가 없다. 또, 말이 자빠지려 할 경우 어떻게 손으로 고삐를 잡겠는가? 이렇게 되면 위의를 잃은 것을 부끄러워할 겨를은커녕 죽고 사는 것이 시각에 달리게 된다.

일찍이 여진(女眞) 사람이 말 타는 것을 보았는데, 급한 비를 만나면 얼른 소매와 옷깃이 있는 유의를 입고 또 폭건(幅巾)같이 부드러운 모자를 쓰고 채찍질하여 달렸다. 그러니 어찌 쾌활하지 않겠는가? 또, 지금의 갓은 제작이 허술하여 갓모자와 갓양태의 사이에 아교가 풀어지면 서로 빠져 버린다. 역관들이 연경(燕京)에 들어갈 때 요동 들판을 지나다가 비를 만나 갓양태는 파손되어 달아나고 다만 모자만 쓰고 간다. 중국 사람이야 우리 나라 풍속에 그런 관이 있을 것이라 여기고 보통으로 보나, 같이 간 사람은 다 조소한다. 그렇다고 어디서 갓을 사겠는가? 매양 들판 가운데의 행인들을 보니, 비를 만나도 갓 위에 씌울 것이 없는 사람들은 갓양태가 빠져 나가고 부서질까 염려하여 풀을 뜯어 갓양태 아래에 태를 만들어 가리며, 또는 갓을 벗어 겨드랑이에 끼고 한 손으로는 상투를 쥐고 허겁지겁 달린다. 대개 갓 하나의 값이 3, 4백 냥이 되므로 갓을 생명처럼 보호하여, 그 궁색하고 구차함이 한결같이 극에 달했다.

그리고 초립의 생긴 모양도 지극히 괴이하다. 소년은 물론이고, 아전들이 부모의 상중에 벼슬에 나아가서도 갓을 착용한다. 길흉에 구별이 없으니 이 무슨 예절인가? 또, 빽빽하여 통풍이 안 되므로 바람이 불면 초립끈이 턱을 파고들어 할 수 없이 시원히 초립끈을 풀면 바람에 날려가 마치 종이연 모양으로 멀리 날아올라 간 곳을 모르게 된다. 나이가 좀 든 사람이 초립을 어깨 뒤로 드리우고 다니는 것은 더욱 가증스럽다. 또, 만들기도 어렵고 값도 비싸니 금하게 하는 것이 좋다.

대저 나태한 풍습과 오만한 태도가 모두 갓에서 생기니, 어찌 옛 습속이라 하여 따르고 금하지 않을 수 없겠는가?

– 이덕무, 〈갓의 폐단〉

① 글쓴이는 신분제 철폐를 주장하고 있다.
② 글쓴이는 설의법을 이용하여 주장을 강조하고 있다.
③ 글쓴이는 실용적인 소립을 제작하여야 한다고 주장하고 있다.
④ 글쓴이는 속담을 사용하여 주장을 강화하고 있다.
⑤ 글쓴이는 갓의 비효율성을 다른 사례와 대조하여 제시하고 있다.

09. 다음 글을 읽고 보일 수 있는 반응으로 적절하지 않은 것은?

능숙한 독자는 어떤 능력과 태도를 지니고 있을까? 능숙한 독자는 글의 의미를 이해하고 재구성하기 위해 배경지식을 효과적으로 활용하는 능력을 지닌다. 배경지식은 독자의 기억 속에 존재하는 구조화된 경험과 지식의 총체이다. 능숙한 독자는 읽을 글과 관련한 배경지식을 활성화한 후, 이를 활용해 글의 내용을 정확히 이해한다. 그런데 능숙한 독자라도 배경지식이 부족해 내용이 잘 이해되지 않는 부분을 만날 수 있다. 이 경우 능숙한 독자는 글의 읽기를 중단하지 않고 글의 전후 맥락을 고려해 글의 의미를 구성한다. 그리고 필요하면 참고 자료를 찾아 관련 부분에 대한 이해를 확충한다.

능숙한 독자는 독서를 준비할 때 읽을 글의 특성을 분석하고 자신의 독서 역량을 점검하는 태도를 지닌다. 그리고 독서 목적의 달성에 필요한 독서 전략을 세운다. 그런데 막상 독서를 하다 보면 글의 특성이 예상과 다를 수 있고, 독서 환경이 변할 수도 있다. 능숙한 독자는 달라진 독서 상황을 파악하여 그에 적합한 새로운 독서 전략을 적용하고 독서 행위를 조절한다. 그리고 독서 후에는 자신이 독서의 목적과 글의 특성에 맞게 독서를 했는지를 성찰하여 평가한다.

우리 선조들도 경서를 읽으려는 독자에게 일정한 능력과 태도를 지녀야 한다고 강조했다. 경서를 읽는 목적은 글에 담긴 이치를 통해 모든 일의 섭리를 깨우칠 수 있는 경지에 이르는 것인데, 경서는 필자가 전달하려는 내용이 압축되어 있어 그 속에 담긴 의미를 쉽게 파악하기 어렵다. 따라서 일단 글의 내용에 익숙해지기 위해 반복적으로 읽는 독서 전략을 운용했다. 그 후에 독자는 이전과는 달라진 자신의 상태를 고려하여 새로운 독서 방법을 적용했고, 적극적으로 배경지식을 활용하는 등의 새로운 전략을 운용했다.

능숙한 독자는 한 편의 글을 완전하게 이해하는 데 그치지 않고 지속적인 독서 활동을 지향한다. 꾸준히 자신의 독서 이력을 점검하고 앞으로 읽을 독서 목록을 정리하여 자발적이고 균형 있는 독서를 생활화한다. 그리고 독서 경험을 통해 얻은 지식과 지혜를 자신과 사회 문제의 해결에 적극적으로 활용한다.

① 글의 전후 맥락을 고려하면 어려운 부분을 이해하는 데 도움이 될 수 있어.

② 능숙한 독자가 되기 위해 갖추어야할 태도를 알 수 있어.

③ 우리 선조들도 경서를 읽을 때는 반복해서 읽는 독서 전략을 활용했구나.

④ 능숙한 독자라도 독서 경험과 사회 문제는 분리해서 생각할 수 있어야 해.

⑤ 능숙한 독자도 독서 환경이 달라지면 영향을 받는 구나.

10. 다음 제시된 식을 계산한 값으로 적절한 것은?

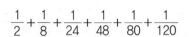

$$\frac{1}{2}+\frac{1}{8}+\frac{1}{24}+\frac{1}{48}+\frac{1}{80}+\frac{1}{120}$$

① $\frac{15}{24}$　　　　② $\frac{16}{24}$　　　　③ $\frac{17}{24}$

④ $\frac{18}{24}$　　　　⑤ $\frac{19}{24}$

11. 다음 숫자들의 배열 규칙에 따라 빈칸에 들어갈 알맞은 숫자는?

75	43	84	64	93	85	102	106	111	127	( )

① 120　　　　② 124　　　　③ 131

④ 136　　　　⑤ 148

12. A 열차의 길이는 200m이고 속력은 60km/h이다. B 열차의 길이는 300m이고 속력은 90km/h 이다. 두 열차가 터널 M을 완전히 지날 때 걸리는 시간의 비가 10 : 7일 때, 터널 M의 길이는?

① 1.5km　　　　② 1.6km　　　　③ 1.7km

④ 1.8km　　　　⑤ 1.9km

13. 다음은 전국 코든라인 조사기간 차종별 교통량 분석 자료이다. 이를 이해한 내용으로 옳은 것은?

〈전국 코든라인 조사지점 차종별 교통량 분포〉

(단위 : 대)

구분	승용차	중형버스	대형버스	소형화물	중형화물	대형화물	합계
2018년	10,459,239	57,607	303,545	1,684,051	375,637	515,297	13,395,376
2023년	11,074,327	42,176	216,748	1,644,426	374,159	535,073	13,886,909

① 대형화물의 교통량은 2018년, 2023년 모두 전체 교통량의 4% 이상을 차지하였다.

② 2018년 대비 2023년의 교통량이 줄어든 차종 중 감소율이 가장 작은 차종은 중형화물이다.

③ 2023년 중형버스와 대형버스의 수요 감소에는 해외여행 수요 증가가 직접적인 원인이 되었다.

④ 2018년 대비 2023년의 화물차의 교통량은 증가하였다.

⑤ 비수도권 지역의 자가 차량 수요가 증가하고 있다.

14. 다음 숫자들의 배열 규칙에 따라 빈칸에 들어갈 알맞은 숫자는?

3	4	3	24
4	6	5	36
6	2	3	24
2	8	8	( )

① 32 ② 36 ③ 40

④ 44 ⑤ 48

15. 다음 자료를 이해한 내용으로 옳은 것은?

〈도로 등급별 차종별 주행거리〉

(단위 : 천 대-km)

구분		승용차	버스	화물차
2019년	고속국도	134,410	6,539	50,409
	일반국도	109,575	3,418	33,624
	국가지원지방도	15,630	676	6,174
	지방도	40,379	1,788	16,269
2020년	고속국도	139,428	6,614	55,205
	일반국도	113,703	3,343	3,662
	국가지원지방도	16,207	689	6,508
	지방도	57,363	2,427	23,195
2021년	고속국도	150,289	6,701	56,229
	일반국도	118,342	3,223	34,742
	국가지원지방도	17,480	722	6,948
	지방도	60,181	2,483	23,625
2022년	고속국도	153,946	6,675	63,934
	일반국도	123,231	3,202	36,239
	국가지원지방도	18,164	684	7,064
	지방도	43,302	1,703	16,420
2023년	고속국도	156,075	6,973	63,972
	일반국도	124,114	3,122	35,657
	국가지원지방도	18,294	657	6,880
	지방도	44,073	1,752	16,225

① 2019년 버스와 화물차의 국가지원지방도 주행거리의 합은 2023년 화물차의 국가지원지방도 주행거리보다 크다.

② 도로 개발로 인해 일반국도의 길이가 점차 증가하고 있다.

③ 제시된 모든 차종의 고속국도 내 주행거리의 총합은 2019년부터 매년 증가하고 있는 추세이다.

④ 2022년부터 기록된 지방도의 수요 감소는 수도권 내 인구 집중이 원인이다.

⑤ 2019년부터 2023년까지 화물차의 국가지원지방도 내 주행거리는 매년 버스의 10배 이상을 기록하였다.

16. 다음은 중국 노인 인구의 잠재소비력에 관한 자료이다. 중국 노인의 잠재소비총액과 GDP 비중이 크게 상승할 것임을 보여주는 그래프로 가장 적절한 것은?

〈중국 노인 잠재소비력 추정〉

구분	2014년	2015년	2020년	2030년	2050년
잠재소비총액(조 위안)	4.6	5.2	9.2	26.7	106.7
GDP 비중(%)	8.3	8.8	10.8	18.4	33.6

①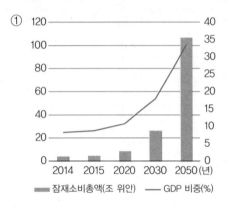

②

③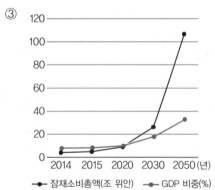

④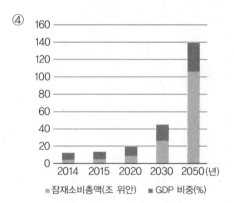

⑤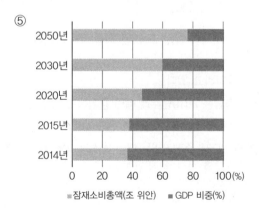

17. 다음과 같은 8개의 자리에 A ~ E가 앉으려고 한다. A와 B는 가로, 세로 상관없이 이웃하여 앉고, C는 A, B와 이웃하여 앉지 않는다고 할 때, 이들이 앉을 수 있는 경우의 수는?

① 900가지   ② 960가지   ③ 1,020가지

④ 1,120가지   ⑤ 1,440가지

18. A ~ E가 출근한 순서에 대한 내용이 다음과 같을 때, 반드시 참이 아닌 것은?

> • A는 E보다 일찍 도착했다.
> • B는 A보다 늦게 도착했다.
> • C는 E보다 일찍 도착했다.
> • D는 B보다 늦게 도착했다.

① A는 D보다 일찍 도착했다.

② D보다 E가 늦게 도착했다면, E는 4등으로 도착했다.

③ B보다 E가 일찍 도착했다면, D는 5등으로 도착했다.

④ B가 2등으로 도착했다면, A는 C보다 일찍 도착했다.

⑤ C가 4등으로 도착했다면, E는 D보다 늦게 도착했다.

19. 다음 보조 메시지를 통해 도출할 수 있는 메인 메시지로 가장 적절한 것은?

> - 가정 내에 화초를 두고 이를 감상했을 때, 불안감과 맥박이 감소하는 효과가 있다.
> - 사무실 내 식물이 주는 자연적인 안정감으로 인해 스트레스와 피로감 감소에 영향을 준다는 연구 결과가 발표되었다.
> - 실내식물에서 발생하는 자연향을 맡으면 심박수가 감소하고, 편안함을 주는 뇌파인 알파파가 증가하였다.
> - 사무실에 식물로 이루어진 '녹색 벽'을 설치한 결과, 직원들이 단기 병가를 내는 횟수가 감소하고, 업무 집중도가 상승하는 효과를 얻었다.
> - 사무실에 배치된 식물은 조직이 구성원을 돌보고 있다는 심리적인 신호 역할을 한다.

① 실내에서 식물을 배치하면 습도 조절과 미세먼지 제거 효과를 기대할 수 있다.
② 옥외공간에 녹지를 조성함으로써 도시 건설로 사라진 녹지를 복원해야 한다.
③ 실내에 식물을 배치하는 것은 건강에 유익할 뿐만 아니라, 심리개선의 효과도 있다.
④ 실내에 화분을 배치하는 것은 이를 관리하는 과정에서의 정서 안정의 효과로 이어진다.
⑤ 사무공간에 최소한의 사물을 배치하는 설계를 통해 사무공간 내 비용 발생을 최소화해야 한다.

20. 다음 글과 동일한 유형의 논리적 오류가 나타나는 것은?

> TV를 보면 눈이 나빠진다. 철수는 TV를 잘 보지 않는다. 따라서 철수는 눈이 나빠지지 않을 것이다.

① 사람은 누구나 죽는다. 민철이는 사람이다. 따라서 민철이는 죽을 것이다.
② 모든 새는 하늘을 날 수 있다. 비둘기는 하늘을 날 수 있다. 제비는 하늘을 날 수 있을 것이다.
③ 기차를 타면 멀리 갈 수 있다. 영진이는 기차를 타지 않았다. 그러므로 영진이는 멀리 가지 않았을 것이다.
④ 4의 배수는 짝수이다. 10은 짝수이다. 그러므로 10은 4의 배수이다.
⑤ 모든 개는 포유류다. 고양이도 포유류다. 따라서 고양이는 개다.

21. 다음의 〈데이터기반 철도안전관리 기술개발사업에 관한 SWOT 분석〉을 바탕으로 설정한 사업
추진전략 중 적절하지 않은 것은?

〈데이터기반 철도안전관리 기술개발사업에 관한 SWOT 분석〉

강점(Strength)	약점(Weakness)
• 선제적, 자발적 철도안전관리 방향의 법제도적 기반 확보 및 도입 • 철도기술연구사업 등 선행사업을 통한 과제단위 시설/차량 관리분야 기초응용 연구 및 기술개발 역량 마련	• 현장 인력 중심 안전관리, 운영사별 정보 비대칭에 따른 객관적/현실적 분석기반 문제해결 어려움 • 개별과제단위 R&D 추진에 따른 성과연계 및 현장 적용 한계
기회(Opportunity)	위협(Threat)
• PDCA, 현장 적용성 등을 고려한 정부의 철도안전 관련 투자 확대 전망 • 新 시설, 차량 중심의 인증, 관리에서 기존 시설/차량 유지관리, 유지보수, 개량을 포함한 생애주기 관리로 확대	• 차량/시설 노후화 심화, 유지보수 인력의 감축 등 철도 운영 환경 위협요인 확대 • 높은 열차운행밀도 및 터널 협소공간 등 접근한계 현장 특성으로 사고장애 발생시 대규모 사회적 피해 확산 가능

〈SWOT 분석에 따른 사업추진전략〉

SO 전략	ST 전략
• 현 법제도적 기반을 뒷받침하기 위한 Top-down 방식 R&D 추진 ① 지속가능한 철도 운영을 위해 생애주기 관리 관점의 철도시스템 요소별 한계 파악 및 기술개발 고도화	• 위협요인 대비한 자동화, 지능형 기술 융합으로 철도기술 고부가가치화 ② 운행현장 제약조건 문제해결을 위해 선행연구와 연계활용을 통한 현장 적용
WO 전략	WT 전략
③ 운행현장 특성 고려한 선제적 예방/대비/대응 기술 개발 및 적용 ④ 정부(정책)-연구자(R&D)-운영사(수요활용)의 성과활용지원 협의를 위한 소통 체계 확보	⑤ 철도 운영 환경 내 위협요인 정보수집, 진단, 분석을 통해 문제해결을 위한 최적 의사결정 지원 수행

[22 ~ 23] 다음 부산발 서울 도착 열차에 대한 자료를 보고 이어지는 질문에 답하시오.

〈열차 운행 규칙〉

- 모든 기차는 정차역에서 5분간 정차한 후 출발한다.
- 환승에는 모든 정차역에서 동일하게 10분이 소요된다.
- 같은 기차역에 여러 기차가 정차한 경우, 먼저 도착한 열차가 우선 출발한다.
- 정차역에 여러 기차가 동시에 도착한 경우, KTX-ITX새마을-무궁화 순으로 출발한다.
- 정차역에 여러 기차가 동시에 도착한 경우, 출발 시에는 10분 간격을 두고 출발한다.
- 출발시간이 같을 경우, 무정차 열차가 우선한다.
- 아래의 '부산발 서울 도착 열차 소요시간 안내'에는 정차시간이 포함되어 있지 않다.
- 속도가 빠른 후행 열차도 선행 열차를 추월할 수 없다. 속도가 빠른 후행 열차는 다음 정차역에 선행 열차와 동시에 도착한다.

〈부산발 서울 도착 열차 소요시간 안내〉

구간	KTX		ITX새마을		무궁화	
	소요시간	정차유무	소요시간	정차유무	소요시간	정차유무
부산 → 울산	20분	일부정차	30분	O	30분	O
울산 → 동대구	20분	O	30분	O	40분	O
동대구 → 대전	50분	O	60분	O	90분	O
대전 → 오송	30분	일부정차	40분	X	50분	X
오송 → 서울	50분	O	60분	O	80분	O

〈부산발 서울 도착 열차 출발 일정(20XX.04.XX)〉

열차	출발시간	예매가능			운임요금(원)		내일로패스
		특실	일반실	입석	일반실	입석	
KTX 108	13 : 00	매진	매진	예매	59,800	50,800	매진
ITX 1008	13 : 20	없음	예매	예매	42,600	36,200	예매
무궁화 1218	13 : 50	없음	매진	예매	28,600	24,300	예매
KTX 112(오송 환승)	13 : 55	예매	예매	예매	59,400	50,500	예매
KTX 115(울산 환승)	14 : 20	예매	매진	예매	59,400	50,500	매진

※ 만 13세 이상 65세 미만 성인 요금 기준
※ 열차 요금은 서울발 부산 도착의 경우에도 동일

22. 20XX년에 만 20세인 A 씨는 열차를 이용하여 부산에서 서울까지 이동하는 2박 3일의 여행일정을 계획하고 있다. 다음 내일로 패스 가격표를 참고하였을 때, 옳은 내용은?

내일로 패스 연속 7일권	내일로 패스 선택 3일권
• ADULT(일반) : 110,000원 • YOUTH(만 29세 이하) : 80,000원 • 좌석지정 - KTX : 1일 1회, 총 2회 - 일반 : 1일 2회	• ADULT(일반) : 100,000원 • YOUTH(만 29세 이하) : 70,000원 • 좌석지정 - KTX : 1일 1회, 총 2회 - 일반 : 1일 2회 • 유효기간 7일

① A 씨는 열차 이용 횟수에 관계없이 내일로 패스 선택 3일권을 구매하는 것이 가장 저렴하게 이용할 수 있다.

② 20XX.04.XX에 울산을 경유하는 여행 일정을 계획할 경우에는 내일로 패스를 이용할 수 없다.

③ 여행 중 부산발 서울 도착 ITX새마을 열차를 일반석으로 두 번 이용할 경우 내일로 패스를 이용하지 않고 탑승권을 구매하는 것이 더 저렴하다.

④ 내일로 패스를 이용하여 오송을 경유하는 여행 일정을 계획하는 경우에는 1일 2회까지 내일로 패스를 이용할 수 있다.

⑤ 부산발 서울 도착 KTX 열차를 두 번 이용할 경우 입석 탑승권을 직접 구매하는 것보다 내일로 패스 7일권을 구매하는 것보다 더 저렴하다.

23. 다음 중 서울에 세 번째로 도착하는 열차는?

① KTX 108 ② ITX 1008 ③ 무궁화 1218
④ KTX 112 ⑤ KTX 115

24. 다음 시도별 대중교통 환승 횟수 관련 통계자료에 대한 설명으로 적절하지 않은 것은?

〈시도별 대중교통 환승 횟수〉

(단위 : %)

구분	환승 없음	1회 환승	2회 환승	3회 환승	4회 환승
전체	31.44	43.42	18.06	5.17	1.9
서울	7.59	58.76	23.54	7.59	2.52
부산	11.66	55.79	23.24	6.72	2.59
대구	13.44	54.37	23.18	7.01	2
인천	12.45	55.55	23.1	6.03	2.88
광주	17.4	53.92	21.53	5.05	2.11
대전	15.95	53.42	22.54	6.06	2.03
울산	20.09	48.87	22.15	6.68	2.2
세종	94.12	3.26	1.59	0.93	0.1
경기	9.31	57.18	24.26	6.61	2.64
강원	86.43	8.27	4.12	0.98	0.2
충북	82.3	11.87	4.25	1.33	0.25
충남	82.51	11.58	4.25	1.21	0.45
전북	89.31	6.96	2.71	0.73	0.29
전남	79.47	13.4	5.56	1.26	0.31
경북	84.22	10.25	4.15	0.89	0.5
경남	84.58	9.45	4.35	1.24	0.39
제주	91.55	5.13	2.88	0.37	0.07

① 서울 지역 내 대중교통 이용 시 1회 이하로 환승하는 이용 비율은 전체의 65% 이상이다.

② 세종시는 환승 없이 대중교통을 이용하는 비율이 가장 높은 지역이다.

③ 지역 간 이동거리가 긴 도·특별자치도에서는 특히 대중교통보다 자가용의 선호도가 높다.

④ 지역과 관계없이 대중교통을 4회 이상 환승을 하는 이용자의 비율은 3% 미만이다.

⑤ 환승 없이 대중교통을 이용하는 비율을 통해 경기도와 특별시·광역시, 그리고 경기도를 제외한 도·특별자치도 사이의 대중교통 이용 구조에 차이가 있음을 확인할 수 있다.

25. 다음 기사의 내용을 바탕으로 주무부서가 설정할 전략으로 적절하지 않은 것은?

> 가을 개학을 앞둔 8월 말, 불과 일곱 시간 만에 340mm가 넘는 '물 폭탄'이 쏟아져 시내 대부분의 지역이 물에 잠긴 ○○지역은 현재 평소 모습을 되찾기 위한 시가지 복구 작업이 펼쳐지고 있다. ○○지역 내 80여 군데 도로는 응급 복구작업으로 오늘 아침부터 차량통행이 재개되었으나, 상수도시설 고장으로 시민들의 불편이 계속되고 있다. 특히 이번 수해는 도심을 가로지르는 하천이 범람하면서 피해가 가중되었다.

① 학교 등의 교육시설 복구를 우선으로 개학 일정을 연기한다.

② 상수도시설 복구 전까지 급수차를 공급하여 식수를 확보한다.

③ 수해로 인해 손상된 도로로 인한 교통사고 방지를 위해 지역 내 차량 통행을 금지한다.

④ 인근 지자체에 수해 복구를 위한 기술 지원을 요청한다.

⑤ 침수피해를 가중시킨 하천 범람을 예방하기 위한 하천 확대와 제방 건설 계획을 검토한다.

▶ 정답과 해설 9쪽

01. 다음 작품에 대한 설명으로 적절하지 않은 것은?

> 寂寞荒田側(적막황전측) 외지고 묵은 밭 옆에
> 繁花壓柔枝(번화압유지) 풍성하게 핀 꽃이 여린 가지를 누르네
> 香經梅雨歇(향경매우헐) 장맛비가 그친 데로 향기가 지나가고
> 影帶麥風敲(영대맥풍의) 그림자는 보리 바람에 흔들거리네
> 車馬誰見賞(거마수견상) 수레 탄 사람 그 누가 보아 줄까
> 蜂蝶徒相窺(봉접도상규) 벌과 나비들만 부질없이 날아든다네
> 自慙生地賤(자참생지천) 난 데가 비천하니 스스로 부끄럽고
> 堪恨人棄遺(감한인기유) 사람들에게 버림받아도 참고 견디네
>
> － 최치원, 〈촉규화(蜀葵花)〉

① 작가는 이 시를 통해 자신을 알아주지 않는 세상에 대한 원망스러움을 표현하였다.
② 자연물과 시적 화자를 동일시하여 주제 의식을 형상화하였다.
③ '외지고 묵은 밭'은 시적 화자에게 소외감을 느끼게 하는 존재이다.
④ 작가는 '수레 탄 사람'으로 하찮은 사람들을 묘사하고 있다.
⑤ '풍성하게 핀 꽃', '향기', '그림자'는 시적 화자의 고뇌를 심화시키는 존재이다.

02. 다음 중 한자성어의 뜻 풀이가 적절하지 않은 것은?

① 수어지교(水魚之交) : 아주 친밀하여 떨어질 수 없는 사이
② 결초보은(結草報恩) : 죽은 뒤에라도 은혜를 잊지 않고 갚음.
③ 청출어람(靑出於藍) : 제자나 후배가 스승이나 선배보다 나음.
④ 각주구검(刻舟求劍) : 겉으로는 화려하거나 멀쩡해 보이지만 토대나 기초가 부실한 존재
⑤ 지록위마(指鹿爲馬) : 윗사람을 농락하여 권세를 마음대로 함.

03. 다음 글에 대한 이해로 적절하지 않은 것은?

> 지금 쌀밥을 먹고 비단옷을 입고 있다면 그 나머지 물건은 모두 쓸모없는 줄 안다. 그러나 쓸모없는 물건과 유용한 물건을 교환하지 않는다면, 이른바 유용하다는 물건의 대부분이 한 곳에 묶여 유통되지 않을 것이다. 따라서 옛 성인과 제왕들은 이를 위하여 주옥(珠玉)과 화폐 등의 물건을 만들어 가벼운 물건으로 무거운 물건의 상대가 되도록 하셨고, 무용한 물건으로 유용한 물건을 살 수 있도록 하셨다. 또한 다시 배와 수레를 만드셔서 험난한 지역까지도 물건을 유통할 수 있게 되었는데, 그렇게 하고도 천리만리 먼 곳에 혹시 물건이 이르지 못할까 봐 염려하곤 하셨다.
>
> 지금 우리나라는 지방이 수천 리라 갖추어지지 않은 토산품이 없다. 그럼에도 산과 물에서 생산되는 이로운 물건이 전부 세상에 나오지 않고, 경제를 윤택하게 하는 방법도 잘 모르며 날마다 쓰는 것을 팽개친 채 그것에 대해 연구하지 않고 있다. 그러고서는 중국의 수레와 말, 주택과 단청, 비단이 화려한 것을 보고서는 대뜸 "사치가 너무 심하다."라고 말해 버린다. 중국이 사치로 망한다고 할 것 같으면 우리나라는 반드시 검소함으로 인해 쇠퇴할 것이다.
>
> (중략)
>
> 재물이란 우물에 비유할 수가 있다. 물을 퍼내면 우물에는 늘 물이 가득하지만, 물을 길어 내지 않으면 우물은 말라 버린다. 이와 같은 이치로 비단옷을 입지 않으면 나라에는 비단을 짜는 사람이 없어 지고, 그로 인해 여인이 베를 짜는 모습을 볼 수 없게 된다. 그릇이 찌그러 져도 이를 개의치 않으며 기교를 부려 물건을 만들려고 하지도 않아, 나라에는 농기구나 그릇을 만드는 기술자가 없어져 기술이 전해지지 않는다. 더 나아가 농업이 황폐해져 농사짓는 방법이 형편없어 지고, 상업을 박대하므로 상업 자체가 실종된다. 사농공상 네 부류의 백성이 누구나 할 것 없이 다 가난하게 살기 때문에 서로를 구제할 길이 없다.
>
> (중략)
>
> 지금 종각이 있는 종로 네거리에는 시장 점포가 연이어 있다고 하지만 그것은 채 1리도 되지 않는다. 중국에서 내가 지나갔던 시골 마을은 거의 몇 리에 걸쳐 점포로 뒤덮여 있었다. 그곳으로 운반되는 물건의 양이 우리나라 곳곳에서 유통되는 것보다 많았는데, 이는 그곳 가게가 우리나라보다 더 부유해서 그러한 것이 아니고 재물이 유통되느냐 유통되지 못하느냐에 따른 결과인 것이다.
>
> – 박제가, 〈북학의〉

① 글쓴이는 상업을 폄하하는 우리나라 사람들의 통념을 비판하고 있다.

② 글쓴이는 소비를 통해 생산을 이끌어 낼 수 있다고 보고 있다.

③ 글쓴이는 우리나라와 대조되는 중국의 사례를 들어 독자의 이해를 돕고 있다.

④ 글쓴이는 '재물'과 '우물'을 비유하는 유추 논증을 통해 논지를 강화하고 있다.

⑤ 글쓴이는 옛 성인과 제왕의 사례를 들어 화폐 개혁의 필요성을 주장하고 있다.

[04 ~ 05] 다음 글을 읽고 이어지는 질문에 답하시오.

인터넷이 야기한 의사소통 환경의 변화로 가장 대표적인 것은 '글쓰기 공간(writing space)'의 확장이다. 이전의 소통 과정에서는 텍스트를 생산하는 데 한정된 매체를 사용하였으나 과학 기술이 발전하고 매체가 발달하면서 우리가 글쓰기를 할 때 활동하는 사용역(域) 또한 확장되었다. 이러한 글쓰기 공간 변화를 '플랫폼(platform)'의 의미로 설명할 수 있다.

플랫폼은 '정거장' 또는 '승강장'이란 뜻으로 통용된다. 현실에서의 정거장은 '이용자'가 특정한 장소로 가기 위해 반드시 거쳐야 하고 그곳에는 승객을 태우기 위한 '운송 수단'이 반드시 존재한다. 이 두 가지 요소가 반드시 존재해야, 정거장이 정거장으로서 의미를 갖는다. 정거장, 즉 플랫폼은 사람과 운송 수단이 만나는 접점 또는 사람과 운송 수단을 매개하는 매개 지점의 기능을 한다.

글쓰기 공간이 인터넷을 통해 새로운 가상 공간 안에 존재하게 되면서 공간의 차원 역시 다양하게 분화되었다. 원래 플랫폼은 정보 기술(IT)분야에서 먼저 확산된 용어인데, '어떤 일을 하는 데 필요한 공통적인 구조'란 의미를 가지고 컴퓨터 운영 체제(OS)와 같이 다양한 애플리케이션(application)이 구동될 수 있는 환경을 가리키는 말로 쓰여 왔다. 현재는 '각각의 애플리케이션도 하나의 플랫폼으로 성장할 수 있다'는 서비스 플랫폼의 개념이 나오게 되면서, 블로그나 페이스북과 같은 소셜 네트워크 서비스(SNS)도 각각 하나의 독자적인 플랫폼으로 간주하게 되었다. 이 말은 그만큼 인터넷 공간이 다양하게 분파되고 있을 뿐 아니라 각각의 플랫폼이 구체적인 모습으로 형상화되고 있음을 의미한다.

글쓰기에도 이러한 플랫폼의 개념은 유효하게 적용될 수 있다. 플랫폼의 발달은 텍스트 생산 과정 역시 변화시키고 있기 때문이다. 넓은 의미로 본다면 공책과 화선지 등도 하나의 텍스트 플랫폼이라고 할 수 있는데, 과거에는 서로 다른 플랫폼이라 구분하기 힘들 만큼 상호 간의 공통분모가 매우 컸다면, 지금은 각자가 다른 시스템과 다른 작동 기제를 갖고 있기 때문에 하나의 플랫폼이 다른 플랫폼과 연계되기가 쉽지 않다. 즉 예전에는 공책이든 화선지든 종이에 필기구를 가지고 글을 쓴다는 기본적인 속성에 크게 차이가 없었다. (ⓐ) 지금의 플랫폼은 각자의 체계(system)와 틀(frame)을 구축하고 있고, 또 의사소통 참여자(user)가 자유롭게 드나들 수 있는 공간성(space)을 지녔으며, 그들의 상호 작용성(interaction)에 따라 더 많은 참여자들을 유인할 수 있는 특징을 갖고 있다. 또한 다양한 기능(module)과 양식(modes)이 생겨나거나 사라지고, 시도되는 모습도 보인다. 그 자체가 진화하는 유기체적인 속성을 가지고 있다는 것이다.

앞서 이야기한 바와 같이 매체의 발달은 앞선 시대를 배척하는 방식이 아니라 이전의 것과 겹치고 포개지며 안정적인 형태를 잡아 간다. 이러한 특성은 다양한 플랫폼의 발전에서도 유사하게 보이는 특징이다. 이에 대해 이성규(2009)는 블로그와 에스엔에스(SNS) 플랫폼이 역시 서로 배척 관계에 있는 것이 아니라 서로의 기능을 껴안고 동질화하고 있다고 주장한 바 있다. 그리고 이러한 속성은 향후 새로운 플랫폼이 생성되는 과정에도 지속될 수밖에 없다. (ⓑ) 플랫폼에서 의사소통에 참여하는 주체는 결국 기존 질서에 적응하며 살아가는 '사람들'이기 때문이다.

예를 들어, 트위터는 전 세계적으로 이용되는 마이크로 블로그 플랫폼이지만 각 나라의 사용자들에 따라 다른 모습을 보인다. 예컨대 해외 트위터 이용자들은 주로 정보를 얻는 데 쓰지만, 우리나라의 경우 인맥을 넓히거나 친목을 다지는 도구로 사용하려는 측면이 강하다. 이는 기존에 사용하던 에스엔에스의 성향이 트위터까지 전이되었기 때문이다. 그건 페이스북과 블로그, 인스타그램 등도 마찬가지이다. 같은 플랫폼을 사용하더라도 그것을 활용하는 주체들의 문화적 환경과 특성에 따라, 사용의 양상에 따라 서로 다른 개성을 띠게 된다.

04. 윗글의 제목으로 적절한 것은?

① 인터넷 글쓰기의 특성
② 글쓰기 공간의 역사적 변천
③ 플랫폼 개념의 분야별 사용역(域)
④ 플랫폼의 체계와 틀의 특성
⑤ 인터넷 플랫폼의 발달과 글쓰기

05. 윗글의 빈칸 ⓐ와 ⓑ에 들어갈 말을 바르게 나열한 것은?

	ⓐ	ⓑ
①	하지만	그럼에도 불구하고
②	그러나	그럼에도 불구하고
③	그래서	그렇지만
④	그래서	왜냐하면
⑤	그러나	왜냐하면

06. 다음 작품에 대한 설명으로 적절하지 않은 것은?

> 얼마 후 검은 안개가 몰려오더니 서쪽에서 동쪽으로 산등성이를 휘감았다. 나는 괴이하게 여겼지만, 이곳에까지 와서 한라산의 진면목을 보지 못한다면 이는 바로 산을 쌓는 데 아홉 길의 흙을 쌓고도 한 삼태기의 흙을 얹지 못해 완성하지 못하는 것이 되어, 섬사람들의 웃음거리가 되지 않을까 하는 생각이 들었다.
>
> 마음을 굳게 먹고 곧장 수백 보를 전진해 북쪽 가의 오목한 곳에 당도하여 굽어보니, 상봉이 여기에 이르러 갑자기 가운데가 터져 구덩이를 이루었는데 이것이 바로 백록담이었다. 주위가 1리 남짓하고 수면이 담담한데 반은 물이고 반은 얼음이었다. 홍수나 가뭄에도 물이 줄거나 불지 않는데, 얕은 곳은 무릎에, 깊은 곳은 허리에 찼으며 맑고 깨끗하여 조금의 먼지 기운도 없으니 은연히 신선이 사는 듯하였다. 사방을 둘러싼 봉우리들도 높고 낮음이 모두 균등하니 참으로 천부의 성곽이었다.
>
> 석벽에 매달려 백록담을 따라 남쪽으로 내려가다가 털썩 주저앉아 잠깐 휴식을 취했다. 일행은 모두 지쳐서 남은 힘이 없었지만 서쪽의 가장 높은 봉우리가 최고봉이었으므로 조심스럽게 조금씩 올라갔다. 그러나 따라오는 자는 겨우 세 명뿐이었다.
>
> 최고봉은 평평하게 퍼지고 넓어서 그리 아찔해 보이지는 않았으나, 위로는 별자리에 닿을 듯하고 아래로는 세상을 굽어보며, 좌로는 부상(扶桑)*을 돌아보고 우로는 서쪽 바다를 접했으며, 남으로는 소주와 항주를 가리키고 북으로는 내륙을 끌어당기고 있었다. 그리고 옹기종기 널려 있는 섬들이 큰 것은 구름 조각 같고 작은 것은 달걀 같아 놀랍고 괴이한 것들이 천태만상이었다.
>
> 『맹자』의 "바다를 본 자에게는 다른 물이 물로 보이지 않으며 태산에 오르면 천하가 작게 보인다."라는 말에 담긴 성현의 역량을 이로써 가히 상상할 수 있다. 또 소동파에게 당시에 이 산을 먼저 보게 하였다면 그의 이른바, "허공에 떠 바람을 다스리고 신선이 되어 하늘에 오른다."라는 시구가 적벽에서만 알맞지는 않았을 것이다.
>
> 이어서 "낭랑하게 읊조리며 축융봉을 내려온다."라는 주자의 시구를 읊으며 백록담 가로 되돌아오니, 하인들이 이미 정성스럽게 밥을 지어 놓았다.
>
> – 최익현, 〈유한라산기〉
>
> *부상 : 해가 뜨는 동쪽 바다

① 한라산의 수려한 풍경과 진면목에 대해 묘사한 글이다.

② 한라산을 등정하게 된 경위와 등반 과정이 드러나 있다.

③ 다양한 수사법을 활용하여 한라산에 대한 감상을 생생하게 표현하였다.

④ 감정에 사로잡히지 않고 호연한 기운을 절도 있게 형상화하였다.

⑤ 한라산에서 노닐던 어린 시절의 추억을 회상하며 글을 마무리하고 있다.

07. 다음 중 밑줄 친 부분의 띄어쓰기가 잘못된 것은?

① <u>애쓴 만큼</u> 얻는다.
② 여기는 우리 <u>둘 뿐이다.</u>
③ 집이 <u>큰지</u> 작은지 모르겠다.
④ <u>하나만</u> 알고 둘은 모른다.
⑤ <u>그곳은</u> 어느새 씨름판이 되었다.

08. 다음 중 밑줄 친 단어의 맞춤법이 적절하지 않은 것은?

① 그녀에 대한 소문은 <u>금세</u> 퍼졌다.
② 민수는 <u>허구한</u> 날 신세타령만 한다.
③ 그녀는 모임에 <u>해쓱한</u> 얼굴로 나타났다.
④ 소매치기는 그의 지갑을 <u>체갔다.</u>
⑤ 그는 <u>오랜만에</u> 새로운 소설을 썼다.

09. 다음 중 표준 발음법을 따를 때 발음 표기가 옳지 않은 것은?

① 땀받이[땀바지] 　② 몰상식[몰상씩] 　③ 물난리[물랄리]
④ 결단력[결딴녁] 　⑤ 옷맵시[온맵씨]

10. 다음에 제시된 식을 계산한 값은?

$$865^2 + 865 \times 270 + 135 \times 138$$

① 1,000,105 　② 1,000,205 　③ 1,000,305
④ 1,000,405 　⑤ 1,000,505

11. 다음 수들은 일정한 규칙에 따라 나열되어 있다. 빈칸에 들어갈 알맞은 숫자는?

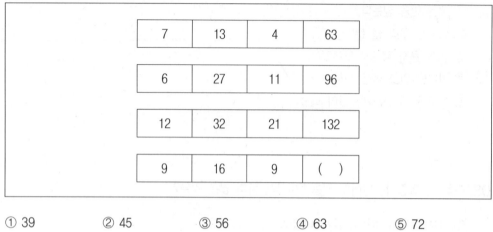

7	13	4	63
6	27	11	96
12	32	21	132
9	16	9	( )

① 39 ② 45 ③ 56 ④ 63 ⑤ 72

12. A, B, C, D, E, F의 6개 부서가 줄다리기 대회에 참가하였다. 그림과 같은 토너먼트 방식으로 시합을 할 때, A, B가 결승전에서 만날 수 있는 대진표의 경우의 수는?

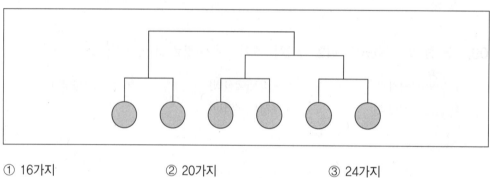

① 16가지 ② 20가지 ③ 24가지
④ 28가지 ⑤ 32가지

13. 다음 수들은 일정한 규칙에 따라 나열되어 있다. 빈칸에 들어갈 알맞은 숫자는?

1 6 13 22 33 46 61 78 97 (   )

① 106 ② 109 ③ 112 ④ 115 ⑤ 118

14. 제품 A의 가격은 14만 원이고, 이때의 예상 판매량은 1,700대이다. 제품 A의 가격이 5,000원 인상될 때마다 판매량은 40대씩 줄어든다고 한다면, 판매하여 얻은 총금액이 최대가 되도록 하는 제품 A의 가격은? (단, 금액은 5,000원 단위로만 인상한다)

① 170,000원   ② 175,000원   ③ 180,000원

④ 185,000원   ⑤ 190,000원

15. 다음 자료에 대한 설명으로 적절하지 않은 것은?

〈차종별 1일 평균 주행거리〉

(단위 : km)

구분		2018년	2019년	2020년	2021년	2022년
전체	비사업용	35.6	35.2	34.9	34.3	33.8
	사업용	106.1	105.2	102.4	97.5	93.9
	전체	40.2	39.7	39.3	38.8	38.1
승용자동차	비사업용	34.2	33.8	33.8	33.4	32.9
	사업용	83.7	81.8	77.4	70.1	65.9
	전체	37.4	36.2	36.2	35.4	34.7
승합자동차	비사업용	45.4	43.3	41.9	38.9	36.2
	사업용	174.5	177.5	176.2	175.3	162.9
	전체	60.4	61.8	60.4	59.7	57.5
화물자동차	비사업용	42.8	42.4	41.2	39.8	38.1
	사업용	119.6	120.5	124.7	128.3	131.3
	전체	50.4	51.2	50.8	49.9	48.7
특수자동차	비사업용	40.2	41	39.7	37.6	33.4
	사업용	168.4	166.5	161.8	159	153.2
	전체	131.2	129.8	124.4	119.2	110.7

① 전체 자동차에 대한 1일 평균 주행거리는 감소하는 추세이다.

② 1일 평균 주행거리가 가장 긴 차종은 사업용 승합자동차이다.

③ 사업용 화물자동차 등록대수는 증가하고 있다.

④ 비사업용 승합자동차 등록대수가 사업용 승합자동차 등록대수보다 많다.

⑤ 사업용 차종이 비사업용 차종보다 1일 평균 주행거리가 길다.

16. 다음 표는 4개의 전자제품 A ~ D의 가격, 디자인, 성능, 기능, 사용 편의성을 소비자가 10점 척도로 평가한 것이다. 이들 특징에 대하여 제품이 균형을 이루고 있는지를 판단하기 위해 표를 그래프로 시각화한 자료로 가장 적절한 것은?

〈전자제품의 특징별 평점〉

(단위 : 점)

구분	가격	디자인	성능	기능	사용 편의성
A	8	7	8	9	9
B	7	10	7	10	7
C	9	9	10	8	9
D	6	9	9	7	8

①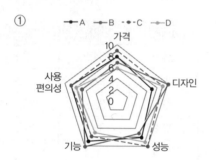

②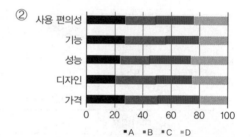

③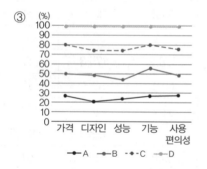

④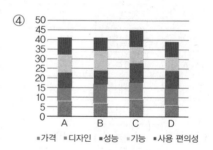

⑤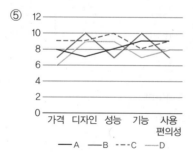

17. 다음은 전국 스크린라인(screen line) 조사지점의 차종별 교통량 분포에 관한 자료이다. 이에 대한 설명으로 가장 적절한 것은?

〈전국 스크린라인 조사지점 차종별 교통량 분포〉

(단위 : 대)

구분	승용차	중형버스	대형버스	소형화물	중형화물	대형화물	합계
2018년	2,765,473	17,845	73,184	323,754	61,004	57,214	3,298,474
2023년	2,645,237	16,403	68,495	296,983	49,633	54,921	3,131,672

※ 스크린라인 조사 : 교통량 조사를 위해 조사대상 지역 내 일정 지점(경계선)을 통과하는 차량을 조사하는 것

① 전체 교통량에서 승용차가 차지하는 비중이 2018년과 비교하여 2023년에 증가하였다.
② 친환경 교통 정책 추진으로 인해 교통량이 모두 감소하였다.
③ 사람들의 공유 차량 이용이 증가하였다.
④ 개인 이동 수단에 대한 선호도가 증가하였다.
⑤ 2018년 대비 2023년에 교통량의 감소율이 가장 작은 차종은 승용차이다.

18. A ~ E 다섯 팀의 도착 순서를 설명한 〈보기〉의 조건들이 모두 참일 때, 다음 중 항상 참인 것은?

보기

• A는 D보다 빨리 도착했다.
• C는 E보다 빨리 도착했다.
• B는 A보다 빨리 도착했다.
• E는 마지막에 도착하지 않았다.
• C는 제일 먼저 도착하지 않았다.

① A가 3등으로 도착했으면 C가 2등이다.
② B가 1등으로 도착했으면 A가 2등이다.
③ E가 4등으로 도착했으면 C가 3등이다.
④ C는 4등으로 도착했을 가능성이 있다.
⑤ E는 2등으로 도착했을 가능성이 있다.

19. 다음의 보조 메시지 A ~ E를 통해 도출한 메인 메시지로 가장 적절한 것은?

> A. 도시 지역에 거주하는 사람들은 농촌 지역에 비해 운동 부족으로 인한 건강 문제를 겪을 확률이 더 높은 것으로 연구되었습니다.
> B. 교통 혼잡과 높은 주거 비용은 도시 사람들의 스트레스로 작용하고 있습니다.
> C. 많은 도시들은 시민들의 삶의 질을 향상시키기 위해 공공 교통 시스템 개선과 녹지 공간 확보를 추진하고 있습니다.
> D. 도시 지역의 주거지 선택에 있어서 공기 질은 중요한 고려사항 중 하나입니다.
> E. 도시 지역은 농촌에 비해 문화적 행사와 여가 활동에 대한 다양한 접근성이 높습니다.

① 도시 생활은 농촌보다 더 많은 건강 및 스트레스 관련 문제를 야기합니다.
② 도시 지역에서의 삶의 질 개선을 위해 공공 교통과 녹지 공간이 중요한 역할을 합니다.
③ 도시 거주자들은 농촌 거주자들에 비해 더 나은 문화적 경험을 가집니다.
④ 도시는 농촌보다 다양한 여가 활동의 기회가 있지만, 건강과 스트레스에 더 취약합니다.
⑤ 공기 질은 도시와 농촌 거주지 선택에 있어 가장 중요한 요소가 됩니다.

20. 다음은 논리적 사고의 구성 요소 중 하나에 대한 설명이다. 이에 해당하는 요소는?

> 다른 사람을 설득하는 과정에서 거부당할 수 있다. 그 경우 이것이 필요하다. 자신의 주장이 받아들여지지 않는 원인 중에는 상대 주장에 대한 이해 부족이 있을 수 있다. 상대 논리의 약점을 찾고, 자신의 생각을 재구축한다면 상대를 설득할 수 있다.

① 생각하는 습관　　　② 상대 논리의 구조화　　　③ 고정관념 타파
④ 타인에 대한 이해　　　⑤ 구체적인 생각

21. 다음은 '평일에 참여한 문화예술 관람활동 만족도'에 대한 설문 결과의 일부이다. 이를 분석한 내용인 ㄱ ~ ㄹ을 바탕으로 (A) ~ (D)에 들어갈 수치를 바르게 연결한 것은? (단, 응답을 하지 않은 경우도 있다)

(단위 : %)

구분		매우 불만족	다소 불만족	다소 만족	매우 만족
연령별	10대	–	11.2	44.6	39.2
	20대	0.4	10.4	42.2	43.8
	30대	–	(A)	48.9	37.4
	40대	0.3	9.8	43.2	44.3
	50대	0.6	7.2	44.1	44.6
	60대	0.4	9.6	39.7	43.9
	70세 이상	–	9.7	(B)	45.2
가구원 수	1인	0.3	(C)	41.8	46.4
	2인	0.4	8.1	47.3	39.2
	3인 이상	0.2	7.7	44.9	41.6
지역 규모	대도시	0.3	6.8	43.9	43.8
	중소도시	0.8	7.9	44.8	41.2
	읍면지역	–	8.4	41.2	(D)

ㄱ. 10대를 제외하면, 30대가 '매우 만족' 대비 불만족 비율이 가장 높았다.
ㄴ. 전 연령대를 통틀어 70세 이상의 만족 비율이 가장 낮았다.
ㄷ. 1인 가구의 불만족 비율이 가장 높았다.
ㄹ. 읍면지역보다 중소도시의 만족 비율이 낮았다.

	(A)	(B)	(C)	(D)
①	9.1	32.8	7.9	47.8
②	9.4	45.1	8.3	49.1
③	8.9	34.7	9.1	45.3
④	9.6	37.4	8.8	46.7
⑤	10.3	40.2	8.5	43.6

[22 ~ 23] 다음은 서울발 부산행 열차 이용에 대한 안내이다. 이어지는 질문에 답하시오.

〈열차 운행 규칙〉

- 모든 기차는 정차역에서 10분간 정차한 후 출발한다.
- 환승 시 모든 정차역에서 동일하게 15분이 소요된다.
- 같은 기차역에 여러 기차가 정차한 경우, 먼저 도착한 열차가 우선 출발한다.
- 정차역에 여러 기차가 동시에 도착한 경우, KTX-ITX새마을-무궁화 순으로 출발한다.
- 정차역에 여러 기차가 동시에 도착한 경우, 출발할 시에는 10분 간격을 두고 출발한다.
- 출발시간이 같을 경우, 무정차 열차가 우선한다.
- 아래의 〈서울발 부산행 열차 소요시간 안내〉에는 정차시간이 포함되어 있지 않다.
- 속도가 빠른 후행 열차라도 선행 열차를 추월할 수 없다. 속도가 빠른 후행 열차는 다음 정차역에 선행 열차와 동시에 도착한다.

〈서울발 부산행 열차 소요시간 안내〉

구간	KTX		ITX새마을		무궁화	
	소요시간	정차유무	소요시간	정차유무	소요시간	정차유무
서 울 → 오 송	50분	일부정차	60분	○	80분	○
오 송 → 대 전	30분	○	40분	○	50분	○
대 전 → 동대구	50분	일부정차	60분	○	90분	○
동대구 → 울 산	25분	X	30분	○	40분	○
울 산 → 부 산	25분	○	30분	○	40분	○

〈서울발 부산행 열차 출발시간 및 이용요금 안내〉

열차번호	출발	예매가능			운임요금(원)		
		특실	일반실	입석	특실	일반실	입석
KTX 106(동대구 정차)	09 : 30	매진	예매	예매	83,000	60,000	48,000
무궁화 1204	09 : 50	없음	예매	매진	없음	30,000	25,000
ITX새마을 1003	10 : 30	없음	예매	예매	없음	45,000	35,000
KTX 107(동대구 정차)	11 : 00	예매	매진	매진	83,000	58,000	48,000
KTX 108(오송 정차)	11 : 20	예매	예매	매진	83,000	60,000	48,000

※ 20XX. 05. XX 기준

22. 제시된 안내 사항을 토대로 고객 상담을 진행하였다. 다음 답변 중 적절하지 않은 것은?

① 무궁화 1204를 타고 대전에서 KTX 107로 환승이 가능합니다.

② 서울에서 동대구를 가는 경우, KTX 107을 타면 ITX새마을 1003을 타는 것보다 더 이른 시간에 도착할 수 있습니다.

③ 20XX. 05. XX에 서울에서 부산까지 4인이 가장 저렴하게 이용할 수 있는 운임은 총 120,000원입니다.

④ 서울발 KTX를 타고 출발하여 울산에 가기 위해서는 환승이 필요합니다.

⑤ 대전에서 가장 빨리 부산에 도착하시려면 11시 전에 탑승을 완료하셔야 합니다.

23. 세 번째로 부산역에 도착하는 열차는?

① KTX 106   ② 무궁화 1204   ③ ITX새마을 1003

④ KTX 107   ⑤ KTX 108

24. 다음 기사의 내용을 바탕으로 할 때, 주무부서의 전략으로 적절하지 않은 것은?

> ○○지역은 최근 폭설로 인해 큰 혼란을 겪었다. 폭설로 인해 주요 도로는 물론, 교량과 터널 등 주요 인프라가 심각한 손상을 입었으며, 이로 인한 경제적 손실은 이미 수십억 원에 이르는 것으로 추정된다. 특히, 이번 폭설은 예측 가능한 범위를 훨씬 초과하여 발생한 것으로 기존의 폭설 대비 시스템의 한계를 여실히 드러냈다.
>
> 주무부서에서는 긴급 복구 작업을 우선적으로 진행 중이며, 동시에 재발 방지를 위한 중장기 대책을 모색하고 있다. 복구 작업에는 중앙 정부의 지원이 필수적이며, 복구 작업의 효율성을 높이기 위한 신기술 도입도 고려 중이다. 또한 인프라 강화, 지역 주민 대상의 비상 대처 교육, 그리고 정확한 폭설 예측 시스템 개발에 대한 투자가 논의되고 있다.
>
> 이 외에도, 폭설로 인해 관광 산업에도 큰 타격을 입은 상황에서 관광 산업의 회복과 촉진을 위한 방안도 긴급하게 검토되어야 한다는 목소리가 높다.

① 중앙 정부와의 협력을 통해 필요한 예산 및 기술 지원을 확보하여 긴급 복구 작업의 효율성을 극대화한다.

② 폭설에 대비한 인프라 강화 및 신기술 도입을 위해 관련 연구 개발에 대한 투자를 증대한다.

③ 지역 내 주요 관광 명소에 대한 임시 폐쇄 조치를 실시하고, 폭설로 인한 피해가 최소화된 지역부터 관광 활성화를 위한 캠페인을 시작한다.

④ 폭설 예측 시스템의 정확도를 향상시키기 위해 기상청과의 협력을 강화하고 인공지능 기술을 활용한 예측 모델 개발에 착수한다.

⑤ 폭설로 인한 피해가 극심한 지역의 주민들을 위한 임시 거주 시설 마련과 식량 및 의약품의 긴급 공급을 우선시한다.

25. 다음은 시도별 대중교통 접근시간에 대한 통계자료이다. 이를 활용해 가설들을 검증하려고 할 때 확인할 수 없는 가설은?

〈시도별 대중교통 접근시간〉

(단위 : %)

구분	5분 미만	5분 ~ 10분 미만	10분 ~ 15분 미만	15분 ~ 20분 미만	20분 ~ 25분 미만	25분 ~ 30분 미만	30분 이상
전체	14.4	43.2	27.8	8.2	2.9	0.7	2.8
서울	14.2	44.6	28.7	8.7	3.0	0.6	0.2
경기	12.4	52.3	25.8	6.8	2.1	0.2	0.4
인천	12.2	45.9	28.2	8.4	3.1	0.7	1.5
강원	12.9	43.7	29.1	8.2	3.6	0.6	1.9
충남	11.4	45.8	28.4	8.7	3.4	0.4	1.9
충북	13.6	44.7	27.6	8.2	3.7	0.6	1.6
대전	14.0	44.8	27.5	9.1	2.0	1.1	1.5
세종	12.1	47.6	26.6	8.4	3.2	0.3	1.8
경북	12.8	43.1	27.9	10.0	3.4	0.7	2.1
경남	12.9	44.8	28.3	9.4	3.1	0.4	1.1
부산	14.8	43.0	30.1	8.4	1.9	0.5	1.3
대구	13.6	45.2	27.9	8.4	2.6	0.6	1.7
울산	15.8	44.6	27.4	8.4	1.6	1.2	1.0
전남	12.6	43.9	30.7	7.8	3.1	0.4	1.5
전북	12.3	45.1	28.9	8.9	2.7	0.8	1.3
광주	14.1	45.4	28.5	9.3	1.7	0.3	0.7
제주	12.4	46.2	29.1	7.8	3.1	0.5	0.9

※ 수도권 : 서울, 경기 인천을 의미한다.

① 지역에 상관없이 90% 이상이 20분 안에 대중교통에 접근이 가능할 것이다.

② 대중교통 접근시간 10분 미만 비율이 높을수록 우수지역이라면, 경기가 가장 우수할 것이다.

③ 대중교통 접근시간 20분 이상 비율이 높을수록 취약지역이라면, 강원이 가장 취약할 것이다.

④ 경북에 비해 경남에서 더 많은 사람들이 15분 이상이 걸려 대중교통에 접근할 것이다.

⑤ 수도권 세 지역은 모두 5분 이상 10분 미만 시간대의 대중교통 접근성이 전국 평균을 뛰어넘을 것이다.

과목 1 직업기초 ✓ 1~30

[01 ~ 03] 다음 제시 상황과 자료를 보고 이어지는 질문에 답하시오.

○○공사 직원 Q는 정보화 사업에 대한 다음의 보도자료를 작성하고 있다.

〈　　　　　　　　　 ⊙　　　　　　　　　 〉

　　○○공사가 통합정보시스템 고도화, 차세대 기록관리시스템 구축 등을 포함한 2022년도 정보화 사업 현황을 공개했다. 이번에 공개된 정보화 사업은 총 6개 분야 18건이며, 정보화 컨설팅(13억 3,600만 원), 소프트웨어 개발(1억 5,800만 원), 운영·유지관리(12억 원), 시스템 고도화(47억 원), 인프라 구축·개량(11억 5,800만 원), PC 및 SW 구매(22억 9,300만 원)로 구분된다. 이 중 시스템 고도화 및 인프라 구축·개량 분야의 사업에 정보통신공사업체들이 참여할 수 있을지 관심이 모아진다.

　　우선 차세대 철도운영정보시스템(XROIS)과 고속철도 통합정보시스템(IRIS)을 클라우드 기반 시스템으로 통합·구축하는 고도화 사업이 진행된다. 해당 사업은 올해 2022년 7월부터 2024년 12월까지 30개월 동안 24억 2,400만 원이 투입되며, 열차운영 빅데이터를 통한 정확하고 빠른 정보 제공을 목표로 추진된다. 특히 현재 운영 중인 시스템 구성을 HTML5 웹 기반 시스템으로 전환해 사용자 편의성을 향상하고 보안취약점을 해소하는 데 중점을 두고 있다. ○○공사는 2022년 6월에 입찰을 진행하고, 올해에는 시스템 분석 및 설계, 시스템별 화면 설계, 샘플 페이지 개발을 추진한다는 계획이다.

　　현재 ○○공사가 사용 중인 '표준기록관리시스템'도 개선될 전망이다. 정부로부터 무상으로 지원받아 2009년부터 사용하고 있는 표준기록관리시스템은 운영체계 및 데이터 호환 불가, 그룹웨어 서버 부하 발생, 보안 문제 등으로 인해 개선이 필요하다. 따라서 ○○공사는 다양한 유형의 기록정보 자원에 대한 체계적인 관리와 효율적인 활용을 위해 클라우드 기반의 차세대(지능형) 기록관리시스템을 구축하기로 했다. 4월 발주 예정인 차세대 기록관리시스템 구축 사업에는 올해 연말까지 총 17억 2,900만 원이 투입되며, 클라우드 기반 운영환경 구축뿐만 아니라 핵심 데이터 전자기록 선별 기준 수립과 업무별·조직별 기록물 검색 서비스 제공을 위한 기록물 분류체계 표준화도 사업 내용에 포함되어 있다.

　　○○공사 측은 "정부의 행정·공공기관 정보시스템 클라우드 전환 정책과 정부의 차세대 기록관리 모델을 반영해 관련 법령에 따라 시스템을 구축한다."라며, "내년에는 축적된 기록정보 활용을 위한 지능형 서비스도 개발할 예정이다."라고 밝혔다.

또한 ○○공사의 안정적인 정보 운영과 관리를 목표로 보안사고 예방을 위한 효율적인 대응시스템도 마련한다. 사이버 공격 형태가 단순 웹 해킹에서 교통·통신·전력 등 국가 기반시설에 대한 테러 성향의 사이버 공격으로 변화함에 따라, 전문 보안관제 기업을 통해 사이버 침해 사고 및 자료 유출을 예방한다는 구상이다. '사이버안전센터 보안관제 용역'의 핵심 사업 내용은 보안관제시스템 및 헬프데스크 구축, 침해 사고 분석 대응, 취약점 점검 및 모의해킹, 대내·외 점검 지원 등이다.

한편 ○○공사는 인프라 구축·개량 사업의 일환으로 'L3 스위치 교체사업'을 올해 연말까지 추진한다는 계획도 밝혔다. 논산역, 상주역, 부산진역, 곡성역, 군산역 등 16개소에 설치된 근거리 통신망에 사용되는 디지털 전송장치인 CSU와 일반 전화선을 사용해 데이터를 전송하는 근거리 통신망 DSL은 2Mbps 이하 저용량 네트워크 장비로, 부품 단종 및 서비스가 종료된 제품이다. 이에 ○○공사는 16개소에 설치된 L3 스위치 35대를 10Mbps 이상 장비로 교체하기 위해 3억 원의 예산을 투입한다. 특히 ○○공사는 대내·외 서비스 중요도를 고려해 승차권 발매기 대상 역에 우선 설치할 계획이다.

이 밖에 노후화 및 성능저하 문제가 발생한 사무용 PC도 대폭 교체하고 내부통제 소프트웨어를 업그레이드한다. ○○공사가 밝힌 PC 구매 수량은 업무용 PC 1,467대, 인터넷용 PC 1,445대, 보안장비 288대, 노트북 162대 등 총 3,362대이다. 사무용 PC 등 교체사업은 4월 입찰을 통해 추진되며 교체될 PC는 5월부터 현장에 보급될 예정이다.

01. 다음 중 직원 Q가 작성한 자료를 이해한 내용으로 적절하지 않은 것은?

① 보안사고 예방을 위하여 보안관제시스템 및 헬프데스크를 구축할 예정이다.

② CSU와 DSL은 부품이 단종되고 서비스가 종료된 제품이다.

③ PC 및 SW 구매 사업은 2022년 정보화사업 6개 분야 중 두 번째로 큰 비용이 투자된다.

④ 차세대 기록관리시스템 구축 사업의 기록물 분류체계 표준화는 내년 연말까지 예산이 투입되는 사업이다.

⑤ 기존의 표준기록관리시스템은 10년 이상 사용되어 온 시스템이다.

02. 다음 중 직원 Q가 작성한 자료의 ㉠에 들어갈 제목으로 가장 적절한 것은?

① ○○공사, 내부 전문가 컨설팅으로 정보역량 제고

② ○○공사, 2022년 정보화 사업 현황 공개

③ ○○공사, 고객이 제안한 정보통신공사업체 선정

④ ○○공사의 선진 철도 기술력

⑤ ○○공단, 통합정보시스템 신기술 개발

03. 제시된 자료를 읽고 동료 직원들이 나눈 〈보기〉의 대화를 참고할 때, 다음 중 직원 Q가 작성한 자료를 잘못 이해한 직원은?

보기

A : 이번에 공개된 정보화 사업 분야 중 아직 언급되지 않은 것은 운영·유지관리와 소프트웨어 개발이야.

B : 인프라 구축·개량 사업의 일환으로 L3 스위치를 교체하는 사업을 올해 연말까지 추진할 계획이야.

C : ○○공사가 밝힌 사무용 기기 구매 수량 중 세 번째로 많이 구매하는 것은 보안장비야.

D : 사이버 공격의 형태가 국가 기반시설에 대한 테러 성향으로 변화하고 있어.

E : 차세대 기록관리시스템 구축을 위해 해당 분야 사업 비용의 30% 이상이 투입돼.

---

① A   ② B   ③ C

④ D   ⑤ E

[04 ~ 05] 다음 제시 상황과 자료를 보고 이어지는 질문에 답하시오.

○○공사 직원 S는 객차설비 개량 역사에 대한 다음 자료를 읽고 있다.

〈객차설비 개량의 역사〉

1980년대까지 객차의 수동 출입문은 조금만 실수해도 치명적인 사고로 이어질 만큼 안전성 면에서 취약했다. 손님들이 열차에 타거나 내릴 때 이용하는 승강대는 3단 정도의 계단과 객차 안쪽으로 열리는 문, 스프링 장치가 있는 발판으로 구성된다. (㉠) 발판은 열차 운행 시 바닥으로 내려 승강대 입구를 막음으로써 외부로 통하는 문이 열리지 않도록 해주는 중요한 역할을 한다. 손님이 역에 내릴 때에는 발판 고정 장치를 살짝 밟아주면 스프링 작용에 의해 쉽게 들어 올려지는데, 발판이 열려야 비로소 출입문을 당겨서 열 수 있는 구조이다. (㉡) 문제는 열차 이동 중에도 쉽게 고정 장치를 풀 수 있게 되어 있어서 문 밑으로 뚫린 공간이나 열린 문을 통해 이용객이 추락할 위험이 있다는 것이었다. (㉢) 이런 문제점을 근본적으로 해결하기 위해 1994년부터 객차에 자동문을 설치하기 시작했다.

우리나라는 사계절이 뚜렷하기 때문에 출입문 못지않게 중요한 것이 냉난방장치이다. 국내 철도에 기계식 냉방장치(에어컨)가 처음 도입된 것은 1939년으로, 경성과 부산 사이를 달리던 특별급행열차 '아카쓰키'가 효시이다. (ㄹ) 일반 객차의 냉방은 천장에 매달린 선풍기가 맡았다. 겨울에는 난방차를 연결하여 물을 끓여 발생한 뜨거운 수증기를 객실에 보내는 방식을 썼다. 난방장치가 증기식에서 전기식으로 전환된 것은 1984년부터였다. (ㅁ) 비둘기호를 제외한 급행열차의 선풍기를 에어컨으로 교체하고, 기존 증기난방을 열선을 이용한 전기난방으로 바꾼 것이다. 에어컨이 설치되면서 개방형 창문은 자연스럽게 밀폐형으로 바뀌었고, 그 후 통유리를 이용한 전망형 창문이 대중화되기 시작했다.

04. 다음 중 직원 S가 위 자료를 이해한 내용으로 가장 적절한 것은?

① 객차의 창문이 밀폐형이 된 것은 기계식 난방장치의 등장으로 인한 것이다.

② 국내 철도에 처음 에어컨이 도입된 시기는 자동문이 설치된 시기보다 앞선다.

③ 1980년대의 승강대는 3단 정도의 계단과 객차 외부로 열리는 문, 스프링 장치가 있는 발판으로 구성되어 있다.

④ 특별급행열차에 에어컨이 처음 도입되었을 때에도 일반 객차의 냉난방은 선풍기와 열선을 이용한 전기난방이 맡았다.

⑤ 열차 이동 중 문 밑으로 뚫린 공간이나 열린 문을 통해 이용객이 추락하는 사고를 방지하고자 스프링 장치가 있는 발판이 설치되었다.

05. 다음 중 빈칸 ㄱ ~ ㅁ에 들어갈 말로 적절하지 않은 것은?

① ㄱ : 그중   ② ㄴ : 그러나   ③ ㄷ : 그리하여

④ ㄹ : 당시   ⑤ ㅁ : 한편

1회 기출복원 2회 기출복원 3회 기출예상 4회 기출예상 5회 기출예상 6회 기출예상 인성검사 면접가이드 철도법령

[06 ~ 07] 다음 제시 상황과 자료를 보고 이어지는 질문에 답하시오.

○○공사 직원 Y는 온라인 승차권 발권 서비스에 대한 다음 보도자료를 읽고 있다.

N사와 K사의 앱에서도 열차 승차권 예약이 가능해진다

작성일 : 202X. 01. 31. (일)

○○공사가 202X년 2월 1일 오전 10시부터 N사와 K사의 앱에서도 열차 승차권 예약 서비스를 제공한다고 오늘 밝혔다. 그동안 모바일 ○○공사의 앱으로 제공하던 승차권 예약 서비스를 N사와 K사의 앱까지 확대한 것이다.

N사와 K사의 회원은 철도회원이 아니거나 ○○공사 모바일 앱이 없어도 두 회사의 앱에서 바로 승차권을 구입할 수 있다. 대부분 상시 로그인 상태로 이용하는 N사와 K사의 앱 특성을 고려할 때, 철도 비회원도 별도의 가입절차와 ○○공사 모바일 앱 설치 없이 간편하게 온라인 승차권을 발권할 수 있어 비대면 철도서비스 이용 편의가 더욱 높아질 것으로 기대된다.

N사의 철도승차권 예약 서비스는 N사 애플리케이션과 N사 지도 애플리케이션에서 제공된다. N사 앱 검색창에 기차표예매 등 열차 승차권 관련 키워드를 입력하면 승차권 예약 화면이 나타난다. 출발 · 도착역을 설정하고 열차 시간표를 조회한 후 좌석을 선택해 결제하면 된다. 발권한 승차권은 N사 애플리케이션의 '내 예약' 메뉴에서 확인할 수 있다. N사 지도 앱에는 '기차 조회 · 예매' 메뉴가 신설된다. 전체메뉴를 클릭하고 기차 조회 · 예매를 선택하면 승차권 예약 화면으로 접속된다.

K사의 철도승차권 예약 서비스는 K사 T앱과 K톡 애플리케이션을 통해 제공된다. T앱의 첫 화면에 신설되는 '기차' 메뉴에 접속하면 승차권 예약이 가능하다. 출발 · 도착지 위치를 기준으로 검색해 최적의 철도 이용경로를 추천받은 다음, 승차권 예약 화면으로 이어진다. 발권한 승차권은 '이용 서비스' 메뉴에서 확인할 수 있다. K톡 애플리케이션에서는 '열차 알림톡' 채널을 통해 승차권 예약 화면으로 이동할 수 있다. K톡에서 직접 승차권을 예약하는 서비스도 준비 중이다.

한편 ○○공사는 열차를 보다 편리하게 예매할 수 있도록 비대면 서비스를 더욱 확대해 나갈 방침이다. 홈페이지나 ○○공사 애플리케이션 등 온라인 승차권 발권 비율은 매년 증가하고 있지만, 아직도 승객 다섯 명 중 한 명은 철도역 매표창구나 자동발매기 등 오프라인으로 승차권을 구입한다는 게 ○○공사의 설명이다. 특히 철도회원의 약 95%가 온라인 발권을 이용하는 데 반해, 비회원의 경우 80% 이상이 오프라인으로 승차권을 구입한다. 이를 개선하기 위해 철도 비회원이 기존에 사용하는 익숙한 온라인 플랫폼에서 승차권을 구입할 수 있도록 비대면 승차권 예약시스템을 확대하고 있다.

○○공사 사장은 "N사 앱이나 K톡처럼 많은 분들이 이용하는 플랫폼과 협업을 강화해 철도 이용객의 편의를 높이고 비대면 온라인 서비스를 지속적으로 확대하겠다."라고 말했다.

06. 다음 중 직원 Y가 제시된 보도자료를 읽고 이해한 내용으로 적절한 것은?

① 열차 승차권 바로예약 서비스는 총 6개의 애플리케이션에서 제공될 예정이다.

② 전체 열차 승차권 발권 중 오프라인 열차 승차권 발권 비율은 약 20%이다.

③ K사 애플리케이션으로 발권한 승차권은 '내 예약' 메뉴에서 확인할 수 있다.

④ 열차 승차권 바로예약 서비스는 목요일 오전 10시부터 이용할 수 있다.

⑤ N사 애플리케이션을 이용할 경우 별도의 검색 없이 열차 승차권 예약이 가능하다.

07. 제시된 보도자료를 읽고 열차의 승객들이 나눈 〈보기〉의 대화를 참고할 때, 다음 중 (가)에 들어갈 말로 적절한 것은?

보기

승객 A : 이제 N사와 K사의 애플리케이션을 통해 열차 승차권을 바로 예약할 수 있다는 보도자료 읽어보셨나요?

승객 B : 네, 읽어봤어요. 많은 사람들이 이용하는 친숙한 플랫폼을 통해 열차 승차권을 비대면으로 빠르고 쉽게 예약할 수 있으니 좋은 거 같아요.

승객 C : 맞아요. 그런데 ○○공사가 열차 승차권 바로예약 서비스에 N사와 K사의 플랫폼을 선정한 궁극적인 이유가 무엇인지 아시나요?

승객 D : 그건 말이죠. (가   )

① 철도 비회원의 온라인 열차 승차권 발권 비율을 높이기 위해서예요.

② 철도역 매표창구나 자동발매기 등에서의 열차 승차권 발권 비율을 높이기 위해서예요.

③ N사와 K사의 애플리케이션은 별도의 가입절차 및 애플리케이션 설치 없이 간편하게 온라인 열차 승차권을 발권할 수 있기 때문이죠.

④ 출발 및 도착지 위치를 기준으로 최적의 철도 이용경로를 추천받을 수 있어요.

⑤ 기존 ○○공사 모바일 앱 회원의 접근성을 보다 높이기 위해서예요.

[08 ~ 09] 다음 제시 상황과 자료를 보고 이어지는 질문에 답하시오.

> ○○공사 직원 J는 까치집 자동검출시스템에 대한 다음의 보도자료를 읽고 있다.
>
> ○○공사가 AI(Artificial Intelligence) 기술을 활용해 '까치와의 전쟁'에 나섰다. ○○공사는 까치가 주로 집을 짓는 이달 3월부터 5월까지를 '전차선 특별 관리 기간'으로 정하고, 인공지능 기술을 적용한 '실시간 까치집 자동검출시스템'을 활용해 단전사고를 예방하고 있다고 16일 밝혔다. 그동안 ○○공사는 까치집에 포함된 나뭇가지나 철사 등으로 인한 전차선 단전 사고를 막기 위해 현장 유지보수 직원의 도보 순회나 기관사의 육안 점검을 통해 까치집 제거 작업을 시행해 왔다.
>
> '실시간 까치집 자동검출시스템'은 열차 운전실에 설치된 별도의 검측장비로 전차선을 모니터링하고 AI로 영상정보를 분석해 까치집 등의 위험요인을 찾아 현장 직원에게 즉시 전송하여 현장에서 확인 후 까치집을 제거하는 방식이다. 시속 150km로 달리는 열차에서도 위험요인을 판독할 수 있는 고성능 영상처리장치와 GPS 등 최첨단 IT기술을 적용했다. AI가 스스로 학습하는 딥러닝(Deep Learning) 방식으로 까치집과 전차선을 구분해 정확도를 95% 이상 높였다.
>
> 이와 함께 까치집 제거에 드론도 활용한다. ○○공사는 지난 2020년 말부터 정기열차가 운행하지 않거나 작업자가 접근하기 쉽지 않은 차량정비시설 등에 드론을 띄워 전차선에서 까치집을 발견하는 기술을 개발해 시범 운영하고 있다. 역 구내 또는 차량기지의 전차선 설비를 입체적으로 촬영하고, 송전선로를 점검하는 데 드론을 활용할 수 있도록 국가 R&D 과제로 '무인이동체 기반 접근취약 철도시설물 자동화 점검시스템'을 개발 중이다.
>
> 또한, ○○공사는 까치집, 폐비닐 등 전차선 2m 이내 위험요인을 신고하는 '국민 신고포상제도'를 운영하고 있으며, 사고 예방에 기여한 경우 소정의 사은품을 제공한다. 손○○ 사장은 "전차선 관리 등 안전한 열차 운행을 위해 첨단 IT신기술 연구개발을 확대하고, 스마트한 철도안전관리시스템을 마련하겠다."라고 말했다.

08. 다음 중 직원 J가 제시된 자료를 이해한 내용으로 적절하지 않은 것은?

① 까치는 대체로 3월에서 5월 사이에 집을 짓는다.

② 전차선 설비 촬영과 송전선로 점검에 드론을 이용하는 기술을 개발하고 있다.

③ 까치집이 전차선 단전사고를 일으키는 이유는 나뭇가지와 철사 때문이다.

④ 전차선을 기준으로 1m 위치에 있는 폐비닐을 ○○공사에 신고할 경우 소정의 사은품을 받을 수 있다.

⑤ 최첨단 IT기술과 드론을 이용하여 '실시간 까치집 자동검출시스템'을 정식 운영하고 있다.

09. 제시된 자료를 읽고 ○○공사 직원들이 나눈 〈보기〉의 대화에서 (가)에 들어갈 말로 적절한 것은?

> 보기
>
> 직원 A : 우리 회사가 전차선 특별관리 기간을 지정하고 단전사고를 예방하고 있다는 보도자료를 읽어보셨나요?
>
> 직원 B : 네. 저도 읽어봤어요. 딥러닝 방식의 AI 기술을 실시간 까치집 자동검출 시스템에 활용한다는 점이 매우 인상 깊더라고요.
>
> 직원 A : (가   )
>
> 직원 B : 맞아요. 그 후에 현장 직원이 현장을 확인하고 까치집을 제거한다고 하더라고요.

① 현장 유지보수 직원이나 기관사의 점검을 통해 까치집을 발견하는 방식이죠?

② 단전사고 예방에 여러 첨단 기술을 활용할 예정이라고 하던데요.

③ AI가 자체적인 학습을 통해 까치집과 전차선을 높은 정확도로 구분해 낸다고 하더라고요.

④ 작업자가 접근하기 어렵거나 정기열차가 운행하지 않는 곳에 드론을 띄워 까치집을 발견하는 방식이죠?

⑤ '무인이동체 기반 접근취약 철도시설물 점검 시스템'의 일환으로 진행되는 방식이죠?

10. 다음 글에서 맞춤법에 맞는 표현을 모두 고른 것은?

> A는 올해 휴가기간에는 특별한 일정을 잡지 않고 ㉠오랫만에 시골 고향집에 내려갔다. 휴가 때마다 특별하게 보내려고 이런저런 신경을 쓰다 보니 오히려 스트레스를 받게 되고 피로가 쌓이는 듯하여 이번 휴가는 말 그대로 꼭 ㉡쉴려고 시골집에 ㉢들렀다. 하지만 가는 날이 장날이라고 노모 홀로 계신 고향집은 그간 제대로 돌보지 못하여 밀린 일들이 산더미처럼 쌓여 있어 잠시도 쉬지 못하고 휴가 내내 고된 노동의 ㉣대가를 톡톡히 치르게 ㉤되였다. 겉으로는 온몸이 쑤시고 결려 휴가 전보다 피로가 가중된 듯했지만 마음은 한결 가벼워졌었다.

① ㉠, ㉡ 　　　　　　② ㉠, ㉢ 　　　　　　③ ㉡, ㉢
④ ㉢, ㉣ 　　　　　　⑤ ㉣, ㉤

11. ○○기업에서 일하는 A 씨는 회의실의 의자를 재배치하였다. 변경사항이 다음과 같을 때, 이 기업의 임직원은 모두 몇 명인가?

> • 한 줄에 총 15개의 의자를 배치하였다.
> • 임원용 의자 7개를 단상 뒤편에 따로 배치하고 나니 모든 줄에 빈 좌석이 없었다.
> • 의자 배치를 변경하고 나니 변경 전보다 의자가 16줄이 줄어들었다.
> • 변경 전에는 한 줄에 13개의 의자를 배치했었다.
> • 변경 전에는 임원을 포함한 전체 임직원이 첫 줄부터 줄을 채워 앉았을 때 마지막 줄에는 2명만 앉았다.
> • 의자 배치의 전후로 전체 임직원 수의 변동은 없다.

① 1,408명 　　　　　　② 1,413명 　　　　　　③ 1,422명
④ 1,429명 　　　　　　⑤ 1,432명

12. 어느 공장에서 사용하던 기계 A 50대 중 16대를 기계 B로 교체했다. 다음 자료로 판단할 때, 기계 교체 후 하루 동안 불량품으로 인한 손실액은 얼마나 줄어들었는가?

구분	기계 A	기계 B
1대당 하루 생산량(개)	5,000	8,500
불량률(%)	2	1
불량품 1개당 손실액(원)	6,000	7,000

① 80,000원   ② 80,500원   ③ 81,000원

④ 81,500원   ⑤ 82,000원

13. 다음 제시 상황과 자료를 바탕으로 할 때, 직원 C가 작업을 맡아 완료하기까지 소요되는 일수로 옳은 것은?

○○공사 직원 C는 맡은 작업을 완료하기 위해 본인과 다른 직원들의 소요 작업일수와 조건을 확인하고 있다.

- 직원 A, B, C는 직무 X를 완료하는 데까지 각각 10일, 15일, 12일이 소요된다.
- 직원 A와 B가 5일간 작업한 후에 남은 작업량은 모두 직원 C가 맡아 마무리한다.

① 1일   ② 2일   ③ 3일

④ 4일   ⑤ 5일

[14 ~ 15] 다음 제시 상황과 자료를 보고 이어지는 질문에 답하시오.

○○공사 직원 H는 다음의 역 운영 현황 자료를 열람하고 있다.

〈영업고시 및 사업본부별 편제 기준에 따른 역 운영 현황〉

■ 영업고시 기준

(단위 : 개)

역 구분	소계	보통역	간이역		조차장	신호장	신호소
			역원 배치	역원 미배치			
합계	688	337	2	308	2	32	7
여객 및 화물	37	36	–	1	–	–	–
여객	445	269	1	175	–	–	–
화물	39	25	1	12	1	–	–
기타(비영업)	167	7	–	120	1	32	7

■ 사업본부별 기준

(단위 : 개)

역구분	소계	보통역	간이역		조차장	신호장	신호소
			역원 배치	역원 미배치			
합계	688	337	2	308	2	32	7
여객본부	300	163	1	136	–	–	–
광역철도본부	269	127	–	142	–	–	–
물류본부	80	47	1	30	2	–	–
기타(전기)	39	–	–	–	–	32	7

14. 다음 중 직원 H가 제시된 자료를 이해한 내용으로 적절하지 않은 것은?

① 조차장은 영업고시 기준에서 화물과 기타(비영업)로 구분되며, 사업본부별 기준에서는 물류본부로만 구분된다.

② 신호장과 신호소는 기준과 관계없이 모두 기타로 구분된다.

③ 영업고시 기준에서 여객으로 구분되는 역원 배치 간이역의 개수는 사업본부별 기준에서 여객본부로 구분되는 역원 배치 간이역의 개수와 같다.

④ 보통역의 역 구분 항목별 최댓값과 최솟값의 차이는 영업고시 기준이 사업본부별 기준보다 크다.

⑤ 기타를 제외한 나머지 역 구분 소계의 평균은 영업고시 기준이 사업본부별 기준보다 크다.

15. 〈보기〉는 수정된 영업고시 기준 역 운영 현황이다. 다음 중 ⓐ에서 ⓑ를 뺀 절댓값은? (단, 소수점 아래 둘째 자리에서 반올림한다)

> **보기**
>
> 〈영업고시 기준 역 운영 현황 수정사항〉
>
> • 화물
>   – 보통역 3개 추가
>   – 역원 배치 간이역 3개 추가
>   – 조차장 3개 추가
>
> • 여객 및 화물
>   – 역원 미배치 간이역 4개 추가
>
> 〈영업고시 기준 역 구분별 비율〉
>
> | 여객 및 화물 | 여객 | 화물 | 기타(비영업) |
> |---|---|---|---|
> | ⓐ% | 63.5% | ⓑ% | 23.8% |

① 0   ② 0.2   ③ 1

④ 2.5   ⑤ 3.2

[16 ~ 17] 다음 제시 상황과 자료를 보고 이어지는 질문에 답하시오.

○○공사 직원 A는 지역경제 활성화에 관련된 통계자료를 열람하고 있다.

○○공사는 지역사회와 함께 발전하고 성장하는 것을 사회적 책무로 여기고 업의 특성을 살려 지역사회의 장기적인 발전에 기여하는 사회공헌활동을 전개하고 있습니다. 또한, 지역사회의 공동체 문제 해결과 지역경제 활성화 등에 앞장서고 있습니다.

〈지역경제 활성화〉

1. 국내 철도관광을 통한 지역경제 활성화(2024년 기준)
   - 철도 관광객 총 256만 명 수송
   - 생산유발 효과 : 7,351억 원
   - 취업유발 효과 : 9,630명
   - 온라인 특가 승차원 구매 이용객 308천 명

2. 상생협력지원 효과

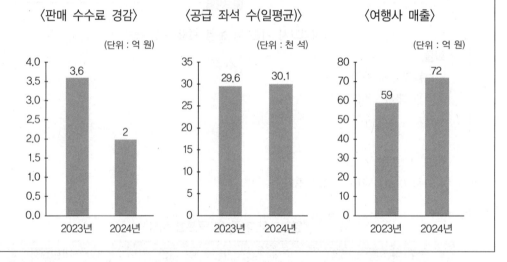

16. 다음 중 직원 A가 제시된 자료를 이해한 내용으로 적절하지 않은 것은?

① 2024년 온라인 특가 승차권 구매 이용객 수가 전년 대비 10% 증가한 것이라면 전년도 이용객은 30만 명 미만이다.

② 2023년 여행사 매출은 생산유발 효과의 1% 미만이다.

③ 취업유발 효과를 2024년 대비 20% 증가시키고자 한다면 목표 명수는 만 명을 넘지 않는다.

④ 전년 대비 2024년 공급 좌석 수 증감률보다 동기간 여행사 매출 증감률이 더 크다.

⑤ 2024년 온라인 특가 승차권 구매 이용객은 동기간 전체 철도 관광객의 약 12%이다.

17. 다음 중 전년 대비 2024년도의 판매 수수료 경감 증감률로 옳은 것은? (단, 소수점 아래 첫째 자리에서 반올림한다)

① -44% ② -52% ③ -75%
④ 24%   ⑤ 34%

[18 ~ 20] 다음 제시 상황과 자료를 보고 이어지는 질문에 답하시오.

○○공사 직원 K는 다음의 철도 역사 및 차량의 실내 공기질 자료를 열람하고 있다.

〈철도 역사 실내공기질〉

구분		기준치	2X20년		2X21년		2X22년	
			지하	지상	지하	지상	지하	지상
유지기준	미세먼지(μg/m³)	100 이하	㉠52	31	41	39	33	24
	초미세먼지(μg/m³)	50 이하	26	19	19	21	21	17
	이산화탄소(ppm)	1,000 이하	433	466	507	㉡488	507	500
	폼알데하이드(μg/m³)	100 이하	5	10	4	10	6	8
	일산화탄소(ppm)	10 이하	2	1	2	1	2	1

〈철도 차량 실내공기질〉

구분		기준치		2X20년	2X21년	2X22년
초미세먼지(μg/m³)	도시철도	50 이하		22	21	26
	열차	50 이하		19	19	18
이산화탄소(ppm)	도시철도	비혼잡	2,000 이하	㉢1,153	1,269	1,194
		혼잡	2,500 이하	1,453	1,346	㉣1,647
	열차	비혼잡	2,000 이하	1,080	1,113	1,376
		혼잡	2,500 이하	㉤1,296	1,333	1,409

18. 다음 중 직원 K가 제시된 자료를 이해한 내용으로 적절하지 않은 것은?

① 도시철도와 열차의 초미세먼지 실내공기질 기준치는 동일하다.

② 2X20 ~ 2X22년 동안 도시철도와 열차의 비혼잡 상태 이산화탄소는 기준치를 초과한 적이 없다.

③ 2X20 ~ 2X22년 동안 열차의 혼잡 상태 이산화탄소 수치는 매년 증가하고 있다.

④ 2X20 ~ 2X22년 동안 철도 역사의 폼알데하이드 검출량은 지하와 지상 모두 기준치의 20% 미만을 유지하고 있다.

⑤ 2X20 ~ 2X22년 동안 철도 역사의 미세먼지와 이산화탄소는 지상보다 지하에서 더 많이 검출됐다.

19. 다음 〈보기〉는 공기질의 상태를 보다 직관적으로 파악하고자 인디케이터를 활용하여 색상으로 공기오염도를 표현할 때 참고할 기준을 정리한 것이다. 제시된 자료의 ⊙ ~ ⊚ 중 공기질의 상태에 따른 공기오염도 색상이 나머지와 다른 하나는?

보기

〈공기오염도 색상 표현 기준〉

구분	파란색	초록색	노란색	빨간색
공기질 상태	좋음	보통	나쁨	매우 나쁨
기준	기준치의 25% 미만	기준치의 25% 이상 ~ 기준치의 50% 미만	기준치의 50% 이상 ~ 기준치 미만	기준치 이상

① ⊙   ② ⓛ   ③ ⓒ

④ ⓔ   ⑤ ⓜ

20. (19번과 이어짐) 직원 K가 제시된 자료를 바탕으로 재구성한 그래프를 검토하고 있다. 다음의 그래프 (가)와 (나)에 대한 설명으로 가장 적절한 것은?

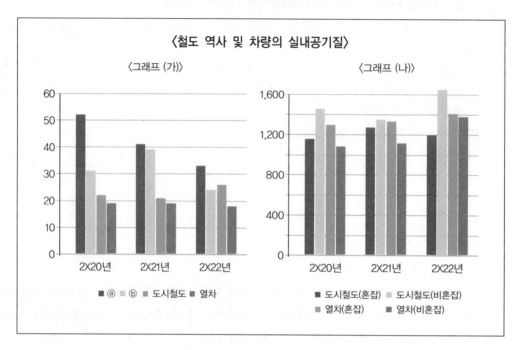

① 그래프 (가)의 ⓐ는 철도 역사 지상이고, ⓑ는 철도 역사 지하이다.

② 그래프 (가)는 초미세먼지 공기질을 나타낸 것이다.

③ 그래프 (가)에서 공기오염도 색상 표현이 파란색인 지표는 존재하지 않는다.

④ 그래프 (나)에서 혼잡 상태의 도시철도와 비혼잡 상태의 도시철도를 나타내는 막대가 서로 바뀌었다.

⑤ 그래프 (나)에 나타난 공기질은 폼알데하이드 단위와 동일한 단위를 사용한다.

[21 ~ 23] 다음 제시 상황과 자료를 보고 이어지는 질문에 답하시오.

○○공사 직원 K는 유지보수 체계도를 확인하고 있다.

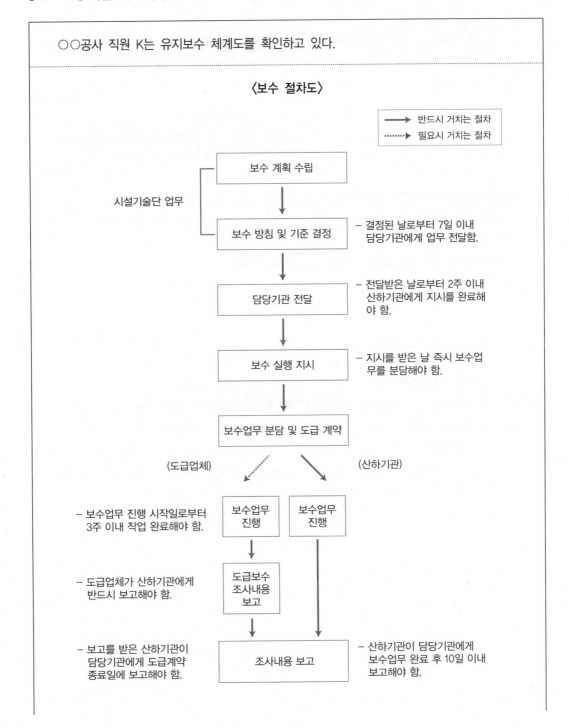

〈보수 절차도〉

→ 반드시 거치는 절차
┈┈▶ 필요시 거치는 절차

시설기술단 업무

보수 계획 수립

보수 방침 및 기준 결정
- 결정된 날로부터 7일 이내 담당기관에게 업무 전달함.

담당기관 전달
- 전달받은 날로부터 2주 이내 산하기관에게 지시를 완료해야 함.

보수 실행 지시
- 지시를 받은 날 즉시 보수업무를 분담해야 함.

보수업무 분담 및 도급 계약

(도급업체)   (산하기관)

- 보수업무 진행 시작일로부터 3주 이내 작업 완료해야 함.

보수업무 진행   보수업무 진행

- 도급업체가 산하기관에게 반드시 보고해야 함.

도급보수 조사내용 보고

- 보고를 받은 산하기관이 담당기관에게 도급계약 종료일에 보고해야 함.

조사내용 보고
- 산하기관이 담당기관에게 보수업무 완료 후 10일 이내 보고해야 함.

■ 유지보수 관련 기관 안내

책임기관	담당기관	산하기관(사업소)	도급업체
시설기술단	고속시설 사업단	장비운영사업소	도급공사
	지역본부	시설사업소	도급공사
	시설장비사무소	장비사업소	–

• 도급계약은 보수업무 분담 이후에 보수업무 진행이 시작되기 전까지 담당기관과 도급업체 간에 계약성사가 완료되어야 하고, 보수업무 분담일로부터 최대 7일 이내에 도급계약이 완료되어야 함.
• 도급계약일은 보수업무 진행 시작일을 1일로 하며 최대 60일을 넘길 수 없음.
• 도급공사를 통한 보수업무 진행의 경우 도급계약이 종료되는 날을 보수업무가 완료된 것으로 봄.
• 도급업체가 없는 경우 산하기관에서 보수업무를 진행함.

21. 다음 중 직원 K가 위 자료를 이해한 내용으로 가장 적절하지 않은 것은?

① 도급업체와 도급계약을 맺는 주체는 사업소가 아닌 담당기관이다.
② 시설장비사무소의 산하기관은 도급업체 없이 직접 보수업무를 진행한다.
③ 보수 계획을 수립하고 보수 방침 및 기준을 결정하는 것은 시설기술단의 업무이다.
④ 모든 도급업체는 필요한 경우 조사내용에 대해 도급계약을 맺은 담당기관에 보고해야 한다.
⑤ 8월 12일에 시설기술단이 보수 방침 및 기준을 결정했다면 담당기관이 업무를 전달받게 되는 날은 최대 8월 19일이다.

22. 〈보기〉와 같이 보수가 진행되었을 때, 다음 중 장비사업소가 시설장비사무소에 조사내용을 보고한 날짜로 가장 적절한 것은? (단, 평일과 주말 및 공휴일에 관계없이 모두 일한다)

보기
---

1. 시설기술단이 2X23년 11월 14일에 담당기관에게 업무를 전달함.
2. 담당기관은 전달받은 날로부터 주어진 모든 기간을 최대로 사용하여 보수 실행 지시를 내림.
3. 산하기관은 보수업무를 분담 받은 날 즉시 보수진행 업무를 시작하여 주어진 모든 기간을 최대로 사용하여 작업을 완료함.
4. 산하기관은 보수업무 완료 후 주어진 모든 기간을 최대로 사용하여 담당기관에게 조사내용을 보고함.

① 2X23년 12월 13일   ② 2X23년 12월 21일   ③ 2X23년 12월 29일
④ 2X24년 1월 6일   ⑤ 2X24년 1월 14일

23. 고속시설 사업단이 도급계약을 완료한 다음 날부터 도급공사가 14일 간의 보수 일정으로 도급 보수 업무를 진행하여 3월 30일에 완료하였다. 다음 중 3월 8일에 진행된 보수 절차로 가장 적절한 것은? (단, 고속시설 사업단은 주어진 모든 기간을 최대로 사용하였다)

① 도급계약   ② 보수업무 분담
③ 보수 실행 지시   ④ 보수 방침 및 기준 결정
⑤ 담당기관 전달

[24 ~ 26] 다음 제시 상황과 자료를 보고 이어지는 질문에 답하시오.

○○공사 직원 H는 한국의 국립공원 기념주화 예약접수에 대한 다음 자료를 열람하고 있다.

〈한국의 국립공원 기념주화 예약접수 안내〉

• 규격

액면(원)	모양	재질(%)	지름(mm)	중량(g)	표면상태
50,000	원형	은 99.9	35	23.0	Proof

• 판매가격

구분		주화구성	가격
1종 단품	A 타입	은화 1 가야산	각 62,500원
	B 타입	은화 2 변산반도	
	C 타입	은화 3 오대산	
3종 세트	D 타입	은화 1, 은화 2, 은화 3	182,500원

• 발행량 : 화종별 각 7,000장(총 21,000장, 국외분 2,100장 포함)
 − 단품(A, B, C 타입) : 화종별 각 2,000장(총 6,000장)
 − 3종 세트(D 타입) : 5,000세트(총 15,000장)

• 예약방법
 − 창구 접수 : 신분증을 지참하고 ○○은행, ◇◇은행 영업점을 방문하여 신청서를 작성(단, 코로나19 상황을 감안하여 아래 인터넷 접수를 권장)
 − 인터넷 접수 : ① ○○은행, ◇◇은행의 계좌를 보유한 고객은 각 은행 홈페이지에서 신청 가능
  ② 한국조폐공사 온라인 쇼핑몰 홈페이지에서는 가상계좌로 신청
  ※ 단, 기관 간 중복신청 시 1인당 신청한도 초과분은 취소됨.

• 예약내용 변경 및 취소
 − 창구 접수 : 예약접수 기간 내 가능
 − 인터넷 접수 : 마감일 23시까지 가능
  ※ 신청방법에 관계없이 수량 변경 시에는 예약 취소 후 재신청 가능
  ※ 단, 접수기간 종료 후에는 배송방법 변경 및 예약 취소 불가

• 예약 접수 기간 : 20X2. 2. 17.(목) ~ 20X2. 3. 10.(목)
 (인터넷 : 접수 개시일 09시부터 ~ 접수 마감일 23시까지)

• 신청자격
 − 대한민국 국민 및 출입국관리법에서 정한 외국인등록증을 소지한 외국인

- 1인당 신청한도(대리신청 가능)
  - 단품(A, B, C 타입) : 타입별 최대 3장(주화량 최대 9장)
  - 3종 세트(D 타입) : 최대 3세트(주화량 최대 9장)
    ※ 지점에서 대리신청 시 대리인과 신청인 신분증(또는 가족관계 확인 서류) 제시
    ※ 동일 수령자 및 수령지 등 접수 정보가 중복될 경우 각 타입(A, B, C, D 타입)별 10세트만 추첨 명단에 등록됨.
    ※ 비정상적인 경로(매크로 프로그램 등)나 방법으로 접수할 경우 당첨이 취소되거나 배송이 제한될 수 있음.

- 수령방법
  - 방문수령 : ○○은행, ◇◇은행 지점 방문수령(접수증 및 신분증 소지)
    ※ 대리인 수령 시 대리인 신분증, 신청인 신분증(또는 가족관계 확인 서류), 예약접수증 지참
  - 우편배송 : 착불배송료 본인 부담(단, 배송 물품가액에 따라 배송료 상이)
    ※ 배송 신청자가 동일한 경우라도 신청인 본인분 이외 묶음배송 불가

- 추첨
  - 각 타입별 접수량이 발행량을 초과할 경우 무작위 추첨으로 당첨자 결정
    당첨자 발표 : 20X2. 3. 28.(월) 예정
    ※ 예약접수량이 총발행량에 미달할 경우 예약접수분은 그대로 판매되고, 나머지 미달분은 한국조폐공사가 온라인 쇼핑몰을 통해 상시 판매 예정

24. 다음 중 직원 H가 위 자료를 이해한 내용으로 적절하지 않은 것은?

① 국외분 2,100장을 제외하고 단품은 총 6,000장, 3종 세트는 총 5,000세트가 발행된다.

② 1인당 단품 주화를 총 9장까지 예약 접수할 수 있다.

③ 발행되는 주화의 액면은 50,000원이며, 지름 35mm에 중량 23.0g이다.

④ 지점에서 대리신청을 하려면 대리인과 신청인의 신분증 또는 가족관계 확인 서류를 제출하여야 한다.

⑤ 매크로 프로그램을 이용하여 접수할 경우 당첨이 취소되거나 배송이 제한될 수 있다.

25. 〈보기〉는 직원 H가 기념주화를 신청한 내역이다. 이에 대한 설명으로 적절하지 않은 것은?

보기			
신청인	H	예약 접수 신청일	20X2. 2. 20.
신청종류	D	개수	1개
예약 방법	창구접수	지점	◇◇은행 A 지점
수령 방법	방문수령	대리인 수령 여부	○

① 신청인의 대리인은 대리인 신분증, 신청인 신분증 또는 가족관계 확인 서류만 지참하면 수령할 수 있다.

② 신청인이 외국인이라면 출입국관리법에서 정한 외국인등록증을 소지하고 있어야 한다.

③ 신청인 H는 182,500원을 지불하여야 한다.

④ 신청인은 예약 접수 기한 내에 기념주화 예약을 신청했다.

⑤ 신청인이 은행 지점을 방문하여 신청서를 작성할 때에는 본인 신분증을 지참하여야 한다.

26. 〈보기〉는 직원 Q가 기념주화를 신청한 내역이다. 이에 대한 설명으로 적절한 것은?

보기			
신청인	Q	예약 접수 신청일	20X2. 3. 9.
신청종류	A / B	개수	3개 / 2개
예약 방법	인터넷 접수	지점	○○은행 A 지점
수령 방법	우편배송	대리인 수령 여부	X

① 신청인은 ○○은행 홈페이지에서 가상계좌를 이용하여 신청하여야 한다.

② 신청인은 우편배송료를 본인이 부담하여야 하며, 선불로 미리 지급할 수 있다.

③ Q는 신청일 당일 23시 전에 반드시 기념주화 예약을 신청해야 한다.

④ 예약접수량이 총발행량에 미달할 경우 신청인은 접수한 개수만큼 구매할 수 없지만, 이후 한국 조폐공사 온라인 쇼핑몰을 통하여 구매할 수 있다.

⑤ A 타입의 주화 예약접수량이 발행량을 초과하였다면 당첨자 발표 예정일에 무작위 추첨에서 당첨자로 발표되어야 구매할 수 있다.

27. 다음은 특정 시점의 우리나라의 관로시설 경과연수 현황을 나타낸 자료이다. 이를 보고 판단한 〈보기〉의 의견 중 적절하지 않은 것을 모두 고르면?

〈관로시설 경과연수 현황〉

(단위 : km)

구분		계	20년 초과	15년 초과 20년 이하	10년 초과 15년 이하	5년 초과 10년 이하	5년 이내
계	소계	185,778	51,620	26,812	27,549	36,220	43,577
	도수관	3,331	1,601	493	600	429	208
	송수관	10,925	3,398	1,931	2,505	1,792	1,299
	배수관	100,121	23,274	14,391	15,183	21,601	25,672
	급수관	71,401	23,347	9,997	9,261	12,398	16,398
지방 상수도	소계	180,688	50,245	25,964	25,867	35,296	43,316
	도수관	1,752	931	291	185	200	145
	송수관	7,414	2,693	1,285	1,238	1,097	1,101
	배수관	100,121	23,274	14,391	15,183	21,601	25,672
	급수관	71,401	23,347	9,997	9,261	12,398	16,398
광역 상수도	소계	5,090	1,375	848	1,682	924	261
	도수관	1,579	670	202	415	229	63
	송수관	3,511	705	646	1,267	695	198
	배수관	–	–	–	–	–	–
	급수관	–	–	–	–	–	–

보기

가. 전체 수도관 중 경과연수 10년이 넘은 수도관은 절반이 안 된다.
나. 전체 수도관 중 경과연수 20년을 넘긴 관로의 비중이 가장 큰 것은 급수관이다.
다. 지방 상수도는 송수관의 20년 초과 노후화율이 배수관보다 크다.
라. 지방 상수도와 광역 상수도의 경과연수 5년 이내 도수관로의 길이는 해당 지역 전체 도수관로 길이의 10%에 못 미친다.

---

① 가, 나   ② 가, 라   ③ 가, 나, 라
④ 나, 다, 라   ⑤ 가, 나, 다, 라

[28 ~ 29] 다음 제시 상황과 자료를 보고 이어지는 질문에 답하시오.

○○공사 직원 Y는 화물운송 및 운임에 대한 다음 자료를 살펴보고 있다.

〈화물운송 및 운임〉

□ 철도화물운임
- 철도화물 운임방식
  - 화차 1량 단위(컨테이너 : 20', 40', 45')로 하중에 따른 거리비례방식(차급)
- 일반화물 운임방식
  - 거리(km)×톤수×임률(45.9원)
  - 일반화물 최저운임 : 화차표기하중톤수의 100km에 해당하는 운임
  - 하중부담을 하지 않는 보조차 및 갑종철도차량 : 자중톤수 100km 운임

□ 컨테이너화물운임
- 거리(km)×규격별 · 영공별 임률(20', 40', 45')
- 컨테이너화물 최저운임 : 규격별, 영공별 100km에 해당하는 운임

구분	20피트	40피트	45피트
영컨테이너	516원/km	800원/km	946원/km
공컨테이너	규격별 영컨테이너 임률의 74%		

□ 화물운송절차

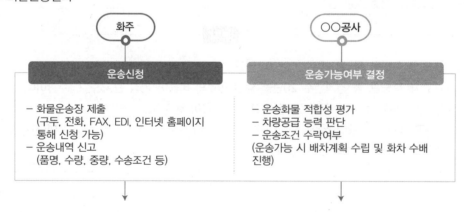

화차적재 및 화물운송	수탁검사 및 운송
– 적재통지 후 5시간 이내 적재 　(단, 화학류 · 컨테이너는 3시간) – 시간 내 적재가 완료되지 않을 경우, 화차 　유치료 수수 – 화물운송통지서 교부	– 화물운송장 신고사항과 현품 대조 확인 – 화물 상태 · 포장 · 적재방법 등 검사 – 발송 기간 : 화물 수취시점으로부터 12 　시간 – 수송 기간 : 400km마다 24시간 – 인도 기간 : 도착역에 도착한 시각으로 　부터 12시간

↓ ↓

화물의 하화 및 인도	하화준비 및 인도 확인
– 열차 도착 후 5시간 내 하화 후 당일 중 　으로 반출 　(단, 화학류 · 컨테이너는 3시간이며, 18시 　이후 하화 시 다음날 오전 11시까지 반출) – 인도 완료 후 화물 유치 시, 물류시설 사용 　료 납부 　(일시 유치 시 일단위, 장기 유치 시 월단위 　로 계산)	– 열차 도착 시 화물 하화선 차입 – 운송 중 화물 파손 등 이상여부 확인 – 하화 · 인도 후 화물 인도명세서에 수령 　인 서명 날인

28. 다음 중 직원 Y가 제시된 자료를 이해한 내용으로 적절하지 않은 것은?

① 적재통지 후 화학류를 화물열차에 3시간 이내에 적재를 완료하지 못할 경우 화주는 화차유치료를 부담해야 한다.

② 화주가 화물운송장을 제출해야 ○○공사가 수탁검사 및 운송 단계를 진행할 수 있다.

③ 화물 인도명세서는 하화준비 및 인도 확인 절차에서 필요하다.

④ 화물의 운송이 적합하다고 평가되어야 화물열차를 수배할 수 있다.

⑤ 발송 기간은 도착역에서 화물을 수송 완료한 시점으로부터 12시간 이내이다.

29. 다음 〈보기〉의 화물을 운송하고자 하는 화주가 납부해야 할 컨테이너화물운임은 얼마인가?

보기	
화물명	□□공장 음료
수량	700개
거리	1,200km
운임방식	컨테이너화물(공컨테이너)
규격	40피트

① 710,400원   ② 730,200원   ③ 800,000원

④ 960,000원   ⑤ 980,070원

30. 다음은 창의적 사고를 배양하기 위한 스캠퍼 기법에 대한 설명이다. 각 항목과 사례가 바르게 연결되지 않은 것은?

> 스캠퍼(SCAMPER)는 기존의 형태나 아이디어를 다양하게 변형시키는 7가지 항목에 해당하는 단어의 첫 글자를 따서 만든 발명 사고기법이다. 각 단어의 의미는 다음과 같다.
> • 치환(Substitute) – 다른 에너지 색깔, 재료, 원리로 바꾸면?
> • 결합(Combine) – 서로 다른 물건 또는 아이디어를 결합하면?
> • 적용(Adapt) – 어디에 적용할 수 있을까?
> • 확대/축소(Magnify/Minify) – 확대하거나 축소하면?
> • 다른 용도로 사용(Put to other uses) – 모양, 무게, 형태를 다른 용도로 사용하면?
> • 제거(Eliminate) – 없애 버리면?
> • 재배치(Rearrange/Reverse) – 위치나 인과관계를 바꾸어 생각하면?

① 1인 가구 증가에 따라 소형 가전제품을 출시한다. – 적용

② 복사기의 기능과 팩스의 기능을 함께 쓸 수 있는 복합기를 만든다. – 결합

③ 연필심을 갈아서 지문을 채취하는 데 사용한다. – 다른 용도로 사용

④ 무선 마우스를 개발해 낸다. – 제거

⑤ 컵의 재질을 종이로 바꿔 종이컵을 만든다. – 치환

과목 **2** 철도관련법령

31. 다음 중 「철도산업발전기본법」에서 정하는 철도산업발전기본계획의 수립에 대한 설명으로 옳지 않은 것은?

① 철도산업발전기본계획은 철도산업의 육성과 발전을 촉진하기 위하여 5년 단위로 수립하여 시행한다.

② 철도산업발전기본계획의 수립에는 관련 행정기관의 장과의 협의와 철도산업위원회의 심의를 거쳐야 한다.

③ 수립된 철도산업발전기본계획은 관보에 고시하여야 한다.

④ 국토교통부장관은 철도산업발전기본계획에 따른 연도별 시행계획을 추진하고 그 실적을 매년 2월 말까지 국회 소관 상임위원회에 제출하여야 한다.

⑤ 철도산업발전기본계획은 국가기간교통망계획, 중기 교통시설투자계획 및 국토교통과학기술 연구개발 종합계획과 조화를 이루도록 하여야 한다.

32. 「철도산업발전기본법」에서 정하고 있는 철도산업구조개혁의 기본시책에 대한 설명으로 옳지 않은 것은?

① 철도산업의 구조개혁은 철도시설 부문과 철도운영 부문을 통합하여 각 부문의 상호 보완적 기능이 발휘할 수 있도록 함을 내용으로 한다.

② 철도의 관리청은 국토교통부장관으로 한다.

③ 철도시설 부문과 철도운영 부문간의 상호 보완적 기능이 발휘될 수 있도록 대통령령으로 정하는 바에 의하여 상호협력체계를 구축하여야 한다.

④ 철도산업의 구조개혁의 추진에 있어서 철도시설은 국가가 소유하는 것을 원칙으로 한다.

⑤ 철도산업의 구조개혁의 추진에 있어서 철도운영에 관한 사업은 국가 외의 자가 영위하는 것을 원칙으로 한다.

33. 다음 상황에 관한 규정의 설명으로 옳지 않은 것은?

> A 지역 일대의 무연탄 개발을 위해 1950년대에 개통된 ○○선은 우리나라의 탄광산업의 번영과 함께했다. 그러나 석탄산업 합리화 정책, C 탄광 화재사건 등의 악재가 겹치면서 A 지역의 탄광산업은 급격히 쇠퇴하였고, 철도운영자인 한국철도공사는 지금은 오지 노선이 된 ○○선을 폐지하기 위한 절차를 준비하고 있다.

① 철도서비스의 경영상 어려움을 이유로 특정 노선을 폐지하기 위해서는 승인신청자인 철도운영자가 해당 노선의 경영개선을 위한 적절한 조치를 취하였고, 그럼에도 수지균형의 확보가 극히 곤란한 상태일 것을 요구한다.

② 국토교통부장관은 특정 노선의 폐지에 대한 승인을 하고자 할 때에는 청문을 실시하여야 한다.

③ 국토교통부장관은 공익을 현저하게 저해함을 이유로 특정 노선의 폐지를 승인하지 않을 경우, 철도운영자가 해당 노선을 계속 운영함으로서 발생하는 중대한 경영손실을 보상할 수 있다.

④ 대체교통수단 미흡 등 지역 내 교통서비스 제공에 중대한 지장을 초래함을 이유로 국토교통부장관은 특정 노선의 폐지를 승인하지 않을 수 있다.

⑤ 철도운영자는 특정 노선의 폐지 신청에 대해 철도산업위원회의 심의를 거쳐 신청 여부를 결정해야 한다.

34. 한국철도공사가 발행하는 사채의 모집절차에 관한 내용으로 옳지 않은 것은?

① 사채 발행액은 공사의 자본금과 적립금을 합한 금액의 5배를 초과할 수 없다.

② 사채모집의 위탁을 받은 회사의 경우 사채청약서 2통에 회사의 상호와 주소를 기재해야 한다.

③ 최저가액을 정한 사채모집에 응하는 자는 사채청약서에 그 응모가액을 기재하여야 한다.

④ 만일 실제로 응모된 총액이 사채청약서에 기재된 사채의 발행총액에 미달하는 경우에는 사채를 발행할 수 없다.

⑤ 사채의 응모가 완료된 때에는 지체 없이 응모자가 인수한 사채의 전액을 납입시켜야 한다.

35. 다음 중 한국철도공사의 사업에 관한 설명으로 옳지 않은 것은?

① 한국철도공사는 철도여객사업과 화물운송사업뿐만 아니라 철도와 다른 교통수단과의 연계운송과 관련된 사업을 수행한다.

② 한국철도공사의 업무에 관한 사업에 출연하기 위해서는 이사회의 의결을 거쳐야 한다.

③ 철도운영에 관한 정기간행물의 발행은 한국철도공사의 사업에 포함되지 않는다.

④ 정부는 한국철도공사의 역세권 개발사업에 대하여 필요한 경우 행정적·재정적 지원을 할 수 있다.

⑤ 한국철도공사의 역 시설 개발 및 운영사업에는 철도이용객이 다른 교통수단과의 연계운송을 위한 시설의 개발 및 운영을 포함한다.

36. 다음 사례에서 설명하는 점용허가와 원상회복과 관련된 설명으로 옳지 않은 것은?

> ○○역은 국유철도부지 위에 역사와 상업시설을 복합개발하는 민자역사가 위치해 있다. 민자역사의 역무시설은 전체 연면적의 10% 이상으로 규정되어 준공과 동시에 국가에 귀속되고, 상업시설은 국유철도시설 내 점용허가를 바탕으로 설립되는데, 올해 말 ○○역 민자역사의 점용허가 기간 만료가 예정되어 있어 이에 대한 고민이 깊어지고 있다. 법률은 점용허가 기간이 끝나는 경우에는 원상회복을 원칙으로 규정하고 있다.

① 국유철도시설 점용허가의 기간 만료에 따른 철도 재산의 원상회복명령에도 불구하고 이를 이행하지 않을 경우, 국토교통부장관은 「행정대집행법」에 따라 점용허가를 근거로 설립된 시설물을 철거할 수 있다.

② 국유철도시설 점용허가의 기간만료에 따른 철도 재산의 원상회복이 부적당하다고 인정되어 원상회복의무를 면제할 경우 해당 철도 재산 내 시설물에 대한 처분은 유상귀속을 조건으로 해야 한다.

③ 국유철도시설 점용시설의 허가기간 만료로 원상회복의무를 지는 자는 점용허가기간이 만료된 날로부터 3월 이내에 철도시설을 원상으로 회복하여야 하며, 불가피하다면 그 기간을 연장할 수 있다.

④ 점용허가를 받은 자가 시설물에 대한 원상회복 불가를 이유로 하는 원상회복의무의 면제신청을 하기 위해서는 만료일로부터 3월 전까지 그 사유를 기재한 신청서를 국토교통부장관에게 제출하여야 한다.

⑤ 원상회복되지 않고 국가에 귀속된 국유철도시설 내의 시설물에 대한 사용허가는 「국유재산법」에도 불구하고 사용허가의 기간을 10년 이내로 한다.

37. 다음 중 철도사업자가 국토교통부장관에 의해 6개월 이내의 업무정지를 명할 수 있는 사유에 해당하지 않는 것은?

① 거짓이나 그 밖의 부정한 방법으로 철도사업의 면허를 받은 경우
② 철도사업경영을 위한 면허에 붙인 부담을 위반한 경우
③ 타인에게 철도사업자 본인의 상호를 사용하여 철도를 경영하게 한 경우
④ 고의 또는 중대한 과실에 의한 1회의 철도사고로 5명 이상의 사망자가 발생한 경우
⑤ 「철도안전법」 제21조에서 정한 철도사업자의 준수사항을 1년 이내에 3회 이상 위반한 경우

38. 다음 중 「철도사업법」에서 정하는 용어의 정의로 옳지 않은 것은?

① 철도사업이란 다른 사람의 수요에 응하여 철도차량을 사용하여 유상 혹은 무상으로 여객이나 화물을 운송하는 사업을 말한다.
② 철도운수종사자는 철도운송과 관련된 승무 및 역무서비스를 제공하는 직원을 의미한다.
③ 철도사업자란 한국철도공사 및 철도사업의 면허를 받은 자를 의미한다.
④ 사업용철도는 철도사업을 목적으로 설치하거나 운용하는 철도를 의미한다.
⑤ 전용철도란 자신의 수요에 따라 특수 목적을 수행하기 위하여 설치하거나 운영하는 철도를 의미한다.

39. 다음 중 사업용철도노선에 관한 설명으로 옳은 것은?

① 사업용철도노선은 운행속도에 따라 간선철도와 지선철도로 분류할 수 있다.
② 사업용철도노선은 운행거리에 따라 고속철도노선, 준고속철도노선, 일반철도노선으로 분류할 수 있다.
③ 한국철도공사는 사업용철도노선의 노선번호, 노선명, 기점, 종점, 중요 경과지에 대한 사항을 지정하고 이를 고시하여야 한다.
④ 철도사업을 경영하려는 자는 경영할 사업용철도노선을 정하고 국토교통부장관에 이를 신고하여야 한다.
⑤ 철도사업자는 여객운임을 결정함에 있어서 국토교통부장관이 사업용철도노선의 분류를 고려하여 지정한 상한을 초과하여서는 아니 된다.

40. 다음 빈칸에 들어갈 용어로 옳은 것은?

> 철도사업자는 다른 철도사업자와 공동경영에 관한 계약이나 그 밖의 운수에 관한 협정인
> (   )에 대해 국토교통부장관의 인가를 받아야 한다. 국토교통부장관은 인가를 하기 전
> 미리 공정거래위원회와 협의하여야 한다. 다만 협정에 대한 경미한 사항을 변경할 경우에는
> 인가가 아닌 신고만을 요구한다.

① 보상계약   ② 시설사용계약   ③ 공동운수협정
④ 구조개혁계획   ⑤ 시설관리위임

과목 1
직업기초   1~30

01. 다음 글의 ㉠~㉤ 중 맞춤법에 어긋난 것의 개수는?

> 도심에서 멀지 않은 곳에 이런 공원이 있다는 건 분명 큰 행운이다. 시흥은 경기도 유일의 내만 ㉠개펄을 가진 도시이다. 갯골을 따라 갯벌의 생태계가 살아 숨 쉰다. 갯골은 갯고랑을 의미하는 말이다. 바다가 들고 나는 동안 흐르는 물길은 바닥을 움켜쥐고 달려가 육지 깊은 곳까지 크고 깊은 고랑을 냈다. 이곳의 갯골은 제법 규모 있는 하천을 ㉡연상케 한다. 하루에 두 번, 간조시간이 다가오면 갯골 가득히 차올랐던 바닷물이 빠져나가 바닥이 ㉢들어나는 장관을 볼 수 있다. 간조는 서해를 곁에 뒀기에 가능한, 시흥이란 도시가 보여주는 드라마틱한 풍경의 시간이다. 갯골을 따라 들어온 바닷물이 있어 육지 안쪽에서도 염전을 일굴 수 있었다. 갯골생태공원 일대는 염전 산업이 성황을 이뤘던 곳이다. 일제는 1934년 염전을 만든 이후 여기서 생산한 소금을 경부선과 수인선 철로를 이용해 군산과 부산으로 옮겨 일본으로 반출해갔다. 그 뒤로도 ㉣오랜동안 소금을 생산했지만 1995년 수인선이 운행을 종료한 이듬 해 결국 염전도 문을 닫았다. 148만 제곱미터(약 45만 평)에 달하는 드넓은 폐염전 부지는 오랜 시간 방치되었다가 2012년 2월 ㉤생태자원으로써의 가치를 인정받아 국가 해양습지보호지역으로 지정됐다.

① 1개   ② 2개   ③ 3개
④ 4개   ⑤ 5개

02. 글의 논지를 파악하여 (가)의 입장에서 (나)를 비판할 때, 다음 중 가장 옳은 것은?

(가) 한갓 오랑캐의 풍속으로써 중국의 아름다운 문화를 변화시키고, 사람을 금수로 타락시키면서도 이를 잘하는 일이라고 여기며 개화라는 이름을 붙입니다. 그러니 이 개화라는 말은 너무도 쉽게 나라를 망치고 집안을 뒤엎는 글자입니다. 간혹 자주(自主)라는 이름을 붙이기도 하는데, 실상은 나라를 왜놈에게 주고서 모든 정사와 법령에 대해 반드시 자문을 구합니다. 또 예의를 무너뜨리고 오랑캐로 타락하면서 억지로 문명이라고 부릅니다. 지금 비록 하나하나 따질 수는 없지만, 특히 의복 제도를 변경하는 일은 도리를 매우 심하게 해치고 있으므로 시급하게 먼저 복구하지 않을 수 없습니다. 물론 우리나라 의복 제도가 옛 법에 완전히 부합하지는 않지만 여기에는 중국의 문물이 내재되어 있습니다. 중국이 비록 외국이라도 중국의 문물은 선왕들께서 일찍이 강론하여 밝혀 준수해온 것이며, 천하의 모든 나라들이 일찍이 우러러 사모하며 찬탄한 것입니다. 이러한데도 버린다면 요ㆍ순ㆍ문ㆍ무(堯舜文武)를 통해 전승해 온 문화의 한줄기를 찾을 수가 없게 되고, 기자 및 선대의 우리 임금들이 중국의 아름다운 문화를 가져오신 훌륭한 덕과 큰 공로를 후세에 밝힐 수 없게 될 것입니다. 어찌 차마 이렇게 할 수 있겠습니까.

(나) 지금 조선이 이렇게 약하고 가난하며 백성은 어리석고 관원이 변변치 못한 이유는 다름이 아니라 다 학문이 없기 때문이다. 조선이 강하고 부유해지며 관민이 외국 사람들에게 대접을 받기 위해서는 배워서 구습을 버리고 개화한 자주독립국 백성과 같이 되어야 한다. 그렇게 하면 나라의 문화는 활짝 꽃필 것이다. 사람들이 정부에서 정치도 의논하게 되며, 각종의 물화(物貨)를 제조하게 되고, 외국 물건을 수입하거나 내국 물건을 수출하게 되며, 세계 각국에 조선 국기를 단 상선과 군함을 바다마다 띄우게 될 것이다. 또 백성들은 무명옷을 입지 않고 모직과 비단을 입게 되고, 김치와 밥을 버리고 우육과 브레드를 먹게 되며, 남에게 붙잡히기 쉬운 상투를 없애어 세계 각국의 인민들처럼 우선 머리가 자유롭게 될 것이다. 또 나라 안에 법률과 규칙이 바로 서서 애매한 사람이 형벌당하는 일이 없어지고, 약하고 무식한 백성들이 강하고 유식한 사람들에게 무리하게 욕보일 일도 없어지며, 정부 관원들이 법률을 두렵게 여김으로써 협잡이 없어지며, 인민이 정부를 사랑하여 국내에서 동학과 의병이 다시 일어나지 않을 것이다.

① 중국과 왜놈의 문물은 오랑캐의 풍속으로 조선의 문명을 타락시킬 것이다.

② 모직과 비단을 입게 된다면 중국으로부터 받은 도리를 해치는 일이다.

③ 상투는 백성들의 자유를 억압하고 있다.

④ 민란이 일어나지 않게 하기 위해서는 구습을 버려야 한다.

⑤ 조선이 가난에서 벗어나기 위해서 수입과 수출을 활발하게 해야 한다.

03. 다음 글에서 밑줄 친 ㉠을 설명하는 방법으로 적절하지 않은 것은?

> ㉠<u>모터리제이션(Motorization)</u>은 자동차가 급속하게 대중에게 보급되면서 시장에서 생활 필수품이 되는 현상을 말한다. 이는 자동차를 대량으로 생산하기 위해 포드 시스템을 도입한 이래로 자동차의 생산량이 폭발적으로 늘어나고, 이에 따라 자동차 가격이 낮아지고 수요도 늘어나며 가능한 것이었다. 헨리 포드가 T형 포드를 창안한 것을 시작으로 1가구 1차량의 시대가 도래한 것이다.
>
> 자동차의 보급으로 여가를 보내는 형태가 크게 달라졌으며 사람들이 누리는 편의의 범위도 확대되었다. 모터리제이션은 이동시간의 한계를 없애고 개개인의 활동 반경을 넓혀 사람들이 더 큰 자유를 만끽할 수 있게 해 주었다. 국토교통부에 따르면 우리나라는 인구 2.2명당 자동차 1대를 보유하고 있으며, 1인 가구의 증가와 세컨드카 수요 증가 등으로 완만한 증가세가 유지될 것으로 보인다.
>
> 최근에는 환경파괴의 위험과 탄소저감대책이 화두로 떠오르면서 전기차와 수소차 같은 친환경차의 보급이 추진되는 중이다. 친환경 자동차란 대기오염 물질을 적게 배출하면서도 에너지 효율이 높은 차량을 말한다. 천연가스 또는 재생에너지 발전 전력을 사용하는 전기차의 경우 미세먼지 감축 효과를 극대화할 수 있고, 수소차 역시 재생에너지를 통해 수소를 생산할 경우 같은 효과를 기대할 수 있다. 또한 친환경차는 인체 위해성이 매우 높은 자동차 배출가스를 저감시키므로 건강피해 예방 효과도 뛰어나다. 국제적으로도 자동차에서 발생하는 오염물질 감축을 위해 내연기관차 퇴출을 선언하는 등 친환경차 보급 확대를 위한 움직임이 나타나고 있다.
>
> 모터리제이션의 개념은 자동차의 대중화, 생활반경의 확대에 이어 친환경차의 보급 확대로까지 이어져 변화하고 있다. 현재 한국의 친환경 자동차 보급 수준은 선진국에 비해 현저히 낮은 편이지만, 보조금 지원과 각종 인센티브 제도를 통한 정부의 적극적인 노력이 이어지고 있다. 향후 배터리 성능 향상과 다양한 저가형 자동차 양산, 관련 산업 육성, 법과 제도의 정비, 충전소와 같은 인프라 확충 등이 이루어진다면 친환경 자동차 시장은 더 빠른 속도로 성장할 것으로 전망된다.

① ㉠의 정의를 말하고 개념이 등장할 수 있었던 배경을 설명하고 있다.

② ㉠의 장점에 대해 설명하고 있다.

③ 전문가의 말을 인용하여 ㉠과 상반된 의미를 지닌 개념을 소개하고 있다.

④ 객관적인 사실을 통해 ㉠에 대한 신뢰할 만한 정보를 제공하고 있다.

⑤ ㉠의 개념이 변화해 온 모습을 보여주며 미래를 예측하고 있다.

04. 다음 글의 밑줄 친 ㉠에 대한 답변으로 적절한 것은?

> 과학의 급속한 발전과 더불어 오늘날 우리는 세상에 대해 더 많이, 그리고 더 정확하게 알 수 있게 되었다. 다양한 생명체들과 지구, 태양, 그리고 우주의 기원과 관련한 실험과 연구를 통해 수많은 과학적인 지식과 정보들이 축적되었기 때문이다. 이는 19세기 이후 급속하게 발전한 학문의 전문성과 밀접한 관련성을 가지고 있다. 천문학이나 생물학, 지질학, 고고학, 역사학 등 다양한 학문들이 독자적으로 발전함에 따라 구체적이고 세부적인 지식과 정보들이 축적되었고, 이를 토대로 우리는 세상 모든 것의 기원과 이후 발생했던 수많은 변화들을 더욱 자세하게 알 수 있게 되었다. 하지만 독자적인 학문의 성장과 발전은 다른 학문과의 소통 및 공존을 단절시키는 결과를 초래하였다.
>
> 한때 많은 사람들이 즐겨 하는 취미 중 하나는 바로 퍼즐 조각 맞추기 게임이었다. ㉠ 수천 개에 이르는 퍼즐 조각들을 쉽고 재미있게 맞출 수 있는 방법은 무엇일까? 퍼즐 판은 한 가지의 기원만을 설명하는 것이 아니다. 우리가 관찰할 수 있는 세상 모든 것들은 모두 상호관련성을 가지고 있기 때문이다. 태양이나 별, 달, 산이나 물과 같은 주변 환경, 다양한 생명체들, 그리고 인간은 서로 연결되어 있다. 세상 모든 것의 기원은 하나의 기원만을 살펴보고 분석하는 것이 아니라, 다양한 기원 이야기와 설명을 통해 인간과 나머지 모든 것들의 상호관련성을 살펴볼 때 비로소 보다 분명하고 명확하게 이해할 수 있는 것이다.
>
> 이러한 점에서 138억 년 전에 나타났던 우주의 시작인 빅뱅으로부터 현재와 미래까지 수많은 시간과 공간을 다양한 규모에서 살펴보고자 하는 빅히스토리(Big History)는 지금까지 인간만을 분석 대상으로 삼았던 기존의 관점을 초월한다. 지금까지는 인간의 기원과 인간 사회에서 발생했던 수많은 복잡한 현상들을 분석하고, 이와 같은 현상들이 지니는 역사적 의미를 규명하기 위한 노력들이 등장하였다. 그러나 빅히스토리는 분석 대상의 범위를 생명과 우주까지 확대시켜 인간과 생명, 그리고 우주의 상호관련성을 이해하고자 한다.
>
> 이를 위해서는 무엇보다도 지금까지 전문적인 학문으로서 발전해 왔던 다양한 학문들 사이의 소통과 공존 그리고 상호관련성을 살펴보아야 한다. 따라서 빅히스토리는 세상 모든 것의 기원과 변화에 관련해 '세상은 어떻게 시작되었을까?', '인간은 어떻게 탄생했을까?'와 같은 질문을 제기하고, 그에 대한 대답을 단일한 학문 분야가 아닌 다양한 학문 분야들의 소통 속에서 찾아 나가는 과정이다. 빅뱅을 통해 우주의 기원을 과학적으로만 설명하는 것이 아니라, 우주나 세상의 기원과 관련된 전 세계 지역들의 신화를 통해 철학적 성찰과 역사적 고찰을 할 수 있게 된다. 그렇기에 빅히스토리는 인문학과 자연과학을 자연스럽게 연결해 주는 다리가 될 수 있다. 결국 138억 년+α라는 시간과 공간을 분석하는 빅히스토리는 초연결 사회를 살아가고 있는 우리들에게 가장 필요한 안내서라 할 수 있다.

① 퍼즐 판의 가장 바깥쪽 큰 틀부터 맞춰 본다.

② 각각의 퍼즐 조각이 어떤 모양인지 파악한다.

③ 작은 퍼즐 조각들을 순서대로 나열하며 맞춰 본다.

④ 퍼즐 판의 중심에 있는 퍼즐 조각들부터 차례대로 맞춰 본다.

⑤ 전체 퍼즐 판에서 개별 퍼즐 조각들 간의 연결 고리를 파악한다.

05. 다음 보도자료에 대한 설명으로 옳은 것은?

△△공사 직원 A는 철도종합시험선로에 관한 보도자료를 읽고 있다.

철도종합시험선로는 국내 최초의 시험 및 연구개발을 위한 전용시험선로로 20X9년 3월 준공 기념행사를 개최했다. 전체 길이는 약 13km로 시속 250km까지 주행 가능하며, 차량, 궤도, 노반, 전차선, 신호·통신 등 국내외에서 요구하는 다양한 종류의 성능시험을 할 수 있다.

그동안 프랑스·독일·미국 등 해외 철도선진국에서는 시험용 철도선로를 구축·운영해 개발품에 대한 성능시험을 안전하고 신속하게 실시할 수 있도록 지원해 온 반면, 우리나라는 개발품에 대한 성능시험을 시험용 철도선로가 아닌 KTX·전동차 등이 운행하고 있는 영업선로에서 실시하여 시험 중 사고의 위험에 노출되어 있었고, 충분한 시험시간 확보도 곤란했었다. 이에 따라 ○○부는 20X4년부터 철도종합시험선로 구축사업에 착수하였으며, 20X8년까지 총 2,399억 원을 투입해 충북 청원군 ~ 세종시 전동면 일대에 13km 연장의 시험용 선로를 구축했다. 철도종합시험선로에는 급곡선·급구배 및 교량·터널 등을 설치해 국내·외에서 요구하는 다양한 종류의 성능시험이 모두 가능하도록 하였으며, 특히 1개 교량의 경우 새로운 교량형식·공법에 대한 시험이 가능하도록 교량의 교각·상부가 자유롭게 변경될 수 있는 구조로 구축했다. 또한 세계 최초로 고속·일반철도 차량용 교류전력과 도시철도 전동차용 직류전력을 모두 공급할 수 있도록 하고, 각종 철도신호·통신장치를 설치함으로써 KTX·전동차 등 다양한 철도차량이 주행할 수 있도록 하였다.

철도종합시험선로를 구축하고 본격적으로 운영함에 따라 우리나라 철도기술개발을 촉진하고 기술경쟁력을 제고하는 데 기여할 것으로 기대된다. 개발자는 철도종합시험선로에서 원하는 시간에 신속히 기술을 검증할 수 있고, 철도운영기관은 충분히 검증된 기술을 도입함으로써 기술 결함으로 인한 철도사고·장애 등의 위험을 최소화할 수 있다. 또한 기존에는 개발자가 해외 수출을 위해 현지에서 실시하던 성능시험을 앞으로는 철도종합시험선로에서 실시함으로써 성능시험에 소요되는 비용과 시간을 절감할 수 있다. 20X9년에는 철도종합시험선로에서 우리나라 기업이 호주에 수출할 전동차량에 대한 주행시험을 실시할 예정으로, 당초 호주 현지에서 실시하기로 했던 시험을 국내에서 실시함으로써 제품의 완성도를 더욱 높이고, 시험 시간도 단축할 수 있을 것으로 예상된다.

① 오래 전부터 우리나라를 비롯한 해외 철도선진국에서는 시험용 철도선로를 구축·운영해 개발품에 대한 성능시험을 실시하였다.

② 철도종합시험선로의 모든 교량은 교각·상부가 자유롭게 변경될 수 있도록 구축되었다.

③ 철도종합시험선로에는 세계 최초로 고속·일반철도 차량용 교류전력과 도시철도 전동차용 직류전력을 모두 공급할 수 있도록 하였다.

④ 철도종합시험선로에는 디지털화된 각종 철도신호에 대비하여 기존의 통신설비와는 차별화된 장치를 구축하였다.

⑤ 20X9년에 철도종합시험선로에서 주행시험을 실시하기로 되어 있었던 호주 수출용 전동차량에 대하여 호주 현지에서 시험을 실시하게 되었다.

06. 다음 글에서 '열차의 안전도'를 강조하기 위해 직원 T가 사용한 서술 방식은?

○○공사 직원 T는 열차의 Fail-safe에 대한 설명자료를 작성하고 있다.

열차는 한 번에 많은 승객을 수송하지만 사고가 날 경우에는 큰 피해가 발생할 수도 있다. 따라서 사고를 예방하기 위한 여러 기술적 노력이 이루어졌고, 그 결과 열차는 지상 교통수단 중 가장 높은 안전도를 확보하게 되었다. 열차는 사고 방지 면에서 자동차와 어떤 점이 다르고 얼마나 안전한 것일까?

'Fail-safe'는 '고장 시 안전 확보'라고 하는 개념으로 고장이 발생해도 다른 차량에 미치는 영향을 최소화하고 재해로까지 이어지지 않도록 하는 것이다. 자동차와 열차의 제동장치를 비교해 보면 'Fail-safe'를 쉽게 이해할 수 있다. 운행 중 제동장치가 고장 난 자동차는 크고 작은 사고를 유발할 수밖에 없다. 하지만 KTX는 46개의 제동장치를 가지고 있어 몇 개의 제동장치가 고장나도 제동성능에 큰 영향을 주지 않는다. 열차는 동일한 선로 위를 주행하므로 안전거리 확보가 필수적이다. 만약 열차 운행 중 고장이 발생하거나 앞차와의 간격 유지를 위해 서행 운전하는 경우 후속열차에 의한 충돌이 발생할 수도 있기 때문이다. 운전자가 안전거리를 조절하는 자동차와는 달리 열차는 24시간 운영되는 종합 관제실에서 열차 위치를 실시간으로 파악하고 선로를 신호등처럼 이용해 후속열차의 속도를 제어한다. 이 과정은 자동화 시스템을 통해 이루어지며, 설사 비상상황이 발생하여 기관사가 정지명령을 내리지 못했다 하더라도(Fail) 열차에 설치된 자동 열차제어장치가 강제로 제동장치를 작동시켜 열차 사이의 안전거리를 유지한다. 2006년부터 2010년까지 국내 여객수송 분담률과 사망자 누계를 토대로 도출된 상대적 사망률을 비교해 보면 열차 사망률을 1이라 가정할 때 도로 사망률은 열차 사망률의 25.3배, 안전하다고 알려진 항공사고의 사망률도 열차 사망률의 10.4배에 달한다. 국제적으로 비교해도 한국 열차는 매우 안전하여 2012년 ERA(유럽 철도국) 통계 기준 1억 km당 열차사고 발생건수가 프랑스 5.0건, 독일 3.4건인 데 비해 우리나라는 2.7건에 불과하다. 열차는 대량수송 교통수단이라는 특성을 고려하여 고장과 사고는 물론 열차 간 충돌에 대비한 안전 확보 시스템을 2중, 3중으로 갖추고 있다. 간혹 예상하지 못한 정전, 자동차에 의한 선로침범사고, 갑작스러운 고장, 앞차와의 간격 유지를 위해 열차가 정지하게 되는 상황이 생기기도 하지만 승객의 안전에는 문제가 없다.

① 정의를 내리고 분석하며 대상의 구조를 설명하였다.
② 대비되는 것과 비교하는 방법을 사용하였다.
③ 예시를 통하여 공통점을 강조하였다.
④ 모든 소주제를 외국의 사례와 비교하여 강조하였다.
⑤ 비유를 통하여 간접적으로 주제를 암시하였다.

07. 다음 중 (가) ~ (마) 문단의 각 요지로 적절하지 않은 것은?

○○공사 직원 B는 지속가능경영보고서를 읽고 있다.

○○공사의 지속가능경영보고서는 한 해를 달려온 ○○공사의 노력과 성과를 여러분과 공유하는 소통 공간입니다. ○○공사는 117년 동안 국가 대동맥이자 국민의 동반자였던 한국철도의 전통과 저력을 이어받아 공사로 전환된 지난 11년 동안 눈부신 성과를 이루어왔습니다. 특히 지난 2015년에는 경부 · 호남 KTX의 안정적인 운영으로 명실상부한 전국 90분대 생활권을 완성하였으며, 세계적인 경제 불황과 대내외 환경변화 속에서도 영업흑자와 당기순이익을 실현하며 지속발전이 가능한 경영기반을 마련하였습니다. 올해 발간되는 지속가능경영보고서에는 지난 한 해 글로벌 경쟁력을 갖추고 국민에게 사랑받는 한국철도를 만들기 위해 노력해 온 우리의 경영활동을 보다 밀도 있게 담았습니다.

(가) ○○공사는 노사화합이야말로 기업의 존립과 지속적인 성장을 위한 필수 조건임을 인식하고 끊임없는 대화와 소통을 이어가고 있습니다. 그 결과 오랜 적폐였던 근속승진제를 폐지하고 2년 연속 임금 및 단체협약 무쟁의 타결을 이끌어 낼 수 있었습니다. 임금피크제 도입 시에는 전 직원 의견을 반영한 합리적 제도설계와 노사공동 토론회 개최로 신뢰를 확보하기도 했습니다. 앞으로도 ○○공사는 다양한 채널을 통해 현장과의 소통을 강화하고 정책 공감대를 형성하여 전 임직원과 함께 ○○공사의 전성시대를 열어 가겠습니다.

(나) 우리 공사의 사명은 철도로 국민을 행복하게 하는 일입니다. 이에 따라 모바일 앱 개선, 열차 정시율 제고 등 국민 편의 향상을 위해 끊임없이 노력해 왔습니다. 그 결과 2015년 공공기관 고객만족도 조사에서 역대 최고점인 96.4점을 기록하였습니다. 앞으로 ○○공사는 사회적 약자에 특화된 서비스를 확대하고 접점 고객서비스를 전면적으로 개편하겠습니다. 또한, 역사의 명품화와 철도문화 콘텐츠 확대를 실현하여 늘 국민 곁에서 잊지 못할 추억을 선사하는 ○○공사만의 감동 서비스를 만들어 나가겠습니다.

(다) 지난해에는 핵심기능 위주로의 사업구조 개편과 열차운행체계 강화 등 강도 높은 혁신을 단행하였습니다. 그 결과 2년 연속 1,000억 원대 영업 흑자를 달성하고 지속적인 부채 감축의 전환점을 확보할 수 있었습니다. 이제는 흑자경영의 기반을 토대로 재무구조가 튼튼한 기업으로 성장해 나가려고 합니다. ○○공사는 철도노선 중심의 허브 시스템 구축과 열차 운행체계 최적화를 통한 신규수요 창출, 공격적인 마케팅과 사업운영체계의 효율화 등으로 영업이익을 확대하고 지속발전이 가능한 경영 구조를 완성하겠습니다.

(라) ○○공사에서 안전은 최우선 경영목표이자 핵심가치입니다. 안전이 담보되지 않은 열차의 속도 향상과 서비스는 아무런 의미가 없습니다. ○○공사는 국민 눈높이에 맞는 철도 안전 구현을 위해 철도운영 노하우와 과학적 분석기법을 도입한 선제적 관리시스템을 구축하였으며, 그 결과 공사 출범 당시보다 안전운행서비스(장애사고율)를 61.6%로 개선하는 등 역대 최고 수준의 안전성을 확보하였습니다. 이제는 안전혁신본부를 사장 직속으로 운영하여 안전취약개소를 보다 신속히 발굴 · 개선하고 IT 기술을 활용해 안전시스템을 고도화하여 세계 최고 수준의 철도안전을 실현하겠습니다.

(마) 지난해 ○○공사는 철도 5대 관광벨트의 완성과 대륙 철도 진출 기반 확보 등으로 새로운 철도 발전의 토대를 닦았습니다. 이제는 세계 최고의 철도운영 기업으로 거듭나는 데 역량을 집중하고자 합니다. 철도경쟁체제라는 낯선 환경과 다가오는 대륙철도 시대에 대비한 국내외적인 경쟁력 확보에도 더욱 박차를 가하겠습니다. 각 분야 전문가들의 혁신아이디어 발굴·실현을 위한 협업체계를 구축하고 차세대 정보화시스템을 도입하는 것도 그 일환입니다. 우리의 생각과 아이디어로 세계 철도 시장을 선도해 나가는 그날까지 최선을 다하겠습니다.

○○공사는 유엔글로벌콤팩트(UNGC) 회원사로서 인권, 노동, 환경, 반부패 분야의 10대 원칙을 지지하고, ISO 26000 7대 원칙을 주요 경영활동에 적용하는 등 공기업의 역할을 다하고자 노력하고 있습니다. ○○공사의 지속가능경영활동은 이해관계자 여러분의 관심과 협조가 뒷받침될 때 더욱 발전해 나갈 수 있습니다. 항상 ○○공사의 지속가능경영활동에 많은 관심과 협조를 보내 주시는 여러분께 다시 한번 감사드립니다. 앞으로도 ○○공사는 이해관계자 여러분의 목소리에 더욱 귀 기울이고 철도 산업의 해외진출과 기술개발도 활발히 지원하면서 세계 최고의 철도운영 기업으로 더 크게 도약해 나가겠습니다.

① (가) 생산적인 노사협력 관계를 정립하겠습니다.
② (나) ○○공사만의 국민 감동 서비스를 제공하겠습니다.
③ (다) 신사업 발굴로 수익구조 다변화 및 이익률 제고를 꾀하겠습니다.
④ (라) 세계 최고 수준의 철도안전을 구현하겠습니다.
⑤ (마) 글로벌 경쟁력 확보로 세계 철도 시장을 선도하겠습니다.

08. 다음 글을 이해한 내용으로 가장 적절하지 않은 것은?

> 유튜브 마니아 문화쯤으로 여겨졌던 ASMR(Autonomous Sensory Meridian Response) 영상이 공중파 뉴스에까지 침투했다. 한국어로는 '자율 감각 쾌감 작용' 정도로 번역되는 ASMR은 오감을 자극해 심리적 안정감을 주는 감각적 경험을 일컫는다. 시각, 청각, 촉각, 미각, 후각 등 모든 분야에 적용되지만 흔히 발견할 수 있는 콘텐츠는 주로 소리에 초점이 맞춰져 있다.
>
> ASMR이 학술적 근거를 갖고 있는 것은 아니다. 2000년대 후반부터 생활 속 소음이 심리적 안정에 도움이 된다는 온라인 토론이 이어진 끝에 2010년 제니퍼 앨런이라는 회사원이 ASMR이라는 단어로 개념화한 것이다. 다만, 최근에는 ASMR의 인기가 유튜브를 넘어 대중문화 다방면으로 뻗어나가면서 학계에서도 이를 검증하려는 시도가 하나둘 생기고 있다. 영국 S대의 심리학과 연구팀이 발간한 저널이 하나의 예다. 이에 따르면 ASMR 실험 참가자 90%가 몸의 한 부분에서 저릿함을 느꼈으며 80%는 기분이 긍정적으로 바뀌는 경험을 했다.
>
> 이렇게 ASMR이 대중문화 각 분야로 퍼지는 배경엔 안정감에 대한 갈구가 있다는 게 전문가들의 중론이다. 김○○ K대 심리학과 교수는 "복잡한 사회를 살아가는 현대인은 부교감신경을 활성화하는 소리를 더 찾게 된다."라고 ASMR 현상을 해석했다. 그의 설명을 이해하기 위해선 일단 교감신경과 부교감신경의 관계에 대해 살펴봐야 한다.
>
> 우리 몸에는 자율신경계가 있는데, 이는 생명 유지에 직접 필요한 기능을 무의식적으로 조절하는 체내 컨트롤 타워다. 이 자율신경계는 다시 교감신경계와 부교감신경계로 분류되며 서로 길항작용(생물체 내 상쇄작용)을 한다. 교감신경은 신체가 위기에 처할 때 자극돼 체내 각 조직에 저장된 에너지원(포도당과 산소)을 인체 각 부위로 보내 신체가 민첩하게 대처할 수 있게 만든다. 반대로 부교감신경은 스트레스 상황이 종료된 후 활성화돼 긴장 상태였던 신체를 안정시킨다.
>
> 현대 사회는 개인에게 지속적이고도 고도의 집중된 경쟁을 요구하기에, 인간은 교감신경을 만성적인 흥분 상태에 두기 쉽다고 김 교수는 설명한다. 즉, 쉴 때에도 교감신경이 항상 흥분 상태에 놓여 있어 편안한 휴식을 취하지 못하는 상황이 빈번히 발생할 수 있다는 것이다. 불면증 환자의 급증은 이를 보여주는 단면이다. 건강보험심사평가원 질병 통계 데이터를 보면 불면증으로 병원을 찾은 사람은 2012년 40만 4,657명에서 2014년 46만 2,099명으로 늘어났다. 급기야 2015년에는 50만 명을 돌파했고, 2016년에는 54만 2,939명으로 치솟았다. 4년 새 환자 수가 35%나 증가한 셈이다.
>
> 김 교수는 "이렇게 교감신경이 지나치게 활성화된 사람에게 인류가 원시시대부터 자연에서 편하게 들었던 소리를 들려주면 부교감신경이 강화될 수 있다."라며 "바람 소리, 시냇물 소리, 바스락거리는 소리 등을 들려줬을 때 안정감을 느낄 수 있는 이유"라고 ASMR의 인기 요인을 풀이했다.

유튜브, 인스타그램 등 소셜 네트워크 서비스(SNS) 이용자가 늘어나면서 이용자들의 취향이 파편화, 개별화되는 흐름의 일환으로 해석하는 시각도 있다. 영상을 본다는 것이 메시지를 보내는 것만큼 쉬워지다 보니 과거보다 영상 콘텐츠에 대한 접근성이 크게 높아졌다. 정신적인 피로를 호소하는 사람들이 안정감을 취하기 위해 ASMR 콘텐츠를 찾는 것도 그만큼 편해졌기 때문이다.

향후에는 ASMR 안에서도 장르가 세분화될 것으로 보인다. 특히 실시간 양방형 소통이 가능한 SNS 특성상 시청자의 욕구가 보다 정확히 반영될 것이다. 보다 다양한 감각으로 ASMR이 분화하는 흐름도 보인다. 최근 TV 프로그램들은 소리뿐만 아니라 영상도 편안함을 느낄 수 있도록 연출하는 데 초점을 맞췄다. ASMR이 청각적으로 집중하지 않고 멍한 상태로 쉬는 행위에서 시각적인 행위로 확장되고 있는 것이다. 최근 손으로 만지기 좋은 장난감이 인기를 끌고 있는 것처럼 향후에는 다양한 감각을 활용한 ASMR 파생 콘텐츠가 나올 것으로 전망된다.

① 평상시에는 집중하지 않으면 잘 들을 수 없는 자연 속 소리들도 ASMR의 대상이 될 수 있다.
② 현대인들은 스트레스 상황에 대해 신체가 민첩하게 대처할 수 있게 만드는 소리를 듣는 것을 선호한다.
③ ASMR 실험 참가자의 절반 이상이 해당 실험 진행 중 긍정적인 기분을 겪었다.
④ 불면증 환자에게 바람 소리, 비 소리 등을 들려주면 부교감신경을 강화시켜 안정감을 느끼게 할 수 있다.
⑤ 향후에는 ASMR이 보다 다양한 감각으로 확장될 여지가 있다.

09. 다음 강연 내용을 흐름에 맞게 바르게 나열한 것은?

> ○○공사 신입사원 C는 교육연수원에서 다음과 같은 조세 관련 강연을 듣고 있다.

(가) 17세기 러시아 황제 표트르 1세는 유럽 국가에 비해 상대적으로 뒤떨어진 러시아의 발전을 도모하기 위해 귀족들의 긴 턱수염을 자르게 만들고 싶었습니다. 그러나 귀족과 교회의 반대로 쉽지가 않았죠. 이때 표트르 1세가 선택한 방법이 있습니다. 무엇일까요? 앞에서 사람들이 왜 일조권을 포기했었죠? 맞습니다. 세금을 부여했습니다. 열심히 들으셨군요. 수염을 기르는 사람에게 1년에 100루블씩 수염세를 내도록 정하자 고작 7년 만에 러시아에서 턱수염이 자취를 감추었다고 합니다. 납세자들이 세금 납부를 얼마나 싫어하는지 알 수 있는 사례입니다.

(나) 오늘은 조세의 원칙 중에 하나인 '근거 과세의 원칙'에 대해 배워 보도록 하겠습니다. '근거 과세의 원칙'이란 조세를 부여할 때 명확한 근거 자료를 기준으로 과세해야 한다는 원칙입니다. 조세의 근거가 적절하지 않으면 납세자가 조세 부과의 근거를 축소 내지 은폐할 수 있습니다. 또한 근거 자체가 잘못되었을 경우 적합한 납세자에게 적절한 수준의 조세를 부과하지 못하게 됩니다. 이러한 문제를 보여 주는 대표적 사례가 바로 창문세(Window Tax)입니다.

(다) 그렇다면 납세의무자가 세법에 따라 장부를 갖추어 기록하고 있는 경우에는 어떨까요? 네, 맞습니다. 해당 국세 과세표준의 조사와 결정은 그 장부와 이에 관계되는 증거자료에 의해야 한다는 '실질조사결정'이 바로 원칙적인 결정 방법입니다. 국세를 조사하고 결정할 때 만약 장부의 기록 내용이 사실과 다르거나 누락된 것이 있을 때에는 '그 부분에 대해서만' 정부가 조사한 사실에 따라 결정할 수 있습니다.

(라) 납세자들이 세금 납부를 싫어한다고 해도 국가나 지방자치단체를 운영하기 위해서는 조세가 필요합니다. 중요한 것은 적절하고 합리적인 과세 근거를 가지고 조세를 부과하느냐의 문제입니다. 그러므로 납세자들이 당연한 의무로 받아들일 수 있도록 '근거 과세의 원칙'을 세우는 것이 중요하다고 할 수 있습니다. 근거 과세의 원칙이란 장부 등 직접적인 자료에 입각하여 납세의무를 확정하여야 한다는 원칙으로, 근거가 불충분한 과세를 방지하여 납세자의 재산권이 부당하게 침해되지 않도록 하기 위한 원칙입니다.

(마) 창문세는 납세자가 소유한 집의 창문 수에 근거해 국가에서 부과했던 세금을 말합니다. 어떻게 보면 얼토당토않은 이야기로 들리겠지만, 당시 기준으로는 창문은 일종의 사치품에 속했기 때문에 부자일수록 많은 창문을 가지고 있었습니다. 창문 재료인 유리가 고가였기 때문에 당시에는 창문이 없는 집에 사는 사람도 많았습니다. 조세가 납세자의 경제적 능력에 부합하는 형태로 부과되어야 한다는 점에서 창문세는 나름의 합리성을 가지고 있는 것이었습니다.

(바) 하지만 다음 사진을 보시죠. 창문이 절반 이상 사라졌습니다. 창문세를 피하려던 납세자들이 창문을 막아 집 안이 어두컴컴해졌고 바람도 통하지 않게 되었습니다. 이게 납세자들만의 잘못일까요? 아니라고 봅니다. 정부가 과세의 근거를 잘못 설정하여 납세자들이 인간의 기본권이라 할 수 있는 일조권을 포기한 안타까운 사례라고 말할 수 있습니다.

(사) 정부는 이처럼 장부의 기록 내용과 다른 사실 또는 장부 기록에 누락된 것을 조사하여 결정했을 때, 정부가 조사한 사실과 결정의 근거를 결정서에 적어야 하는데요. 행정기관의 장은 해당 납세의무자 또는 그 대리인이 요구를 할 시 결정서를 열람 또는 복사할 수 있게 하거나 그 등본 또는 초본이 원본과 일치함을 확인해야 할 의무를 가집니다. 이 경우에 대한 요구는 구술로 가능합니다만, 해당 행정기관의 장이 필요하다고 인정할 때에는 열람하거나 복사한 사람의 서명을 요구할 수 있습니다.

① (나)-(가)-(바)-(사)-(마)-(다)-(라)
② (나)-(마)-(바)-(가)-(라)-(다)-(사)
③ (다)-(사)-(나)-(가)-(마)-(바)-(라)
④ (마)-(가)-(나)-(다)-(사)-(라)-(바)
⑤ (마)-(라)-(다)-(사)-(가)-(나)-(바)

[10 ~ 11] 다음 글을 읽고 이어지는 질문에 답하시오.

자신이 사는 동네를 살기 좋은 동네로 바꾸기 위한 가장 쉬운 방법 중 하나는 선거일 것이다. 하지만 최근 들어 투표율은 급격히 떨어지고 있다. 우리나라 최초로 치러진 1948년 총선 투표율은 95.5%였는데 최근의 총선 투표율은 50% 수준에 머물러 있다. 이처럼 저조한 투표율로 당선된 사람을 지역의 대표라고 부르기는 어렵다. 예를 들어 50% 수준의 투표율에 득표율 50%로 당선됐다면 해당 정치인은 그 지역 사람 4명 중 1명에게서만 선택받은 셈이기 때문이다. 다시 말해 다른 3명의 지역 주민은 해당 정치인을 선호하지 않을 수도 있다. 따라서 투표율을 올리는 것은 대의민주주의 실현에 가장 중요한 요인이다. 이렇게 투표가 중요함에도 불구하고 왜 많은 사람은 투표에 관심이 없는 것일까. 경제학은 이런 현상을 '합리적 무지(Rational Ignorance)' 이론을 통해 설명한다. 합리적 무지란 특정 정보를 얻기 위해 치러야 할 비용이 해당 정보를 통해 얻을 것으로 기대되는 수익보다 클 경우 차라리 정보를 습득하지 않고 무지한 상태를 유지하려는 경향을 말한다. 유권자가 정치에 관심을 덜 갖는 이유도 여기에 있다는 것이다.

국가는 제도를 통해 참여하는 행위를 의무화하거나 투표에 참여한 사람들에게 좋은 이미지를 만들어 줌으로써 투표를 독려하고 있다. 그러나 이러한 일련의 제도들이 합리적인 투표권 행사를 조장한다고는 볼 수 없다. 만약 보다 많은 사람들이 투표를 한다고 하더라도 이를 통해 기존의 문제가 완전히 해결된 것은 아니기 때문이다. 그저 보다 많은 대중들이 투표하도록 유도한 것일 뿐이지 후보자들에 대한 명확한 파악이나 분석이 이루어지지 않았을 가능성이 크다. 결국 유권자들은 자신의 동네 대표를 선택하기 위해 대충 알아본 정보를 가지고 후보자에 투표하겠다는 마음으로 투표소를 찾는 경우가 발생한다. 이렇게 짐작으로 내린 판단 혹은 대충 내린 결론을 '휴리스틱(Heuristic)'이라 한다. 철저한 판단하에 나의 한 표를 행사하는 경우에 얻을 수 있다고 생각하는 이득이나 변화에 대한 예측 기대가 적기 때문에 대충 훑어보고 결정하는 것이다. 이러한 휴리스틱에 의한 판단으로 다음 두 가지의 논리적인 오류가 발생하게 된다.

먼저, ⊙ 대표성 휴리스틱은 특정 상황을 판단할 때 실제 확률과는 무관하게 대상이 내포하고 있는 대표적인 특징이나 속성을 가지고 판단하는 오류이다. 유권자들이 후보자들에 대한 대략의 정보만으로 그 사람이 어떠한 사람인지 미루어 짐작하는 과정이 이에 해당한다. 후보자가 특정 지역 출신이기 때문에 느긋한 성품일 것이라든가, 후보자가 운동선수 출신이기 때문에 털털한 성격을 갖고 있을 것이라는 등의 일련의 판단들이 그 예이다. 이러한 대표성 휴리스틱은 해당 후보자에 대한 심각한 오판을 이끌어 낼 수 있다.

다음은 ⓒ 가용성 휴리스틱이다. 가용성 휴리스틱은 무언가를 판단할 때 자신이 기억하고 있는 상황 혹은 자료들만을 가지고 판단하는 것을 말한다. 예를 들어, 지인들 중에서 졸음운전으로 교통사고를 낸 사례를 많이 접한 사람은 교통사고 원인 중 졸음운전의 비율이 높다고 판단할 것이다. 반대로 신호위반으로 교통사고를 낸 사례를 많이 접한 사람은 신호위반을 교통사고의 주범으로 지목할 것이다. 실제 결과는 다를 수 있음에도 말이다. 이처럼 기억 속에 떠오르는 사건이나 상황만을 바탕으로 판단하는 것을 가용성 휴리스틱이라고 한다.

투표에도 이러한 가용성 휴리스틱은 얼마든지 일어날 수 있다. 대학교수 출신 정치인 중에서 성공한 정치인을 많이 알고 있는 사람은 대학교수 출신 후보에 높은 선호도를 보일 것이다. 반대로 관료 출신 정치인 중에서 훌륭한 업적을 많이 남긴 사례를 더 많이 기억하고 있는 사람은 대표자로 관료 출신을 선호하기 쉽다. 그렇다고 가용성 휴리스틱이 전혀 타당성이 없는 것은 아니다. 자신이 쉽게 기억해 냈거나 더 많은 전례를 알고 있다는 사실은 그만큼 해당 사건이 또 다시 유발될 수 있는 확률이나 빈도가 높을 수 있다는 것이다. 이러한 측면에서 가용성 휴리스틱은 나름의 타당성을 가지고 있다.

하지만 많은 행동경제학자들은 가용성 휴리스틱으로 심각한 오류를 범할 수 있음을 지적한다. 우리 인간이 서로 다른 두 사건을 똑같은 빈도수와 주기로 접했다 하더라도 두 사건에 대한 기억의 강도가 다를 수 있다는 점 때문이다. 자신에게 친숙한 장면이나 아는 내용들이기에 더 쉽게 기억할 수도 있다. 아니면 특정 장면이 너무도 생생하여 오래 기억에 남는 경우도 있다. 따라서 실제로는 더 자주 유발되는 사건이 있다 하더라도 자신이 기억하기 용이한 사건 위주로 정보를 저장하고 이를 바탕으로 판단할 수 있다.

물론 이러한 휴리스틱에 의거한 의사결정이 무조건 나쁜 성과로 이어지는 것만은 아니다. 휴리스틱과 관련된 선행 연구들을 보면 우리 인간이 휴리스틱에 의거한 결정을 통해서 정보가 부족하거나 판단능력이 부족함에도 불구하고 좋은 성과를 가져오는 일련의 결정들을 수행하고 있음을 확인할 수 있다. 하지만 이와는 대조적으로 휴리스틱으로 인해 편향된 의사결정과 부정적인 결과가 유발되었다는 연구 결과도 많다.

10. 윗글의 밑줄 친 ⊙과 ⓒ에 대한 이해로 적절한 것은?

① 후보자의 직업군에 대한 긍정적 이미지에 따라 후보자를 선택하는 것은 ⊙에 해당한다.

② ⓒ은 오류가 유발되는 확률이나 빈도가 ⊙에 비해 높다.

③ ⊙은 대상의 확실한 특징으로 대상을 판단하기에 매우 정확한 판단이 가능하다.

④ 후보자의 출신 지역을 기반으로 후보자를 판단하는 것은 ⓒ에 해당한다.

⑤ 후보자의 출신 학교에 따라 후보자를 선택하는 판단은 ⓒ에 해당한다.

11. 윗글을 읽고 추론할 수 있는 내용으로 적절한 것은?

① 휴리스틱에 의거한 의사결정을 하지 않도록 투표율을 높이는 다양한 제도를 실시해야 한다.

② 중요한 의사결정을 할 때에는 대표성 휴리스틱보다 가용성 휴리스틱에 의거하여 결정해야 한다.

③ 휴리스틱에 의거한 의사결정은 합리적 무지라는 심각한 오류를 유발한다.

④ 후보자의 개인정보가 휴리스틱을 유발하므로, 유권자들에게 후보자의 정보가 유출되지 않도록 주의해야 한다.

⑤ 휴리스틱에 의거한 판단은 후보자에 대한 심각한 오판을 초래할 수 있으므로 주의해야 한다.

[12 ~ 13] 다음 자료를 바탕으로 이어지는 질문에 답하시오.

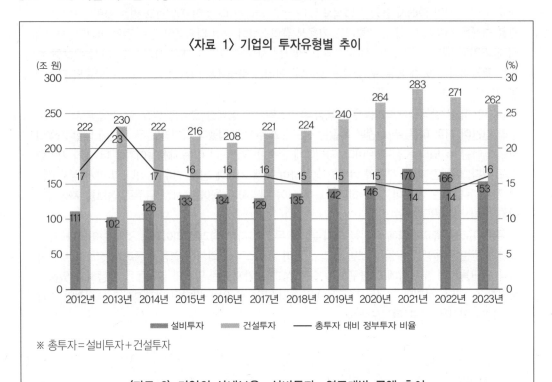

〈자료 1〉 기업의 투자유형별 추이

※ 총투자＝설비투자＋건설투자

〈자료 2〉 기업의 사내보유·설비투자·연구개발 금액 추이

(단위 : 조 원)

구분	2005년	2014년	2016년	2018년	2020년	2022년	2023년
사내보유	168	597	573	571	750	808	821
설비투자	76	126	134	135	146	166	153
연구개발	18	46	58	67	73	86	90

12. 다음 중 제시된 자료에 대한 설명으로 옳은 것은?

① 2023년 정부투자 금액은 65조 4,000억 원 미만이다.

② 2005년부터 2023년까지 기업의 연구개발 금액의 연평균 증가량은 4조 원이다.

③ 2021년 이후 설비투자, 건설투자, 총투자 대비 정부투자 비율은 모두 감소하고 있다.

④ 〈자료 2〉에 제시된 기간 중 2005년을 제외한 모든 연도의 사내보유 금액은 항상 건설투자 금액의 3배 이상이다.

⑤ 〈자료 2〉에 제시된 기간만을 고려할 때, 사내보유 금액의 증감 패턴은 설비투자 금액의 증감 패턴과 반대 양상을 보인다.

13. 다음 중 빈칸 A, B, C에 들어갈 수치의 대소 관계로 옳은 것은?

- 2021년과 2022년의 사내보유 금액의 전년 대비 증가율이 동일할 경우, 2021년의 사내보유 금액은 (A)조 원이다.
- 2023년 총투자액은 2013년 총 투자액의 (B)%이다.
- 2005년부터 2012년까지 매년 일정량만큼 설비투자 금액이 증가할 경우, 2008년의 설비투자 금액은 (C)조 원이다.

① A>B>C   ② A>C>B   ③ B>A>C

④ B>C>A   ⑤ C>A>B

[14 ~ 15] 다음 자료를 보고 이어지는 질문에 답하시오.

〈자료 1〉 우리나라 온실가스 배출원별 배출량

(단위 : 100만 톤 CO_2eq, 톤 CO_2eq/10억 원, 톤 CO_2eq/명)

구분		1995년	2000년	2005년	2010년	2015년	2020년
온실가스 총배출량		292.9	437.3	500.9	558.8	656.2	690.2
	에너지	241.4	354.2	410.6	466.6	564.9	601.0
	산업공장	19.8	44.1	49.9	54.7	54.0	52.2
	농업	21.3	23.2	21.6	20.8	22.2	20.6
	폐기물	10.4	15.8	18.8	16.7	15.1	16.4
GDP 대비 온실가스 배출량		698.2	695.7	610.2	540.3	518.6	470.6
1인당 온실가스 배출량		6.8	9.2	10.7	11.6	13.2	13.5

〈자료 2〉 주요국의 1인당 온실가스 배출량

(단위 : 톤 CO_2eq/명)

구분	1995년	2000년	2005년	2010년	2015년
인도	1.6	1.8	1.8	1.9	2.3
프랑스	9.2	8.9	8.8	8.6	7.9
이탈리아	9.0	9.1	9.5	9.7	8.2
중국	3.3	4.1	4.2	6.3	8.0
영국	13.4	12.3	11.8	11.2	9.4
독일	15.6	13.6	12.4	11.8	11.5
일본	10.2	10.6	10.6	10.7	10.1
브라질	4.3	4.8	5.0	5.3	5.5
미국	23.9	23.9	24.4	23.2	21.0
호주	26.1	25.6	27.9	29.1	26.5

14. 다음 중 〈자료 1〉에 대한 설명으로 옳지 않은 것은?

① 온실가스의 주된 배출원은 에너지 부문이다.

② 2020년 1인당 온실가스 배출량은 1995년에 비해 약 2배 증가하였다.

③ 2005년 온실가스 총배출량 중 에너지 부문을 제외한 나머지 부문이 차지하는 비율은 16%이다.

④ 온실가스 총배출량은 계속해서 증가하고 있고, 2020년 온실가스 총배출량은 1995년의 2배 이상이다.

⑤ GDP 대비 온실가스 배출량이 감소한 것은 온실가스 배출량의 증가 속도보다 GDP 증가 속도가 상대적으로 더 빨랐기 때문이다.

15. 다음 중 〈자료 1〉과 〈자료 2〉의 1인당 온실가스 배출량에 대한 설명으로 옳은 것은?

① 11개국 중 프랑스는 다른 국가들에 비해 1인당 온실가스 배출량의 변화폭이 가장 작다.

② 11개국 중 인도를 제외한 모든 국가들이 2005년 이후 1인당 온실가스 배출량이 감소하고 있다.

③ 11개국의 2015년 1인당 온실가스 배출량 평균은 우리나라 1인당 온실가스 배출량에 비해 높은 수준이다.

④ 11개국 중 1995년에서 2005년 사이 1인당 온실가스 배출량이 가장 큰 폭으로 증가한 나라는 호주이다.

⑤ 11개국 중 호주는 2010년 대비 2015년 1인당 온실가스 배출량이 가장 많이 감소하였지만, 2015년 1인당 온실가스 배출량은 다른 국가들보다 높다.

[16 ~ 17] 다음은 최근 4년간의 특허 및 상표 출원 동향을 나타낸 자료이다. 이어지는 질문에 답하시오.

〈자료 1〉 특허 출원 동향

(단위 : 건)

유형	2020년	2021년	2022년	2023년
중소벤처기업	20,780	22,343	24,298	27,952
대기업	13,185	14,792	15,831	15,591
대학 · 공공연	11,610	11,165	11,314	12,284
개인	19,389	20,630	19,763	20,194
외국인	23,196	23,013	22,716	24,953
기타	5,510	5,336	5,409	5,683
전체 합계	93,670	97,279	99,331	106,657

〈자료 2〉 상표 출원 동향

(단위 : 건)

유형	2020년	2021년	2022년	2023년
중소벤처기업	27,747	32,822	39,028	48,142
대기업	4,867	4,268	4,846	5,312
대학 · 공공연	531	513	735	605
개인	42,596	48,078	54,283	66,073
외국인	7,635	7,251	6,474	7,360
기타	13,565	17,545	15,467	16,160
전체 합계	96,941	110,477	120,833	143,652

16. 위 자료에 대한 해석으로 옳은 것은?

① 2022년 여섯 유형의 상표 출원 건수 평균은 약 23,942건이다.

② 개인의 특허 출원 건수가 전체에서 차지하는 비중이 가장 큰 해는 2021년이다.

③ 2021년 기타 특허 출원 건수는 당해 전체 출원 건수의 6%를 차지한다.

④ 2023년 대기업 상표 출원 건수의 전년 대비 증가율은 2022년의 전년 대비 증가율과 같다.

⑤ 대기업을 제외하면 매년 각 유형별 상표 출원 건수가 특허 출원 건수보다 많다.

17. 다음은 2020 ~ 2023년 동안의 디자인 출원 동향에 관한 자료이다. 〈자료 1 ~ 3〉에 대한 설명으로 옳은 것은?

〈자료 3〉 디자인 출원 동향

(단위 : 건)

유형	2020년	2021년	2022년	2023년
중소벤처기업	10,328	10,500	10,180	11,146
대기업	1,529	1,939	1,913	1,782
대학 · 공공연	475	344	532	523
개인	14,263	14,539	14,184	14,440
외국인	2,241	2,195	1,723	1,823
기타	1,884	2,078	2,020	2,010
전체 합계	30,720	31,595	30,552	31,724

① 2021년 대기업의 디자인 출원 건수는 전년 대비 약 20% 증가하였다.

② 중소벤처기업의 특허, 상품, 디자인 출원 건수는 매년 증가했다.

③ 2023년에는 디자인 출원 건수가 감소한 유형보다 증가한 유형이 더 많다.

④ 2023년 특허, 상표, 디자인 출원 건수의 합계가 가장 작은 유형은 기타이다.

⑤ 2020년 상표 출원 건수 대비 디자인 출원 건수의 비율이 50%를 초과하는 유형은 1개다.

18. $a = 2$, $b = 243$, $c = \dfrac{1}{2}$일 때, 다음 식을 계산한 값은?

$$6a + 2 \times \left(3 - \frac{1}{c}\right) - \frac{\sqrt{b}}{\sqrt{3}}$$

① −3
② −2
③ 2
④ 5
⑤ 6

19. 〈보기〉 중 다음 자료를 잘못 이해한 사람은 모두 몇 명인가?

〈자료 1〉 성별에 따라 결혼할 의향이 없는 1인 가구의 비율

구분	20X2년		20X3년	
	남자	여자	남자	여자
20대	8.2%	4.2%	15.1%	15.5%
30대	6.3%	13.9%	18.8%	19.4%
40대	18.6%	29.5%	22.1%	35.5%
50대	24.3%	45.1%	20.8%	44.9%

〈자료 2〉 연도별 향후 1인 생활 지속기간 유지 여부 예상 비율

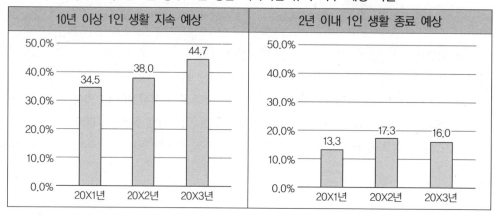

※ 제시된 자료에서 각 연령대 및 성별 조사 인원은 동일하다.

보기

A : 20X3년 조사에서 각 연령대별 남자 중 앞으로 결혼할 의향이 없는 1인 가구의 비율은 50대가 20대에 비해 45% 이상 많아.

B : 20X2년 조사에서 여자는 연령대가 높아질수록 결혼할 의향이 없다는 1인 가구의 비율이 높아져.

C : 20X3년 조사에서 2년 이내에 1인 생활 종료가 예상된다고 응답한 사람의 비율은 전년보다 1.3%p 줄어들었네.

D : 제시된 자료에서 1인 생활을 10년 이상 지속할 것이라고 예상하는 사람의 비율은 갈수록 늘어나고 있어.

① 0명   ② 1명   ③ 2명
④ 3명   ⑤ 4명

20. 인사부서의 직원 A와 부서장 1명을 포함한 부서원 7명은 다음 주에 진행될 신입사원 오리엔테이션 장소로 이동하기 위해 7인승 차량을 준비하였다. 차량 1대로 부서원 7명이 〈보기〉와 같이 앉는다고 할 때, A가 부서장 옆자리에 앉지 않을 확률은?

보기

- 운전면허 소지자는 A를 포함하여 3명이다.
- 부서장은 운전면허가 없으며, 조수석에는 앉지 않는다.
- 차량의 좌석 배치도는 다음과 같으며, 운전석은 1열에 ★표시가 있는 자리이고 조수석은 그 옆이다.

3열	○		○
2열	○	○	○
1열	조수석		★

① 0.09 　　　　　② 0.16 　　　　　③ 0.45

④ 0.84 　　　　　⑤ 0.9

21. ○○은행에서 출시한 대출상품의 이용객 분포가 다음과 같을 때, 해당 대출상품을 이용한 인원은 모두 몇 명인가?

- 50세 이상 이용객의 수는 50세 미만 이용객의 수의 1.5배이다.
- 1억 원 이상의 대출을 받은 50세 미만 이용객의 수는 50세 이상 이용객의 1.5배이다.
- 1억 원 이상의 대출을 받은 50세 미만 이용객은 총 60명이다.
- 1억 원 미만의 대출을 받은 이용객의 $\frac{2}{3}$는 50세 이상이다.

① 400명 　　　　　② 425명 　　　　　③ 450명

④ 475명 　　　　　⑤ 500명

22. 다음 중 박 씨가 복용하는 약의 정보를 종류별로 정리한 표와 〈복용 조건〉을 이해한 내용으로 옳은 것은?

구분	복용 횟수	복용 시기	같이 복용하면 안 되는 약	우선순위
A	2회	식후	B, C, E	3
B	4회	식후	A, C	1
C	3회	식전	A, B	2
D	3회	식전	–	5
E	4회	식후	A	4

〈복용 조건〉
• 약은 아침, 점심, 저녁의 식전 또는 식후에 복용한다.
• 한 번에 여러 종류의 약을 함께 복용할 수 있다.
• 같이 복용하면 안 되는 약은 같은 때(끼니) 식전과 식후에 나누어 복용할 수 없다. 예를 들어, C 약을 아침 식전에 복용하였다면, A 약과 B 약을 아침 식후에 복용할 수 없다.
• 모든 약은 복용 횟수를 채워 복용해야 하며, 최대한 우선순위대로 복용해야 하지만 불가능하다면 우선순위를 거를 수 있다.
• 월요일부터 복용하기 시작한다.

① 모든 약을 할당된 복용 횟수에 맞게 복용하기 위해서는 최소 4일이 필요하다.
② B 약 복용을 마치는 날은 한 번도 복용을 빼먹지 않는다면 수요일이다.
③ 마지막에 복용하는 약으로 A 약이 가능하다.
④ 한 끼니에 B 약과 E 약만 복용하는 때는 없다.
⑤ 가장 먼저 복용을 마치는 약은 무조건 B 약이다.

23. 다음 제시 상황과 자료를 참고할 때 옳지 <u>않은</u> 것은?

> △△공사 직원 E는 ○○역 내에서 9시부터 22시까지 운영하는 R 카페의 회전율을 조사하였다.
>
> ---
>
> • 카페에는 2인용, 4인용, 6인용 원탁이 하나씩 총 3개 마련되어 있다.
> • 함께 온 손님은 같은 원탁에 앉고, 같은 시간에 함께 나간다(단, 원탁이 2개 이상 비어 있다면 이용 가능한 원탁 중 더 작은 원탁에 앉는다).
> • 앉을 수 있는 원탁이 없는 경우 그 손님(들)은 음료를 주문하지 않고 나간다.
> • 원탁에 앉은 손님(들)은 인원수만큼 음료를 주문한다.
>
> 〈원탁 이용 정보〉
> • 2인용 원탁 : 인원이 1명 이상 2명 이하일 경우만 이용 가능
> • 4인용 원탁 : 인원이 2명 이상 4명 이하일 경우만 이용 가능
> • 6인용 원탁 : 인원이 3명 이상 6명 이하일 경우만 이용 가능
>
> 〈방문 손님에 대한 정보〉
>
> | 시간 | 신규 손님 인원수 | 기존 손님 수 | 시간 | 신규 손님 인원수 | 기존 손님 수 |
> |---|---|---|---|---|---|
> | 9 : 20 | 1명 | 0명 | 15 : 50 | 1명 | 2명 |
> | 10 : 15 | 2명 | 1명 | 16 : 50 | 5명 | 0명 |
> | 10 : 50 | 4명 | 3명 | 18 : 10 | 3명 | 5명 |
> | 11 : 30 | 5명 | 3명 | 19 : 00 | 1명 | 8명 |
> | 12 : 40 | 3명 | 7명 | 19 : 40 | 3명 | 8명 |
> | 14 : 10 | 2명 | 5명 | 20 : 50 | 2명 | 8명 |
>
> • 제시된 시간 이외에 새로 방문한 손님(들)은 없었다.
> • 음료를 주문한 모든 손님(들)은 최소한 10분 이상 카페에 머물렀다.
> • 새로운 손님(들)이 방문할 때 카페에 있던 기존 손님들은 새로운 손님(들)이 방문한 뒤에도 최소한 10분 이상 카페에 머물렀다.

① 10시 55분에 매장 내 손님의 숫자는 7명이다.

② 9시 20분에 온 손님은 카페에 2시간 이상 머물렀다.

③ 영업시간 동안 판매한 음료의 잔 수는 홀수이다.

④ 카페에 방문한 손님 중 주문을 하지 못한 손님은 총 두 팀이다.

⑤ 영업시간 동안 카페에 가장 많은 손님이 앉아 있었던 경우는 10명이다.

[24 ~ 25] 다음 ○○택배업체의 택배 업무에 관한 자료를 보고 이어지는 질문에 답하시오.

- A 지역의 모든 택배는 중앙 집하장을 거쳐 배송지에 따라 가 ~ 다 집하장으로 선별되어 이동 후 목적지로 배송된다. 단, 같은 집하장 관할 내에서 이동하는 택배는 중앙 집하장을 거치지 않고 관할 집하장에서 바로 배송된다.

- 다른 지역을 거치지 않고 집하장으로 택배를 운송할 경우 15분이 소요되며, 각 집하장에서의 택배물 배달은 한 건에 특송택배는 10분, 일반택배는 15분이 소요된다.

- 가 집하장에서 10분 거리에 있는 B 아파트로 들어오는 택배물은 하루 한 번 가 집하장에서 아파트 내 택배보관소로 일괄 배송한다.

- 나 집하장으로부터 25분 거리에 있는 편의점에서는 택배 접수 서비스를 제공한다. 편의점에서 접수한 택배물은 오후 5 ~ 6시 사이에 수거되어 나 집하장을 통해 중앙 집하장으로 운송된다.

- 다 집하장으로부터 20분 거리에는 무인택배함이 있다. 무인택배함에서는 택배물의 접수와 수령이 모두 가능하며, 다 집하장에서 배달사원이 하루 두 번 접수된 택배를 수거하고 배송해야 할 택배물을 고객이 와서 받아갈 수 있도록 둔다.

- 이외의 모든 택배물의 접수는 각 집하장에서 15분 떨어진 곳에 위치한 각 집하장 관할의 택배 접수 센터가 담당한다.

- A 지역 이외의 다른 지역으로 이동해야 하는 택배물은 중앙 집하장에서 바로 다른 지역의 중앙 집하장으로 운송된다.

---

24. 위 자료를 참고할 때, 다음 ㄱ ~ ㄹ 중 옳은 것을 모두 고르면?

ㄱ. A 지역 내에서만 이동하는 모든 택배는 중앙 집하장을 거치지 않는다.

ㄴ. A 지역 외에서 들어오는 택배는 중앙 집하장을 거쳐 가 ~ 다 집하장으로 선별되어 이동한다.

ㄷ. 가 집하장이 관할하는 지역의 모든 택배는 택배 접수 센터를 통해 접수된다.

ㄹ. 무인택배함으로 접수된 택배는 다 집하장을 거치지 않고 바로 중앙 집하장으로 운송된다.

---

① ㄱ, ㄴ   ② ㄱ, ㄷ   ③ ㄴ, ㄷ

④ ㄱ, ㄴ, ㄹ   ⑤ ㄴ, ㄷ, ㄹ

25. 다음은 택배 배달사원 P의 작업일정표이다. 이날 P의 업무가 종료되는 시간은 몇 시인가? (단, 택배물을 차량과 집하장에 적재하는 시간은 고려하지 않는다)

〈P의 작업일정표〉

- 오전 9시 : 가 집하장 택배 접수 센터에서 업무 시작
- 접수된 택배를 가 집하장으로 운송
- 가 집하장에서 특송택배 5건 배송
- 가 집하장에서 다 집하장으로 택배 운송
- 다 집하장에서 무인택배함 택배 배송 및 수거 업무 개시
- 다 집하장에서 일반택배 7건 배송
- 1시간 동안 점심 식사
- 다 집하장에서 가 집하장으로 택배 운송
- 가 집하장에서 특송택배 8건 배송
- 가 집하장에서 다 집하장으로 택배 운송
- 다 집하장에서 무인택배함 택배 배송 및 수거 업무 개시
- 나 집하장으로 택배 운송
- 나 집하장에서 일반택배 3건 배송
- 나 집하장에서 편의점에서 접수한 택배 수거 후 나 집하장에 적재, 업무 종료

---

① 오후 5시 45분   ② 오후 5시 55분   ③ 오후 6시 5분
④ 오후 6시 15분   ⑤ 오후 6시 25분

[26 ~ 27] 다음 글을 읽고 이어지는 질문에 답하시오.

제한능력자는 정신능력이 없거나 정신능력이 있더라도 완전하지 못하여 단독으로 권리를 행사하거나 의무를 부담하면 손해를 당할 우려가 있어 행위능력이 제한된 자를 말한다. 민법상 행위능력이 제한되는 경우로는 연령에 의하여 획일적으로 결정되는 미성년자와 일정한 요건이 갖추어진 경우에 가정법원의 심판에 따라 제한능력자가 되는 피성년후견인과 피한정후견인이 있다.

미성년자는 만 19세를 성년기로 하여 성년기에 이르지 않은 자를 의미한다. 미성년자가 법률행위를 할 때에는 원칙적으로 법정대리인의 동의를 얻어야 하며, 동의 없이 법률행위를 한 경우에 그 법률행위는 취소할 수 있다. 그렇다고 항상 동의를 구해야 하는 것은 아니다. 미성년자가 법률행위를 함에 있어서 요구되는 법정대리인의 동의는 명시적 또는 묵시적으로 가능할 때가 있는데, 그중 하나가 처분을 허락한 재산의 처분 등에 해당하는 경우이다. 만약 미성년자가 용돈을 이용해 물품을 샀다면 처분을 허락한 행위라고 볼 수 있으므로 동의가 없다는 이유로 취소할 수 없다. 또한 미성년자가 혼인을 하면 성년이 된 것으로 보는 성년의제 제도도 가지고 있다. 법정대리인, 친권자 등 제3자의 간섭을 받아 부당한 부부생활이 될 수 있는 가능성을 막기 위해서이다. 재미있는 것은 성년이 되기 전에 이혼하더라도 성년의제의 효과는 유지된다는 것이다.

미성년자와 비슷한 것에는 피성년후견인이 있다. 질병, 장애, 노령, 그 밖의 사유로 인한 정신적 제약으로 사무를 처리할 능력이 지속적으로 결여된 사람을 말한다. 그러나 미성년자와는 다르게 본인, 배우자, 4촌 이내의 친족 등이 가정법원에 심판을 청구하면 가정법원의 심판을 거쳐 비로소 피성년후견인이 된다. 피성년후견인의 법률행위는 동의의 유무를 불문하고 취소할 수 있다. 다만 법률이 취소할 수 없는 법률행위의 범위를 정할 수 있다.

그와는 다르게 피한정후견인은 질병, 장애, 노령, 그 밖의 사유로 인한 정신적 제약으로 사무를 처리할 능력이 부족한 사람을 말하며, 역시 청구권자의 청구에 의한 가정법원의 심판으로 피한정후견인이 된다. 피한정후견인에 대하여는 법원이 한정후견인의 동의를 받아야 하는 법률행위의 범위를 정하여 준다. 만약 동의를 받지 않으면 그 법률행위를 취소할 수 있게 된다.

하지만 미성년자, 피한정후견인이라도 일용품의 구입 등 일상생활에 필요하고 그 대가가 과도하지 않은 법률행위는 스스로 할 수 있고 이러한 행위는 취소할 수 없다. 우리 법은 행위능력이 없거나 부족한 사람들을 보호하기 위해 이러한 제도를 두고 있지만 취소권은 강력한 권리로서 억울한 피해자를 발생시킬 수 있다. 예컨대, 부동산매매계약과 같이 서로 합의하에 한 법률행위를 무분별하게 취소할 수 있게 되면 거래의 안전은 물론 사회에 대한 신뢰 형성에도 악영향을 미칠 것이다. 이에 대하여 우리 법은 제한능력자의 상대방에 대한 보호 방안도 규정하고 있다.

26. 제시된 글을 읽고 이해한 내용으로 적절하지 않은 것은?

① 법정대리인의 동의 없이 행해지는 미성년자의 법률행위는 취소될 수도 있다.

② 우리 법에서는 미성년자가 단독으로 권리를 행사할 정신능력이 없다고 판단하고 있다.

③ 미성년자가 노래방에서 용돈을 사용해 과자를 먹고 시간을 보낸 경우 행위를 취소할 수 없다.

④ 성년의제 제도에서는 여러모로 미성년자를 보호하려는 우리 법의 취지가 엿보인다.

⑤ 미성년자가 동의 없이 한 법률행위라고 하더라도 거래자가 동의하지 않는다면 취소할 수 없다.

27. 제시된 글을 토대로 〈보기〉의 '법률행위'에 대해 응답한 ㉠ ~ ㉢ 중 적절한 내용을 모두 고른 것은?

> ## 보기
>
> • 중대한 부상으로 인해 의사능력이 없는 상태인 A 씨가 법률행위를 한 경우
>
> • 배우자의 청구를 받아 가정법원이 심판한 결과, 피성년후견인으로 지정된 B 씨가 마트에서 생필품을 구매한 경우
>
> • 4촌 이내의 친족의 청구를 받아 가정법원이 심판한 결과, 피한정후견인으로 지정된 C 씨가 한정후견인의 동의를 받아야 한다고 지정해 준 범위에 속하는 법률행위를 한정후견인의 동의 없이 한 경우

> ㉠ A 씨와 같이 의사능력이 없는 사람이 행한 법률행위는 무효이다.
>
> ㉡ B 씨의 행위는 피성년후견인의 동의 없이 실행한 법률행위로 취소할 수 있는 법률행위이다.
>
> ㉢ C 씨의 법률행위는 취소할 수 있다.

① ㉠   ② ㉡   ③ ㉠, ㉢

④ ㉡, ㉢   ⑤ ㉠, ㉡, ㉢

28. 신약 개발 단계에 대한 다음 글을 이해한 내용으로 옳지 않은 것은?

<신약 개발 단계 중 전임상시험>

　전임상시험(Pre-Clinical Trial)은 신약이 될 후보물질을 선정한 후 그 안정성과 효과를 확인해 보기 위해 동물 모델을 대상으로 진행하는 생화학적 실험으로, 크게 전임상 유효성 평가와 전임상 안전성 평가로 구분하여 진행한다. 전임상 유효성 평가는 후보물질이 가지는 약리작용의 프로필을 연구하고 그 안정성과 흡수성, 대사, 배설, 여러 장기기능에 미치는 효과를 연구하며, 전임상 안정성 평가는 유효성 평가를 통해 효과가 어느 정도 입증된 물질을 대상으로 물질의 독성, 흡수성, 용해성 등을 측정하여 이를 평가한다.

　이러한 전임상시험을 통해 후보물질의 안전성(독성)과 유효성이 검증되면 사람을 대상으로 하는 연구를 수행하기 위해 식품의약품안전청의 임상시험허가신청(IND)을 거쳐 임상시험을 진행한다.

<신약 개발 단계 중 임상시험 단계>

　전임상시험에서 검증이 된 약물이 사람에게도 안전하고 효과가 있는지 시험하기 위해 임상시험을 실시한다. 임상시험은 1상, 2상, 3상으로 이루어져 있다.

－ 임상시험 1상

　임상시험 1상은 안전성을 확신하기 위해 시행한다. 일반적으로 건강한 사람 20 ～ 80명에게 약물을 투여해 약물이 문제를 일으키지 않는지 확인한다. 이 시험에서 사람에게 사용할 수 있는 최대용량을 결정한다. 또한 약이 몸에 흡수돼 최종적으로 제거되는 과정과 부작용을 조사한다. 항암제는 건강한 사람 대신 환자에게 투여한다. 이때 약의 효능이 나타나는지도 조사한다.

－ 임상시험 2상

　• 2상에서는 수백 명의 환자들을 시험에 참가시키지만 약의 효능을 완전히 증명할 만큼 충분하지는 않다. 이 단계에서는 약물로 치료하려는 질병을 앓고 있는 환자들이 참여한다. 안전성이 여전히 중요한 사안이며 특히 약물을 투여한 후 짧은 기간에 나타나는 부작용을 주의 깊게 관찰한다.

　• 환자들을 최소 세 그룹으로 나눠 위약, 낮은 용량, 높은 용량을 투약하며 부작용이 가장 낮게 나타나면서 약효를 보이는 용량을 결정한다. 임상시험에서 파악하고 싶은 질문을 세부적으로 수정하면서 임상시험 방법을 최종적으로 결정한다. 이 시험결과에 따라서 약물 효능이 뛰어나다고 판명되면 3상으로 진행하는데, 보통은 이 단계에서 약 67% 정도가 떨어지고 33% 정도가 임상시험 3상으로 진행된다.

- 임상시험 3상
  - 임상시험 중에서 가장 중요하며 가장 비용이 많이 소요되는 연구다. 임상시험 3상은 개발사에서 계획하지만 FDA의 승인을 받아야 한다. 이때 FDA 규제요원과 만나면서 협의 과정을 거친다.
  - 참여하는 환자의 수는 300 ~ 3,000명이다. 이때 1차 평가지수를 설정하며 이 평가지수가 바로 시험에 사용한 약의 성패를 결정하는 주요소가 된다. 2차 평가지수와 그 외 부수적으로 분석할 내용도 이때 결정한다. 통계적으로 약효를 입증해야 하는데, 암 치료제와 같이 약효를 명확하게 볼 수 있는 경우에는 수백 명, 백신과 같이 효과를 보려면 자연적인 감염이 필요할 경우에는 수천 명까지 참여시켜야 한다. 예외적인 경우 10만 명 이상 참가한 임상시험도 있다.

〈임상시험 모식도〉

소요 시간 : 3 ~ 10년 / 실험 대상 : 환자, 정상인

임상시험 1상	임상시험 2상	임상시험 3상
• 참여인원 : 20 ~ 80명 • 목적 : 주로 안전성 평가 • 성공률 : ~ 70%	• 참여인원 : 100 ~ 300명 • 목적 : 효능을 보이는 최고 복용량 조사 • 성공률 : ~ 33%	• 참여인원 : 300 ~ 3,000명 • 목적 : 효능 및 안전성 확인 • 성공률 : 25%

① 임상시험은 총 3상에 걸쳐 진행되며 최소 3년 이상의 시간이 소요된다.

② 신약 개발 과정에서 약의 효능을 시험하기에 앞서 안전성을 먼저 확인해야 한다.

③ 사람에게 사용할 수 있는 최대용량을 결정하는 단계는 임상시험 1상이다.

④ 임상시험 2상은 약의 효능을 확인하는 단계로, 이 과정에서 약물의 대다수가 임상시험 3상으로 진행된다.

⑤ 전임상시험은 임상시험에 들어가기 전 실험동물을 대상으로 진행하는 시험단계이다.

29. 다음은 회사를 새로운 곳으로 이사하려고 하는 M사에서 고려해야 할 사항을 정리한 자료이다. 이에 대한 설명으로 올바르지 않은 것은?

〈후보지별 임대료와 사용 가능 층〉

후보지	월 임대료(만 원)	사용 가능 층
A	1,000	1 ~ 3층
B	1,450	1 ~ 5층
C	1,200	4 ~ 6층
D	1,500	3 ~ 5층, 7 ~ 8층
E	1,350	7 ~ 9층

※ 이전하기 전의 월 임대료는 900만 원임.
※ 월 임대료는 사용 가능한 층을 모두 사용할 경우의 금액임.

〈이전 시 기대 효과〉

후보지	월 업무비용 절감액(만 원)
A	45
B	30
C	28
D	25
E	50

〈후보지별 직원 선호도 조사 결과〉

후보지	남직원(명)	여직원(명)
A	21	20
B	16	8
C	32	15
D	17	39
E	14	18

※ 직원 선호도는 각 후보지에 투표한 직원의 수를 의미함.

① 4층을 반드시 사용해야 할 경우 적어도 300만 원의 월 임대료가 추가되어야 한다.
② 사용 가능 층당 평균 월 임대료가 가장 높은 곳과 낮은 곳은 각각 E와 B이다.
③ 5개 층을 사용할 수 있는 곳으로 이전했을 경우의 월 업무비용 절감액은 30만 원 이하이다.
④ 남직원과 여직원의 선호도 순위가 동일한 후보지는 한 군데도 없다.
⑤ 직원들에게 가장 많은 표를 받은 후보지로 이전한다면 월 임대료를 가장 많이 지출하게 된다.

30. 다음 주장들이 논리적으로 합당하기 위해 필요한 전제를 〈보기〉에서 모두 고른 것은?

> 최근 학교 내부에서도 학원폭력의 강세가 심해지고 있다. 이에 경찰청은 대대적인 학교정화 운동의 일환으로 학원폭력을 행사하는 학생들을 색출하기 위해 막대한 경비와 인력을 투자하고 있다. 그러나 차라리 이를 학생들의 인성교육과 선생님들의 대응방법 교육에 투자하는 것이 바람직할 것이다.

보기

ㄱ. 학생들의 인성교육은 학교의 학원폭력에 대한 근절의 효과적인 방법이 된다.
ㄴ. 학생들의 묵인과 학교 측의 미온적인 대응이 학교에서의 학원폭력의 문화가 성행하게 되는 원인이 되었다.
ㄷ. 경찰청의 개입은 최선의 방안이었고 효과적이었다.
ㄹ. 학원폭력을 행사하는 아이들은 경찰을 무서워한다.

① ㄷ   ② ㄹ   ③ ㄱ, ㄴ
④ ㄴ, ㄷ   ⑤ ㄷ, ㄹ

과목 **2** 철도관련법령 ⏱ 31~40

31. 다음 글의 빈칸에 들어갈 기관의 명칭은?

> 국토교통부는 철도산업에 관한 기본계획 및 중요정책을 심의·조정하기 위한 철도산업위원회를 두며, 위원회에 상정할 안건을 검토하고 심의하기 위한 위원회 소속 분과위원회를 둔다. 그중에서 위원회의 심의·조정사항과 위원회가 위임한 사항의 실무적인 검토를 위한 기관인 (   )은/는 국토교통부의 3급 공무원 또는 고위공무원단 소속 일반직공무원 중에서 국토교통부장관이 지명한 자를 장(長)으로 하며, 한국철도공사 사장은 해당 기관에 한국철도공사 임직원 중 해당 기관에 소속될 될 1인을 지명한다.

① 철도산업구조개혁기획단   ② 실무위원회
③ 철도산업정보센터   ④ 건설기술심의위원회
⑤ 철도서비스품질평가단

32. 다음에서 설명하는 법인으로 적절한 것은?

> 철도사업에 관련한 기업, 학교, 연구소, 공공기관, 단체의 참여로 철도사업의 건전한 발전과 상호협력을 도모하고, 해외진출을 위한 체계적, 전략적 지원체계를 마련함을 목적으로 하는 이 사단법인은 「철도산업발전기본법」 제13조의2를 근거로 철도산업에 관련된 기관, 기업 및 단체와 이에 관한 업무에 종사하는 자로 구성되어 국토교통부장관의 인가를 받아 성립한다. 철도분야에 관한 정책 및 기술개발의 지원, 전문인력 양성 지원 등의 업무를 수행하며, 특히 국가와 지방자치단체 및 철도분야 공공기관은 해당 법인에 업무를 위탁하고 그에 필요한 비용의 전부 혹은 일부를 예산의 범위에서 지원할 수 있다.

① 한국철도협회   ② 국가철도공단
③ 국가교통위원회   ④ 교통투자평가협회
⑤ 한국지능형교통체계협회

33. 「철도산업발전기본법」에서 정하는 철도시설관리권에 대한 설명으로 옳지 않은 것은?

① 국토교통부장관으로부터 설정받은 철도시설관리권은 물권(物權)으로 본다.

② 철도시설관리권의 권리 설정에 관하여 「철도산업발전기본법」에 특별한 규정이 없다면 「민법」 중 부동산에 관한 규정을 준용한다.

③ 철도시설관리권에 저당권이 설정되어 있다면, 저당권자의 동의 없이 이를 처분할 수 없다.

④ 철도시설관리권에 설정한 저당권의 설정은 철도시설관리원등록부에 등록함으로써 그 효력이 발생한다.

⑤ 철도시설관리권의 설정을 받은 자는 대통령령으로 정하는 바에 따라 그 권리를 기획재정부장관에게 등록하여야 한다.

34. 철도산업의 지원에 관한 「철도산업발전기본법」상의 내용으로 옳지 않은 것은?

① 국가는 철도시설 투자를 추진하는 경우 사회적 편익과 환경적 편익을 함께 고려하여야 한다.

② 국가는 철도산업의 육성·발전을 촉진하기 위한 세제 지원을 할 수 있다.

③ 철도산업정보화기본계획은 철도산업에 관한 정보를 효율적으로 처리하기 위해 국토교통부장관의 심의를 거쳐 철도산업정보센터가 수립하여 시행한다.

④ 국가는 철도기술의 진흥을 위해 철도시험·연구개발시설 및 부지 등의 국유재산을 한국철도기술연구원에 무상으로 사용·수익하게 할 수 있다.

⑤ 국토교통부장관은 철도산업의 국제협력과 해외시장 진출을 위한 기술 및 인력의 국제교류에 관한 사업을 지원할 수 있다.

35. 다음 중 철도사업에 관하여 국토교통부장관의 인가를 요구하지 않는 경우는?

① 철도사업자가 철도사업 이외의 사업을 경영하는 자와 합병하려는 경우

② 여객열차의 정차역을 신설하려는 경우

③ 여객열차의 운행구간을 변경하려는 경우

④ 여객에 대한 운임·요금을 변경하려는 경우

⑤ 철도사업자가 다른 사업자에게 철도사업을 양도하려는 경우

36. 다음은 한국철도공사의 사업연도 결산으로 발생한 이익금의 처리과정을 도식화한 것이다. 빈칸 ㉠, ㉡에 들어갈 내용을 바르게 연결한 것은?

```
┌─────────────────────────────────────────────┐
│           이월결손금의 보전(補塡)              │
└─────────────────────────────────────────────┘
                      ⇩
┌─────────────────────────────────────┐      ┌──────────────┐
│   자본금의 2분의 1까지 이익금의 10분의 2 이상을  │  ⇨  │  자본금으로 전입  │
│              (   ㉠   ) 적립           │      └──────────────┘
└─────────────────────────────────────┘
                      ⇩
┌─────────────────────────────────────┐      ┌──────────────┐
│   자본금과 같아질 때까지 이익금의 10분의 2 이상을 │  ⇨  │  자본금으로 전입  │
│              (   ㉡   ) 적립           │      └──────────────┘
└─────────────────────────────────────┘
                      ⇩
┌─────────────────────────────────────┐
│                국고에 납입               │
└─────────────────────────────────────┘
```

	㉠	㉡		㉠	㉡
①	이익준비금	자본준비금	②	이익준비금	사업확장적립금
③	사업확장적립금	이익준비금	④	사업확장적립금	자본준비금
⑤	자본준비금	사업확장적립금			

37. 다음 중 「한국철도공사법」에서 정하고 있는 한국철도공사의 사업에 해당하지 않는 것을 모두 고르면?

> ㉠ 철도용품의 제작 · 판매 · 정비 및 임대사업
> ㉡ 건널목 입체화 등 철도 횡단시설사업
> ㉢ 철도차량을 이용하는 광고사업
> ㉣ 「물류정책기본법」에 따른 물류사업

① ㉡

② ㉣

③ ㉠, ㉢

④ ㉡, ㉣

⑤ ㉠, ㉢, ㉣

38. 다음 한국철도공사의 등기에 관한 설명 중 옳지 않은 것은?

① 한국철도공사가 하부조직을 설치하기 위해서는 주된 사무소의 소재지에서 2주일 이내에 해당 하부조직의 명칭 및 소재지를 등기하여야 한다.

② 한국철도공사가 하부조직을 다른 등기소의 관할구역으로 이전할 때에는 새로운 소재지에서의 등기소에 3주일 이내에 등기하여야 한다.

③ 한국철도공사 임직원의 인적사항에 변동이 있는 경우에는 별도의 변경등기를 요구하지 않는다.

④ 한국철도공사 사장에 갈음하여 공사의 업무에 대한 재판상 행위를 할 대리인을 선임할 때에는 2주일 이내에 대리인의 성명 및 주소 등의 사항을 등기하여야 한다.

⑤ 한국철도공사는 등기가 필요한 사항에 대해서는 등기하기 전까지는 제3자에게 대항하지 못한다.

39. 다음에서 소개하는 기관에 대한 설명으로 옳지 않은 것은?

> 1990년대 후반부터 시작된 육상교통인프라 민자사업은 IMF 외환위기를 거치면서 재정 부족에 따른 민간자본 유치를 위해 MRG(최소수익보장제도) 등 정부에게 다소 불합리한 조건에서 추진되다가, 과도한 민간의 이익을 제어하는 MCC(최소비용보전제도)로 변경되었다. 이후 다양한 민간투자방식을 도입하여 2010년대부터 다시 육상교통 분야에서 민자사업이 활성화되고 있다.
>
> 한편 그동안 민자교통사업들이 개별적으로 추진됨에 따라 다양한 문제들이 나타나면서 민자교통산업 발전에 한계를 나타냈다. 이를 극복하고자 2023년 10월 민자철도사업의 효율적 관리와 발전을 위해 「철도사업법」을 근거로 한국교통연구원에 민자철도 관리지원센터를 설치·운영하여 본격적인 민자철도 시대를 열고자 한다.

① 민자철도 관리지원센터는 민자철도의 교통수요를 예측하여 적정 요금 또는 운임 및 운영비를 산출하는 과정에서의 자문 및 지원 업무를 수행한다.

② 국토교통부장관은 민자철도사업자가 사정변경에 따른 해소 대책의 수립이 곤란하여 실시협약의 변경을 요구하기 위한 과정에서 민자철도 관리지원센터의 자문을 구할 수 있다.

③ 국토교통부장관은 민자철도 관리지원센터의 업무 수행에 있어서 필요한 비용을 예산의 범위에서 지원할 수 있다.

④ 정부의 출연으로 설립된 정부출연연구기관은 민자철도 관리지원센터로 지정할 수 없다.

⑤ 국토교통부장관은 지정받은 사항을 위반하여 업무를 수행한 민자철도 관리지원센터에 대해 지정취소처분을 내릴 수 있다.

40. 다음 보도자료의 빈칸에 들어갈 내용으로 옳은 것은?

> 한국철도공사가 추석 승차권 암표 불법 거래에 대응하기 위해 열차 승차권 불법거래 신고 채널 '암표제보 게시판'을 신설하고 운영한 결과 총 25건의 의심사례가 접수됐다. 암표 거래를 목격한 사람은 누구나 한국철도공사 홈페이지나 모바일 앱을 통해 암표 판매가 의심되는 사이트 정보나 판매자 ID, 판매가격과 함께 증빙자료를 첨부하여 신고할 수 있다. 암표 판매자를 특정할 수 있는 유효한 정보를 제공한 사람에게는 열차 승차권 할인 쿠폰 등을 지급한다.
> 「철도사업법」은 상습 또는 영업으로 열차 승차권의 기준운임에 웃돈을 붙여 구입한 가격보다 비싸게 판매하는 암표 거래를 한 사람에 대해 (   ) 이하의 과태료 처분을 내리도록 규정하고 있다. 한국철도공사는 이외에도 암표 거래가 주로 이루어지는 온라인 중고거래 사이트와의 업무협조를 통해 열차 승차권을 거래 금지 품목으로 등록하고, 암표 거래 게시글 차단 및 삭제 조치를 취하고 있다. 한국철도공사 관계자는 "선의의 고객을 보호하고 누구나 공정하게 열차를 이용할 수 있도록 올바른 승차권 유통질서를 확립하겠다."고 밝혔다.

① 1,000만 원   ② 500만 원   ③ 100만 원
④ 200만 원   ⑤ 50만 원

과목 1

직업기초 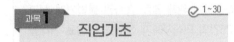 1~30

01. 다음 글을 읽고 추론할 수 있는 내용이 아닌 것은?

> 대중매체란 대중을 상대로 대량의 정보와 이슈를 전달하는 매체를 말한다. 대중매체로는 신문, 방송 등 기존의 정보 전달 수단과 인터넷, 사회관계망 서비스(SNS), 스마트폰 등과 같은 이른바 뉴미디어(New Media) 등이 있다. 이 중에서도 특히 뉴미디어는 기존의 여러 매체에 디지털화된 콘텐츠를 하나로 통합해 상호작용력을 높인 멀티미디어 성격의 매체로 빠르게 발전하고 있다. 이에 따라 최근에는 모바일 기기를 통해 인터넷 정보와 문화적 가치를 손바닥 안에서 누릴 수 있게 되었다.
>
> 대중매체는 대중문화의 생산과 유통을 주도하여 상품화된 문화로 작용한다는 점에서 기능적으로 매우 중요하다. 그럼에도 대중매체는 순기능만이 아니라 역기능을 나타내기도 한다. 순기능의 예로는 사람들이 TV를 통해 외국 드라마를 자신의 안방에서 보거나, 한국 음식이나 드라마와 같은 한류문화를 해외로 전파하여 국가 이미지와 위상을 높이는 것이 있다. 아울러 대중매체의 광범위한 보급으로 보다 많은 사람들이 대중문화를 누리게 되고, 오락 및 여가의 기회가 늘어나 삶의 활력소가 되기도 한다. 반면 TV 등과 같은 영상매체는 동일한 정보를 동시에 전달하므로 사람들의 사고와 취향이 획일화되고, 매체문화의 생산자가 의도하는 방향으로 정보가 조작될 수 있다는 점은 역기능에 해당한다. 게다가 상업성 추구로 인해 지나치게 선정적이고 폭력적인 장면을 대중에게 보여 줄 우려도 제기된다.
>
> 현대 사회에서 컴퓨터, 인터넷과 같은 미디어는 사회와 개인의 삶에 지대한 영향을 미치고 있다. 따라서 각 매체의 주체는 오늘의 시대적 매체 환경에 대해 보다 깊은 성찰이 있어야 한다. 매체 공급자와 광고주는 상업성을 추구하되, 사회적 책임의 차원에서 공공성과 공익성도 고려해야 한다. 매체 소비자인 수용자는 매체의 성격과 방향에 관심을 두고 여러 매체를 비교·평가하여 이를 선별적으로 받아들여야 한다. 나아가 수동적 입장에만 머무르지 말고, 문제의 뿌리가 있는 콘텐츠를 면밀히 도출하여 이를 개선하기 위한 메시지를 제시해야 한다.
>
> 수용자는 매체의 직접적인 소비자이다. 그렇기 때문에 대중매체의 제반 사항에 대해 일정한 힘을 행사할 수 있는 것이다. 그 일환으로 수용자 모니터링(monitoring)이 보다 활성화되어야 한다. 대중매체 생산자의 건전한 양식과 수용자의 비판적 자세가 갖추어질 때 우리 사회가 건강하게 발전하고 삶의 질이 향상될 수 있을 것이다.

① 가짜 뉴스는 최근 매체의 변화에 따른 역기능 중 하나이다.

② 과거 매체는 매체 간 경쟁이 적었기 때문에 경제적 수익 창출에 대한 부담이 없어 공공성을 중시할 수 있었다.

③ 플랫폼 차원의 규제체계를 마련하여 매체 공급자와 수용자가 준수해야 할 콘텐츠 기준이 제시되어야 한다.

④ 최근 매체는 공공성을 고려하기 위해 과거와 다른 방법을 찾아야 한다.

⑤ 대중매체에서 폭력적인 장면을 본 시청자들은 흥미를 느껴 시청률이 상승할 것이다.

02. 다음 글에서 설명하는 규칙이 바르게 적용된 것을 ㉠ ~ ㉣ 중에서 모두 고르면?

> 음절의 끝소리 규칙은, 받침으로 발음되는 자음은 'ㄱ, ㄴ, ㄷ, ㄹ, ㅁ, ㅂ, ㅇ'의 일곱 가지만 올 수 있다는 것으로 이외의 자음들이 음절 끝에 오게 되면 이들 중 하나로 바뀌는 규칙이다. 즉, '잎'은 [입]으로 'ㅍ'이 'ㅂ'으로 발음된다. 이는 겹받침인 경우에도 적용되는데, 두 자음 중 하나가 대표음으로 발음된다. 또 받침 뒤에 모음으로 시작되는 조사, 어미, 접사가 오면 받침이 온전히 발음되지만 '웃어른'의 '어른'처럼 실질적인 뜻을 지닌 모음으로 된 말이 오면 음절의 끝소리 규칙을 적용한 후 다음 음절의 첫소리로 발음하여 [우더른]이 된다.

> ㉠ '히읗'은 [히은]으로 발음된다.
> ㉡ '빗으로'는 [빈으로]로 발음된다.
> ㉢ '부엌'은 [부언]으로 발음된다.
> ㉣ '웃옷'은 [우돋]으로 발음된다.

① ㉠, ㉢   ② ㉠, ㉣   ③ ㉡, ㉢

④ ㉡, ㉣   ⑤ ㉢, ㉣

03. 다음 밑줄 친 ㉠의 성격으로 적절하지 않은 것은?

도시 지도를 그릴 때 건물을 검은색으로 칠하고 외부 공간은 흰색으로 남겨 놓은 지도 표현방식을 '형상-배경 다이어그램(Figure-ground Diagram)'이라고 한다. 지도에서 건물들을 검은색으로 표시하면 길과 광장, 공원 같은 비어 있는 공간의 구조가 명확하게 드러난다. 이런 방식의 지도 중에서도 1748년 조반니 바티스타 놀리가 그린 로마의 지도가 특별한데, 이 지도는 교회나 관공서같이 공공적인 성격을 갖고 있는 건물들에 검은색 대신 내부 평면을 그려서 공공 공간이 건물 내부로 확장되는 것을 보여 주고 있다.

근대적인 도시계획으로 잘 알려진 오스만 남작의 파리 개조 계획은 1853년에서 1870년 사이에 파리 시내 2천 채 정도의 건물을 철거하고 도심을 가로지르는 도로를 건설하는 것이었다. 오스만은 마차도 들어가기 어려운 좁은 길로 이루어진 파리를 관리가 가능한 근대도시로 바꿔 놓았다. 오스만 남작의 도시계획에서 두드러지는 것은 도시를 관통하는 직선도로의 개설이다. 파리를 가로지르는 이 직선도로들은 주요 공공장소들과 유적, 기념비들을 도시 외부에 노출시킨다. 이 직선도로는 이동의 기능을 수행할 뿐 아니라 ㉠근대 공공 공간으로 하여금 현대 도시의 삶 속에 들어오게 해준다.

귀스타브 카유보트의 1877년 그림 〈파리의 거리, 비오는 날〉은 우산을 쓰고 파리 거리를 걷고 있는 사람들의 모습을 보여 주고 있다. 그림 속 넓은 직선도로의 남자들은 모두 신사복 위에 코트와 모자를 걸친 정장 차림이고, 여자들도 평상복이라기보다는 다소 화려한 차림새를 하고 있다. 그림 속 인물들은 모두 '공공 공간의 복장'을 하고 있다.

1902년, 벨기에의 기술자 에밀 푸코가 큰 크기의 유리판을 산업적으로 생산해 낼 수 있는 기계를 발명해 냈다. 투명한 유리창의 대량생산과 건물 입면의 사용은 외부의 공공 공간과 사적인 건물 내부로 구분되던 도시를 변화시켰다. 이전 시대의 건물에서 발견되는 작은 창문들이 석재를 쌓아서 만드는 구조방식에 더 기인하는 측면이 있었다면, 큰 유리판의 생산은 큰 창문 디자인을 촉발했다.

투명한 유리의 건물 외벽 사용은 '투명성'이라고 정의될 수 있는 새로운 시대의 도시 모습을 상징하기도 한다. 하지만 유리의 사용을 통해서만 현대 도시의 '투명성' 개념을 설명하는 것은 과도한 의미 부여로 보인다. 실질적인 변화를 만들어 내는 것은 새로운 공공건물들의 탄생이다. 이전 시대의 도시에서 거리와 광장이 갖고 있던 역할이 아케이드, 백화점, 쇼핑센터, 경기장 등 새로운 종류의 공간들로 확대되었다. 이제 개인의 사적인 공간도 외부세계와 연결되는 공간이다.

① 도시의 긴 역사는 근대 공공 공간이 확대되는 과정이라고도 말할 수 있다.
② 형상-배경 다이어그램은 근대 공공 공간의 변화를 명확하게 보여 준다.
③ 근대 공공 공간은 건물 외벽의 투명성을 기반으로 한다.
④ 근대 공공 공간의 확대는 개인의 사적 공간과 공공 공간의 경계를 허물고 있다.
⑤ 카유보트의 그림은 넓은 직선도로가 도시에 준 변화, 공공 공간에 대한 자각을 보여 주고 있다.

04. 다음 글에 나타난 신경성 매독의 치료법을 개발한 사례를 일컫는 한자성어로 적절한 것은?

프랑스의 샤를 8세와 영국의 헨리 8세의 공통점은 매독으로 사망했다는 것이다. 샤를 8세가 이탈리아에 침공했을 당시 프랑스군의 대규모 성범죄로 인해 유럽 전역으로 퍼져나가기 시작한 매독은 한때 인류를 위기에 빠뜨렸던 가장 무서운 질병 중 하나였다.

매독의 원인은 1905년에서야 독일의 세균학자 샤우딘과 호프만에 의해 매독의 병원균인 스피로헤타가 발견되며 밝혀졌다. 그리고 마침내 1909년에 파울 에를리히에 의해 '마법의 탄환'으로 알려진 살바르산이라는 매독 치료제가 개발됐다.

매독에 감염된 후 약 15년 후에 발병하는 이상한 질병이 있다. 신경계를 침범한 매독이 뇌를 손상시키게 되면서 운동장애가 일어나거나 판단 및 기억 저하 등의 증상과 함께 마비를 일으키고 마침내는 치매에 빠지는 것이 바로 그 질병이다. 진행성 마비 혹은 마비성 치매라고도 불리는 이 정신질환은 뇌매독의 한 종류로서, 전체 매독환자의 약 4 ~ 5%에게서 발병한다. 발병 후 약 3년 만에 죽음에 이르게 될 만큼 치명적이며 마비가 나타나는 주 연령대가 32 ~ 45세 사이의 남성들이라 사회와 가족에 큰 고통을 주었다.

하지만 오스트리아의 정신의학자인 율리우스 바그너 야우레크는 기발한 발상으로 신경성 매독의 치료법을 개발했다. 매독 병원균인 스피로헤타가 고열에 약하다는 사실에 착안해 환자들을 말라리아에 감염시킨 것이다.

① 이열치열(以熱治熱)   ② 순망치한(脣亡齒寒)

③ 하충의빙(夏蟲疑氷)   ④ 연목구어(緣木求魚)

⑤ 새옹지마(塞翁之馬)

05. 다음 글을 읽고 추론한 내용으로 적절하지 않은 것은?

특수한 기능을 가진 옷감은 주로 고분자의 화학적, 물리적 특성을 이용해 만들어진다. 이런 옷감들의 제조에 있어서 섬유를 만드는 고분자 재료의 화학 구조는 물론 물리적 구조 또한 매우 중요하다. 방수-통기성 의복에 사용된 천의 과학적 디자인은 바람, 비, 체열 손실로부터 우리 신체를 보호해 준다. 이런 기능뿐만 아니라 특수복을 입었을 때 느껴지는 편안함도 필수적이다. 방수와 수분 투과성을 동시에 지니는 직물은 크게 세 종류가 있다. 첫 번째는 고밀도 천, 두 번째는 수지 코팅된 천, 마지막이 필름 적층 천이다.

고밀도 천으로 방수와 통기성을 지닌 천을 만들 때는 흔히 면이나 길게 이어진 합성섬유인 장섬유를 사용하며, 능직법(綾織法)을 사용한다. 면은 물에 젖으므로 방수력이 폴리에스테르(폴리에스터)보다는 뒤떨어지지만, 가는 면사를 사용해 능직법으로 짠 천은 물에 젖더라도 면 섬유들이 횡축방향으로 팽윤해 천의 세공 크기를 줄여 물이 쉽게 투과하지 못해 방수력이 늘어난다. 고밀도 천으로는 2차 세계대전 중 영국 맨체스터에서 개발된 벤타일(Ventile)이 유명하다. 면과 다른 소수성 합성섬유의 경우에는 실의 굵기와 직조법으로 세공 크기를 조절하여 방수력을 늘린다.

고밀도 천과는 다르게 수지 코팅천은 고분자 물질을 기본 천 표면에 코팅하여 만든다. 코팅하는 막은 미세 동공막 모양을 가지고 있는 소수성 수지나 동공막을 지니지 않는 친수성 막을 사용하는데, 미세 동공의 크기는 수증기 분자는 통과할 수 있으나 아주 작은 물방울은 통과할 수 없을 정도로 조절한다. 주로 사용되는 코팅 재질은 폴리우레탄이다.

마지막으로 적층 방수-통기성 천은 최대 두께 $10\mu m(1\mu m=10^{-6}m)$의 얇은 막층이 천 가운데에 있으며, 이 적층이 방수-통기성을 컨트롤한다. 적층으로 사용하는 막에는 마이크로 세공막과 친수성 막이 널리 사용되고 있다. 마이크로 세공막의 세공 크기는 작은 물방울 크기의 20,000분의 1 정도로 작아 물방울은 통과하지 못하지만, 수증기 분자는 쉽게 통과한다. 마이크로 세공막으로는 폴리테트라플루오로에틸렌과 폴리플루오르화비닐리덴이라는 플루오린(불소, 플루오르)계 합성수지 박막이 주로 사용되며, 대표적 천으로는 널리 알려진 고어-텍스(Gore-Tex)가 있다. 친수성 막으로는 흔히 폴리에스테르나 폴리우레탄 고분자 내부에 친수성이 큰 폴리산화에틸렌을 포함할 수 있도록 화학적으로 변형을 가해 사용한다.

방수-통기성 직물재료 이야기는 일단 여기서 잠깐 중단하고 잠시 직물 내에서 수증기가 어떻게 움직이는지 알아보고자 한다. 수분이 직물을 통해 이동하는 메커니즘은 모세관을 타고 액체기둥이 올라가는 모세관 현상과 같은 원리이다. 모세관의 지름과 내면의 표면에너지에 따라 올라가는 액체기둥의 높이가 결정된다. 지름이 작을수록 액체가 모세관을 따라 잘 올라가는데, 직물에서는 섬유가닥 사이의 작은 공간이 모세관 노릇을 하기 때문에, 미세 섬유일수록 모세관의 크기가 작아 모세관 현상이 잘 일어난다. 모세관 내부 벽의 표면에너지는 화학구조가 결정하며, 친수성 섬유의 표면은 소수성 섬유의 표면보다 표면에너지가 커 수분을 더 쉽게 흡수하지만, 소수성 섬유는 반대로 수분을 흡수하지 않는다.

등산복과 같은 기능성 특수복에서 수분의 제거는 체온을 조절하며 근육의 운동을 돕고, 피로를 지연시키기에 매우 중요하다. 면과 같은 천연섬유는 운동량이 약해 땀이 많이 나지 않을 때는 괜찮지만, 운동량이 커 땀이 많이 날 때는 폴리에스테르나 나일론 같은 합성섬유가 더 좋다. 합성섬유가 면보다 흡습성이 낮지만 오히려 모세관 현상으로 운동할 때 생기는 땀이 쉽게 제거되기 때문이다.

요즘은 폴리에스테르의 흡습성을 증가시키기 위해, 섬유 표면이 좀 더 큰 친수성을 띄도록 화학반응을 시키기도 하고, 표면을 친수성으로 코팅하기도 한다. 나일론 섬유는 가볍고 부드러운 촉감을 주며 강도도 커 기본 천 재료로 많이 사용되며, 특히 폴리우레탄 코팅을 해 널리 사용된다.

나일론을 기초 직물로 한 섬유는 폴리에스테르보다 수분에 더 빨리 젖으며, 극세사로 천을 짜면 공기투과성이 낮아 체온보호 성능이 우수하다. 이런 이유 때문에 등산복보다는 수영복, 사이클링복에 많이 쓰인다. 운동 시 생기는 땀을 피부에서 빨리 제거하려면 흡습성이 좋은 면이나 비스코스 레이온 등이 유리해 보이지만, 이들은 수분을 붙들고 있으려는 특성이 강해 잘 마르지 않는다는 단점을 가진다. 이런 이유 때문에 모양이 잘 변하지 않고 빨리 마르는 합성섬유가 기초 직물로 더 넓게 쓰인다.

① 면과 다른 소수성 합성섬유의 경우, 실의 굵기와 직조법으로 세공 크기를 조절하여 방수력을 늘린다.

② 소수성 수지 코팅천은 미세 동공막 모양을 가진 막을 코팅한 천이다.

③ 적층 방수-통기성 천에 있는 마이크로 세공막을 수증기 분자는 쉽게 통과하지만 물방울은 통과하지 못한다.

④ 수분이 직물을 통해 이동하는 메커니즘은 모세관을 타고 액체기둥이 올라가는 모세관 현상과 같다.

⑤ 땀이 많이 나는 운동을 할수록 흡습성이 좋은 면으로 된 운동복을 착용하는 것이 좋다.

06. 다음 글의 내용과 일치하지 않는 것을 〈보기〉에서 모두 고르면?

> 한옥(韓屋)의 사전적 의미는 '우리나라 고유의 형식으로 지은 집을 양식 건물에 상대하여 이르는 말'이다. 한옥이라는 단어는 융희2년(1907)에 작성된 '가사(家舍)에 관한 조복문서'에도 등장하는 꽤 오래된 말이다. 한옥이라는 용어는 우리 사회에 양식 건물이 등장하면서 본격적으로 사용되기 시작한 것으로 보인다.
>
> 창은 채광이나 환기를 위해서, 문은 사람들의 출입을 위해서 건물 벽에 설치한 개폐가 가능한 시설이다. 일반적으로 현대적인 건축물에서 창과 문은 각각의 기능이 명확하고 크기와 형태가 달라 구별이 쉽다. 그러나 한국전통 건축, 곧 한옥에서 창과 문은 그 크기와 형태가 비슷해서 구별하지 않는 경우가 많다. 그리하여 창과 문을 합쳐서 창호라고 부른다. 이것은 창호가 창과 문의 기능과 미를 공유하고 있다는 것을 의미한다. 그런데 창과 문을 굳이 구별한다면 머름이라는 건축 구성 요소를 통해 가능하다. 머름은 창 아래 설치된 낮은 창턱으로, 팔을 얹고 기대어 앉기에 편안한 높이로 하였다.
>
> 공간의 가변성을 특징으로 하는 한옥에서 창호는 핵심적인 역할을 한다. 여러 짝으로 된 큰 창호가 한쪽 벽면 전체를 대체하기도 하는데, 이때 외부에 면한 창호뿐만 아니라 방과 방 사이에 있는 창호를 열면 별개의 공간이 합쳐지면서 넓은 새로운 공간을 형성하게 된다. 창호의 개폐에 의해 안과 밖의 공간이 연결되거나 분리되고 실내 공간의 구획이 변화되기도 하는 것이다. 이처럼 창호는 한옥의 공간 구성에서 빠트릴 수 없는 중요한 위치를 차지한다.
>
> 한편, 한옥에서 창호는 건축의 심미성이 잘 드러나는 독특한 요소이기도 하다. 창호가 열려 있을 때 바깥에 나무나 꽃과 같은 자연물이 있을 경우 방 안에서 창호와 일정 거리 떨어져 밖을 내다보면 창호를 감싸는 바깥 둘레 안으로 한 폭의 풍경화를 감상하게 된다. 방 안의 사람이 방 밖의 자연과 완전한 소통을 하여 인공의 미가 아닌 자연의 미를 직접 받아들임으로써 한옥의 실내 공간은 자연과 하나 된 심미적인 공간으로 탈바꿈한다. 열린 창호가 안과 밖, 사람과 자연 사이의 경계를 없앤 것이다.
>
> 창호가 닫혀 있을 때에는 창살 문양과 창호지가 중요한 심미적 기능을 한다. 한옥에서 창호지는 방 쪽의 창살에 바른다. 방 밖에서 보았을 때 대칭적으로 배열된 여러 창살들이 서로 어울려 만들어 내는 창살 문양은 단정한 선의 미를 창출한다. 창살로 구현된 다양한 문양에 따라 집의 표정을 읽을 수 있고 집주인의 품격도 알 수 있다. 방 안에서 보았을 때 창호지에 어리는 햇빛은 이른 아침에 청회색을 띠고, 대낮의 햇빛이 들어올 때는 뽀얀 우윳빛, 하루 일과가 끝날 때쯤이면 석양의 붉은색으로 변한다. 또한 창호지가 얇기 때문에 창호가 닫혀 있더라도 외부와 소통이 가능하다는 장점도 있다. 방 안에서 바깥의 바람과 새의 소리를 들을 수 있고, 화창한 날과 흐린 날의 정서와 분위기를 느낄 수 있다. 창호는 이와 같이 사람과 자연 간의 지속적인 소통을 가능케 함으로써 양자가 서로 조화롭게 어울리도록 한다.

언제나 자연과 소통하게 할 수 있는 구조가 바로 한옥의 진면목이다. 덕분에 옛 선비들은 창문을 여는 순간 자연과 하나 되는 '물아일체(物我一體)' 사상을 구현하고, 지혜와 용기를 배울 수 있었다. 창문은 세상의 변화를 깨닫게 하고, 닫히고 열리는 문의 기능처럼 때로는 절제와 때로는 개방으로 사람을 대하게 하고, 편협하지 않고 균형 잡힌 사람으로서의 역할을 다해야 함을 상징했다. 한옥의 창문은 그렇게 넘치지도 모자라지도 않으며 사람과 사람, 사람과 자연, 사람과 진리를 이어주는 숨길이었다.

보기

㉠ 한국전통 건축에서의 창과 문은 그 크기와 형태가 비슷해서 구별하지 않는 경우가 많아 창과 문을 합쳐서 창호라고 부른다.

㉡ 한옥에는 창 아래 낮은 턱이 있어 팔을 얹고 기대어 앉기에 편한 구조물이 있는데, 이를 머름이라고 부른다.

㉢ 한옥에서 창호는 건축의 심미성이 잘 드러나는 독특한 요소로 한옥의 아름다움을 담당하는 부분이지만 공간의 가변성과는 관련이 없다.

㉣ 창호는 한옥의 실내 공간을 자연과 하나 된 심미적인 공간으로 탈바꿈시키며 이를 통해 사람과 자연 사이의 경계를 없앤다.

㉤ 창호지를 바른 창은 외부의 소음을 차단하여 밖의 소리가 안으로 전달되지 않는다.

① ㉠, ㉡
② ㉢, ㉣
③ ㉢, ㉤
④ ㉢, ㉣, ㉤
⑤ ㉠, ㉡, ㉢, ㉣, ㉤

07. 다음 글을 통해 알 수 있는 내용으로 적절한 것은?

우리는 가끔 '무작위적'이라는 표현을 쓴다. 흔히 '일부러 꾸미거나 어떠한 의도를 가지고서 한 것이 아닌'이란 뜻으로 쓰이지만, 통계의 표본 추출에서는 '일어날 수 있는 모든 일이 동등하게 같은 확률로 발생'한다는 의미로 쓰인다. 오늘날 수학적 무작위성은 우리의 생활과 밀접한 것이 되었다. 온라인상에서 일어나는 모든 거래에는 컴퓨터를 이용한 무작위 숫자, 즉 난수를 발생시키는 컴퓨터의 역할이 숨어 있다.

대부분의 컴퓨터 게임 프로그램 역시 컴퓨터의 무작위적 행동을 필요로 한다. 이것은 말처럼 그렇게 쉬운 일이 아니다. 모든 컴퓨터는 주어진 규칙과 공식에 따라 결과를 산출하도록 만들어질 수밖에 없기 때문이다. 즉, 사람처럼 무의식적인 선택 혹은 우연에 의한 선택을 할 수 없기 때문이다. 전문용어로는 '결정적 유한 오토마타(Deterministic Finite Automata)'라고 한다.

비록 현재의 컴퓨터는 완전히 무작위적으로 수들을 골라내지는 못하지만, 무작위적인 것처럼 보이는 수들을 산출하는 수학 공식 프로그램을 내장하고 있다. 일련의 정확한 계산 결과로 만든 것이지만, 무작위적인 것처럼 보이는 수열을 만들어 내는 것이다. 그러한 일련의 수들을 만들어 내는 방법은 수백 가지이지만, 모두 처음에 시작할 시작수 입력이 필수적이다. 이 시작수는 사용자가 직접 입력할 수도 있고 컴퓨터에 내장된 시계에서 얻을 수도 있다.

즉, 우리가 흔히 보는 무작위는 정말로 임의의 값이 아니고 특정한 방법으로 계산하거나 몇 밀리초(ms) 단위로 시시각각 변하는 값을 초기의 값으로 잡은 다음 여러 계산 과정을 거쳐 사람이 볼 때에는 마치 임의의 값인 것처럼 보이게 한 결과물이라는 것이다. 이를 의사난수(Pseudo-Random)라고 한다.

흔히 난수를 만들기 위해서 난수표를 쓰는데, 난수표가 정해진 이상 결국 같은 순서로 같은 숫자가 나오게 된다. 게임을 할 때, 맨 처음 플레이할 때 나왔던 1탄의 벽돌들이 대체로 일정하게 배열된다는 점을 떠올리면 어느 정도 이해를 할 수 있을 것이다. 비슷한 예로 예전의 테트리스는 나오는 블록의 순서가 모두 똑같았던 적이 있었다.

이를 해결하기 위한 방법은 난수표를 여러 개 만들어 놓고 매번 다른 난수표를 읽도록 하는 것이다. 이러한 난수표를 선택하는 것을 시드라고 한다. 그런데 시드값이 똑같으면 선택되는 난수표도 똑같기 때문에 시드값 역시 난수여야 한다. 즉, 난수를 만들려면 난수가 필요하다는 문제가 발생하게 되는 것이다.

문제는 이렇게 만들어 낸 수열이 얼마나 완전히 무작위적인 수열에 가까운가이다. 완전히 무작위적인 수열이 되기 위해서는 다음의 두 가지 기준을 모두 통과해야 한다. 첫째, 모든 수가 다른 수들과 거의 같은 횟수만큼 나와야 한다. 둘째, 그 수열은 인간의 능력으로 예측이 가능한 어떤 패턴도 나타내지 않아야 한다. 수열 1, 2, 3, 4, 5, 6, 7, 8, 9, 0은 첫 번째 조건에 부합하지만 두 번째 조건에는 상충한다. 수열 5, 8, 3, 1, 4, 5, 9, 4, 3, 7, 0은 얼핏 두 번째 조건에 부합하는 것처럼 보이지만 그렇지 않다. 곰곰이 생각해 보면 0 다음의 수가 무엇이 될 것인지를 예측할 수 있기 때문이다. 앞의 두 수를 합한 값의 일의 자리 수인 7이 올 것이다.

현재의 컴퓨터가 내놓는 수열들이 이 두 가지 기준 모두를 통과하는 것은 아니다. 즉, 완전히 무작위적인 수열을 아직 만들어 내지 못하고 있는 것이다. 그리고 컴퓨터의 작동 원리를 생각하면, 이는 앞으로도 불가능할 수밖에 없다.

① 인간은 완전히 무작위적인 규칙과 공식들을 컴퓨터에 입력할 수 있다.

② 완전히 무작위적인 수열이라면 같은 수가 5번 이상 연속으로 나올 수 없다.

③ 사용자가 시작수를 직접 입력하지 않았다면 컴퓨터는 어떤 수열도 만들어 낼 수 없다.

④ 컴퓨터가 만들어 내는 수열 중에는 인간의 능력으로 그 수열의 규칙을 예측할 수 없는 것처럼 보이는 경우도 있다.

⑤ 어떤 수열의 패턴이 인간의 능력으로 예측 가능하다면 그 수열에는 모든 수가 거의 같은 횟수만큼 들어가 있을 수밖에 없다.

08. 다음 글의 서론과 결론을 참고했을 때, 본론의 (가) ~ (마)를 문맥에 맞게 나열한 것은?

[서론]

　우리나라 온실가스 배출량은 2006년 기준 5억 9,950만 CO₂환산톤으로 2005년(5억 9,440만 CO₂환산톤)에 비해 0.9% 증가한 것으로 나타났다. 선진국 온실가스 의무감축 기준년인 1990년 배출량(2억 9,810만 CO₂환산톤)에 비해서는 101.1% 늘어났다. 연평균 증가율 4.5%로 OECD 국가 중 가장 높은 비율로 증가하고 있다. 1인당 온실가스 배출량은 1990년 6.95CO₂환산톤에서 2006년 12.41CO₂환산톤으로 두 배 가까이 증가했다.

　부문별 온실가스 배출량을 살펴보면 에너지가 5억 540만 CO₂환산톤으로 84.3%를 차지하고, 산업공정이 6,370만 CO₂환산톤(10.6%), 폐기물이 1,540만 CO₂환산톤(2.6%), 농업이 1,510만 CO₂환산톤(2.5%)으로 나타났다. 에너지 부문에서는 전력생산이 가장 많은 35.5%, 산업 부문 소비가 31.3%, 수송이 19.8%, 가정 · 상업이 11.3%, 공공 · 기타가 0.9% 순으로 나타났다. 통계상으로 전력생산, 수송, 산업 부문 에너지 소비로 인한 온실가스 배출량이 점점 증가하고 있다.

[본론]

(가) 자동차도 절반만 타야 하고, 공장도 지금 이용하는 에너지의 절반을 가지고 물건을 생산해야 한다. 경제와 사회 전반에 엄청난 충격 여파가 미치는 것이다. 그렇기 때문에 정부가 적극적인 감축 목표를 설정하고 저감행동에 돌입할 수 있도록 미리 준비하는 것이 시급하다. 한국은 현재 기후변화협약에서 의무감축이 설정되지 않은 비부속서 1 국가이지만 경제규모로 볼 때 온실가스 감축 의무를 계속해서 회피할 수 없다. 2008년 G8 확대정상회담에서 이명박 대통령은 '얼리무버(Early Mover)'를 선언했고, 온실가스 감축 목표를 설정하겠노라고 세계에 공언했다.

(나) 실제로 정부는 2009년 11월 17일, 중기 온실가스 감축 목표(2020)를 2005년 대비 4% 감축(BAU 대비 30% 감축)하는 것으로 결정했다. 그러나 정부의 감축 목표는 한국이 지구온난화에 대해 져야 할 책임과 감당할 수 있는 능력의 수준에 비춰 볼 때 미흡하다. 한국의 현재 이산화탄소 배출량은 세계 9위이며, 누적배출량도 세계 22위이다. 현 교토의정서 체제에서 41개국이 온실가스 의무감축 대상이라는 것을 감안하면 누적배출량을 고려해 한국의 몫에 걸맞은 온실가스 감축 목표를 설정해야 한다.

(다) 의무감축 국가들은 우선 2012년까지 1990년의 온실가스 배출 수준으로 돌아가야 한다. 그럼 우리나라는 지금 배출하는 온실가스의 절반 이상을 줄여서 2억 9,810만 CO₂환산톤 수준으로 줄여야 하는 것이다. 그러고도 5.2%를 더 줄여야 한다. 온실가스 발생량을 줄이려면 당장 에너지 사용량을 줄여야 한다. 우리가 지금 사용하는 에너지의 절반만 사용해야 하는 것이다. 가전제품의 절반을 이용하지 않고, 난방이든 냉방이든 지금 수준의 절반으로 줄여야 한다.

(라) 한국이 이렇게 낮은 온실가스 감축 목표를 설정한 것은 BAU를 선정하는 과정에서 배출량은 과다 산정하고, 감축여력은 최소로 잡았기 때문이다. 한국의 산업계는 2005년 대비 4%를 줄이는 감축 목표도 달성할 수 없다며 온실가스 감축이 경제의 발목을 잡을 것이라고 반발하기도 했다. 환경 NGO들은 한국이 능력과 책임을 고려한다면 2020년까지 2005년 대비 25% 감축을 목표로 해야 한다고 제시하기도 했다.

(마) 온실가스 중에서 가장 많이 차지하는 것이 이산화탄소로 88.8%를 차지하고 있고, 다음은 메탄 4.2%, 육불화황 3%, 아산화질소 2.6%, 수소불화탄소 1%, 과불화탄소 0.5% 순이다. 교토의정서상 부속서 1 국가들은 2012년까지 1990년 대비 평균 5.2%의 온실가스를 줄여야 한다. 이렇게 수치로만 돼 있으니 얼마를 줄여야 할지 감을 잡기 힘들다. 만약에 우리나라가 온실가스 의무감축 국가라고 가정해 보자.

[결론]

한국 정부의 에너지 부문 기후변화 대응 방안은 원자력발전을 확대하는 것이다. 정부는 4차 전력수급기본계획을 통해 2022년까지 원자력발전소 12기를 추가로 건설하기로 했다. 계획대로 추진된다면 2022년 원자력 발전소의 설비 비중은 33%, 발전량 비중은 48%로 확대된다. 이렇게 원자력을 중심으로 한 에너지 공급 위주의 정책은 기후변화 시대에 적합한 에너지 계획이 아니다. 따라서 '기후변화 대응＝원자력 발전'이라는 결정을 내리기 전에 기후변화를 막기 위한 다른 대안을 먼저 선택해야 한다.

① (마)-(가)-(다)-(나)-(라)
② (마)-(가)-(다)-(라)-(나)
③ (마)-(나)-(가)-(다)-(라)
④ (마)-(다)-(가)-(나)-(라)
⑤ (마)-(다)-(가)-(라)-(나)

09. 다음 글의 문맥을 고려할 때 (가) ~ (마)에 들어갈 내용으로 적절하지 않은 것은?

언론의 여러 기능 가운데 하나는 (가) 사용하는 일이다. 표준어를 사용하는 이유, 비속어를 쓰지 않는 이유 모두 국민의 언어생활에 지대한 영향을 미치는 공적 기관으로서 국어를 아름답게 지키기 위함이다. 미디어는 알게 모르게 여러 사람에게 영향을 미친다. 그만큼 국민 언어생활에 미치는 영향은 막대하므로 언론은 언어사용에 각별히 주의를 기울여야 한다.

먼저 언론은 (나)부터 삼가야 한다. 선거나 스포츠 경기 혹은 각종 경쟁 상황을 보도하는 걸 보면 전투 중계를 방불케 한다. 어느 신문에 선거 보도에는 '화약고', '쓰나미' 등 살벌한 전쟁 용어가 등장한다. 같은 시기 다른 신문 기사에도 '쿠데타', '융단폭격', '고공폭격' 같은 용어가 수시로 등장한다. 스포츠 보도는 더 노골적이다. 경기를 치르는 곳은 '결전지', 선수들은 '전사'다. 이기면 '승전보'요, 첫 골을 넣으면 '신고식'이다. 외국 축구 국가대표 명칭은 아예 다 군대 이름이다. '전차부대', '무적함대', '오렌지 군단', '바이킹 군단' 식이다. 정치나 스포츠가 아니더라도 '물 폭탄', '세금 폭탄', '입시 전쟁'처럼 군사 언어가 일상화돼 있다. 언론에서부터 일상까지 전투 용어가 일반화된 것은 우리 아픈 역사와 무관하지 않다. '황국신민', '내선일체'를 강조하며 모든 걸 전쟁으로 내몰았던 일제강점기, 그리고 한국전쟁과 군사정권을 거치면서 전쟁이나 군사 용어가 아무렇지 않게 일상 언어까지 지배하게 됐다. 이제 조국은 해방됐고, 군부독재도 끝이 났다. 우리는 평화를 갈구한다. 미디어가 전쟁, 군사 용어를 마구 쓰면 개인의 언어생활에 (다) 소지가 있다. 아이들에게도 좋지 않은 영향을 미칠 수 있다.

두 번째로 언론은 (라)을/를 삼가야 한다. 2019년이면 임시정부 수립 100주년, 즉 건국 100주년을 맞는 대한민국은 명실상부 민주공화국이다. 그런데도 이러한 표현을 정치·보도에서 버젓이 쓰고 있다. 대표적인 말이 '대권'이다. '대권 주자', '대권 후보'처럼 대권을 사실상 대통령과 같은 뜻으로 쓰고 있다. 하도 보편화되어서 이제 우리말 사전에도 '대권(大權)'은 '나라의 최고 통치권자인 국가원수가 국토와 국민을 통치하는 헌법상의 권한'이라고 설명한다. 그러나 정작 우리 헌법에는 '대권'이라는 말이 없다. 대권을 헌법에 표현한 것은 오히려 일본이다. 그것도 구헌법으로, '대권'을 '구헌법에서 천황이 행하는 통치권'이라고 설명한다. 현행 일본 헌법에도 나오지 않는다는 뜻이다. 일본의 한 국어사전도 '대권'은 '메이지 헌법에서 볼 때, 넓은 뜻으로는 천황이 국토나 인민을 통치하는 권한', 즉 통치권을 뜻한다고 되어 있다. 또한 '대권'은 과거 왕이 집권하던 시절에 사용되던 단어로 특수하고 예외적인 상황에서 임시적인 정당성을 가지는 행위규범이다. 이러한 왕의 대권은 상황성을 전제로 한 것이기 때문에 일정하고 불변적인 행위규범을 가지지 못하며 그때마다 다른 행위양식으로 나타나는 특성이 있다. 따라서 이 같은 시대착오적인 표현을 언론에서 사용하는 것은 지양해야 한다.

세 번째로 언론은 (　　마　　) 언어를 사용해야 한다. 신문이나 방송이 가장 자주 쓰는 '논란'이라는 말의 오남용 문제는 심각하다. 말 자체는 틀린 게 없지만 거의 모든 사안을 논란으로 몰아가는 것은 사실관계만 객관적으로 전해야 하는 언론의 절제 원칙에 맞지 않다. 특히 언론이 자주 쓰는 서술어에 기자 주관이 지나치게 드러나는 경우가 있다. 우리말은 서술어 하나로도 어감이 확 달라지는 경우가 많기 때문에 더 주의를 기울일 필요가 있다.

① (가) 단어를 올바르게
② (나) 전투적인 보도 표현
③ (다) 부정적인 영향을 미칠
④ (라) 보편화된 언어 사용
⑤ (마) 단어 선택에 주의하여 객관적인

1회 기출복원
2회 기출복원
3회 기출예상
4회 기출예상
5회 기출예상
6회 기출예상
인성검사
면접가이드
정답보기

10. 다음 글을 참고할 때 과학사회학의 시대별 관점 변화로 적절하지 않은 것은?

산업혁명과 과학혁명을 거치면서 과학기술이 사회에서 차지하는 영향과 비중은 점점 더 커졌고, 중세의 신 중심주의가 과학으로 대체되면서 학자들은 과학과 사회의 긴밀성에 대해 관심을 갖기 시작했다.

1930년대부터 과학 발전에 대한 사회학적 연구를 개척하여 1960년대에 이르러 과학사회학을 최초로 학문적·제도적으로 정립한 이는 미국의 기능주의 사회학자 로버트 머튼이다. 그는 과학을 합리적인 규범이 지배하는 과학자 공동체의 산물로 파악하였다. 그는 과학자들의 행위를 규제하는 네 가지 기본 규범으로서 보편주의, 공유주의, 탈이해관계, 조직적 회의주의를 들고 이러한 규범의 준수가 사회적 이해관계의 개입을 차단하여 객관적인 과학 지식의 생산을 보장해 준다고 주장하였다. 따라서 과학 지식의 내용 자체는 사회학적 분석의 대상이 될 수 없다고 간주하였던 것이다.

사실 지식이나 사상 일반이 그렇듯이 이러한 과학사회학 이론이 호응받을 수 있었던 것은 시대적 배경과 무관하지 않다. 2차 대전 후 1960년대 초까지는 서구가 장기 호황을 누리면서 과학과 사회 진보에 대해 낙관론이 팽배하던 시기였다. 2차 대전 중 맨해튼 프로젝트의 성공은 전후 서구 과학 정책의 모태가 되었으며, 구체적으로 이는 미국의 과학자 바네바 부시가 제안한 국가와 과학자 공동체 간의 일종의 사회 계약과 그 결실인 미국립과학재단(NSF)의 모델이 되었다. 이 사회 계약에 따르면 국가는 과학에 대해 지원하고 과학은 기술 진보로서 국가에 기여하는 것으로 간주되었는데, 이렇게 되기 위해서는 과학의 관리를 철저히 과학자 공동체의 자율적 내부 통제에 맡겨야 한다는 것이었다. 낙관론이 지배하던 시대적 분위기에서 이러한 모델은 국가와 과학자 공동체 그리고 일반 사회에 의해서 이의 없이 받아들여졌고, 과학과 과학 정책은 황금기를 구가할 수 있었다.

그러나 1960년대 후반에 접어들면서 과학에 대한 낙관론은 서구 사회에서 급격히 무너져 내렸다. 레이첼 카슨의 『침묵의 봄』을 통해 알게 된 산업화 과정에서 누적된 환경오염의 심각성에 대한 우려, 미국의 베트남전 참전에 대한 저항 운동과 전쟁에서 사용된 대량 살상 무기에 대한 반대 등이 한꺼번에 터져 나와 과학기술에 대한 강한 비판 의식이 대중과 지식인, 학생 사이에서 팽배해져 갔다. 이들에게 과학기술은 사회를 윤택하게 하고 인간을 편리하게 해 주는 것이 아니라 억압적인 국가 권력과 자본의 손에 쥐어진 지배 수단으로 인식되었다. 또한 현대 과학기술의 근본적 가치를 문제 삼는 '급진 과학 운동'이 확산되었다. 이에 따라 과학기술과 사회와의 관계에 대한 근본적인 재검토와 분석이 필요하다는 자각이 학계에서 생겨났다. 바로 이런 배경 아래 1960년대 말부터 대학의 학제적인 새로운 교과과정으로서 다양한 '과학기술과 사회(STS)' 프로그램들이 미국과 유럽에서 속속 생겨났던 것이다. 이러한 대학의 제도적 변화는 과학기술에 대한 전혀 새로운 관점들이 성장할 수 있는 비옥한 토양이 되어 주었다.

마침내 1970년대 중반에 이르자 로버트 머튼의 기능주의적 과학사회학은 영국을 필두로 한 유럽의 과학사회학자들의 공격을 받았으며 이를 대체하는 새로운 이론이 대두되었다. 영국의 에든버러 대학의 반스와 블루어 등은 토마스 쿤의 저서 『과학혁명의 구조』로 대표되는 과학철학의 상대주의에 영향을 받아 기존의 사회학적 전통과는 달리 과학 지식의 형성도 사회적 요인으로 설명되어야 한다는 지식사회학의 '스트롱 프로그램'을 제창하였다. 이들은 자연 법칙의 충실한 재현을 보증해 주는 합리성의 보편적 원칙이란 존재하지 않으며, 과학 지식의 선택은 과학자들이 지닌 사회적·정치적·전문적 혹은 개인적 이해관계에 의해 주로 결정된다고 보았다. 이는 사회로부터 자율적인 순수한 과학이란 허구이며 모든 과학 지식은 그 진위 평가와 무관하게 동등한 사회학적 설명이 가해져야 한다고 보는 '과학지식사회학'이 탄생하게 된 배경이다.

① 기능주의적 과학에서 과학사회학 지식은 객관적이며 합리적이므로 사회적 요인을 받지 않는다고 보았다.

② 1960년대 초에 과학사회학 이론이 호응받을 수 있었던 것은 서구가 장기 호황을 누리면서 과학과 사회 진보에 대해 낙관론이 팽배했기 때문이다.

③ 과학과 사회 진보에 대한 낙관론은 1970년대까지 이어졌으며, 이는 현대과학 기술의 근본적 가치에 관한 '급진 과학 운동'이 확산되는 계기가 되었다.

④ 1960년대 말부터 미국과 영국 대학교들은 새로운 교과과정으로 '과학기술과 사회(STS)' 프로그램들을 넣었다.

⑤ 1970년대 중반에 이르러 기존의 사회학적 전통과는 달리 과학 지식의 형성도 사회적 요인으로 설명되어야 한다는 이론이 제기되었다.

11. 다음 글의 ㉠에 들어갈 내용으로 적절한 것은?

> 한국에서 고등교육 진학만을 위한 지나친 사교육의 확대와 그에 상응한 질 낮은 고등교육 기관들의 팽창은 상당 부분 학생들의 인적자본 형성에 기여하지 못한 채 학부모의 부담만 가중시키고 있다. 또한 수직적으로 차별화되어 있는 대학구조 아래 질 낮은 대학에 진학하는 학생들의 경우 졸업 후 노동시장에서 대학교육에 투자한 만큼의 수익을 얻지 못하는 경우가 많다. 늘어나는 교육 투자와 대학진학이 소득분배 개선이나 인적자본 형성에 오히려 악영향을 미치고 있는 것이다. 이렇게 인적자본의 증가를 통한 성장과 소득불평등 개선으로 이어지지 못하는 교육 지출이 지속적으로 증가하는 '교육거품'을 어떻게 해소할 것인가는 매우 중요한 정책과제이다.
>
> 부실대학은 일반적으로는 입결 점수나 등급 컷으로 표현되는 학생의 역량과 논문 발표 실적, 연구실적 등으로 평가되는 교수의 역량, 재정자립도, 학생 대 교수 비율, 도서관 장서 수 등 학교 역량 면에서 현저히 떨어지는 대학을 의미한다. 1995년 교육개혁 이후로 대학설립준칙주의가 완화 개정되면서 일정한 요건만 갖추면 대학 설립에 있어 자유로워짐에 따라 부실대학이 늘어나게 되었다. 거기에 정원자율화 정책까지 더해지면서 대학의 정원이 대폭 늘어나게 되었다. 그리고 이러한 부실대학은 현재 교육거품의 근본적인 원인이 되었다.
>
> 현재 진행되고 있는 대학구조조정정책은 교육거품의 근본원인인 부실대학 퇴출에 초점을 맞추어야 한다. 특히 하위권 부실대학의 퇴출이 원활하게 작동되도록 하는 제도개선이 시급하다. 이를 위해 요구되는 교육부의 역할은 부실대학 퇴출에 대한 확실한 원칙을 견지하는 것이다. 이러한 원칙하에 이를 효과적으로 추진하기 위하여 관련된 법제도를 시급히 정비하는 동시에, 해외 유수대학의 교수 및 경영진 등이 참여하는 외부평가를 확산하는 등 대학평가 체제를 지속적으로 개선할 필요가 있다. 또한 4년제 대졸자의 하위 20%, 2년제 대졸자의 하위 50%의 임금이 고졸자보다 낮다는 사실에 대한 사회적 인식을 확산시키고 대학구조조정정책을 교육 관료들의 주도하에 폐쇄적으로 결정할 것이 아니라 이해관계자들인 학부모·학교·교원 등의 이해를 충분히 반영하는 방식으로 추진할 필요가 있다.
>
> 대학 간의 큰 질적 격차에도 불구하고 정부가 모든 대학을 대상으로 학생 정원을 감축시키는 규제정책은 전체 학생 수의 감소에도 불구하고 부실대학이 계속 살아남아서 교육거품을 더 키움으로써 구조조정의 취지에 역행할 수 있다. 이와 같은 정부의 정원감축 규제는 학부모들과 학생들의 입장에서 보았을 때 고등학교 졸업자들보다도 임금이 낮을 가능성이 높은 대학들로 진학할 수밖에 없는 선택을 강요하는 것이며, 결과적으로 (㉠   )

① 교육경쟁을 부추겨 교육 지출이 늘어나는 결과를 낳게 될 것이다.

② 정부가 교육거품을 조장함으로써 오히려 성장저해와 소득불평등 악화를 초래하게 될 것이다.

③ 정부와 정책이 의도했던 교육거품 경감 역할을 수행하게 될 것이다.

④ 부실대학의 퇴출을 막음으로써 대학의 수평적 다양화를 오히려 저해하는 모습을 보일 것이다.

⑤ 부실대학에 대한 기준이 높아져 부실대학에 선정되는 대학의 수가 줄어들 것이다.

12. 다음 자료에 대한 설명으로 옳지 않은 것은?

〈자료 1〉 20X0년 지역별 연구원

(단위 : 명, 만 원)

구분	서울	부산	대구	인천	광주	대전	울산	세종
연구원 수	110,080	14,683	11,453	18,435	8,485	34,509	7,372	3,562
1인당 연구개발비	9,524	8,457	10,441	12,962	9,844	21,079	10,872	13,154

구분	경기	강원	충북	충남	전북	전남	경북	경남
연구원 수	166,737	5,886	11,505	17,362	9,172	4,199	17,873	17,722
1인당 연구개발비	19,822	6,662	18,300	17,165	9,815	12,380	13,527	12,378

〈자료 2〉 20X1년 지역별 연구원

(단위 : 명, 만 원)

구분	서울	부산	대구	인천	광주	대전	울산	세종
연구원 수	118,541	14,371	11,781	19,635	7,722	35,745	7,807	4,109
1인당 연구개발비	11,110	9,765	10,508	12,978	10,273	21,537	9,349	11,772

구분	경기	강원	충북	충남	전북	전남	경북	경남
연구원 수	172,583	6,668	12,324	17,139	9,126	4,493	19,335	19,584
1인당 연구개발비	22,286	6,753	17,956	14,945	11,311	12,221	14,724	12,529

① 20X0년과 20X1년 두 해 모두 연구원 수가 가장 많은 지역은 경기이다.

② 인천, 대전, 세종 중 20X1년에 전년보다 연구원 수가 가장 많이 증가한 지역은 대전이다.

③ 20X1년에 전년보다 연구원 수가 감소한 지역은 4곳이다.

④ 20X0년 세종의 총 연구개발비는 4,500억 원을 넘지 않는다.

⑤ 20X0년과 20X1년을 통틀어 총 연구개발비가 가장 적은 지역은 20X0년도에 있다.

[13 ~ 14] 다음 자료를 바탕으로 이어지는 질문에 답하시오.

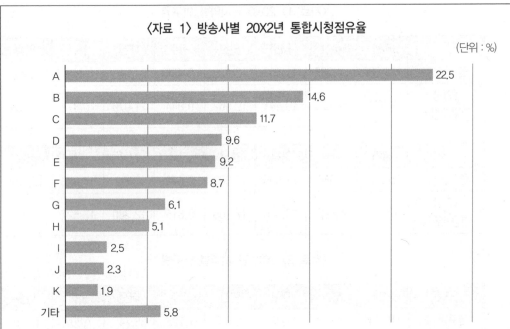

〈자료 1〉 방송사별 20X2년 통합시청점유율

(단위 : %)

- A 22.5
- B 14.6
- C 11.7
- D 9.6
- E 9.2
- F 8.7
- G 6.1
- H 5.1
- I 2.5
- J 2.3
- K 1.9
- 기타 5.8

※ 통합시청점유율은 N 스크린(스마트폰, PC, VOD) 시청기록 합산 규정을 적용한 시청점유율을 말하며, 시청점 유율은 전체 텔레비전 방송의 총 시청시간 중 특정 채널의 시청시간이 차지하는 비율을 말한다.

〈자료 2〉 20X1 ~ 20X2년 방송사별 기존시청점유율(N 스크린 미포함) 비교

(단위 : %)

구분	A	B	C	D	E	F	G	H	I	J	K
20X1년	25	12.6	12.1	8.4	9	8.5	5.8	5	2.4	2.3	2.2
20X2년	25	12.5	11	10	8	8	6	5.2	2.5	2.4	2

13. 제시된 자료에 대한 설명으로 옳은 것은?

① 20X2년 통합시청점유율 상위 3개 방송사가 전체의 50% 이상을 차지한다.

② 기존시청점유율 순위가 20X1년 대비 20X2년에 상승한 방송사는 2개이다.

③ 20X2년 기존시청점유율이 전년 대비 5% 이상 증가한 방송사는 D 방송사뿐이다.

④ 20X2년에 기존시청점유율보다 통합시청점유율이 더 높은 방송사는 4개이다.

⑤ 20X2년 기존시청점유율이 전년 대비 감소한 방송사는 그 해 통합시청점유율이 기존시청점유율 보다 높다.

14. 다음 N 스크린 시청기록이 미치는 영향력을 크기 순으로 나타낸 자료에서 (가) ~ (마)에 해당 하는 방송사와 수치를 바르게 나열한 것은?

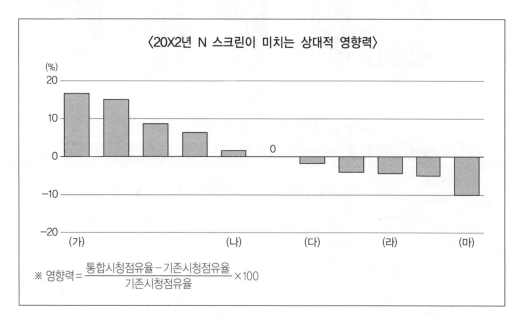

※ 영향력 $= \dfrac{\text{통합시청점유율} - \text{기존시청점유율}}{\text{기존시청점유율}} \times 100$

① (가) B, 16.3%

② (나) C, 1.5%

③ (다) H, −1.9%

④ (라) K, −5%

⑤ (마) J, −10%

[15 ~ 16] 다음 자료를 보고 이어지는 질문에 답하시오.

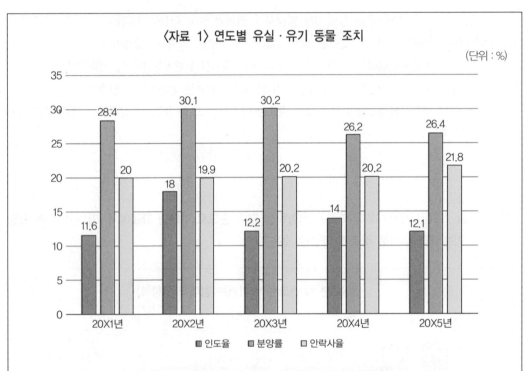

〈자료 1〉 연도별 유실 · 유기 동물 조치

(단위 : %)

■ 인도율　■ 분양률　□ 안락사율

〈자료 2〉 유실 · 유기 동물 및 동물보호센터 현황

구분	20X0년	20X1년	20X2년	20X3년	20X4년	20X5년
동물등록 현황 누계(마리)	887,966	979,198	1,070,707	1,175,516	1,304,077	2,092,163
신규등록 현황(마리)	192,274	91,232	91,509	104,809	146,617	797,081
동물등록기관(개소)	3,239	3,602	3,450	3,483	3,498	4,161
유실 · 유기 동물 현황(마리)	81,147	82,082	89,732	102,593	121,077	135,791
인도율(%)	13.0	11.6	18.0	12.2	14.0	12.1
분양률(%)	31.4	28.4	30.1	30.2	26.2	26.4
안락사율(%)	22.7	20.0	19.9	20.2	20.2	21.8
동물보호센터 현황(개소)	368	307	281	293	298	284
시군 운영(개소)	25	28	31	40	43	53
위탁보호(개소)	343	279	250	253	255	231
운영비용(백만 원)	10,439	9,745	11,477	15,551	20,039	23,197

15. 다음 중 제시된 자료에 대한 설명으로 옳은 것은?

① 동물보호센터의 개수는 매년 감소하고 있다.

② 유실·유기 동물 수의 전년 대비 증가량은 매년 증가하고 있다.

③ 20X2년에는 동물등록기관 1개소당 평균 27마리 이상이 신규 등록하였다.

④ 동물보호센터의 개수와 운영비용의 전년 대비 증감 추이가 동일하다.

⑤ 20X2년 유실·유기 동물 중 안락사된 동물의 수는 전년 대비 증가하였다.

16. 〈자료 1〉을 바탕으로 인도, 분양, 안락사로 조치되는 유실·유기 동물 중에서 인도 및 분양되는 비율을 구하여 〈자료 3〉과 같이 나타냈다. A에 해당하는 연도와 B에 해당하는 비율을 순서대로 바르게 나열한 것은? (단, 비율은 소수점 아래 첫째 자리에서 반올림한 값이다)

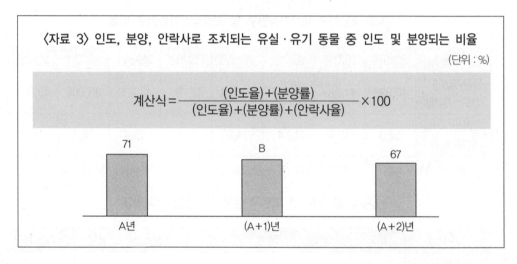

〈자료 3〉 인도, 분양, 안락사로 조치되는 유실·유기 동물 중 인도 및 분양되는 비율

(단위 : %)

$$계산식 = \frac{(인도율)+(분양률)}{(인도율)+(분양률)+(안락사율)} \times 100$$

71   B   67

A년   (A+1)년   (A+2)년

① 20X1년, 67% ② 20X1년, 70% ③ 20X2년, 68%

④ 20X2년, 69% ⑤ 20X3년, 70%

[17 ~ 18] 다음 자료를 보고 이어지는 질문에 답하시오.

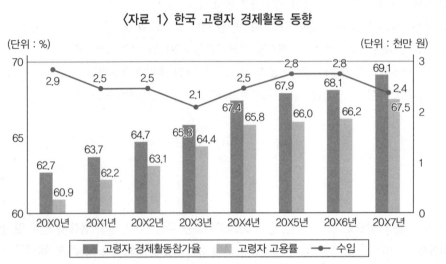

〈자료 1〉 한국 고령자 경제활동 동향

※ 고령자는 55 ~ 64세를 의미함.

〈자료 2〉 한국 생산가능인구 및 고령생산가능인구 비율

(단위 : 천 명, %)

구분	20X0년	20X1년	20X2년	20X3년	20X4년	20X5년	20X6년	20X7년
생산가능인구 (15 ~ 64세)	40,825	41,387	41,857	42,304	42,795	43,239	43,606	43,931
고령생산가능 인구 비율	12.3	12.9	13.4	14.0	14.6	15.4	16.3	16.8

※ 고령생산가능인구 비율은 15세 이상 생산가능인구 중 고령생산가능인구(55 ~ 64세)가 차지하는 비율을 의미함.

〈자료 3〉 20X6년 고령자 경제활동 동향 국제비교

(단위 : %)

구분	미국	영국	독일	일본	프랑스	스웨덴	OECD 평균
고령자 경제활동참가율	64.1	66.0	71.3	73.6	53.7	79.8	62.1
고령자 고용률	61.8	63.6	68.6	71.4	49.9	75.6	58.4
고령자 실업률	3.6	3.6	3.9	2.9	7.1	5.3	5.7

※ 경제활동참가율＝경제활동인구÷생산가능인구×100   ※ 고용률＝취업자÷생산가능인구×100

※ 취업률＝취업자÷경제활동인구×100   ※ 실업률＝실업자÷경제활동인구×100

※ 경제활동인구＝취업자＋실업자

※ 취업자는 수입목적으로 주당 1시간 이상 일한 자 또는 주당 18시간 이상 일한 무급가족종사자를 의미함.

17. 다음은 제시된 자료를 바탕으로 작성한 보고서 내용의 일부이다. ㉠ ~ ㉤ 중 자료의 내용과 일치하는 것의 개수는?

> 한국 고령자의 경제활동참가율은 매년 지속적으로 증가하고 있다. ㉠고령자 고용률과 수입도 지속적으로 증가하고 있으며, 특히 ㉡20X7년 고령자 고용률은 전년보다 1.0%p 증가한 것으로 나타났다. ㉢고령자 실업률은 20X3년부터 20X5년까지 증가하는 모습을 보였으나, 20X6년부터 다시 감소하는 모습을 보였다. 20X6년 고령자 경제활동 동향을 나라별로 살펴보면, ㉣미국, 영국, 독일, 일본, 프랑스, 스웨덴 중 OECD 평균보다 고령자 고용률이 낮은 나라는 프랑스와 미국이며, 프랑스는 고령자 실업률도 다른 나라와 반대로 OECD 평균보다 높다. ㉤반면, 20X6년 고령자 고용률이 가장 높은 나라는 스웨덴으로 두 번째로 고령자 고용률이 높은 일본에 비해 4.9%p 더 높다.

① 0개   ② 1개   ③ 2개

④ 3개   ⑤ 4개

18. 제시된 자료를 바탕으로 ㉠, ㉡에 들어갈 숫자를 바르게 짝지은 것은? (단, 소수점 아래 첫째 자리에서 반올림한다)

> 20X7년 한국의 고령생산가능인구는 ___㉠___ 천 명으로, 전년 대비 ___㉡___ % 증가했다.

	㉠	㉡		㉠	㉡		㉠	㉡
①	7,380	4	②	7,380	5	③	8,786	3
④	8,786	4	⑤	8,786	5			

19. 다음은 ○○역 앞 사거리 교차로의 신호에 관한 정보이다. 오전 8시 정각에 좌회전 신호에서 직진 신호로 바뀌었다면 오전 9시 정각의 상황은?

> - 1분 10초 동안 빨간불이 들어온다.
> - 빨간불 다음 20초 동안 좌회전 신호가 들어온다.
> - 좌회전 신호 다음 1분 40초 동안 직진 신호가 들어온다.
> - 위 과정이 반복된다.

① 좌회전 신호가 들어와 있는 상태이다.
② 직진 신호가 들어와 있는 상태이다.
③ 빨간불이 들어와 있는 상태이다.
④ 좌회전 신호에서 직진 신호로 바뀌는 상태이다.
⑤ 직진 신호에서 빨간불로 바뀌는 상태이다.

20. 유진이는 중간고사에서 5과목(각 과목 100점 만점) 시험을 치렀다. 그 결과가 A ~ D와 같을 때, 국어 점수는 몇 점인가?

> A. 국어와 사회 점수의 평균은 71점이다.
> B. 사회와 과학, 수학 점수의 평균은 55점이다.
> C. 수학과 영어 점수의 평균은 75점이다.
> D. 과학 점수는 5과목 평균과 같다.

① 80점　　　　② 85점　　　　③ 90점
④ 95점　　　　⑤ 100점

21. 다음의 SWOT 분석 내용을 보고 수립한 전략으로 적절한 것은?

강점	약점
• 국민안전처 신설 등 자연재해 저감을 위한 정부의 적극적 의지 • IT 기반 산업의 기술 수준 우수	• 지하수의 영향에 의한 지반구조물의 안전에 관한 연구는 전무한 상태 • 국내 지하수 관리 관련 기업이 영세함. • 국내 지하수 관리 및 토사계측기술 미흡
기회	위협
• 지하수 관리를 위한 센서관리 및 네트워크 기술 분야는 고부가가치 창출 가능 • 대심도 지하 공간의 개발이 활발하게 추진 • 국내 지중환경에 부합하는 조사/탐사 필요성 및 인식도 향상	• 기후변화 등으로 수문환경이 수시로 변화하여 지반의 미세한 불안전성이 과거보다 증가 • 일본의 조사/탐사 기술 및 장비는 기술경쟁력에서 우위 • 미국, 일본 등 선진국들은 체계적인 지반 · 지하 대응방안 보유

① SO 전략 – 국내 지중환경에 부합하는 지하수 관리 및 토사계측 전문인력 양성
② ST 전략 – 우수한 장비와 IT기술을 바탕으로 센서 및 네트워크 기술의 해외진출 추진
③ WO 전략 – 정부의 적극적인 R&D를 통한 조사/탐사 장비 기술격차 축소
④ WT 전략 – 해외 기업의 시장잠식에 대비한 국내 지하수 관리 산업보호육성
⑤ SW 전략 – 자연재해 저감을 위한 정부의 의지를 반영해 지반구조물 연구 활성화

22. 사내에서 대여해주는 노트북이 분실되었는데, 개발팀, 영업팀, 생산팀, 법무팀 중 어느 한 곳의 사무실에 분실한 노트북이 있는 것으로 조사되었다. 다음 사원 중 1명만 거짓을 말하고 있을 때, A ~ D 중 항상 참인 것은?

- 개발팀 사원 : 영업팀에 갔었는데 거기에는 그 노트북이 없었습니다.
- 영업팀 사원 : 내가 우리팀이랑 법무팀에 가서 봤을 때 노트북은 없던데.
- 생산팀 사원 : 우리 사무실에는 없어요.
- 법무팀 사원 : 어!? 나는 생산팀에서 봤어.

A. 개발팀 사원이 거짓말을 하고 있다면, 노트북은 개발팀에 있다.
B. 영업팀 사원이 거짓말을 하고 있다면, 노트북은 영업팀에 있다.
C. 생산팀 사원이 거짓말을 하고 있다면, 노트북은 생산팀에 있다.
D. 법무팀 사원이 거짓말을 하고 있다면, 노트북은 법무팀에 있다.

① A   ② B   ③ A, B
④ C   ⑤ D

23. 신입 및 경력사원 채용면접시험 담당자인 박 대리에게 상사가 다음 사항을 적용하여 면접시험 일정을 변경하도록 지시하였다. 변경사항에 대한 설명으로 옳은 것은?

⟨10월⟩

일	월	화	수	목	금	토
	1	2	3 개천절	4	5	6
7	8	9 한글날	10	11	12	13
14	15	16	17	18	19	20
21	22	23	24	25	26	27
28	29	30	31			

※ 근무일은 월요일 ~ 금요일이다.

〈각 부서별 선발 인원 정보〉

- 사원을 채용하고자 하는 부서는 인사팀, 재무팀, 법무팀, 기획팀, 홍보팀, 기술지원팀, 교육팀 이다.
- 교육팀과 기술지원팀에서는 신입사원 6명, 경력사원 6명씩 선발한다.
- 인사팀의 신입 및 경력사원 선발인원은 교육팀의 $\frac{1}{2}$이고, 법무팀의 총 선발인원은 인사팀 총 선발인원보다 4명 더 많다.
- 기획팀은 경력사원만 7명 선발한다.
- 재무팀은 신입사원 6명, 경력사원 3명을 선발하고, 홍보팀은 신입사원만 6명 선발한다.
- 신입 / 경력 선발인원에 대한 구분이 없는 경우에는 50 : 50의 비율로 선발한다.

〈면접 정보〉

- 채용면접은 10월 첫째 주 ~ 둘째 주 근무일에만 진행되며, 공휴일에는 면접이 진행되지 않는다.
- 각 부서별 면접 인원은 선발인원의 6배수이다.
- 면접은 하루에 한 부서씩 진행하며 기술지원팀은 가장 먼저 면접을 실시하고, 연달아 법무팀 면접이 이루어진다.
- 교육팀은 홍보팀 면접 다음 날 면접을 실시하며, 두 팀은 기획팀보다 뒤에 면접을 실시한다.
- 재무팀의 면접 순서는 가장 마지막이다.
- 인사팀 면접은 10월 5일에 진행된다.

상사 : 선발 인원이 가장 적은 2개 부서의 면접시험을 같은 날 동시에 진행하고, 이 2개 부서의 면접시험일은 원래 면접시험일 중 더 빠른 날로 정합시다. 그리고 다른 부서들은 앞의 일정이 비는 날이 있다면 면접 일정을 앞당겨 최대한 빨리 면접시험이 마무리되도록 하세요.

① 같은 날 면접시험을 진행하는 2개 부서는 인사팀과 기획팀이다.
② 같은 날 면접시험을 진행하는 2개 부서는 신입사원만 선발한다.
③ 기술지원팀, 법무팀, 홍보팀의 면접시험은 같은 주에 이루어진다.
④ 상사의 변경 지시 전과 후의 일정이 똑같은 부서는 법무팀 뿐이다.
⑤ 마지막으로 면접시험을 진행하는 부서는 재무팀이며, 12일에 모든 일정이 끝난다.

24. 대학생 이 씨는 ○○배 대학생 모의투자대회에 참가하였으며 대회는 다음과 같이 실시되었다. 자료와 〈보기〉를 참고하여 〈대회 결과 추론〉 중 옳은 것을 모두 고르면?

제△△회 ○○배 대학생 모의투자대회

▷ 신청기간 : 202X년 2월 1일 ~ 2월 20일
▷ 대회기간 : 202X년 3월 11일 ~ 4월 10일
▷ 참가대상 : 대학(원)생 및 휴학생
▷ 대회상세 :

기초자산	5,000만 원	
미수 사용	불가(증거금률 100%)	
수상요건	매매금액	대회기간 내 2.5억 원 이상
	매매 종목 수	대회기간 내 5종목 이상(체결 기준)
	수익률	대회기간의 시장수익률 이상
	매매일수	대회기간 내 5영업일 이상

▷ 성적순위별 상금내역

부문	1위	2위	3위	4위	5위	6위	7위
상금(만 원)	300	250	200	150	100	70	70

▷ 부문별 상금내역(특별상)

부문	수	우	미	양
상금(만 원)	100	50	30	30

▷ 수상자별 총 상금내역

수상자	가	나	다	라	마	바	사
상금(만 원)	350	350	( )	( )	100	70	70

> **보기**
>
> - 가, 나, 다, 라, 마, 바, 사 7명이 상금수상자에 올랐다.
> - 순위에 따라 상금이 지급되며 공동순위는 없다.
> - 순위별 상금수상자 7명 중 주최사가 구분한 부문별로 한 명씩 특별상을 수상하였다(단, 수상자가 선정되지 않거나 한 명이 여러 부문에 선정될 수 있다).
> - 가 ~ 사 7명에게 지급된 상금은 총 1,320만 원이었다.

〈대회 결과 추론〉	
(a)	성적순위 2위는 가 또는 나에 있다.
(b)	성적순위 5위는 마이고, 7위는 사이다.
(c)	다가 성적순위에서 4위를 했을 가능성은 없다.
(d)	가는 반드시 성적순위 1위를 기록하였다.
(e)	'우' 부문을 받은 사람이 다른 특별상을 중복하여 수상한 경우가 있다.

① (a)　　　　　　　　② (e)　　　　　　　　③ (b), (e)

④ (d), (e)　　　　　　　⑤ (a), (b), (c)

25. 다음은 e-스포츠에 대한 보고서이다. 주제를 강화하기 위해 추가할 내용으로 적절하지 않은 것은?

주제	e-스포츠에 대한 인식의 제고

1. e-스포츠에 대한 인식

    e-스포츠는 일렉트로닉 스포츠(Electronic Sports)의 줄임말로, 1990년에 PC가 보급화되고 다양한 비디오게임이 출시되면서 각광받는 미래 스포츠 종목이 되었다. 우리나라에서는 2001년 한국 e-스포츠협회(KeSPA)가 설립되면서 본격적으로 대중화되기 시작했다. 현재 북미와 유럽, 중국에서는 연이어 거대한 투자자가 나타나고 있고 선수들은 일찌감치 억대 연봉 시대를 열었다. 그러나 국내 시장 규모나 인식은 여전히 초라하다. 당장의 인식과 시장규모는 마이너 내지는 지하세계로 치부되고 있으며 e-스포츠가 스포츠로서 국제적인 저변을 확대해 나갈 것이라는 의견에 부정적인 시선도 많다. 이와 함께 프로게임단 중심의 e-스포츠협회 구조, 오프라인 대중 집객의 감소, 자본조달의 어려움, 부족한 글로벌역량 등의 위기들까지 e-스포츠의 성장 동력에 장애가 되고 있다.

2. e-스포츠의 경기방식 및 판별기준

    e-스포츠는 컴퓨터 통신이나 인터넷 등을 통해 온라인상으로 이루어지는 게임물을 매개로 하여 사람과 사람 간에 기록 또는 승부를 겨루는 경기이다. 스포츠와 e-스포츠는 사람과 사람 간에 기록 또는 승부를 겨룬다는 점에서 공통점이 있지만 일반적인 스포츠와 달리 e-스포츠는 게임을 기반으로 한다는 점에서 큰 차이가 있다. 즉, e-스포츠의 종목은 곧 '게임'이며 각 게임의 고유한 규칙에 따라 경기가 진행된다. 물론 모든 게임이 e-스포츠 종목에 편입되는 것은 아니다. 접근성과 방송 중계성 등 나름의 기준과 원칙에 부합해야만 정식종목으로 거듭날 수 있다.

    경기 규칙은 실시간 전략 시뮬레이션 게임, 1인칭 슈팅 게임, 레이싱, 스포츠, 액션 등 게임 장르에 따라 내용이 달라진다. 실시간 전략 시뮬레이션과 레이싱 게임은 제한 시간이 없는 반면, 1인칭 슈팅 및 스포츠나 액션 게임은 제한 시간이 있기 때문에 게임 내 기본 설정과 경기 규정에 따라 시간 조정이 가능하다. 경기는 게임에 따라 1:1 개인전을 비롯해 2:2, 3:3 등 다양한 방식이 존재하며 경기 중 선수가 부정을 저지르거나 PC 또는 네트워크 환경의 오류로 정상적인 경기 진행이 어렵다고 판단되는 경우 주심은 경기 중단을 명령할 수 있고 판정을 통해 재개 및 종료를 선언한다. 경기 제한시간이 있고 기록으로 승부가 갈리는 종목은 시스템에 맞게 기록을 판단하고 승패가 결정되지만, 제한시간이 없고 기록으로 승부를 가릴 수 없는 종목은 선수의 패배 선언과 주심의 확인, 재경기, 우세승 등의 판정을 통해 경기가 종료된다.

① 프로 중심의 e-스포츠를 아마추어 분야로 확대 개편
② 세계게임시장 흐름에 부응하는 전략적 게임 개발 및 게임 산업과의 연계 강화
③ e-스포츠 유통 채널의 다양화를 통한 e-스포츠 관련 미디어 확대
④ 국제대회 지원 등 e-스포츠의 글로벌 리더십 강화를 위한 적극적 지원책 마련
⑤ e-스포츠의 명칭 변경 및 게임규칙의 대대적 개편을 통한 대중인식 개선

26. (주)대한은 신·재생에너지 설치의무 건축물의 건설에 필요한 설치계획서를 작성하고자 한다. 다음 자료를 참고할 때, 알 수 있는 내용은?

〈신·재생에너지설비 설치계획서 검토 사항〉

- 신·재생에너지 의무이용 대상건축물의 해당 여부
- 설치기획서상의 설비가 「신·재생에너지설비의 지원 등에 관한 규정」 제2조 제1호에 정의된 '신·재생에너지설비'에 해당하는지 여부
- 신·재생에너지설비 설치를 위한 건축공사비 산정기준 및 방법 적용의 적정성
- 기타 설치계획서 작성기준의 적정성 등

〈신·재생에너지설비 설치계획서 첨부서류〉

서류명	비고
설치계획서(필수)	기관장 직인 필요
건물설계개요(필수)	건물명, 주소, 용도, 연면적, 주차장 면적 등이 표시되어 건축허가용으로 기작성된 설계개요 제출
신·재생에너지설비 견적서(필수)	• 설비회사 등에서 제시한 총괄견적서 제출 • 세부적인 견적내용은 추가 요청 시 제출
건축물 부하용량 계산내역(필수)	• 연료 및 열사용량 내역, 전력사용량 내역 • 세부적인 부하용량 계산 근거는 추가 요청 시 제출
연간 신·재생에너지 생산량 산출근거(필수)	신·재생에너지 연간에너지생산량 계산 근거 및 내용 포함
건축물조감도(필수)	건축허가용으로 작성된 것으로 첨부에 해당하는 도면 제출
신·재생에너지설비 위치가 표시된 건축물 배치도(필수)	
신·재생에너지설비 장비일람표	
기타(선택)	기타 설비계획 검토에 필요한 설명자료 제출

① 신·재생에너지 의무이용 대상건축물의 해당 요건
② 대리인이 설치계획서를 제출할 경우 추가로 요구되는 서류
③ 신·재생에너지설비 설치의무에서 면제되는 대상건축물의 해당 요건
④ 신·재생에너지 설치를 위한 건축공사비 산정기준 및 방법
⑤ 건물설계개요 내용에 포함되어야 하는 사항

27. 다음은 A 공원 개발사업과 관련하여 입찰을 실시한 H 업체의 사업성 평가 지침에 대한 내용이다. 사업성 평가 지침을 올바르게 이해한 사람끼리 짝지어진 것은?

■ **사업성 평가(만점 250점)**

가. 사업성(150점)

구분	배점	평가방법
공원의 면적	50점	• 비공원시설의 면적을 최소화하여 기존의 공원 규모를 유지할 수 있는지를 판단 • 공원시설의 법적 기준인 70%에 미달할 경우 '0점' 처리 • 제안자 간 상대평가를 통해 최대 제안자에게 50점 부여, 비율에 따라 감점 적용 • 가장 큰 공원면적 제안자를 기준공원면적으로 하여 아래 산식으로 계산 • 평가점수 $= 50점(만점) - 50점 \times \left(1 - \dfrac{평가대상자\ 공원면적}{기준공원면적}\right) \times 2$
개발 연면적	50점	• 제안자가 실제 비공원시설을 이용, 사업수익이 발생하는 부분을 평가 • 비공원시설의 면적은 작더라도 고밀도(높은 용적률)로 개발할 경우 개발 연면적이 커지게 되어 있음. • 개발 연면적 = 비공원시설의 용지 용적률 • 제안자 간 상대평가를 통해 최소 제안자에게 50점 부여, 비율에 따라 감점 적용 • 가장 개발 연면적이 작은 제안자를 기준연면적으로 하여 아래 산식 적용 • 평가점수 $= 50점(만점) - 50점 \times \left(\dfrac{평가대상자\ 개발\ 연면적}{기준연면적} - 1\right) \times 2$
사업이익	50점	• 제안자가 적정 사업이익을 계획하였는지를 판단 • 적정이윤(5~6%)을 기준으로 절대 평가 • 적정이윤 5.5% 미만 50점, 5.5% 이상 ~ 7% 미만 40점, 7% 이상 ~ 8.5% 미만 30점, 8.5% 이상 ~ 10% 이하 20점, 기타 0점 ※ 이윤판단의 기준은 제안자의 판단기준이 아닌 별도의 기준을 준용

나. 지역사회 기여

구분		배점	평가방법
이익 환원	공원 조성	50점	• 공원구역 내 조성사업비 배치에 따라 인센티브 부여 • 공원 내 시설물 외 시설의 설치 금액에 따라 절대 평가 25점
	특화 시설 설치		• 공원구역 및 구역 외 추가 시설 설치에 따라 인센티브 부여 • 공원시설 외 추가 시설의 설치 금액에 따라 절대 평가 • 추가 시설의 금액을 200억 원/50점 만점 기준으로 2억 원당 1점씩 차감하여 점수 부여(100억 원 미만 시 0점 부여) 25점
지역경제 활성화		25점	• 지역 업체 활용계획서(확약서) 제출 시 가점 부여 • 시공참여사(컨소시엄 중 시공담당 업체)의 확약서 제출 시 25점, 미제출 시 0점
제안자 소재지		25점	• 대표 제안자 소재지가 관내 업체일 경우 인센티브 부여 • 공모공고일 현재 관내 소재 업체일 경우 25점, 기타 0점

박 사원 : 공원의 면적은 클수록, 개발 연면적은 작을수록 높은 점수를 받게 되는 것 같습니다.

최 대리 : 그렇지만 공원면적이 작아도 용적률을 활용하여 개발 밀도를 높이기만 하면 공원의 면적이 작은 것은 얼마든지 만회할 수가 있겠는데요? 법적 기준만 넘긴다면 말입니다.

오 과장 : 이번 입찰은 어떻게든 우리가 반드시 낙찰자로 선정되어야 하니까, 적정이윤을 7%대로 예상했었는데 5% 수준으로 낮춰서 수정 계획을 짜봐야겠군.

남 대리 : 공원구역 외의 추가 시설물 설치는 비용이 추가될 테니 아예 입찰 가격 산정 시 고려하지 말아야 하겠어요.

① 박 사원, 최 대리   ② 박 사원, 오 과장   ③ 최 대리, 남 대리
④ 오 과장, 남 대리   ⑤ 박 사원, 남 대리

1회 기출복원 2회 기출복원 3회 기출예상 4회 기출예상 5회 기출예상 6회 기출예상 인성검사 면접가이드 실전모의

28. □□공사 홍보실은 202X년 상반기 대학생을 대상으로 발명품 공모전을 개최하고자 한다. 아래 공모문을 바탕으로 홍보실 L 사원이 다음과 같이 문의 메일에 답장을 작성했을 때, ㉠에 들어갈 내용으로 적절하지 않은 것은?

〈□□공사 국제발명특허대전 대학생 발명품 공모〉

• 출품요건

출품주제	전기, 에너지, ICT, 친환경에너지 분야 – 출품자 명의로 출원 또는 등록된 특허 · 실용신안을 이용한 발명품 – 특허 · 실용신안 출원이 되지 않았더라도 아이디어를 구체화한 발명품
출품규격	가로 100cm, 폭 70cm, 높이 100cm, 무게 30kg 이내 – 전시 부스 크기에 따라 변경될 수 있으며, 규격 초과 시에는 사전 협의 필요 – 실제크기가 아닌 모형도 출품 가능
출품자격	• 국내 대학 재학생 또는 휴학생 개인 또는 팀(3명 이내)으로 신청 가능 • 1차 서류심사를 통과한 15개 내외의 출품작은 전시되어 관람객에게 선보일 예정

• 수상혜택

서류전형 우대	□□공사 공채 지원 시 서류전형 우대 –금상 수상자 : 서류 전형 면제 –은상 · 동상 수상자 : 서류전형 10% 가점 부여
상금 수여	금상(1명) : 500만 원 / 은상(2명) : 200만 원 / 동상(3명) : 50만 원

• 출품신청
 – 접수기간 : ~ 202X. 5. 28.
 – 신청방법 : □□공사 홈페이지를 통해 신청 접수
 – 접수문의 : □□공사 홍보실(chulpum@bdbd.co.kr)

• 출품제한
 – 출품자가 직접 창안 · 제작하지 않은 작품
 – 국내 · 외 발명대회에 수상한 동일 · 유사 작품
 – 국내 · 외에서 이미 공개, 발표되었거나 상용화된 작품
 ※ 표절작, 대리작 등 기타 정당하지 못한 작품을 출품한 자는 행사기간 중 혹은 행사 이후 이러한 사실이 밝혀질 경우 수상이 취소됨.

• 유의사항
 – 출품작 공모와 관련하여 제출한 서류는 일체 반환하지 않음.
 – 출품작과 관련된 지식재산권, 아이디어에 대한 권리는 출품자에게 있음.
 – 아이디어를 구체화하여 출품하는 자는 아이디어에 대한 지식재산권을 출원, 등록하는 것이 바람직함.
 – □□공사는 심사, 홍보 등을 위하여 전시품에 대한 내용을 전시 전, 후에 브로슈어를 통하여 제3자에게 공개할 수 있음.

[문의 메일]

　안녕하세요. 이번 대학생 발명품 공모전과 관련하여 문의 드립니다. 이번 공모전에 대학 동기 2명, 졸업한 선배 1명과 함께 팀을 이루어 발명품을 출품하고자 합니다. 만들 예정인 작품이 태양열 에너지 기술을 적용하여 가로 120cm, 폭 65cm, 높이 80cm으로 제작될 것 같은데, 규격에 맞지 않아 반드시 줄여야 한다는 이야기를 들었습니다. 신청은 홍보실 메일인 chulpum@bdbd.co.kr으로 보내면 되는 것으로 알고 있습니다. 만약 저희 팀이 상을 받지 못하는 경우라면 작품이 공개되지 않았으면 합니다. 공모전 관련해서 제가 이해한 내용이 맞는지요? 답변 부탁드립니다.

[답변]

　□□공사 홍보실에 문의해 주셔서 감사드립니다. 문의하신 내용과 관련하여 잘못 이해하고 계신 부분이 있어 다음과 같이 정정해 드립니다.

　　　(　　　　　　　　　　㉠　　　　　　　　　)

① 메일이 아닌 □□공사 홈페이지를 통해 신청 접수가 가능합니다.

② 제작하시려는 작품의 주제가 저희 공모전과 부합하지 않으므로 주제를 수정해 주셔야 합니다.

③ 출품 규격을 초과한 작품의 경우라도 사전 협의한다면 출품 가능할 수 있습니다.

④ 심사 등을 위하여 전시품을 전시 전, 후에 브로슈어를 통하여 제3자에게 공개될 수 있습니다.

⑤ 팀을 이루어 신청하시는 경우 모든 팀원이 대학 재학 또는 휴학 중인 상태여야 하며 팀원은 총 3명 이내여야 합니다.

[29 ~ 30] 다음 글을 읽고 이어지는 질문에 답하시오.

냉장고에 넣어 두는 것을 깜빡 잊고 밖에 두었던 우유가 심한 악취를 내며 상해 있는 것을 가끔 발견할 수 있다. 그런데 이러한 우유를 어떤 효소들과 함께 두어 특정한 작용이 일어나면 상하는 것이 아니라 맛있는 요구르트로 변한다. 둘 다 균의 증식 때문에 일어난 일인데, 왜 이렇게 다를까? 우유가 상하는 것을 부패라 하며 요구르트로 변하는 것을 발효라 한다. 발효와 부패는 둘 다 균의 증식으로 일어나기 때문에 비슷해 보이지만 정확히 구분할 필요가 있다.

우선, 식품을 발효시키는 목적은 맛과 향 그리고 식품의 저장성을 높이기 위함이다. 따라서 이러한 발효의 결과 생성되는 물질은 요구르트, 김치, 치즈, 술과 같이 사람이 먹을 수 있는 음식이다. 그러나 부패균에 의해 음식물이 부패되면 아민과 황화수소라는 물질이 생겨 악취가 난다. 이렇게 부패된 음식을 먹으면 식중독을 일으키거나 심하면 죽음에 이르게 된다. 부패와 발효의 가장 큰 차이는 부패균은 유기 화합물이 자연 상태에 놓여 있을 때 거의 예외 없이 나타나지만 발효균은 일반적으로 특정한 조건과 환경을 갖추었을 때에만 나타난다는 사실이다. 예를 들어 요리하려고 사 온 배추를 오랫동안 그냥 방치해 두면 부패하여 썩지만 그 배추를 소금에 절여 용기에 담아 적당한 온도를 맞춰 보관하면 어디선가 생겨난 발효균에 의해 맛있는 김치가 된다.

적당한 농도의 소금물에 배추나 무를 절였다가 갖은 양념을 넣어 김치를 담그면 시간이 흐르면서 여러 가지 미생물이 재료 속에 든 당분을 분해한다. 이 과정에서 이산화탄소가 발생하여 배추포기 속의 공기를 밀어내는데, 이때부터 공기(산소)를 싫어하는 유익한 유산균이 번식하기 시작하고 드디어 발효가 일어나면서 김치가 익는다. 유산균은 김치를 숙성시키고 부패균을 막아 주며 유산균의 작용으로 생긴 유산은 김치 특유의 상쾌하고 새콤한 맛과 향을 낸다. 김치에서 유산균 발효가 일어나지 않으면 김치는 단순히 소금에 절인 염장식품에 지나지 않는다. 삼투압 작용으로 채소의 수분을 유지하는 소금이 지나치게 많아지면 미생물이 죽거나 활동이 정지되어 김치가 되지 못한다. 적당한 농도의 소금물이 김치와 짠지의 운명을 가르는 것이다.

발칸 반도의 남동부에 위치한 불가리아 사람들은 장수하는 것으로 유명한데, 이것은 발효 식품인 요구르트를 많이 먹기 때문이라고 한다. 요구르트는 우유를 유산균으로 발효시켜 만든 것으로 산이 많이 들어 있어 새콤하고 상쾌한 맛이 난다. 또한 영양소가 풍부하고 장을 깨끗이 하는 작용과 항암 효과까지 있기 때문에 장수에 결정적인 역할을 하는 것으로 보인다. 우유가 요구르트가 되기 위해서는 반드시 유산 발효 과정을 거쳐야 하는데, 유산 발효란 유산균(젖산균)이 당을 분해해서 유산을 만드는 것이다. 이렇게 발효 과정에서 생긴 유산은 신맛을 내고 pH를 낮춰 우유를 응고시키므로 우유가 요구르트로 변하면 덩어리가 생긴다.

29. 제시된 글을 근거로 할 때, 〈보기〉에서 타당한 내용을 모두 고른 것은?

> **보기**
>
> ㄱ. 냉장고 속 우유가 부패했다면 냉장고에 이산화탄소가 없다는 것이다.
> ㄴ. 메주를 소금에 절이는 것은 발효균의 팽창에 유리한 환경을 만들어 준다.
> ㄷ. 황화수소가 발생하면 발효가 실패했다고 볼 수 있다.
> ㄹ. 김치를 발효하는 유산균은 소금물의 농도가 높을수록 활발하게 활동한다.
> ㅁ. 유산균의 발효작용에는 유산이 필요하므로 우선 pH를 높여 준다.

① ㄱ, ㄴ   ② ㄱ, ㄹ   ③ ㄴ, ㄷ

④ ㄴ, ㅁ   ⑤ ㄷ, ㅁ

30. 다음은 김치의 발효과정에 대한 자료이다. 제시된 글을 바탕으로 할 때, 자료에 대한 내용으로 적절하지 않은 것은?

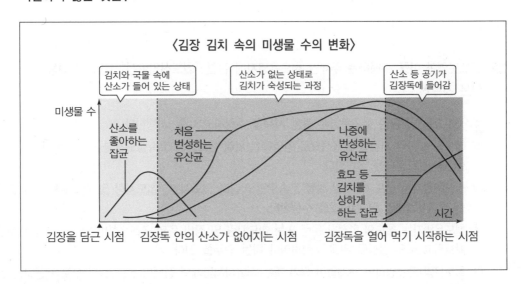

① 이 자료를 보니 김치의 발효 과정에서 산소가 미치는 영향이 크다는 것을 알 수 있겠어.

② 김장 김치의 맛을 오래 유지하려면 최대한 김치를 공기와 접촉하지 않게 하는 게 중요하겠구나.

③ 김장독 속 김치의 양이 많을수록 잡균으로 인한 부패를 방지할 수 있겠구나.

④ 김장을 담근 시점부터 한동안은 산소를 좋아하는 잡균의 비중이 높구나.

⑤ 김치의 상쾌하고 새콤한 맛은 김장독 안의 산소가 없어지는 시점에서부터 만들어지는 거구나.

과목 2 철도관련법령 ⏺ 31~40

31. 「철도산업발전기본법」에서 정하는 철도시설관리자에 대한 설명으로 옳지 않은 것은?

① 철도시설관리자는 철도시설의 건설 및 관리 등에 관한 업무를 수행하는 자로, 철도의 관리청인 국토교통부장관은 이에 해당하지 않는다.

② 철도시설 관련 업무를 집행하는 조직인 국가철도공단은 「철도산업발전기본법」에서 정하는 철도시설관리자에 해당한다.

③ 철도시설관리자는 그 시설을 설치·또는 관리함에 있어서 해당 시설의 안전확보에 필요한 조치를 할 의무를 진다.

④ 철도시설관리자는 철도시설을 사용하려는 자로부터 사용료를 징수할 수 있다.

⑤ 철도시설관리자는 지방자치단체·특정한 기관 또는 단체가 철도시설건설사업으로 인하여 현저한 이익을 받은 경우에는 국토교통부장관의 승인을 얻어 그 이익을 받은 자로부터 그 비용의 이익을 부담하게 할 수 있다.

32. 철도운영과 이를 수행하는 주체인 철도운영자에 관한 「철도산업발전기본법」의 내용으로 옳지 않은 것은?

① 국토교통부장관은 철도운영에 관한 시책을 수립하고 이를 시행한다.

② 철도운영 관련 사업을 효율적으로 경영하기 위해 철도청과 고속철도건설공단 관련조직을 전환한 국가철도공단을 설립한다.

③ 철도운영자는 철도 여객 및 화물 운송뿐만 아니라 철도시설·철도차량 및 철도부지 등을 활용한 부대사업개발 및 서비스를 수행한다.

④ 철도운영자는 철도의 안전한 운행 또는 철도차량 및 장비 등의 구조·설비 및 장치의 안전성을 확보하고 이의 향상을 위해 노력하여야 하는 의무를 진다.

⑤ 철도운영자는 영리와 관계없이 국가 또는 지방자치단체의 정책이나 공공목적으로 제공하는 철도서비스를 함께 제공한다.

33. 철도시설을 사용하기 위한 철도시설관리자와의 시설사용계약에 대한 설명으로 옳지 않은 것은?

① 철도시설의 시설사용계약을 체결한 자는 해당 철도시설을 사용하는 것에 대한 허가권을 가진다.

② 철도시설관리자는 철도시설의 사용계약을 체결하기 전에 사용계약을 통해 철로시설을 사용하게 할 것이라는 사실을 공고하여야 한다.

③ 철도시설의 사용계약에 따른 철도시설의 사용목적은 반드시 화물운송만을 목적으로만 해야 하며, 그 사용기간은 5년을 초과하지 않아야 한다.

④ 국가 또는 지방자치단체가 건설사업비의 전액을 부담한 선로에 대한 사용료는 해당 선로의 유지보수비용의 총액을 초과하지 않는 범위 내에서 이를 회수할 수 있도록 사용료를 설정해야 한다.

⑤ 철도시설의 사용계약을 갱신하기 위해서는 사용기간이 만료되기 10월 전까지 이를 신청하여야 하며, 철도시설관리자는 특별한 사유가 없는 한 이를 우선적으로 협의하여야 한다.

34. 한국철도공사의 설립에 관한 다음 설명 중 옳지 않은 것은?

① 한국철도공사의 설립은 철도 운영의 전문성과 효율성을 높임으로써 철도산업과 국민경제의 발전에 이바지함을 목적으로 한다.

② 한국철도공사의 자본금은 22조 원이며, 전액 정부가 출자하였다.

③ 한국철도공사의 설립등기에는 설립목적과 명칭, 임원의 성명과 주소를 포함한다.

④ 한국철도공사는 주된 사무소의 소재지에서 설립등기를 함으로써 성립하고, 주된 사무소의 소재지는 정관으로 정한다.

⑤ 공공기관의 자율성을 위해 한국철도공사의 하부조직 설치에는 별도의 등기를 요하지 않는다.

35. 다음은 한국철도공사의 유사명칭 사용 금지에 관한 설명이다. ㉠, ㉡에 들어갈 내용으로 바르게 연결된 것은?

> 「한국철도공사법」에 따른 공사가 아닌 자는 한국철도공사 또는 이와 유사한 명칭을 사용할 수 없다. 이를 위반한 자는 (㉠) 이하의 과태료를 부과하며, 이를 부과·징수하는 주체는 (㉡)이다.

	㉠	㉡		㉠	㉡
①	100만 원	국토교통부장관	②	200만 원	국토교통부장관
③	200만 원	한국철도공사	④	500만 원	국토교통부장관
⑤	500만 원	한국철도공사			

36. 한국철도공사의 사업결산으로 발생한 손익의 처리규정에 대한 내용으로 옳지 않은 것은?

① 사업연도 결산 결과 손실금이 발생하면 이를 사업확장적립금을 보전하고, 그 적립금으로도 부족하면 이익준비금으로 보전한다.

② 사업연도 결산 결과 발생한 이익금의 처리는 이월결손금의 보전을 최우선으로 한다.

③ 사업연도 결산 결과 발생한 이익금 중 이월결손금을 보전하고 남은 금액은 자본금의 2분의 1이 될 때까지 그 이익금의 10분의 2 이상을 이익준비금으로 적립한다.

④ 사업연도 결산에 따른 사업확장적립금을 자본금으로 전입하기 위해서는 이사회의 의결을 거쳐 기획재정부의 승인을 얻어야 한다.

⑤ 사업연도 결산 결과 발생한 이익금을 적립하고 남은 금액은 배당하거나 정관으로 정하는 바에 따라 적립한다.

37. 다음 중 「철도사업법」에서 규정하는 과징금에 관련 설명으로 옳지 않은 것은?

① 국토교통부장관은 철도사업자에게 사업정지처분을 하여야 하는 경우 그 사업정지처분과 함께 1억 원 이하의 과징금을 병과하여 징수할 수 있다.

② 국토교통부장관은 민자철도사업자가 민자철도의 유지·관리 및 운영에 관한 기준을 준수하지 않은 경우 1억 원 이하의 과징금을 부과·징수할 수 있다.

③ 국토교통부장관으로부터 사업정지처분에 갈음한 과징금의 부과 통지를 받은 철도사업자는 20일 이내에 과징금을 국토교통부장관이 지정한 수납기관에 납부하여야 한다.

④ 국토교통부장관의 사업정지처분에 갈음하여 철도사업자로부터 징수한 과징금은 철도사업 종사자의 양성·교육훈련을 위한 시설의 건설·운영에 사용된다.

⑤ 과징금 부과처분을 받은 자가 납부기한까지 과징금을 내지 아니하면 국세 체납처분의 예에 따라 징수된다.

38. 전용철도의 운영에 관한 다음 설명 중 옳지 않은 것은?

① 전용철도를 운영하려는 자는 운영계획서를 첨부하여 국토교통부장관에게 등록을 하여야 한다.

② 국토교통부장관은 환경오염이나 주변 여건 등 지역적 특성을 이유로 전용철도의 등록에 일정 부담을 붙일 수 있다.

③ 전용철도를 등록하려는 법인의 임원 중 한 명이 등록을 취소한 날로부터 1년이 지나지 않은 자라면 해당 법인은 전용철도를 등록할 수 없다.

④ 전용철도의 운영권은 양도할 수 없으며, 전용철도의 운영권을 가진 법인이 합병하여 소멸하면 해당 전용철도의 운영권은 국가에 귀속된다.

⑤ 국토교통부장관은 전용철도 운영의 건전한 발전을 위해 전용철도운영자에게 사업장을 이전할 것을 직접 명할 수 있다.

39. 철도사업을 경영하기 위한 면허에 대한 「철도사업법」의 규정으로 옳은 것은?

① 철도사업을 경영하기 위해 면허를 받으려는 자는 법인이어야 한다.

② 철도사업의 면허를 취득하기 위해서는 사업계획서를 첨부한 면허신청서를 국회 소관 상임위원회에 제출하여야 한다.

③ 파산선고를 받은 후 복권된 사람을 임원으로 하는 법인은 철도사업의 면허를 받을 수 없다.

④ 철도사업의 면허 취득에 있어서는 수수료가 면제된다.

⑤ 거짓이나 그 밖의 부정한 방법으로 철도사업의 면허를 받은 자는 1년 이하의 징역 또는 1천만 원 이하의 벌금에 처한다.

40. 다음 보도자료의 내용과 관련된 「철도사업법」의 규정의 설명으로 옳지 않은 것은?

> 한국철도공사가 열차 부정승차 근절과 여행질서 확립을 위해 두 팔을 걷었다. 코레일은 지난 해 12월 민사소송 절차에 의한 '부가 운임 지급 소액사건 심판'을 청구해 부가 운임 납부 거부자에 대한 첫 소송에서 승소했다. 대상자는 유효 기간이 지난 정기승차권 캡처본을 소지한 채 열차를 이용하다 적발되어 운임의 10배인 400만 원이 넘는 부가 운임이 청구되었으나, 이를 납부하지 않아 소송을 통해 부가 운임 징수와 함께 소송비용까지 지불하게 되었다.
> 한국철도공사는 빅데이터와 이용 내역을 활용한 부정승차 모니터링을 통해 승차권 다량반환(취소), 출발 후 승차권 반환, 할인상품의 부정사용 등 의심징후가 나타날 경우 집중 검표하고 있다. 한국철도공사 관계자는 "앞으로 부가 운임 납부 거부자에 대한 소송 등 적극적인 대응을 통해 올바른 철도이용 문화가 정착될 수 있도록 노력하겠다."고 말했다.

① 철도사업자는 열차를 이용하는 여객이 정당한 운임·요금을 지급하지 아니하고 열차를 이용한 경우에는 승차 구간에 해당하는 운임 외에 그의 10배의 범위에서 부가 운임을 징수할 수 있다.

② 부가 운임의 징수대상자는 이를 성실하게 납부하여야 하는 의무를 진다.

③ 국토교통부장관은 3년마다 부가 운임의 상한에 관한 타당성을 검토하여야 한다.

④ 철도사업자가 설정한 부가 운임의 산정기준은 철도사업약관에 포함하여 국토교통부장관에게 신고하여야 한다.

⑤ 철도사업자는 부가 운임을 징수하려는 경우 사전에 부가 운임의 징수대상, 열차의 종류 및 운행 구간에 따른 부가 운임의 산정기준을 정해야 한다.

과목 1 직업기초 ⊘ 1~30

01. 다음 중 빈칸 ⓐ와 ⓑ에 들어갈 접속어가 바르게 연결된 것은?

> 치아재식술은 말 그대로 손상된 치아를 발치한 다음 병소 부위를 제거한 후 다시 식립하는 것을 뜻한다. 그동안 제거하기 어려웠던, 치아 깊숙한 곳까지 번진 염증을 깔끔히 치료하고 세균이 다시 번식하지 않도록 충전재로 봉합한다. 이렇게 치아재식술을 마친 치아는 발치 없이 건강한 상태를 오래 유지할 수 있다. (ⓐ) 이 모든 과정을 단 15분 안에 진행해야 한다는 어려움이 있으며, 미세현미경술에 능숙한 의료진이 전담해야 긍정적인 예후를 기대할 수 있다.
>
> 미세현미경은 병소 부위를 크게 확대할 수 있으며, 이를 통해 치료 부위를 더욱 상세히 파악한 후 염증을 제거하는 데 용이하다. (ⓑ) 동일한 치료를 시행하더라도 출혈 부위를 줄이고 통증, 부기 등으로 인한 회복 기간을 단축시킬 수 있다. 미세현미경은 치아재식술을 비롯해 치아 뿌리 부분을 직접 제거하는 치근단절제술, 난이도가 높은 재신경치료 등에도 활용할 수 있다.
>
> 다만 성능이 우수한 미세현미경 장비를 보유하는 것만이 치아재식술의 성공률을 높이는 요인은 아니다. 자연치아 살리기에 대한 남다른 의학적 소신을 가진 것은 물론, 미세현미경술에 대한 경험과 노하우가 풍부한 의료진이 필요하다. 만약 미세현미경술에도 능숙하지 않고 고난도 보존치료에 대한 사례도 부족한 의료진이 치아재식술을 진행한다면 아무리 좋은 재료와 장비를 사용하더라도 치아를 살리기 어려울 수 있다.

	ⓐ	ⓑ		ⓐ	ⓑ
①	그러나	또한	②	하지만	오히려
③	하지만	또는	④	다만	가령
⑤	그리고	따라서			

02. 다음 글의 밑줄 친 부분의 맞춤법, 띄어쓰기에 대한 설명으로 적절하지 않은 것은?

> 식품의약품안전처는 식품용 금속제 기구·용기를 일상생활에서 안전하게 사용할 수 있도록 ⓐ옳바른 사용방법과 ⓑ사용 시 주의사항을 다음과 같이 발표하였다.
>
> • 금속제 프라이팬은 사용하기 전에 매번 기름코팅을 하면 조리과정에서 중금속 성분이 용출되는 것을 방지할 수 있다.
>   – 세척한 팬의 물기를 닦아내고 불에 달군 후, 식용유를 ⓒ엷게 바르며 가열하는 과정을 3 ~ 4회 반복한 후 사용한다.
> • 금속제 프라이팬이나 냄비에 조리한 음식은 다른 그릇에 옮겨 담아 먹거나, 보관할 경우 전용용기에 담아 보관하도록 한다.
>   – 또한, 식초·토마토소스와 같이 산도가 강하거나, ⓓ절임·젓갈류와 같이 염분이 많은 식품은 금속 성분 용출을 ⓔ증가시킴으로 금속재질의 용기에 장기간 보관하지 않는 것이 바람직하다.
> • 금속제 조리 기구는 ⓕ전자렌지에 넣어 사용하지 않도록 주의한다.
>   – 금속재질은 마이크로파가 투과되지 못하고 반사되어 식품이 가열되지 ⓖ않을뿐 아니라, 끝이 날카로운 금속에서는 마이크로파가 집중되어 스파크가 일어날 수 있어 사용하지 않도록 한다.

① ⓐ '옳바른'은 '올바른'으로 표기해야 한다.

② ⓑ '사용 시'는 '사용시'로 붙여 쓰는 것이 원칙이다.

③ ⓒ '엷게'와 ⓓ '절임'은 맞춤법에 맞는 표현이다.

④ ⓔ '증가시킴으로'는 '증가시키므로'로, ⓕ '전자렌지'는 '전자레인지'로 고쳐 쓰는 것이 적절하다.

⑤ ⓖ '않을뿐 아니라'는 '않을 뿐 아니라'로 띄어 써야 한다.

03. 다음 글에 나타난 서술 방식으로 적절한 것은?

피아제는 아동을 단계별 인지발달 과정에 따라 조직화와 적응을 통해 능동적으로 지식을 구성하는 어린 과학자와 같다고 보았다. 피아제가 정리한 인지발달의 단계는 0 ～ 2세까지의 감각운동기, 2 ～ 7세까지의 전조작기, 7 ～ 12세까지의 구체적 조작기, 12세부터의 형식적 조작기로 나뉜다.

우선 감각운동기에서 영아는 행동도식으로 세상과 상호작용한다. 이 시기에 영아는 순환반응, 대상 영속성, 표상적 사고 능력을 획득하고 지연 모방을 할 수 있게 된다. 전조작기에서 유아는 상징적 사고를 할 수 있게 되어 가상놀이를 통해 세상과 상호작용한다. 이 시기의 사고는 아직 직관적 사고에 머물며 물활론적 및 자아 중심적 사고의 특징을 띤다. 피아제는 혼잣말을 자기 중심적 사고의 대표적 사례로 보았다. 이 시기 유아는 성인과 같은 가역적 사고, 추론, 보존 개념, 유목 포함 개념의 학습을 할 수 없다. 구체적 조작기에 들어서면 이러한 사고 능력들이 발달되지만 여전히 구체적인 대상이나 익숙한 상황에 한해 사고가 가능하다. 형식적 조작기에서 청소년은 가장 높은 수준의 사고가 가능해져 가설적, 조건적, 조합적 사고를 할 수 있고 변인의 구분과 통제도 가능하다.

반면, 비고츠키는 사회문화적 환경에 의해 의미와 인지적 도구가 사회적 상호작용인 내면화를 통해 아동에게 전수되는 과정에서 인지발달이 이루어진다고 보았다. 그는 아동이 비형식적인 대화나 정규 교육을 통해 사회 · 문화에 따른 언어나 상징, 개념 및 공식 등의 인지적 도구를 내면화하는 문화 전수자와 같다고 생각했다. 또한 그는 언어와 사고가 생애 초기에는 분리되어 있지만 나이가 들면서 점차 상호의존하게 된다고 주장하였다. 그에 따르면 언어는 사고에 필요한 개념과 범주를 제공하는 의미의 표상이며, 아동은 성장하면서 비개념적 언어와 비언어적 사고로 언어와 사고가 별개의 독립적인 기능을 수행하던 시기를 벗어나고, 이 둘이 만나는 언어적 사고를 시작하게 된다고 하였다. 이때 앞서 피아제가 주장했던 것과는 달리 비고츠키는 아동이 사고의 도구로서 혼잣말을 사용한다고 보았다.

이어서 그는 아동의 인지발달은 도전적인 과제, 즉 근접발달영역 과제의 수행을 통해 이루어진다고 주장하였다. 이 근접발달영역 과제를 수행하기 위하여 성인이나 유능한 또래의 도움인 비계설정이 있는데, 학습 초기에는 많은 도움을 제공하다가 숙달 정도에 따라 도움을 줄여가며 최종적으로는 혼자 수행을 마칠 수 있도록 돕는 것을 말한다.

---

① 구체적인 사례와 사례별 대상의 적용 방식을 차례대로 열거하고 있다.

② 하나의 대상을 두고 이루어진 다른 두 개의 실험 과정 및 결과를 제시하고 있다.

③ 하나의 주제에 대해 서로 다른 주장을 펼친 두 이론가의 이론을 제시하고 있다.

④ 하나의 주제에 대한 여러 이론가들의 서로 다른 주장과 반박을 내세우고 있다.

⑤ 하나의 주제에 대한 상세한 설명을 위해 추상적인 예시를 활용하고 있다.

04. 다음 글에서 알 수 있는 글쓴이의 이동 경로를 시간 순서대로 나열한 것은?

> 7월 12일, 아침 첫 차로 경주 시내를 떠나 불국사로 향했다. 떠날 임시에 봉황대(鳳凰臺)에 올랐건만, 잔뜩 찌푸린 일기에 짙은 안개는 나의 눈까지 흐리고 말았다. 시포(屍布)를 널어놓은 듯한 희미한 강줄기, 몽롱한 무덤의 봉우리, 쓰러질 듯한 초가집 추녀가 눈물겹다. 어젯밤에 나를 부여잡고 울던 옛 서울은 오늘 아침에도 눈물을 거두지 않은 듯.
>
> 그렇지 않아도 구슬픈 내 가슴이어든 심란한 이 정경에 어찌 견디랴? 지금 떠나면 1년, 10년, 혹은 20년 후에나 다시 만날지 말지! 기약 없는 이 작별을 앞두고 눈물에 젖은 임의 얼굴! 내 옷소매가 촉촉이 젖음은 안개가 녹아내린 탓만은 아니리라. 장난감 기차는 반시간이 못 되어 불국사역까지 실어다주고, 역에서 등대(等待)했던 자동차는 십리 길을 단숨에 껑청껑청 뛰어서 불국사에 대었다.
>
> 뒤로 토함산(吐含山)을 등지고 왼편으로 울창한 송림을 끌며 앞으로 광활한 평야를 내다보는 절의 위치부터 풍수쟁이 아닌 나의 눈에도 벌써 범상치 아니했다. 더구나 돌 층층대를 쳐다볼 때에 그 굉장한 규모와 섬세한 솜씨에 눈이 어렸다. (중략)
>
> 앞길이 바쁘매 아침도 굶은 채로 석굴암(石窟庵)을 향해 또다시 걸음을 옮기었다. 여기서 십 리 안팎이라니 그리 멀지 않되, 가는 길이 토함산을 굽이굽이 돌아 오르는 잿길이요, 날은 흐리어 빗발까지 오락가락하건마는, 이따금 모닥불을 담아 붓는 듯 하는 햇발이 구름을 뚫고 얼굴을 내어미는 바람에 두어 모퉁이도 못 접어들어 나는 벌써 숨이 차고 전신에 땀이 흐른다. (중략)
>
> 숨이 턱에 닿고 온몸이 땀에 멱을 감는 한 시간 남짓의 길을 허비하여 나는 겨우 석굴암 앞에 섰다. 멀리 오는 순례자를 위하여 미리 준비해놓은 듯한 석간수(石澗水)는 얼마나 달고 시원한지! 연거푸 두 구기를 들이키매, 피로도 잊고 더위도 잊고 상쾌한 맑은 기운이 심신을 엄습하여 표연(飄然)히 티끌세상을 떠난 듯도 싶다. 돌층대를 올라서니 들어가는 좌우 돌 벽에 새긴 인왕(仁王)과 사천왕(四天王)이 흡뜬 눈과 부르걷은 팔뚝으로 나를 위협한다. 어깨는 엄청나게 벌어지고, 배는 홀쭉하고, 사지는 울퉁불퉁한 세찬 근육! 나는 힘의 예술의 표본을 본 듯하였다.

① 불국사역 → 불국사 → 토함산 등산길 → 석굴암 → 경주 시내

② 경주 시내 → 불국사역 → 토함산 등산길 → 불국사 → 석굴암

③ 경주 시내 → 불국사역 → 불국사 → 토함산 등산길 → 석굴암

④ 불국사역 → 토함산 등산길 → 불국사 → 경주 시내 → 석굴암

⑤ 경주 시내 → 불국사역 → 불국사 → 석굴암 → 토함산 등산길

05. 다음 글의 빈칸에 들어갈 내용으로 적절한 것은?

1985년 9월 플라자 합의 이후, 미국 경제와 주식 시장은 호황을 누렸다. 기업들의 경쟁력이 강화된 데다가 일본 등 다른 선진국들이 일제히 금리를 인하하면서 경기 부양 효과가 나타났기 때문이다. 그러나 호황은 2년을 가지 못한 채 '블랙 먼데이'라는 희대의 주가 폭락 사태를 맞게 되었다.

블랙 먼데이(Black Monday)란 1987년 10월 19일 월요일, 미국의 다우존스 산업 평균 지수가 전날에 비해 무려 22.6%나 폭락한 사건을 지칭한다. 이후 주가가 급락하는 상황이 발생할 때마다 언론에서는 '블랙 ○○데이'라는 이름을 붙일 정도로 인상적인 사건이었다. 블랙 먼데이가 발생한 원인에 대해서는 다양한 의견이 제기되는데, 달러 약세에 대한 우려에서 폭락의 원인을 찾는 학자들이 많다. 1985년 9월 플라자 합의 이후 달러 약세가 지속되면서 환손실을 우려한 외국인 투자자들이 이탈할 것을 걱정하는 투자자들이 늘어났던 것이다. 그러나 플라자 합의가 있었던 1985년 한 해에만 외국인 투자자들의 미국 주식 순매수는 부풀어 올랐고, 이는 미국 주식 가격의 상승을 이끈 1등 공신이었다. 따라서 당시의 상황만 본다면 외국인 투자자들이 주식 시장에서 이탈할 것이라는 징후는 별로 보이지 않았다.

그러나 당시 금융 시장 참가자들은 언제 갑자기 외국인이 이탈할지도 모른다는 공포를 느끼고 있었는데, 특히 앨런 그린스펀 연준 의장이 1987년 9월 5일 재할인율을 5.5%에서 6.0%로 인상한 것이 투자 심리를 위축시키는 방아쇠 역할을 했다. 그린스펀 의장이 금리를 인상한 것은 경기 과열을 막기 위한 행동이었지만, 시장 참가자의 상당수는 미국이 달러의 약세를 저지하기 위해 노력한다는 신호로 받아들였다. 특히 그해 미국의 9월 무역수지가 사상 최대 규모의 적자를 기록하면서 달러 약세에 대한 기대가 더욱 강화되었고, 투자자들의 이탈이 연쇄적으로 일어나고 말았다.

블랙 먼데이의 충격을 확대시킨 것은 '포트폴리오 보험'이었다. 블랙 먼데이 직전, 미국 금융 시장에서는 이른바 포트폴리오 보험이라는 상품이 유행하고 있었다. 이 상품은 간단하게 말해 '시장이 폭락하더라도 자산 가치가 사전에 정한 수준 이하로 떨어지지 않게 설계된' 일종의 보험 전략이었다. 이 전략이 가능했던 것은 1983년부터 미국 증권 거래소가 '선물' 거래를 개시했기 때문이다. 여기서 선물 거래란 계약 당사자가 미리 정한 시점에 설정한 양만큼의 상품을 인도하는 계약이다. 결국 포트폴리오 보험이란 전체 자산의 일정 부분을 덜어서 선물을 매도하는 계약인 셈이다. 즉, 주가가 폭락할 위험을 대비해 '미리 주식을 파는' 거래를 해 놓았다고 볼 수 있다. 블랙 먼데이를 전후해 주식 시장의 변동성이 확대되자 포트폴리오 보험 전략을 채택하지 않았던 투자자들도 서둘러 선물 매도에 나서며 금융 시장에 일종의 쏠림 현상을 만들었다. 이러한 관점에서 블랙 먼데이 사건을 한 문장으로 정리하면 (
　　　　　)

① 보유한 주식의 시세 하락에 따른 손실을 어느 정도 방지하여 시장 내에서 기업을 보호하기 위한 기법이 오히려 시장 붕괴를 촉진한 것으로 볼 수 있다.

② 선물 매도가 대대적인 주식 매도를 유발했고, 주가 폭락에 놀란 투자자들이 다시 선물 매도에 나서는 일종의 악순환을 일으킨 것으로 볼 수 있다.

③ 위험 회피를 위해 갑작스러운 매도 주문이 일방적으로 몰리게 되어 정상적인 거래가 이루어지지 않은 현상으로, 원인은 주식 상승을 예상한 기업들이 자체적으로 나섰기 때문인 것으로 볼 수 있다.

④ 투자자들이 보유 포트폴리오의 주가 상승에 따라 연쇄적으로 이탈한 상태에서 선물 거래가 주가 폭락을 촉발시키는 시발점인 방아쇠 역할을 한 것으로 볼 수 있다.

⑤ 주가가 하락할 것이라는 시장 심리가 팽배해짐으로써 주식을 사려는 사람이 몰려 주식 거래가 잠시 중단된 것으로 볼 수 있다.

06. 다음 글을 읽고 알 수 있는 내용으로 적절하지 않은 것은?

4차 산업혁명은 무엇일까? 그리고 스마트 시티는 기존의 U 시티와 어떻게 다를까? 4차 산업혁명은 한마디로 산업 전 분야와 정보통신기술(ICT)의 융합으로 생겨난 혁명으로, 핵심기술은 ICBM(IoT · Cloud · Big Data · Mobile)이다. ICBM은 사물인터넷, 클라우드, 빅데이터 그리고 모바일이 결합한 기술로 정의한다. 센서 역할을 하는 사물인터넷이 정보를 모아서 클라우드에 보내면 빅데이터는 이를 분석하고 서비스 형태로 바꾸어 사용자에게 모바일로 제공하는 것이다.

얼핏 들으면 4차 산업혁명이 일어난 시대와 기존 인터넷 시대의 다른 점이 없어 보인다. 그러나 두 가지 관점에서 명확히 다르다. 우선 연결 범위가 넓어졌다. 사물인터넷의 등장으로 연결되는 기기 수가 증가하고 있다. 과거 인터넷 시대에는 컴퓨터, 휴대전화만 연결 대상이었다면, 지금은 자동차, 세탁기 등 연결 대상이 늘어나고 있다. 참고로 시장 조사 전문 기관 '스태티스타(Statista)'에 따르면 202X년에는 300억 개의 기기가 인터넷에 연결될 것으로 사물인터넷을 전망하고 있다.

또 하나의 인터넷 시대와 다른 점은 정보의 가공 수준이다. 빅데이터는 3V로 정의할 수 있는데, 속도(Velocity), 규모(Volume) 그리고 다양성(Variety)이다. 실제로 속도와 규모로 빅데이터 여부를 나누는 것은 애매하므로 중요 부분은 '다양성'이라고 할 수 있는데, 빅데이터는 기계학습을 기반으로 비정형 데이터도 분석할 수 있다는 장점이 있다. 기존 분석 방식은 사람이 입력한 공식에 따라 처리하게 하는 '지식공학'이었다면, 현재 주목받는 기계학습 방식은 데이터를 주면 시스템이 알아서 공식을 만들고 문제를 푸는 방식이다. 이러한 방식은 적용 범위를 넓게 할 뿐만 아니라 분석 수준도 깊게 한다. 예를 들어 고양이를 비교하는 시스템을 개발한다고 해 보자. 사람이 고양이를 정의하는 공식을 만들어 내는 것은 매우 복잡하고 오차 범위가 넓어서 적용이 어렵다. 반면에 시스템에 수많은 고양이 사진을 주고 스스로 고양이에 대한 정의를 내리게 한다면 어떨까? 또, 바둑 천재 이세돌을 이긴 알파고를 예로 들어 보자. 사람이 이세돌을 이길 수 있는 바둑공식을 짤 수 있을까? 공식 개발자가 이세돌보다 바둑을 더 잘 두지 않는 이상 어려울 것이다. 정리하자면 4차 산업혁명은 '초연결'과 '지능화'라는 특성을 가지고, 이러한 특성은 스마트 시티에 그대로 적용된다.

앞서 언급한 스마트 시티의 특성은 현재 세계 곳곳에서 추진되고 있는 사례에서 찾아볼 수 있다. 두바이는 '세계에서 가장 행복한 도시'를 목표로 스마트 시티를 추진하고 있는데 '스마트두바이' 부서장은 행복 도시를 만들기 위해서는 인공지능 도입이 필수임을 강조한 바 있다. 이에 따라 인공지능 '왓슨'을 보유한 IBM과 함께 스마트 시티를 구축하고 있다.

두바이의 스마트 시티 추진을 보여 주는 대표 사례로 '로봇 경찰'이 있다. 두바이 정부는 2030년까지 경찰 인력의 25%를 로봇으로 대체하는 계획을 발표했다. 175cm에 100kg 무게를 가진 로봇은 바퀴로 이동하는데, 중앙센터의 명령에 따라 사건에 바로 투입된다. 그리고 구글과 IBM의 인공지능 기술을 활용해 얼굴 인식뿐 아니라 9개의 언어 인식이 가능하다.

또 다른 사례로 싱가포르의 '자율주행 택시' 도입을 들 수 있다. 싱가포르는 스마트 네이션 (Smart Nation)을 목표로 과제를 추진하고 있는데, 자율주행 택시가 그중 하나다. 자율주행 택시 개발은 스타트업 기업인 누토노미(nuTonomy)가 맡았다. 누토노미는 미쓰비시의 전기 차 i-MiEV를 개조해 일부 지역에 해당 서비스를 제공하고 있다. 자율주행 택시가 보급되면 집 앞까지 부담 없이 택시를 부를 수 있고 인건비 절감으로 요금도 저렴해진다. 그렇게 되면 자가 차량 이용률을 줄일 수 있으며, 싱가포르 정부는 90만 대에서 30만 대로 줄 것이라고 예상하고 있다.

스마트 시티 추진을 위해 염두에 둬야 할 점은 반드시 '시민'을 중심으로 이뤄져야 한다는 것이다. 두바이는 스마트 시티의 평가지표로 '행복계량기'를 설치해 시민이 행복 정도를 입력 할 수 있도록 했다. 한 발 더 나아가 미국 뉴욕시는 뉴욕시민이 'NYC BIG' 앱을 통해 뉴욕의 문제점을 지적하고 서로 논의할 수 있게 했으며, 싱가포르는 '버추얼 싱가포르(3차원 가상도 시 플랫폼)'를 통해 국민들에게 정보를 공유하고 제안할 수 있게 했다.

① 4차 산업혁명은 한마디로 산업 전 분야와 정보통신기술(ICT)의 융합으로 생겨난 혁명이라고 할 수 있다.

② 정보의 가공 수준이 달라졌음을 근거로 인터넷 시대와 4차 산업혁명 시대를 구분할 수 있다.

③ 4차 산업혁명은 '초연결'과 '지능화'라는 특성을 가지며 이러한 특성은 스마트 시티에 그대로 적 용될 것이다.

④ 자율주행 택시가 보급되면 집 앞까지 부담 없이 택시를 부를 수 있다는 장점이 있지만 요금이 높아진다는 단점이 있다.

⑤ 스마트 시티의 목적은 단순히 인공지능과의 접목을 통한 기술 향상이 아니라 '시민의 행복'도 염두에 두고 있다.

07. 다음 글을 이해한 내용으로 적절하지 않은 것은?

언론은 오늘날 신문, TV 등 기존의 언론매체 이외에 인터넷 등 새로운 매체의 등장으로 과거보다 더욱 영향력이 커져 기능과 역할에 있어서 우리 사회에 중대한 영향을 미치고 있다.

범죄 사건을 다루는 언론 보도의 대부분은 수사기관으로부터 얻은 정보에 근거하고 있고, 공소제기 전인 수사 단계에 집중되어 있다. 따라서 언론의 범죄 관련 보도는 범죄 사실이 인정되는지 여부를 백지상태에서 판단하여야 할 법관이나 배심원들에게 유죄의 예단을 심어 줄 우려가 있다. 이는 헌법상 적법절차 보장에 근거하여 공정한 형사재판을 받을 피고인의 권리를 침해할 위험이 있어 이를 제한할 필요성이 제기된다. 실제로 피의자의 자백이나 전과, 거짓말 탐지기 검사 결과 등에 관한 언론 보도는 유죄판단에 큰 영향을 미친다는 실증적 연구도 있다. 하지만 보도 제한은 헌법에 보장된 표현의 자유에 대한 침해가 된다는 반론도 만만치 않다.

미국 연방대법원은 어빈 사건[1] 판결에서 지나치게 편향적이고 피의자를 유죄로 취급하는 언론 보도가 예단을 형성시켜 실제로 재판에 영향을 주었다는 사실이 입증되면, 법관이나 배심원이 피고인을 유죄라고 확신하더라도 그 유죄판결을 파기하여야 한다고 했다. 이 판결은 이른바 '현실적 예단'의 법리를 형성시켰다. 이후 리도 사건[2]에 와서는 일반적으로 보도의 내용이나 행태 등에서 예단을 유발할 수 있다고 인정이 되면, 개개의 배심원이 실제로 예단을 가졌는지의 입증 여부를 따지지 않고 적법절차의 위반을 들어 유죄판결을 파기할 수 있다는 '일반적 예단'의 법리로 나아갔다. 셰퍼드 사건[3] 판결에서는 유죄판결을 파기하면서 '침해 예방'이라는 관점을 제시하였다. 즉, 배심원 선정 절차에서 상세한 질문을 통하여 예단을 가진 후보자를 배제하고 배심원이나 증인을 격리하며, 재판을 연기하거나 관할을 변경하는 등의 수단을 언급하였다. 그런데 법원이 보도기관에 내린 '공판 전 보도금지명령'에 대하여 기자협회가 연방대법원에 상고한 네브래스카 기자협회 사건 판결에서는 침해의 위험이 명백하지 않은데도 가장 강력한 사전 예방 수단을 쓰는 것은 위헌이라고 판단하였다.

이러한 판결들을 거치면서 미국에서는 언론의 자유와 공정한 형사절차를 조화시키면서 범죄 보도를 제한할 수 있는 방법을 모색하였다. 그리하여 셰퍼드 사건에서 제시된 수단과 함께 형사재판의 비공개, 형사소송 관계인의 언론에 대한 정보제공금지 등이 시행되었다. 하지만 예단 방지 수단들의 실효성을 의심하는 견해가 있고, 여전히 표현의 자유와 알 권리에 대한 제한의 우려도 있어 이 수단들은 매우 제한적으로 시행되고 있다.

그런데 언론 보도의 자유와 공정한 재판이 꼭 상충된다고만 볼 것은 아니며, 피고인 측의 표현의 자유를 존중하는 것이 공정한 재판에 도움이 된다는 입장에서 네브래스카 기자협회 사건 판결의 의미를 새기는 견해도 있다. 이 견해는 수사기관으로부터 얻은 정보에 근거한 범죄 보도로 인해 피고인을 유죄로 추정하는 구조에 대항하기 위하여, 변호인이 적극적으로 피고인 측의 주장을 보도기관에 전하여 보도가 일방적으로 편향되는 것을 방지할 필요가 있다고 한다. 일반적으로 변호인이 피고인을 위하여 사건에 대해 발언하는 것은 범죄 보도의 경우보다 적법절차를 침해할 위험성이 크지 않은데도 제한을 받는 것은 적절하지 않다고 보며, 반면에 수사기관으로부터 얻은 정보를 기반으로 하는 언론 보도는 예단 형성의 위험성이 큰데도 헌법상 보호를 두텁게 받는다고 비판한다.

미국과 우리나라의 헌법상 변호인의 조력을 받을 권리는 변호인의 실질적 조력을 받을 권리를 의미한다. 실질적 조력에는 법정 밖의 적극적 변호 활동도 포함된다. 따라서 형사절차에서 피고인 측에게 유리한 정보를 언론에 제공할 기회나 반론권을 제약하지 말고, 언론이 검사 측 못지않게 피고인 측에게도 대등한 보도를 할 수 있도록 해야 한다. 이를 위해 우리나라도 미국과 같이 '법원-수사기관-변호사회-보도기관'의 자율 협정을 체결할 필요가 있다.

1) Irvin v. Dowd, 366 U.S. 726-728(1961). 어빈 사건은 현실적 예단의 기준에 입각하여 공정한 재판침해를 인정하고 유죄판결을 파기한 최초의 사례이다. 현실적 예단 기준은 범죄보도가 실제로 법관이나 배심원에게 준 영향에 근거하기 때문에 적정절차침해의 판단에 있어서 배심원 등이 예단 때문에 실제로 공정한 판결을 할 수 없었다는 것을 피고인이 입증해야 하며, 또한 법원이 예단적 보도로 오염된 곳에서 관할을 변경하려고 했는지, 범죄보도로부터 공판 간의 시간적 간격이 얼마나 되는지, 예단을 가진 배심원 후보자가 실제 차지하는 비율은 어느 정도인지 하는 것이 중요하게 되었다.

2) Rideau v. Louisiana, 373 U.S. 723(1963). 구치소에 감금된 리도와 보안관의 면담 장면이 촬영되고, 그것이 TV에 3번이나 방영되었다. 그 장면에는 리도가 보안관에게 은행강도와 살인죄를 범했다고 자백하는 장면이 포함되어 있었다. 변호인은 관할의 변경을 신청했지만 기각되었고 루이지나 주 대법원은 유죄판결을 내렸다.

3) Sheppard v. Maxwell, 384 U.S. 333(1966). 클리블랜드에서 신경외과 의사로 성업 중이던 셰퍼드가 임신한 아내를 구타해 숨지게 했다는 혐의로 1심에서 유죄판결을 받고 10년을 복역한 뒤 풀려난 사건이다.

① 범죄 관련 언론 보도를 접한 사람들은 피의자를 범죄자라고 생각하기 쉽다.
② 언론에 제공된 변호인의 발언은 범죄 보도보다 공정한 형사재판을 침해할 우려가 상대적으로 적다.
③ 공판 전 보도금지명령은 공정한 형사재판을 위한 예단을 방지하는 최소한의 사전 수단이다.
④ 언론의 범죄에 관한 보도가 재판에 영향을 미칠 가능성은 법관 재판의 경우에도 존재한다.
⑤ 소송 당사자 양측에게 보도기관에 대한 정보 제공 기회를 대등하게 주어 피고인이 공정한 형사재판을 받을 권리를 보장하여야 한다.

08. 다음 중 (가) ~ (마)의 각 중심 내용을 정리한 내용으로 적절하지 않은 것은?

배출권거래제가 여전히 혼돈 속에 있는 것으로 보인다. 배출권거래제도는 말 그대로 거래를 기반으로 하는 시장임에도 불구하고 정부의 과도한 개입이 시장의 기반을 망치고 있다는 불만도 터져 나오고 있는 실정이다. 이러한 가운데 업계 내에서는 공정하게 이뤄져야 하는 거래가 특별한 기준이 없다보니 상도덕이 무너지고 있다는 지적도 있다. 현재 운영되고 있는 배출권거래제의 문제점은 무엇인지, 개선방안은 있는지 살펴봤다.

(가) 배출권거래제는 시장의 모습을 하고 있지만 국내에서 이를 시장으로 바라보는 사람들은 많지 않은 것으로 보인다. 배출권 할당대상 기업들은 배출권거래제를 말하면서 모두 규제라고 해석을 한다. 시장이어야 하는 배출권거래제가 정부의 과도한 개입으로 무너지고 있다는 것이다. 배출권거래제도는 시장의 자율성을 중심으로 이뤄지도록 설계됐고 현재 시행되고 있다. 따라서 제도를 운영하고 대응하는 과정에서 시장의 자율성과 독립성을 인정하는 것이 중요하다. 이것이 배출권거래제도의 기본개념이다.

(나) 만약 시장경제 메커니즘 기반의 배출권거래제도를 시행함에 있어서 탄소세 또는 환경규제제도 등의 직접적 규제방식으로 제도를 이해 또는 대응할 경우 시장의 자율성이 훼손될 수 있다. 뿐만 아니라 시장이 정부의 시장개입에 의존하게 됨으로 활성화될 수 없을 것이다. 결국 이러한 배출권거래제도는 성공할 수 없는 한계점을 가질 수밖에 없다. 때때로 거대한 제도적 철학을 논하지 않더라도 제도를 이해하고, 제도를 운영하는 과정에서 많은 이슈가 제기될 때, 이러한 제도적 기본 철학은 해당 이슈를 해결하는 데 가장 핵심 원칙이 돼야 한다는 지적이 나온다. 관련업계는 그럼에도 국내 배출권시장은 기본적인 원칙조차 무시하고 있다며 지적하고 나섰다.

(다) 기업 간 불공정거래와 정부의 규제적인 성향, 이 두 가지가 배출권거래제의 도덕적 해이로 지적된다. 업계의 한 관계자는 "정부가 애초에 온실가스 감축량을 과도하게 설정함에 따라 시장에 풀리는 물량은 제한적일 수밖에 없고 실제로 시장에 나오는 물량이 없었다."라며 "이로 인한 제도의 불안요소는 가격급등이라는 결과로 나타났다."라고 전했다. 또한 그는 "올 초에 시행된 경매제도에서 그 현상은 확실하게 보였다."라며 "시장가격이 2만 원 중반에 형성된 것과 달리 경매가격은 최고 2만 9,000원대까지 치솟은 것을 보면 그 결과를 알 수 있을 것"이라고 강조했다.

(라) 환경부는 배출권 가격을 안정화시키겠다는 의지로 이월제한 등을 시행한다는 계획이다. 이러한 내용을 골자로 21일 공청회를 개최한다. 배출권 잉여업체들에게 강제적으로 잉여물량을 시장에 내놓도록 하겠다는 방침이다. 이에 대해 관련업계는 "이러한 환경부의 결정은 도덕적 해이"라며 "그동안 부족물량을 예측하고 대응해 온 기업들을 바보로 만든 상황이다."라고 토로했다. 또 다른 업계의 전문가는 "정부가 배출권에 대한 이해가 있는지 의심스럽다."라며 "당장 발등에 떨어진 불을 끄기 위해 미래시장에 대한 배임을 하고 있는 것"이라고 강도 높게 비판했다.

(마) 반면 배출권부족에 시달리고 있는 업계에서는 반기는 기색을 보이기도 했다. 그동안 시장에 풀리는 물량이 없는 상황에서 기업 간 거래 시 일방적으로 취소를 하더라도 이에 대한 제재 조항이 없어 전날 가격 동향에 따라 계약을 파기하는 경우가 심심치 않게 이뤄지는 등 시장의 도덕적 해이가 심각하다는 의견도 나오고 있었기 때문이다. 관련업계에서는 거래의 신뢰성을 회복하기 위한 안전장치가 마련돼야 한다고 주장한 바 있다. 문제는 정부가 개입의 정도를 지키지 못하고 과도한 개입을 예고했다는 것이다.

정부는 21일 제2차 계획기간 국가 배출권 할당계획(2단계) 변경안에 대한 공청회를 개최할 계획이다. 이번 공청회의 주요 내용은 '배출권 이월 기준 변경에 관한 사항'으로 시장안정화를 위해 정부가 이월물량을 제한하는 것으로, 현재 부족분인 840만 톤을 해갈하겠다는 목표다. 업계는 이에 대해 시장 질서를 해치는 매우 위험한 발상이라며 반발하고 나섰다. 일각에서는 환경부가 시장에 대한 이해가 있는지 의심스럽다며, 배출권은 시장 질서를 따라야 하고 경제가 핵심이기 때문에 주관부처를 변경해야만 하는 것 아니냐는 목소리도 나오고 있다. 과연 정부가 이번 공청회에서 해안을 찾을 수 있을지 귀추가 주목된다.

① (가) 배출권거래제도의 기본개념과 현실적 문제
② (나) 배출권거래제도에 담긴 기본 철학과 현실적 한계
③ (다) 배출권거래제도에서 나타나는 두 가지 도덕적 해이
④ (라) 배출권거래제도의 도덕적 해이를 시정하기 위한 정부의 노력
⑤ (마) 정부의 조치에 대한 업계의 긍정적 반응과 그 한계

09. 다음 글의 주제로 적절한 것은?

> △△공사 직원 O는 다음 내용과 같은 직원 대상 경영세미나를 수강하고 있다.

기업 리스크는 조직의 전략적, 업무적 또는 재무적 목표를 달성하는 데 영향을 줄 수 있는 불확실한 미래의 사건들로 정의된다. 기업 리스크는 발생의 원인이 되는 대상, 즉 리스크의 발생 주체에 따라 시장 리스크, 신용 리스크, 운영 리스크로 분류할 수 있다.

시장 리스크는 통제가 불가능한 시장의 불확실성에 따라 기업을 둘러싼 전·후방에서 제품 또는 서비스 가격의 변동으로 인해 발생하게 될 미래의 잠재적 손실이라 정의할 수 있다. 신용 리스크는 기업 활동에서의 고객·소비자·공급자가 각자의 책임을 이행하지 못함으로써 발생 가능한 미래의 잠재적 손실이다. 마지막으로 운영 리스크는 자사의 사람·프로세스·시스템 등이 정상적으로 작동하지 못함으로써 발생 가능한 미래의 잠재적 손실로 정의한다.

기업의 최고경영자라면 누구나 기업의 복잡성을 관리하고 언제 다가올지 모르는 치명적인 리스크에 미리 대비하기를 원할 것이다. 하지만 실제로 리스크 관리가 무엇인가 그리고 리스크를 막기 위해 무엇을 준비하고 있는가에 대해 질문을 하면 매번 다른 답을 듣게 된다. 즉, 많은 기업들이 리스크 관리를 제대로 하지 못하고 기회와 가치 창출을 위해 지혜롭게 대처하지 못한다는 뜻이다.

전통적으로 리스크 관리라 하면 위험을 피하면서 기존 자산을 보전하는 데 중점이 맞춰져 있었다. 그러나 2000년대에 진입한 후 발생한 외환위기·글로벌 금융 위기·서브프라임 위기 속에서 수많은 기업들이 이러한 리스크 관리에 실패를 겪었다. 이는 실질적으로 기업을 운영하고 있는 한 글로벌화된 경영환경에 내재된 수많은 리스크들을 회피할 수 없음에도 불구하고, 리스크를 피할 수 있다고 쉽게 생각했기 때문이다.

그 대표적인 예 중 하나로 A사를 들 수 있다. 2008년 미국의 경제전문 잡지인 F지에서 선정한 '세계 2,000대 기업 순위'에서 무려 18위에 오를 정도로 글로벌 기업의 대표 주자였던 A사는 같은 해인 2008년, R사의 파산과 M사의 합병 등 미국발 금융위기의 연쇄작용과 함께 무너지고 말았다. A사가 순식간에 부실로 무너진 이유는 바로 과도한 파생상품 거래로 기초자산이 부실한 상태였기 때문이다. 즉, 재무 리스크를 제대로 관리하지 못한 대표적인 사례였다.

프레드릭 펀스턴(Fredrick Funston)은 그의 저서 「리스크 인텔리전스(Risk Intelligence)」에서 리스크는 회피의 대상이 아니라 활용해야 하는 기회이기 때문에 기존의 모든 리스크 관리는 실패라고 주장한다. 그는 전통적인 리스크 관리가 단편적이고 세분화되어 있어 전사적인 전략과 실행 및 운용 전반에 걸친 통합이 결여되었다고 평가하며, 불확실성과 혼돈의 시대에 생존과 번영을 위해서는 리스크를 기회로 인식하고 기업의 경영활동과 상호 연결해야 한다고 강조한다.

대기업처럼 어느 정도 규모가 있는 회사는 우리가 상상하는 것보다 훨씬 복잡하게 업무가 진행된다. 더욱이 이런 높은 수준의 복잡성은 불확실성으로 인해 더욱 커지고, 이 때문에 어떤 일이 일어나기 전에는 그것이 긍정적인 영향을 줄지, 부정적인 영향을 줄지 예상하기 힘들다. 물론 기업이 영향받을 수 있는 상황을 미리 파악하기 위해 리스크 맵(Risk Map)을 활용할 수도 있지만 그 또한 완벽하지는 않다. 리스크는 역동적으로 분석해야 하는 상호의존적인 변수들로 구성되어 있기 때문이다. 따라서 리스크를 관리할 때에는 하나의 사건에 집중하기보다 여러 리스크 간의 상호작용을 고려해야 한다.

미국 최대의 글로벌 화학기업인 듀폰(DuPont)은 2004년에 당시 매출의 25%를 차지하고 있던 섬유사업을 과감히 접고 바이오·대체에너지 사업에 집중 투자하게 된다. 2009년 금융위기로 인해 직원의 15%를 줄이는 구조조정을 단행하기도 했지만 이때에도 새로운 사업투자에 대한 리스크를 줄이지는 않았다. 이렇게 회사의 운명이 걸린 행보가 가능했던 이유는 리스크 인텔리전스 경영이 있었기 때문이다. 듀폰사의 리스크 관리 특징은 모든 임직원이 리스크 관리에 책임을 진다는 것이고, 기업의 가치를 안전성·환경보호·인간존중 등 지속가능성에 두었다는 것이다. 또한 리스크 맵을 통해 기업이 받을 수 있는 영향을 최대한 파악하여 기업의 운영과 리스크를 연계했으며, 여러 경험을 통해 얻은 리스크의 복잡성과 불확실성을 철저히 학습했다는 것이다.

시시각각 변화하는 불확실한 환경 속에서 기업이 언제나 올바른 방향으로 판단을 한다는 것은 결코 쉬운 일이 아니다. 다만 리스크 인텔리전스 경영을 실천하다 보면 위기 상황에서 보다 나은 판단으로 경쟁 우위와 기회를 확보할 수 있다. 특히 경제적으로 어수선한 지금이 리스크에 대한 적극적인 대응을 통하여 기업의 기존 가치를 보존하면서 새로운 가치를 창출할 적기라고 판단된다.

① 리스크 관리에 대한 인식의 변화　　② 전통적 리스크 관리의 폐해
③ 글로벌 기업의 리스크 관리 유형　　④ 유용한 리스크 관리 방안
⑤ 혁신적 리스크 관리의 필수 조건

10. 다음 중 복사 냉난방 패널 시스템에 대한 설명으로 옳은 것은?

> △△공사 직원 H는 ○○역 신축에 복사 냉난방 패널 시스템의 도입을 검토하기 위해 관련 자료를 찾아보고 있다.

복사 냉난방 패널 시스템은 실내 공간과 그 공간에 설치되어 있는 말단 기기 사이에 열 교환이 있을 때 그 열 교환량 중 50% 이상이 복사에 의해서 이루어지는 시스템이다. 라디에이터나 적외선 히터, 온수 온돌 등이 이에 속하는데, 최근 친환경 냉난방 설비에 대한 관심이 급증하면서 복사 냉난방 패널 시스템이 주목받고 있다. 이는 열매체로서 특정 온도의 물을 순환시킬 수 있는 회로를 바닥, 벽, 천장에 매립하거나 부착하여 그 표면 온도를 조절함으로써 실내를 냉난방하는 시스템을 말한다.

복사 냉난방 패널 시스템은 열원, 분배기, 패널, 제어기로 구성된다. 우선 열원은 실내에 난방 시 열을 공급하고 냉방 시 열을 제거하는 열매체를 생산해 내는 기기로, 보일러와 냉동기가 있다. 각 건물에 맞는 용량의 개별 열원을 설치하는 경우도 있고, 지역의 대규모 시설에서 필요한 만큼의 열매체를 공급받아 사용하는 지역 냉난방 열원도 있다.

분배기는 열원에서 만들어진 냉온수를 압력 손실 없이 실별로 분배한 뒤 환수하는 장치이다. 이 장치를 통해 온도와 유량을 조절하고 냉온수 공급 상태를 확인하며 냉온수가 순환되는 성능을 개선하는 일이 수행될 수 있어야 한다. 그동안 우리나라에서 주로 사용된 분배기는 난방용 온수 분배기이다. 하지만 복사 냉난방 패널 시스템의 분배기는 난방용뿐만 아니라 냉방용으로도 사용된다.

패널은 각 방의 바닥, 벽, 천장 표면에 설치되며 열매체를 순환시킬 수 있는 배관 회로를 포함한다. 분배기를 통해 배관 회로로 냉온수가 공급되면 패널의 표면 온도가 조절되면서 냉난방 부하가 제어되어 실내 공간을 쾌적한 상태로 유지할 수 있게 된다. 이처럼 패널은 거주자가 머무르는 실내 공간과 직접적으로 열 교환을 하여 냉난방의 핵심 역할을 담당하고 있으므로 열 교환이 필요한 양만큼 필요한 시점에 효율적으로 이루어지도록 설계, 시공되는 것이 중요하다.

열원, 분배기, 패널이 복사 냉난방 패널 시스템의 하드웨어라면 제어기는 이들 하드웨어의 작동을 특정 알고리즘을 통해 조절하는 소프트웨어라고 할 수 있다. 각 실별로 설치된 온도조절기가 냉난방 필요 여부를 판단하여 해당 실의 온도 조절 밸브를 구동하고, 열원의 동작을 제어함으로써 냉난방이 이루어지게 된다. 냉방의 경우는 거주자가 쾌적할 수 있도록 실내 온도를 조절하는 것 이외에 너무 낮은 온도로 인해 바닥이나 벽, 천장에 이슬이 맺히지 않도록 제어해야 한다.

복사 냉난방 패널 시스템은 다른 냉난방 설비보다 낮은 온도의 열매체로 난방이 가능하고 높은 온도의 열매체로 냉방이 가능하여 에너지 절약 성능이 우수할 뿐만 아니라 쾌적한 실내 온열 환경 조성에도 탁월한 기능을 발휘한다. 또한 차가운 바닥에 설치하여 난방을 하는 경우와 천장에 설치하여 냉방을 하는 경우에 다리 쪽이 따뜻하고 머리 쪽이 시원하도록 하여 거주자에게 이상적인 실내 공기 온도를 제공할 수 있다.

복사 냉난방 패널 시스템에도 문제점은 존재한다. 첫 번째로는 결로 문제이다. 대부분 복사 난방에 대해서는 이미 잘 알고 있고, 복사 냉방에 대해서도 잘 알려져 있지만 복사 냉방을 사용하기 어렵다고 인식하는 이유가 바로 이 결로 문제이다. 하지만 이러한 문제는 중앙제어 시스템을 이용한 결로 방지와 제습장치의 채용으로 해결할 수 있다.

두 번째는 공급 단위열량의 부족 문제이다. 천장 패널과 바닥에 모두 복사 냉방 시설을 설치하고 냉수를 공급하여도 공급 단위열량은 많이 부족한 실정이다. 그래서 많은 사람들이 복사 냉방으로는 수요의 부하를 감당할 수 없어서 잘 사용하지 못한다. 하지만 최근 에너지절약형 건물에 대한 제도의 필요성을 느끼고 그 수요가 점차 많아짐에 따라 냉방 수요 부하는 낮아질 것으로 기대된다.

세 번째는 부하 반응시간 지연 문제이다. 대류 냉방 시스템은 공기를 불어넣는 방법이고, 냉열을 축열하여 사용하는 시스템이 아니므로 장치의 급냉 가동에 의한 시원한 바람을 공급하여야 한다. 하지만 복사 냉방 시스템은 건물 자체에 축열된 열로 복사에 의한 열 전달방식이므로 급냉이 필요하지 않고 축열된 냉열로도 충분히 시원한 기분을 느낄 수 있을 것이다.

네 번째는 환기 문제다. 복사 냉방 시스템에서 결로 방지와 제습 관리를 하기 위해서 환기 시스템은 반드시 필요하다. 기존 대류 냉방 시스템과 같이 큰 용량의 공조 시스템은 필요하지 않을지라도 최소한의 실내 환기를 위한 시스템이 필요하다는 것이다.

① 복사 냉난방 패널 시스템의 분배기는 냉방으로 사용이 가능하다.
② 열원은 냉온수의 공급 상태를 확인하여 냉온수가 순환되는 성능을 개선하는 일을 수행한다.
③ 패널은 실내에 난방 시 열을 공급하고 냉방 시 열을 제거하는 열매체를 생산해 내는 기기이다.
④ 분배기는 실내 공간과 직접적으로 열 교환을 하여 냉난방의 핵심 역할을 담당하고 있다.
⑤ 복사 냉난방 패널 시스템은 다른 냉난방 설비보다 높은 온도의 열매체로 난방이 가능하다.

11. 다음 〈보기〉에서 (가) ~ (마) 문단별 소제목으로 적절한 것은 모두 몇 개인가?

(가) 사람의 몸을 구성하는 각각의 구성요소 중 어느 하나 덜 중요한 게 없겠지만, 피는 그중에서도 특히 중요한 역할을 한다. 피가 중요한 이유는 온몸에서 요구하는 산소를 공급해 주기 때문이다. 산소를 공급해 주는 피가 생명 유지에 중요한 역할을 담당하고 있다는 예를 한 가지만 들어 보자. 교통사고와 같이 특별한 사건에 의해 사람의 몸이 큰 충격을 받아서 생명의 위협을 받게 되었을 때는 응급처치를 받아야 한다. 이때 응급처치 순서를 결정하는 ABC는 호흡을 통해 산소를 공급받을 수 있도록 기도(Airway)를 유지하기, 호흡(Breathing), 혈액순환(Circulation)을 의미한다. 숨을 쉴 때 들어온 산소는 피 속에 포함된 적혈구에 의해 운반된다. 산소가 들어오기 위해서는 통로에 이상이 없어야 하므로 기도유지를 제일 먼저 해결해야 한다. 기도가 열려 있으면 산소가 호흡을 통해 몸 안으로 들어와서 피 속의 적혈구와 결합을 해야 한다. 아무리 산소가 피 속으로 들어와 적혈구에 결합한다 하더라도 피가 몸을 잘 돌아다니지 못하면 산소를 필요로 하는 세포나 조직에 산소를 공급할 수 없다.

(나) 피가 물보다 진한 이유는 물에 들어 있지 않은 성분이 피 속에 들어 있는데, 이 성분의 밀도가 평균적으로 물보다 높기 때문이다. 피에 들어 있는 물질을 크게 세포와 세포가 아닌 것으로 구분할 수 있다. 혈액이란 피를 한자식으로 표기한 것이며, 피 속에 들어 있는 세포를 통틀어 혈구라 하기도 한다. 적혈구, 백혈구, 혈소판 등 세 가지 종류의 세포가 혈구에 해당된다. 피에서 세포 성분을 제외한 나머지를 혈장(plasma)이라고 한다. 혈장은 노란색을 띠는데 그것은 피가 빨간색으로 보이게 하는 적혈구가 제거되었기 때문이다. 혈장에는 다양한 기능을 하는 수많은 물질이 녹아 있고, 이 성분과 세 혈구가 하는 일이 바로 피의 기능이 된다. 혈구는 혈액의 약 45% 정도를 차지하고, 혈장은 약 55%를 차지한다.

(다) 피는 온몸을 돌아다닌다. 따라서 피가 몸 밖으로 흐르기 시작할 때 멈추지 않고 계속 흐르게 되면 이론적으로는 우리 몸의 모든 피가 밖으로 빠져나갈 수도 있으므로 사고가 났을 때 출혈을 막는 것이 무엇보다 시급하다. 피는 몸 밖으로 나오면 응고되어 더는 출혈이 일어나지 않도록 출혈부위를 막는 응고기전이 발달하여 있다. 혈액의 응고기전은 아주 복잡하고, 혈액이 응고되기까지 10개 이상의 인자들이 제대로 기능을 해야 한다. 이 인자 중 하나라도 문제가 생기면 몸 밖으로 나온 피가 응고되지 않고 계속 흘러나오게 되는데 이를 혈우병이라 한다. 혈우병은 흔히 남성에게서만 생기고 여성에게서는 생기지 않는다고 알려졌지만 사실이 아니다.

(라) 피가 온몸을 돌아다니다 보니 특정 부위에서 요구하는 특정 물질을 피가 옮겨다 주는 것이 가장 편하므로 피는 운반기능이 아주 발달하여 있다. 산소를 필요로 하는 세포와 조직에 코로 들어온 산소를 운반하는 것도 피가 하는 일이며, 섭취된 음식이 소화되고 나서 작은 창자 벽을 통해 들어온 영양소도 피를 통해 운반되어야 적당한 곳으로 옮겨져 저장될 수 있다. 인체의 내분비샘에서 분비된 호르몬은 혈액으로 들어가야 기능을 하며, 피로 들어온 노폐물은 콩팥의 혈관에 도달해야 걸러져서 소변으로 배출될 수 있다. 이와

같은 다양한 물질의 운반기능을 담당하기 위해서 피는 여러 가지 운반기능을 발전시켰다. 산소는 적혈구 내에 존재하는 헤모글로빈의 중심부와 결합하여 운반되고, 철·구리·레티놀(retinol)과 같은 물질은 이들 각각의 물질과 결합하는 단백질이 별도로 피 속에 존재한다. 피 속에 녹여서 운반하는 것보다는 운반을 담당하는 단백질과 결합하여 운반하는 편이 운송효율이 훨씬 높으므로, 피는 운반능력을 극대화하기 위해 여러 가지 운반 단백질을 포함하고 있는 것이다.

(마) 혈관이 체온조절을 담당한다고 해서 체온조절 중추가 혈관에 있다는 뜻은 결코 아니다. 체온조절기구의 최고기관인 체온조절 중추는 뇌의 시상하부에 있다. 추울 때 운동을 하면 근육의 수축작용에 의해 열이 발생하므로 그냥 있는 것보다 추위를 이겨내기가 쉬워진다. 근육의 수축작용에 의해 발생한 열은 혈액에 의해 흡수되어 몸에서 열을 필요로 하는 조직으로 재분배된다. 변온동물은 그때그때 체온을 변화시켜 가며 생명을 유지할 수 있지만, 사람은 온도가 일정한 정온동물이므로 체온이 잘 유지될 수 있도록 조절을 잘해야 한다. 체온이 낮아질 때 소름이 돋는 것은 피부표면을 통해 방출되는 열을 최소화하기 위해 혈관이 수축함으로써 발생하는 현상이며, 혈액은 뇌를 비롯하여 온도에 민감한 기관에 우선하여 흘러간다. 반대로 체온이 높아지면 피부표면 방향으로 혈액이 몰려가면서 열을 방출함으로써 체온을 떨어뜨려 준다.

보기

(가) 혈액의 중요성과 이유   (나) 혈액의 구성
(다) 혈액의 응고기전   (라) 혈액의 운반
(마) 혈액의 체온조절

---

① 5개   ② 4개   ③ 3개
④ 2개   ⑤ 1개

12. 다음 자료에서 10대의 생활체육 참여율만을 떼어 다양한 그래프로 표현하려 한다. 가장 적절하지 않은 그래프형은 무엇인가?

〈생활체육 참여율〉

(단위 : %)

구분	참여함	규칙적	매일	주 4~5회	주 2~3회	주 1회	월 2~3회	전혀 안 함
20X7년	71.1	59.2	5.9	15.1	27.2	11.1	11.9	28.9
남자	75.1	60.1	6.8	15.5	23.4	14.5	15.0	24.9
여자	67.2	58.4	5.1	14.7	31.0	7.7	8.8	32.8
10대	70.0	60.4	2.9	12.2	30.1	15.2	9.6	30.0
20대	70.1	55.2	3.3	15.7	27.4	8.7	14.9	29.9
30대	71.2	60.7	4.0	15.5	31.5	9.6	10.5	28.8
40대	74.5	60.4	4.3	16.0	27.5	12.6	14.1	25.5
50대	76.1	60.4	5.5	15.2	26.4	13.2	15.8	23.9
60대	71.9	61.7	9.9	16.0	26.2	9.6	10.2	28.1
70대 이상	58.2	54.6	18.3	14.4	16.1	5.8	3.6	41.8

①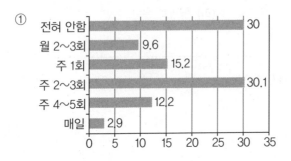

②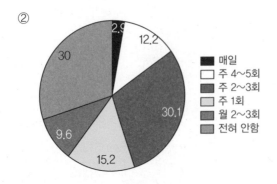

③

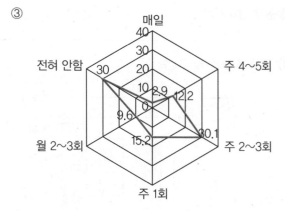

④

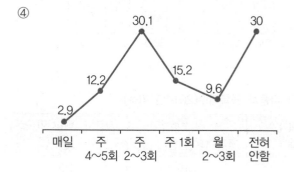

⑤

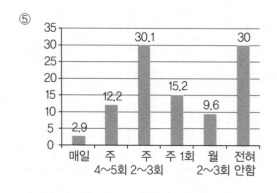

[13 ~ 14] 다음 자료를 보고 이어지는 질문에 답하시오.

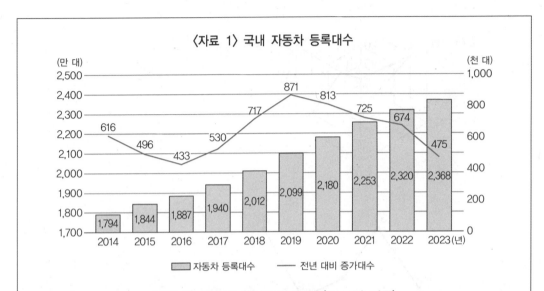

〈자료 1〉 국내 자동차 등록대수

〈자료 2〉 주요국 자동차 등록대수(2014년 기준)

순위	국가	자동차 등록대수 (백만 대)	인구수 (백만 명)	자동차 1대당 인구수 (명)
1	미국	239	315	1.3
2	중국	78	1,346	17.3
3	일본	75	127	( )
4	독일	45	82	( )
5	이탈리아	42	60	( )
6	러시아	41	141	( )
7	프랑스	38	62	( )
8	영국	35	62	( )
9	브라질	32	194	( )
10	멕시코	30	110	3.7
11	스페인	28	45	( )
12	캐나다	21	34	( )
13	인도	21	1,198	( )
14	폴란드	20	38	( )
15	인도네시아	19	230	( )
16	한국	18	49	2.7

13. 제시된 자료에 대한 설명으로 옳은 것을 〈보기〉에서 모두 고르면?

보기

㉠ 2014년 이후 국내 자동차 등록대수는 지속적으로 증가하고 있다.
㉡ 2013년 대비 2022년 국내 자동차 등록대수는 38% 이상 증가하였다.
㉢ 2014년 주요국 16개국 중 자동차 1대당 인구수가 가장 많은 국가는 중국이다.
㉣ 2014년 주요국 16개국 중 자동차 1대당 인구수가 한국보다 적은 국가는 8개이다.

① ㉠   ② ㉡   ③ ㉠, ㉡
④ ㉠, ㉢   ⑤ ㉢, ㉣

14. 다음 중 국내 자동차 등록대수의 전년 대비 증가율이 가장 작은 연도는?

① 2015년   ② 2016년   ③ 2017년
④ 2022년   ⑤ 2023년

[15 ~ 16] 다음 자료를 보고 이어지는 질문에 답하시오.

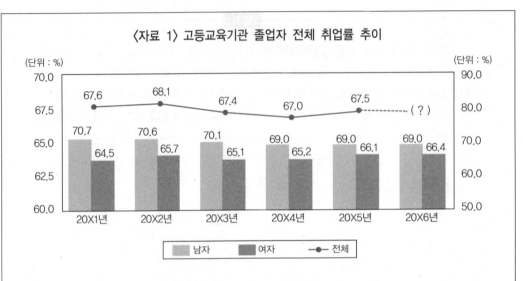

〈자료 1〉 고등교육기관 졸업자 전체 취업률 추이

〈자료 2〉 20X6년 고등교육기관 졸업자 진학 현황

(단위 : 개교, 명, %)

구분		학교수	졸업자	진학자	진학률	진학 현황	
						국내진학자	국외진학자
전체		566	580,695	36,838	6.3	35,959	879
성별	남자	–	285,443	19,415	( )	19,066	349
	여자	–	295,252	17,423	( )	16,893	530

〈자료 3〉 20X6년 고등교육기관 졸업자 취업통계조사 결과 현황

(단위 : 명)

구분	취업 대상자	취업자	취업 현황					
			A	B	C	D	E	F
전체	516,620	349,584	318,438	2,333	617	3,125	4,791	20,280

※ 조사기준일 : 20X6년 12월 31일

※ 취업대상자＝졸업자－(진학자＋입대자＋취업불가능자＋외국인 유학생＋제외인정자)

※ 진학률(%)＝$\dfrac{진학자}{졸업자}$×100, 취업률(%)＝$\dfrac{취업자}{취업대상자}$×100

※ 취업 현황 : 조사기준일 당시 A ~ F에 해당하는 자
 A) 건강보험 직장가입자, B) 해외취업자, C) 농림어업종사자, D) 개인창작활동종사자, E) 1인 창업·사업자,
 F) 프리랜서

15. 다음 중 제시된 자료에 대한 해석으로 옳은 것은?

① 20X1년 이후 남자와 여자의 취업률 차이가 지속적으로 줄어들고 있다.

② 20X1년부터 20X5년까지의 기간 중 20X2년에 취업자 수가 가장 많다.

③ 20X6년 고등교육기관을 졸업한 취업자 중 프리랜서의 비율은 6% 미만이다.

④ 20X6년 고등교육기관 졸업자 진학 현황에서 남자보다 여자의 진학률이 더 높다.

⑤ 20X6년 고등교육기관 졸업자 취업통계조사 결과에 따르면 취업률은 70% 이상이다.

16. 다음 중 제시된 자료에 대한 설명으로 옳지 않은 것은?

① 20X6년 고등교육기관 졸업자 중 취업대상자의 비율은 약 89%이다.

② 20X6년 고등교육기관 졸업자 중 국내진학자는 남자와 여자 모두 국외진학자의 30배 이상이다.

③ 20X6년 고등교육기관을 졸업한 취업자 중 농림어업종사자 비율이 가장 낮으며, 0.2% 미만을 차지한다.

④ 20X6년 고등교육기관을 졸업한 취업자 중 건강보험 직장가입자 비율이 가장 높으며, 90% 이상을 차지한다.

⑤ 20X6년 고등교육기관을 졸업한 취업자 중 해외취업자, 개인창작활동종사자, 1인 창업·사업자 비율은 각각 0.6%에서 1.2%의 범위에 있다.

[17 ~ 18] 다음은 우리나라의 원유 관련 산업의 수출입 현황에 대한 자료이다. 이어지는 질문에 답하시오.

〈2023년 주요국 수출 순위〉

순위	국가	수출액 (억 불)	전년 대비 증가율 (%)	전년 순위
1	중국	22,633	7.9	1
2	미국	15,468	6.6	2
3	독일	14,485	8.3	3
4	일본	6,982	8.3	4
5	네덜란드	6,525	14.2	5
6	한국	5,737	15.8	8
7	홍콩	5,503	6.5	6
8	프랑스	5,350	6.7	7
9	이탈리아	5,063	9.7	9
10	영국	4,450	8.6	10

〈2023년 주요국 무역 순위〉

순위	국가	무역액 (억 불)	전년 대비 증가율 (%)	전년 순위
1	중국	41,052	11.4	2
2	미국	39,562	6.9	1
3	독일	26,155	9.3	3
4	일본	13,694	9.3	4
5	네덜란드	12,257	13.9	5
6	프랑스	11,589	7.9	6
7	홍콩	11,402	7.2	7
8	영국	10,891	4.1	8
9	한국	10,522	16.7	9
10	이탈리아	9,585	10.6	10

〈우리나라의 연도별 세계 수출시장 점유율〉

17. 다음 중 제시된 자료에 대한 설명으로 옳지 않은 것은?

① 2023년 세계 수출시장 규모는 약 166,290억 불이다.

② 1 ~ 10위 국가 중 2023년의 순위가 2022년보다 상승한 국가는 수출액과 무역액에서 각각 2개 국이다.

③ 2007 ~ 2023년 기간 동안 우리나라의 세계 수출시장 점유율은 세 번의 감소시기를 거쳐 약 42%의 증가율을 보이고 있다.

④ 2023년 수출액 상위 10개국의 수출액은 세계 수출시장의 50%가 넘는다.

⑤ 2022년 네덜란드와 한국의 수출액 차이는 1,000억 불보다 적다.

18. 무역액이 수출액과 수입액의 합계일 때, 주어진 10개국 중 2023년의 수출액, 수입액, 무역액 순위가 모두 동일한 국가는 몇 개인가?

① 3개   ② 4개   ③ 5개

④ 6개   ⑤ 7개

19. 다음 숫자들의 배열 규칙을 참고할 때, 빈칸에 들어갈 알맞은 숫자는?

2	3	2	1	2
4	6	5	2	3
1	8	3	4	2
2	5	3	2	2
3	6	4	( )	2

① 1   ② 2   ③ 3

④ 4   ⑤ 5

1회 기출복원 2회 기출복원 3회 기출예상 4회 기출예상 5회 기출예상 6회 기출예상 인성검사 면접가이드 철도법령

20. 다음의 두 자료를 통해 알 수 없는 것은?

<제조업 세부업종별 한계기업 현황>

(단위 : %)

구분	20X1년	20X2년	20X3년	20X4년	20X5년	20X6년	20X7년	20X8년
기계	9.1	10.6	9.5	8.7	9.6	10.9	14.7	15.9
전기	12.6	11.2	12.4	12.7	12.8	12.3	16.0	19.2
전자	16.4	16.4	13.8	13.6	14.8	17.6	18.0	19.6
자동차	13.1	16.8	15.9	15.4	14.1	15.3	17.1	16.5
조선	16.8	15.5	18.8	17.8	22.2	27.0	28.0	28.3
기타제조업	15.3	13.8	13.0	13.4	14.8	16.2	17.4	17.6
제조업 평균	14.1	13.8	13.0	13.0	14.0	15.5	17.2	17.8

<서비스업 세부업종별 한계기업 현황>

(단위 : %)

구분	20X1년	20X2년	20X3년	20X4년	20X5년	20X6년	20X7년	20X8년
환경복원업	26.7	28.8	33.5	36.1	39.8	41.8	45.4	42.4
도매 및 소매업	16.7	15.9	15.4	15.7	15.5	18.1	19.4	19.9
운수업	34.6	32.4	33.6	35.3	36.3	38.4	37.7	34.8
숙박 및 음식점업	51.6	51.7	48.4	45.7	49.1	49.3	54.0	56.3
부동산업 및 임대업	52.9	52.1	52.4	53.6	54.9	55.5	57.2	52.3
전문, 과학 및 기술	15.9	17.2	20.0	20.2	22.4	23.8	26.6	26.8
보건업 및 사회복지	66.7	75.0	100.0	100.0	83.3	100.0	83.3	66.7
서비스업 평균	32.6	32.7	33.3	34.5	35.5	37.2	39.5	37.8

① 비교적 제조업 내 한계기업은 전반적으로 비중이 낮고 세부업종별 편차도 크지 않았다.

② 제조업 중에서는 조선업의 한계기업 비중이 20X5년부터 크게 증가하고 있다.

③ 비교적 서비스업은 전반적으로 한계기업 비중이 높은 데다 세부업종별로 큰 편차를 보였다.

④ 제시된 자료의 업종 중 평균적으로 한계기업 비중이 가장 높은 업종은 보건업 및 사회복지업이다.

⑤ 전반적으로 서비스업의 한계기업 비중이 높은 것은 서비스업의 영세성과 낮은 진입장벽에 기인한다.

21. 다음 〈인사청문회 안내〉에 따라 ○○공사 이사장 후보가 취해야 할 행동으로 가장 적절한 것은?

〈인사청문회 안내〉

안녕하십니까?

당사의 이사장 후보로 선정되신 것을 축하드립니다.

이사장 후보가 되시면 필수적으로 인사청문회를 거치게 되어 있습니다. 인사청문회의 질의답변과 자료제출에 관하여 설명해 드리겠습니다.

먼저 질의답변은 서면질의와 구두질의가 있습니다. 서면질의서는 인사청문회 5일 전까지 전달해 드릴 것이며, 후보님은 청문회 예정시각의 48시간 전까지 답변서를 제출하셔야 합니다. 구두질의의 경우 구두질의 요지서를 청문회 예정시각 48시간 전까지 전달해 드릴 것입니다. 구두질의의 경우 답변서를 제출할 필요 없이 청문회에서 직접 답변해 주시면 됩니다.

자료제출의 경우 당사에서 자료제출 요구서를 인사청문회 4일 전까지 전달해 드릴 것입니다. 전달받으신 날을 포함하여 2일 내로 당사에 제출하셔야 합니다. 청문회 시작 이후에 발생하는 자료제출 건은 제출요구를 받은 날을 포함하여 3일 내에 당사로 제출하시면 됩니다.

만약 질의답변과 자료제출에 대하여 당사에서 전달기한을 어길 경우, 후보님께서는 답변이나 자료제출의 의무가 없습니다.

인사청문회는 20XX년 6월 15일 13시로 예정되어 있습니다.

---

① 구두질의 요지서를 20XX년 6월 11일에 받은 경우 20XX년 6월 13일 15시에 답변서를 제출한다.

② 20XX년 6월 10일 16시에 자격증 취득에 대한 자료제출 요구서를 받은 경우 6월 13일 14시에 자료를 제출한다.

③ 인사청문회 진행 과정에서 경력증명서 제출을 요구받은 경우 20XX년 6월 17일 9시에 해당 서류를 제출한다.

④ 서면질의서를 20XX년 6월 12일에 받은 경우 6월 13일 15시까지 답변서를 제출한다.

⑤ 인사청문회 진행 중에 최종학력증명서 제출을 요구받은 경우 자료제출의 의무가 없으므로 자료를 제출하지 않아도 되지만, 그에 따른 경고를 받을 수 있음을 기억한다.

22. 다음 글을 참고할 때 무료검진대상자가 아닌 경우는?

○○공사는 각 직원들을 대상으로 국민건강보험 검진 대상 여부를 확인하는 내용의 사내 공지사항을 게시했다.

국민건강보험 검진 종류에는 일반건강검진과 암 검진, 생애전환기 건강검진이 있다. 일반건강검진대상자는 지역가입자, 피부양자, 직장가입자, 의료급여수급자이다. 지역가입자는 세대주와 만 20세 이상의 세대원이 해당되며 주기는 2년에 1회이다. 피부양자 역시 만 20세 이상을 대상으로 2년에 1회 이뤄진다. 직장가입자 중 비사무직의 경우 전체가 대상이며, 사무직은 출생연도 짝/홀에 따라 격년제로 진행된다. 의료급여수급자는 만 19 ~ 64세 세대주와 만 40 ~ 64세 세대원이 해당된다.

성·연령별 검사항목을 살펴보면 이상지질혈증의 경우 남자는 만 24세 이상, 여자는 만 40세 이상이 대상이며 4년마다 검사한다. 인지기능장애 검사는 만 66세 이상이 해당자이고 2년마다 1회 실시된다. 골다공증 검사는 만 54세 이상 66세 이하 여성이 대상자다. 모든 비용은 건강보험공단에서 부담하고 있으며 추가적으로 받고 싶은 건강 검사 항목은 본인 부담으로 신청하면 가능하다.

암 검진은 모든 가입자를 대상으로 2년마다 제공되며 그 비용은 의료급여수급자에 한해 건강보험공단이 100% 부담한다. 간암 검진은 만 40세 남녀 중 고위험군에 해당되는 대상자에 한해 상반기 1회, 하반기 1회로 반년에 한 번 초음파검사와 혈액검사를 실시한다. 유방암 검진은 만 40세 이상 여성에 한해 2년에 한 번 유방촬영 검사를 실시하고 자궁경부암 검진은 만 20세 이상 여성이 대상자로, 2년에 한 번 자궁경부 세포검사를 실시한다. 위암 검진의 경우 만 40세 이상 남녀는 증상 유무에 관계없이 2년에 한 번 위내시경 검사를 실시하고 있다.

	자격	검진항목	나이	성별	마지막 검진일
①	직장가입자(비사무직)	이상지질혈증	만 27세	남	4년 전
②	의료급여수급자	간암 검진	만 40세	여	작년 하반기
③	세대주	위암 검진	만 65세	남	2년 전
④	피부양자	골다공증 검사	만 60세	여	2년 전
⑤	세대원	인지기능장애 검사	만 70세	여	3년 전

23. ○○공사는 직원들의 역량 강화를 위한 정기 해외 파견근무 대상자를 선정하고자 한다. 다음 내용을 참고할 때, 2024년 10월 해외 파견근무에 선발될 직원은?

〈선발 조건〉

1) 지원자 중 3명을 선발하고 파견 기간은 1년이며 변경되지 않는다.
2) 업무능력이 80점 이상인 경우만 선발하고 업무능력 우수자가 반드시 1명 이상 선발되어야 한다(80점 미만 – 미흡, 80점 이상 90점 미만 – 보통, 90점 이상 – 우수).
3) 총무부 직원은 1명 이상 선발한다.
4) 동일 부서에 근무하는 2명 이상의 팀장을 선발할 수 없다.
5) 과장을 선발하는 경우 동일 부서에 근무하는 직원을 1명 이상 함께 선발한다.
6) 직전 해외 파견근무가 종료된 이후 2년이 경과하지 않은 직원은 선발할 수 없다.

〈지원자 현황〉

직원	근무부서	업무능력	직전 해외 파견근무 종료 시점
A 과장	총무	보통	2021년 3월
B 과장	기획	미흡	2022년 8월
C 팀장	총무	보통	2022년 11월
D 팀장	영업	우수	2021년 8월
E 팀장	영업	보통	2022년 5월
F 사원	총무	보통	2022년 5월
G 사원	기획	미흡	2021년 7월

① A 과장, B 과장, D 팀장
② A 과장, E 팀장, G 사원
③ A 과장, D 팀장, F 사원
④ B 과장, D 팀장, G 사원
⑤ D 팀장, F 사원, G 사원

24. K사 기술개발팀 박 사원은 〈필수 참여 세미나 목록〉에 해당하는 세미나에 참석해야 한다. 숙박을 고려하여 출장 일정을 계획할 때, 박 사원에게 필요한 최소 출장 비용은? (단, 아침식사는 숙박 시 반드시 먹는다고 가정한다)

〈열차 신기술 특허 세미나 일정〉

일시	8월 3일	8월 4일	8월 5일	8월 6일	8월 7일
09 : 00 ~ 12 : 00	개회식	환경마크 인증 심사	기술개발 실전사례	신기술 시장예측	기업부설 연구소 안내
12 : 00 ~ 14 : 00	점심식사				
14 : 00 ~ 18 : 00	특허의 이해와 활용	안전 기술	고속열차와 사회문제	특허전략 A to Z	폐회식
18 : 00 ~ 20 : 00	환영회	저녁 만찬	와인 파티	저녁 만찬	–

〈K사 정문 출발−○○홀행 버스 시간표〉

일자	버스번호	출발시간	도착시간	소요시간	가격(원)	비고
8월 3일	101	07 : 00	08 : 00	1시간	40,000	경유 없음
	102	18 : 00	20 : 00	2시간	29,000	E시 경유
8월 4일	201	07 : 00	08 : 30	1시간 30분	45,000	E시 경유
8월 5일	301	08 : 30	13 : 00	4시간 30분	20,000	E, F시 경유
8월 6일	401	06 : 00	09 : 10	3시간 10분	30,000	E시 경유
	402	15 : 00	18 : 00	3시간	35,000	F시 경유

〈출장 비용 기준〉

1. 점심 및 저녁식사 비용, K사로 돌아오는 교통편은 세미나를 주최하는 기업에서 전액 제공하므로 출장 비용에 포함되지 않는다.
2. 세미나 주최 측의 보안 요청에 의해 한 사람이 동일한 숙소에 2박 이상 체류하는 것을 금지한다.
3. 숙소는 세미나가 개최되는 ○○홀과 가까운 다음 네 곳으로 제한한다.

숙박 장소	조식비(원)	숙박비(원)	○○홀과의 거리(도보)
그랜드 호텔	3,000	32,000	20분
호텔 주성	2,500	29,500	10분
호텔 에어포트	4,000	31,500	15분
포스타 호텔	4,500	35,000	5분

〈필수 참여 세미나 목록〉

– 환경마크 인증 심사
– 고속열차와 사회문제
– 특허전략 A to Z or 특허의 이해와 활용 중 택 1

① 96,000원   ② 107,000원   ③ 110,000원
④ 112,000원   ⑤ 124,000원

25. 다음 글을 참고할 때, 〈보기〉의 ㉠ ~ ㉤ 중 '선언지 긍정의 오류'에 해당하는 사례를 모두 고르면?

'선언지 긍정의 오류'는 선언적 삼단 논법에서 대전제의 어느 한 명제를 긍정하는 것이 필연적으로 다른 명제의 부정을 도출한다고 여기는 오류로, 포괄적 선언명제와 배타적 선언명제를 혼동해서 생기는 오류다. 논리학에서 선언명제는 언제나 포괄적 의미로만 사용된다. 쉽게 말하자면 어느 전제의 대상이 A일 수도 있고 B일 수도 있다는 것인데, 대상이 A라고 해서 B가 아니라고 단정 지을 수는 없다는 것이다.

보기

㉠ 어제 만난 그 사람은 남자이거나 여자이다. 그런데 그 사람은 여자이다. 따라서 그 사람은 남자가 아니다.
㉡ 길동이는 미술부원이거나 축구부원이다. 길동이는 미술부원이다. 따라서 길동이는 축구부원이 아니다.
㉢ 철수는 서울에 있거나 설악산에 있다. 영희는 철수가 설악산에 있는 것을 보았다고 했다. 따라서 철수는 서울에 있지 않다.
㉣ 어떤 연예인은 가수이거나 작곡가이다. 그 연예인은 가수이다. 따라서 그는 작곡가가 아니다.
㉤ 한국 팀은 그 경기에서 이기거나 비겼다. 그 경기에서 비기거나 진 팀의 명단에 한국은 없었다. 따라서 한국은 그 경기에서 이겼다.

① ㉠, ㉡   ② ㉠, ㉤   ③ ㉡, ㉣
④ ㉢, ㉣   ⑤ ㉣, ㉤

[26 ~ 27] 다음 자료는 K사의 취업규칙이다. 이어지는 질문에 답하시오.

제3절 출근과 결근

제21조(출근) 직원은 업무개시 10분 전까지 출근하여 업무준비를 하여야 한다.

제22조(퇴근) ① 직원이 결근하고자 할 경우에는 사전에 결근계를 제출하여 상사의 허가를 얻어야 한다. 다만, 긴급 또는 부득이한 사유로 인하여 사전에 허가를 받지 못한 경우에는 결근 당일에 사유를 명확히 하여 사후에 승인을 받아야 한다.

② 상해나 질병 등 또는 부득이한 사유로 인하여 5일 이상 계속 결근하는 경우에는 의사의 진단서 또는 결근 사유를 증명할 수 있는 서류를 결근계에 첨부하여 제출하여야 한다.

③ 정당한 사유 없이 제1항 및 제2항의 절차를 이행하지 아니하거나 허가를 받지 못한 경우에는 무단결근으로 본다.

제23조(지각, 조퇴) ① 직원이 상병, 기타 사유로 지각하였을 때에는 지체 없이 상사에게 알리고 즉시 지각계를 제출하여야 한다.

② 직원이 상병, 기타 사유로 퇴근 시간 이전에 퇴근하고자 할 경우에는 조퇴계를 제출하여 상사의 허락을 받아야 한다.

③ 직원이 1월에 3회에 걸쳐 지각이나 조퇴를 할 때에는 결근 1일로 본다.

제4절 휴일 및 휴가

제36조(시간 외, 야간 및 휴일 근무) ① 직원은 업무상 필요한 경우 근로기준법이 정하는 바에 따라 시간 외 근무, 야간근무 및 휴일근무를 할 수 있다.

② 제1항의 근무에 대하여는 보수규정이 정하는 바에 따라 시간 외 근무수당, 야간근무수당 및 휴일근무수당을 지급한다.

제37조(휴가의 구분) 휴가는 법정휴가, 인정휴가, 청원휴가, 명령휴가, 보상휴가 및 특별휴가로 구분한다.

제38조(연차휴가) ① 직원으로서 1년간 80% 이상 출근자에게는 매년 1월 1일(이하 '휴가부여일'이라고 한다) 15일의 유급휴가를 부여한다.

② 제1항에 의한 휴가에 매년 다음 각호와 같이 유급휴가를 가산한다. 이 경우 가산한 유급휴가를 포함하여 총휴가일수는 25일을 한도로 한다.

1. 3년 이상 근속한 자 : 최초 1년을 초과하는 근로 연수에 매 2년에 대하여 1일을 가산
2. 휴가부여일을 기준으로 하여 직전 1년 동안, 결근, 휴직, 감봉 이상의 징계 및 직위 해제된 사실이 없고 병가를 사용하지 않은 직원 1일
3. 특정직무 수행을 위한 경력을 인정받아 경력직으로 입사한 직원 : 2일

제39조(인정휴가) 회사는 다음 각호에 해당하는 경우에 소정기간의 인정휴가를 준다.

1. 축하휴가
   가. 본인결혼 5일
   나. 자녀결혼 1일
   다. 본인 및 배우자 형제자매 결혼 1일
   라. 부모, 배우자부모, 조부모 회갑 1일
   마. 자녀출산 2일
   사. 부모 및 배우자부모 칠순 1일

2. 기복(忌服) 휴가
   가. 부모, 배우자부모, 배우자상 5일
   나. 자녀 및 형제자매상 3일
   다. 자녀 및 형제자매의 배우자상 3일
   라. 조부모, 외조부모, 백숙부모상 3일

26. 위 취업규칙의 이행과 관련하여 가장 옳지 않은 것은?

① 경력직으로 입사한 A 대리는 총 17일의 유급휴가를 부여받았다.

② 올해 입사한 지 5년차인 B 대리는 작년에 총 16일의 유급휴가를 부여받았다.

③ 2주 전 장모상을 당한 C 부장은 장례를 위해 5일의 경조사 휴가를 받았다.

④ D 과장은 지난주 긴급한 업무로 휴일근무를 하고 휴일근무수당을 받았다.

⑤ 지하철 고장으로 지각을 하게 된 E 사원은 전화로 미리 알리고 퇴근 시 지각계를 제출하였다.

27. 김새롬 사원은 지난주 수요일과 목요일 정규 근로시간 후 각각 2시간과 3시간 연장근로를 하였다. 김새롬 사원의 통상임금과 시간 외 근로수당 지급규정이 다음과 같을 때, 지난주 연장근로수당으로 지급받게 될 금액은 얼마인가? (단, 정규 근로시간은 09 : 00 ~ 18 : 00이며, 총 8시간 근로한다)

• 김새롬 사원의 통상임금(일급)은 94,560원이다.
• 〈시간 외 근로수당 지급규정〉에 따라 연장근로 임금은 통상임금에 대해 50% 가산한다.

① 47,280원　　② 63,230원　　③ 70,920원
④ 88,650원　　⑤ 94,560원

28. 다음은 ○○공사 홈페이지에 게재된 정전 발생 시 행동요령이다. 이를 읽고 보인 반응으로 적절하지 않은 것은?

〈예고정전 대응 요령〉

- 예비 발전기

  예비 발전기를 소유한 고객은 발전기의 전류가 한전선로로 역류되지 않도록 차단장치 등을 설치해야 합니다. 그렇지 않으면 고장복구를 위해 선로에서 일하고 있는 작업자의 생명을 위험하게 합니다. 양식장, 식물재배 등에 종사하는 고객은 예비전원을 확보해야 합니다.

- 라디오 및 플래시
  - 모든 가정은 배터리를 사용하는 라디오, 플래시, 랜턴 등을 준비하여 두는 것이 좋습니다.
  - 콘센트에 꽂아 놓으면 정전과 동시에 자동으로 불이 들어오는 전등(Owl Light 등)을 준비하는 것이 좋습니다.

- 가전기기 보호
  - 정전이 되면 전열기, 전기스토브, 세탁기, 건조기, TV, 전자레인지, 컴퓨터, 냉장고 등의 플러그를 뽑아 놓거나 스위치를 꺼야 합니다.
  - 전기가 들어온 것을 알 수 있도록 램프 하나는 꽂아 놓습니다.
  - 만약 집의 일부분이 정전될 경우, 배전반의 차단기(누전차단기 등) 또는 퓨즈를 확인해야 합니다. 차단기나 퓨즈가 정상상태이면 정전 시 주의사항을 따르면 됩니다.

- 정전복구사업
  - 전기공급설비의 잠재적 문제로 인하여 정전이 발생할 경우가 있어 이를 최소화하기 위해 자재 및 시공품질 향상은 물론, 문제점을 신속·정확하게 찾아 복구하기 위한 시스템을 개발 중에 있습니다. 또한 장비의 현대화로 작업정전을 최소화하고 있습니다.
  - 고객과 직원의 안전을 최우선시하여 병원, 경찰서, 공공기관, 산업시설 등을 먼저 복구하고, 아울러 부러지거나 기울어진 전주, 떨어진 전선 등의 모든 위험요소들을 안전하게 조치합니다. ○○공사의 직원은 고객 주변지역에서 복구하는 인력이 보이지 않더라도 변전소, 송전선 등의 더욱 중요한 전력설비의 복구에 투입되어 있다는 사실을 양지하시기 바랍니다.
  - 공급신뢰도를 향상시키기 위해 노력하고 있음에도 불구하고, 만약 정전이 된다면 위의 내용이 고객의 불편을 감소하고 안전을 지켜줄 것으로 믿으며, 이 정보를 친구나 가족들과 항상 공유하시기 바랍니다.

〈불시정전 대응 요령〉

- 우리 집만 정전되었을 경우
  - 옥내 배전반의 누전차단기 또는 개폐기 퓨즈의 이상 유무를 확인합니다.
  - 옥내설비에 이상이 있을 경우에는 전기공사업체에 의뢰하여 수리하시고 옥내설비에 이상이 없을 때에는 ○○공사에 연락하십시오.

- 이웃과 같이 정전되었을 경우
  - 대부분 선로 고장인 경우이며, 이때는 즉시 복구작업에 임하게 되므로 잠시 기다려 주십시오.
  - 이때 여러 고객이 동시에 전화를 하게 되면 통화체증이 발생하게 되어 통화를 할 수 없게 됩니다.
  - 선로 고장에 의한 정전은 대부분 신속히 복구되나, 사고의 유형에 따라 다소 시간이 소요되는 경우도 있습니다.

- 순간정전 대비요령
  - 전동기를 많이 사용하는 공장에서는 지연석방형 전자개폐기를 부설하는 것이 좋습니다.
  - 지연석방형 전자개폐기는 선로에 정전이 발생할 경우 1 ~ 5초 동안 부하회로 차단을 지연시키는 기능을 갖고 있어 순간정전에 대한 피해를 어느 정도 줄일 수 있습니다.

- 불시정전 대비사항
  - 전력설비는 자연재해 등 예기치 못한 고장이 발생할 수 있으므로 비닐하우스(특용작물 재배), 양계장, 양어장, 농·수·축산물 저장 등 정전 시 피해가 예상되는 고객은 비상용 발전기 등 정전으로 인한 피해를 줄일 수 있는 시설을 갖추어야 합니다.
  - 컴퓨터 등 정밀기기를 사용하는 곳에서는 무정전 전원장치(UPS)를 설치하면 피해를 예방할 수 있습니다.
  - 경보기 등 정전을 감지할 수 있는 시설을 갖추는 것이 좋습니다.
  - 천재지변이나 전기 고장으로 인한 정전 피해에 대하여는 배상을 하지 않으니 피해가 발생하지 않도록 사전 점검이 필요합니다.

① 양식장 주인 A 씨 : 우리 양식장에 예비 발전기를 설치하려고 하는데 전류가 역류할 수도 있으니 반드시 차단장치도 함께 설치해야겠군.

② 주민 B 씨 : 우리 집만 불시에 정전된 걸 보니 누전차단기나 개폐기 퓨즈를 확인해야겠구나. 확인 결과 특별한 이상이 없으면 ○○공사에 연락해야겠군.

③ 주민 C 씨 : 우리 옆집도 같이 정전된 걸 보니 선로 고장이겠구나. 조금 기다리면 복구가 될 것 같으니 굳이 ○○공사에 전화하지 않고 차분히 기다려야겠어.

④ 창고 주인 D 씨 : 어젯밤 비바람이 심하게 치더니 정전으로 1시간 동안 냉장 시설이 멈춰 버렸어. 자연재해로 손실이 발생했다는 사실만 입증하면 ○○공사로부터 배상을 받을 수 있겠군.

⑤ 공장 주인 E 씨 : 우리 사업장은 컴퓨터를 많이 사용하니 지연석방형 전자개폐기와 함께 UPS를 설치하는 게 좋겠군.

[29 ~ 30] 다음 제시 상황과 자료를 참고하여 이어지는 질문에 답하시오.

K 기업은 자사 제품의 수익체계표와 발주 일정을 참고하여 발주 계획을 수립하려고 한다.

〈제품별 수익체계표〉

(단위 : 만 원)

구분	A 제품	B 제품	C 제품	D 제품	E 제품
생산비용	2,000	4,000	1,500	6,500	8,200
1일당 수익	800	1,200	1,000	1,400	1,600

※ 표에 나타난 수익 이외의 수익은 고려하지 않는다.

※ 표의 수치는 발주 당일 발생하는 발주 1회당 생산비용과 발주 다음 날부터 다음 발주 전날까지 얻을 수 있는 1일당 수익을 의미한다(단, 토요일, 일요일 및 공휴일에는 수익이 발생하지 않는다). 예를 들어 8월 1일부터 4일 간격으로 발주를 한다고 하면 해당 발주에 따른 수익은 8월 2일부터 4일까지의 수익의 합이 된다.

※ 제품 생산에 따른 이익은 수익에서 생산비용을 뺀 값으로 한다.

〈발주 일정〉

• 제품 발주 간격은 A 제품은 5일, B 제품은 6일, C 제품은 4일, D 제품은 7일, E 제품은 9일이다.

• 8월 1일에는 A ~ E 제품 모두 발주가 있었다.

• 발주 일정은 토요일, 일요일 및 공휴일을 제외하고 고려한다. 예를 들어 9월 12일에 발주했고 발주 간격이 5일이면, 다음 발주일은 9월 22일이다.

• 9월 이후에도 계속 제품을 생산하므로 8 ~ 9월의 순이익이 음(−)이 되더라도 발주 간격대로 발주한다.

			〈8월 달력〉			
일	월	화	수	목	금	토
	1	2	3	4	5	6
7	8	9	10	11	12	13
14	15	16	17	18	19	20
21	22	23	24	25	26	27
28	29	30	31			

			〈9월 달력〉			
일	월	화	수	목	금	토
				1	2	3
4	5	6	7	8	9	10
11	12	13	14	15	16	17
18	19	20	21	22	23	24
25	26	27	28	29	30	

※ 8월 15일은 광복절, 9월 14 ~ 16일은 추석 연휴이다.

29. K 기업은 8 ~ 9월 동안 한 제품만을 선택하여 생산하려고 한다. 다음 중 8 ~ 9월 동안 가장 많은 이익을 낼 수 있는 제품은?

① A 제품   ② B 제품   ③ C 제품

④ D 제품   ⑤ E 제품

30. A 제품과 D 제품의 발주 간격이 8일, 6일로 변경되었다. 8월 한 달간 발생하는 A와 D 제품의 순이익의 합은 얼마인가? (단, 발주 즉시 해당 발주 건의 수익금 모두를 일시금으로 수령하며 마지막 발주 건도 모든 수익금을 첫날에 받는다)

① 1억 8백만 원   ② 1억 1천4백만 원   ③ 1억 2천8백만 원

④ 1억 4천3백만 원   ⑤ 1억 7천8백만 원

과목 2
철도관련법령 ⏱ 31~40

31. 다음 ㉠~㉤ 중 「철도산업발전기본법」 제3조에서 정의하는 '철도운영'에 해당하지 않는 것을 모두 고르면?

> ㉠ 철도시설의 현상유지를 위한 시설 점검
> ㉡ 철도 여객 및 화물 운송
> ㉢ 철도시설의 기능향상을 위한 개량
> ㉣ 철도차량의 정비
> ㉤ 철도부지를 활용한 부대사업개발

① ㉠, ㉢   ② ㉡, ㉤   ③ ㉢, ㉣
④ ㉡, ㉢, ㉣   ⑤ ㉠, ㉣, ㉤

32. 다음은 「철도산업발전기본법」 제1조에서 규정하고 있는 「철도산업발전기본법」의 제정목적이다. ㉠, ㉡에 들어갈 내용이 바르게 연결된 것은?

> 「철도산업발전기본법」은 철도산업의 경쟁력을 높이고 발전기반을 조성함으로써 철도산업의 (㉠) 및 공익성의 향상과 (㉡)의 발전에 이바지함을 목적으로 한다.

	㉠	㉡		㉠	㉡
①	효율성	시장경제	②	효율성	국민경제
③	안정성	국가경제	④	편의성	시장경제
⑤	편의성	국민경제			

33. 철도시설을 사용하기 위한 사용료에 대한 설명으로 옳지 않은 것은?

① 철도시설관리자와의 시설사용계약을 체결한 자는 철도시설을 사용하려는 자로부터 해당 철도시설의 사용을 승낙하고 사용료를 징수할 수 있다.

② 지방자치단체가 철도시설을 취득하는 조건으로 사용허가기간 1년 이내에서 공공용으로 철도시설을 사용하는 경우 그 사용료의 전액을 면제한다.

③ 관리청의 허가가 아닌 철도시설관리자와의 시설사용계약을 통해 철도시설을 사용하는 경우에는 그 사용료의 징수에 있어서 철도의 사회경제적 편익을 고려할 것을 요구하지 않는다.

④ 국가가 건설사업비의 전액을 부담하여 건설한 철도시설의 관리자가 철도시설의 사용료를 정함에 있어서는 선로의 유지보수비용의 총액 내에서 이를 회수할 수 있도록 정해야 한다.

⑤ 철도시설관리자와 시설사용계약을 함에 있어서 철도시설의 사용료가 계약사항에 포함돼야 한다.

34. 국토교통부장관은 철도서비스에 중대한 차질이 발생하는 비상사태 시 철도운영자와 철도이용자에 대해 조치를 할 수 있다. 이에 대한 「철도산업발전기본법」상의 내용으로 옳지 않은 것은?

① 국토교통부장관은 천재 · 지변 · 전시 · 사변 이외에도 철도교통에 심각한 장애가 발생하여 철도서비스의 중대한 차질이 발생하였다면 비상사태를 이유로 하는 조치를 명할 수 있다.

② 비상사태 시 국토교통부장관은 철도이용자들의 철도이용 제한 또는 금지를 직접 명할 수 있다.

③ 비상사태 시 국토교통부장관은 철도운영자에게 철도차량과 철도설비의 가동 및 조업을 직접 명할 수 있다.

④ 국토교통부장관은 비상사태 시 철도운영자에 대한 조치의 시행을 위해 관계행정기관의 장에게 필요한 협조를 요청할 수 있다.

⑤ 비상사태 시 철도운영자를 대상으로 하는 국토교통부장관의 명령은 해당 사유가 소멸한 이후 30일 이내에 이를 해제하여야 한다.

35. 한국철도공사의 사무소 소재지와 명칭에 관해 「한국철도공사법」상의 내용으로 옳지 않은 것은?

① 한국철도공사의 주된 사무소의 소재지는 「한국철도공사법 시행규칙」에서 직접 규정하고 있다.

② 한국철도공사의 명칭과 주된 사무소의 소재지는 한국철도공사의 설립등기에 포함되어 있다.

③ 한국철도공사의 명칭을 변경할 경우 그 주된 사무소의 소재지에서는 2주일 이내에 변경된 사항을 등기하여야 한다.

④ 한국철도공사가 발행한 사채의 청약서에는 한국철도공사의 명칭이 포함되어야 한다.

⑤ 한국철도공사가 아닌 자가 한국철도공사와 유사한 명칭을 사용한 경우에는 500만 원 이하의 과태료를 부과한다.

36. 한국철도공사의 업무에 관련하여 국토교통부장관의 권한에 대한 설명으로 옳지 않은 것은?

① 한국철도공사가 사채를 발행하기 위해서는 예산 확정으로부터 2개월 이내에 해당 연도에 발행할 사채발행 운용계획을 수립하고 국토교통부장관의 승인을 받아야 한다.

② 한국철도공사는 국유재산을 전대하기 전 미리 국토교통부장관의 승인을 받아야 한다.

③ 국토교통부장관은 한국철도공사의 철도사업계획 이행에 대한 지도 및 감독 업무를 수행한다.

④ 한국철도공사는 이익준비금을 자본금에 전입한 때에는 그 사실을 국토교통부장관에게 보고하여야 한다.

⑤ 한국철도공사의 사장이 공사의 업무에 대한 재판상 또는 재판 외의 행위를 할 수 있는 직원을 선임하기 위해서는 국토교통부장관의 승인을 받아야 한다.

37. 철도사업자의 여객 운임 · 요금의 공개에 대한 다음 글의 ㉠, ㉡에 들어갈 내용이 바르게 연결된 것은?

> • 철도사업자가 여객운임을 변경한 사실을 신고한 경우, 국토교통부장관은 변경신고를 받은 날로부터 (㉠) 이내에 신고수리 여부를 신고인에게 통지하여야 한다.
> • 철도사업자는 여객 운임 · 요금을 감면할 경우 그 시행 (㉡) 이전에 일반인이 잘 볼 수 있는 곳에 게시하여야 한다. 다만 긴급한 경우에는 미리 게시하지 아니할 수 있다.

	㉠	㉡			㉠	㉡			㉠	㉡
①	3일	3일		②	3일	7일		③	7일	7일
④	7일	14일		⑤	14일	30일				

38. 철도사업자를 대상으로 하는 철도서비스 품질평가업무에 대한 설명으로 옳지 않은 것은?

① 국토교통부장관으로부터 철도서비스 평가업무를 위탁받은 자는 철도서비스에 대한 실지조사를 할 수 있다.

② 국토교통부장관으로부터 철도서비스 평가업무를 위탁받은 자가 철도사업자에게 의견 제출을 요구할 경우, 관련 철도사업자는 특별한 사유가 없으면 이에 따라야 한다.

③ 국토교통부장관은 철도서비스의 품질평과 결과에 따라 사업개선 명령 등의 조치를 할 수 있다.

④ 국토교통부장관으로부터 철도서비스 평가업무를 위탁받은 관계 전문기관의 임직원은 「형법」 제129조부터 제132조까지의 규정을 적용할 때 철도사업자의 임직원으로 본다.

⑤ 국토교통부장관은 철도서비스의 품질평가결과가 우수한 철도사업자와 그 소속 종사자를 대상으로 예산의 범위에서 포상 등의 지원시책을 시행할 수 있다.

39. 다음 빈칸에 들어갈 용어로 옳은 것은?

> 국가가 소유하고 있는 철도시설에는 「국유재산법」 제18조에 의해 국가 외의 자가 시설물을 축조하는 것이 제한되어 있다. 다만 철도시설의 경우 국토교통부장관은 철도사업자와 철도사업자가 출자·보조 또는 출연한 사업을 경영하는 자에 한하여 철도시설 내에 건물이나 시설물의 종류와 그 기간을 정하고 설치를 허가하는 (   )를 할 수 있다. 허가의 대상이 되는 시설물별 허가기간은 철골조·철근콘크리트조·석조 또는 이와 유사한 견고한 건물의 축조를 목적으로 하는 경우에는 50년, 그 외의 건물은 15년, 건물 외의 공작물은 5년이다.

① 시설사용허가   ② 국유재산전대   ③ 철도사업면허

④ 운영신고   ⑤ 점용허가

40. 국토교통부장관이 명하는 사업의 개선명령에 대한 「철도사업법」상의 내용으로 옳지 않은 것은?

① 철도사업자의 개선명령 위반은 철도사업의 일부정지 사유가 될 수 있다.

② 개선명령 불이행은 철도사업자의 사업계획 변경의 제한 사유가 될 수 있다.

③ 국토교통부장관은 개선명령을 이행하지 않은 철도사업자에 대하여 1,000만 원 이하의 과태료를 부과할 수 있다.

④ 국토교통부장관은 3년마다 사업의 개선명령에 관한 사항을 검토하고 이를 개선하는 조치를 하여야 한다.

⑤ 국토교통부장관은 전용철도운영자에게 사업장의 이전이나 시설 또는 운영의 개선을 포함하는 개선명령을 할 수 있다.

파트 2 인성검사

01 인성검사의 이해

1 인성검사, 왜 필요한가?

채용기업은 지원자가 '직무적합성'을 지닌 사람인지를 인성검사와 NCS기반 필기시험을 통해 판단한다. 인성검사에서 말하는 인성(人性)이란 그 사람의 성품, 즉 각 개인이 가지는 사고와 태도 및 행동 특성을 의미한다. 인성은 사람의 생김새처럼 사람마다 다르기 때문에 몇 가지 유형으로 분류하고 이에 맞추어 판단한다는 것 자체가 억지스럽고 어불성설일지 모른다. 그럼에도 불구하고 기업들의 입장에서는 입사를 희망하는 사람이 어떤 성품을 가졌는지 정보가 필요하다. 그래야 해당 기업의 인재상에 적합하고 담당할 업무에 적격한 인재를 채용할 수 있기 때문이다.

지원자의 성격이 외향적인지 아니면 내향적인지, 어떤 직무와 어울리는지, 조직에서 다른 사람과 원만하게 생활할 수 있는지, 업무 수행 중 문제가 생겼을 때 어떻게 대처하고 해결할 수 있는지에 대한 전반적인 개성은 자기소개서를 통해서나 면접을 통해서도 어느 정도 파악할 수 있다. 그러나 이것들만으로 인성을 충분히 파악할 수 없기 때문에 객관화되고 정형화된 인성검사로 지원자의 성격을 판단하고 있다.

채용기업은 필기시험을 높은 점수로 통과한 지원자라 하더라도 해당 기업과 거리가 있는 성품을 가졌다면 탈락시키게 된다. 일반적으로 필기시험 통과자 중 인성검사로 탈락하는 비율이 10% 내외가 된다고 알려져 있다. 물론 인성검사를 탈락하였다 하더라도 특별히 인성에 문제가 있는 사람이 아니라면 절망할 필요는 없다. 자신을 되돌아보고 다음 기회를 대비하면 되기 때문이다. 탈락한 기업이 원하는 인재상이 아니었다면 맞는 기업을 찾으면 되고, 경쟁자가 많았기 때문이라면 자신을 다듬어 경쟁력을 높이면 될 것이다.

2 인성검사의 특징

우리나라 대다수의 채용기업은 인재개발 및 인적자원을 연구하는 한국행동과학연구소(KIRBS), 에스에이치알(SHR), 한국사회적성개발원(KSAD), 한국인재개발진흥원(KPDI) 등 전문기관에 인성검사를 의뢰하고 있다.

이 기관들의 인성검사 개발 목적은 비슷하지만 기관마다 검사 유형이나 평가 척도는 약간의 차이가 있다. 또 지원하는 기업이 어느 기관에서 개발한 검사지로 인성검사를 시행하는지는 사전에 알 수 없다. 그렇지만 공통으로 적용하는 척도와 기준에 따라 구성된 여러 형태의 인성검사지로 사전 테스트를 해 보고 자신의 인성이 어떻게 평가되는가를 미리 알아보는 것은 가능하다.

인성검사는 필기시험 당일 직무능력평가와 함께 실시하는 경우와 직무능력평가 합격자에 한하여 면접과 함께 실시하는 경우가 있다. 인성검사의 문항은 100문항 내외에서부터 최대 500문항까지 다양하다. 인성검사에 주어지는 시간은 문항 수에 비례하여 30~100분 정도가 된다.

문항 자체는 단순한 질문으로 어려울 것은 없지만 제시된 상황에서 본인의 행동을 정하는 것이 쉽지만은 않다. 문항 수가 많을 경우 이에 비례하여 시간도 길게 주어지지만 단순하고 유사하며 반복되는 질문에 방심하여 집중하지 못하고 실수하는 경우가 있으므로 컨디션 관리와 집중력 유지에 노력하여야 한다. 특히 같거나 유사한 물음에 다른 답을 하는 경우가 가장 위험하다.

3 인성검사 척도 및 구성

1 미네소타 다면적 인성검사(MMPI)

MMPI(Minnesota Multiphasic Personality Inventory)는 1943년 미국 미네소타 대학교수인 해서웨이 와 매킨리가 개발한 대표적인 자기 보고형 성향 검사로서 오늘날 가장 대표적으로 사용되는 객관적 심리검사 중 하나이다. MMPI는 약 550여 개의 문항으로 구성되며 각 문항을 읽고 '예(YES)' 또는 '아니오(NO)'로 대답 하게 되어 있다.

MMPI는 4개의 타당도 척도와 10개의 임상척도로 구분된다. 500개가 넘는 문항들 중 중복되는 문항들이 포함되어 있는데 내용이 똑같은 문항도 10문항 이상 포함되어 있다. 이 반복 문항들은 응시자가 얼마나 일관성 있게 검사에 임했는지를 판단하는 지표로 사용된다.

구분	척도명	약자	주요 내용
타당도 척도 (바른 태도로 임했는지, 신뢰할 수 있는 결론인지 등을 판단)	무응답 척도 (Can not say)	?	응답하지 않은 문항과 복수로 답한 문항들의 총합으로 빠진 문항을 최소한으로 줄이는 것이 중요하다.
	허구 척도 (Lie)	L	자신을 좋은 사람으로 보이게 하려고 고의적으로 정직하지 못한 답을 판단하는 척도이다. 허구 척도가 높으면 장점까지 인정 받지 못하는 결과가 발생한다.
	신뢰 척도 (Frequency)	F	검사 문항에 빗나간 답을 한 경향을 평가하는 척도로 정상적인 집단의 10% 이하의 응답을 기준으로 일반적인 경향과 다른 정도를 측정한다.
	교정 척도 (Defensiveness)	K	정신적 장애가 있음에도 다른 척도에서 정상적인 면을 보이 는 사람을 구별하는 척도로 허구 척도보다 높은 고차원으로 거짓 응답을 하는 경향이 나타난다.
임상척도 (정상적 행동과 그렇지 않은 행동의 종류를 구분하는 척도로, 척도마다 다른 기준으로 점수가 매겨짐)	건강염려증 (Hypochondriasis)	Hs	신체에 대한 지나친 집착이나 신경질적 혹은 병적 불안을 측정하는 척도로 이러한 건강염려증이 타인에게 어떤 영향 을 미치는지도 측정한다.
	우울증 (Depression)	D	슬픔 · 비관 정도를 측정하는 척도로 타인과의 관계 또는 본 인 상태에 대한 주관적 감정을 나타낸다.
	히스테리 (Hysteria)	Hy	갈등을 부정하는 정도를 측정하는 척도로 신체 증상을 호 소하는 경우와 적대감을 부인하며 우회적인 방식으로 드러 내는 경우 등이 있다.
	반사회성 (Psychopathic Deviate)	Pd	가정 및 사회에 대한 불신과 불만을 측정하는 척도로 비도덕 적 혹은 반사회적 성향 등을 판단한다.
	남성-여성특성 (Masculinity- Feminity)	Mf	남녀가 보이는 흥미와 취향, 적극성과 수동성 등을 측정하 는 척도로 성에 따른 유연한 사고와 융통성 등을 평가한다.

편집증 (Paranoia)	Pa	과대 망상, 피해 망상, 의심 등 편집증에 대한 정도를 측정하는 척도로 열등감, 비사교적 행동, 타인에 대한 불만과 같은 내용을 질문한다.	
강박증 (Psychasthenia)	Pt	과대 근심, 강박관념, 죄책감, 공포, 불안감, 정리정돈 등을 측정하는 척도로 만성 불안 등을 나타낸다.	
정신분열증 (Schizophrenia)	Sc	정신적 혼란을 측정하는 척도로 자폐적 성향이나 타인과의 감정 교류, 충동 억제불능, 성적 관심, 사회적 고립 등을 평가한다.	
경조증 (Hypomania)	Ma	정신적 에너지를 측정하는 척도로 생각의 다양성 및 과장성, 행동의 불안정성, 흥분성 등을 나타낸다.	
사회적 내향성 (Social introversion)	Si	대인관계 기피, 사회적 접촉 회피, 비사회성 등의 요인을 측정하는 척도로 외향성 및 내향성을 구분한다.	

2 캘리포니아 성격검사(CPI)

CPI(California Psychological Inventory)는 캘리포니아 대학의 연구팀이 개발한 성검사로 MMPI와 함께 세계에서 가장 널리 사용되고 있는 인성검사 툴이다. CPI는 다양한 인성 요인을 통해 지원자가 답변한 응답 왜곡 가능성, 조직 역량 등을 측정한다. MMPI가 주로 정서적 측면을 진단하는 특징을 보인다면, CPI는 정상적인 사람의 심리적 특성을 주로 진단한다.

CPI는 약 480개 문항으로 구성되어 있으며 다음과 같은 18개의 척도로 구분된다.

구분	척도명	주요 내용
제1군 척도 (대인관계 적절성 측정)	지배성(Do)	리더십, 통솔력, 대인관계에서의 주도권을 측정한다.
	지위능력성(Cs)	내부에 잠재되어 있는 내적 포부, 자기 확신 등을 측정한다.
	사교성(Sy)	참여 기질이 활달한 사람과 그렇지 않은 사람을 구분한다.
	사회적 자발성(Sp)	사회 안에서의 안정감, 자발성, 사교성 등을 측정한다.
	자기 수용성(Sa)	개인적 가치관, 자기 확신, 자기 수용력 등을 측정한다.
	행복감(Wb)	생활의 만족감, 행복감을 측정하며 긍정적인 사람으로 보이고자 거짓 응답하는 사람을 구분하는 용도로도 사용된다.
제2군 척도 (성격과 사회화, 책임감 측정)	책임감(Re)	법과 질서에 대한 양심, 책임감, 신뢰성 등을 측정한다.
	사회성(So)	가치 내면화 정도, 사회 이탈 행동 가능성 등을 측정한다.
	자기 통제성(Sc)	자기조절, 자기통제의 적절성, 충동 억제력 등을 측정한다.
	관용성(To)	사회적 신념, 편견과 고정관념 등에 대한 태도를 측정한다.
	호감성(Gi)	타인이 자신을 어떻게 보는지에 대한 민감도를 측정하며, 좋은 사람으로 보이고자 거짓 응답하는 사람을 구분한다.
	임의성(Cm)	사회에 보수적 태도를 보이고 생각 없이 적당히 응답한 사람을 판단하는 척도로 사용된다.

제3군 척도 (인지적, 학업적 특성 측정)	순응적 성취(Ac)	성취동기, 내면의 인식, 조직 내 성취 욕구 등을 측정한다.
	독립적 성취(Ai)	독립적 사고, 창의성, 자기실현을 위한 능력 등을 측정한다.
	지적 효율성(Le)	지적 능률, 지능과 연관이 있는 성격 특성 등을 측정한다.
제4군 척도 (제1~3군과 무관한 척도의 혼합)	심리적 예민성(Py)	타인의 감정 및 경험에 대해 공감하는 정도를 측정한다.
	융통성(Fx)	개인적 사고와 사회적 행동에 대한 유연성을 측정한다.
	여향성(Fe)	남녀 비교에 따른 흥미의 남향성 및 여향성을 측정한다.

3 SHL 직업성격검사(OPQ)

OPQ(Occupational Personality Questionnaire)는 세계적으로 많은 외국 기업에서 널리 사용하는 CEB사의 SHL 직무능력검사에 포함된 직업성격검사이다. 4개의 질문이 한 세트로 되어 있고 총 68세트 정도 출제되고 있다. 4개의 질문 안에서 '자기에게 가장 잘 맞는 것'과 '자기에게 가장 맞지 않는 것'을 1개씩 골라 '예', '아니오'로 체크하는 방식이다. 단순하게 모든 척도가 높다고 좋은 것은 아니며, 척도가 낮은 편이 좋은 경우도 있다.

기업에 따라 척도의 평가 기준은 다르다. 희망하는 기업의 특성을 연구하고, 채용 기준을 예측하는 것이 중요하다.

척도	내용	질문 예
설득력	사람을 설득하는 것을 좋아하는 경향	- 새로운 것을 사람에게 권하는 것을 잘한다. - 교섭하는 것에 걱정이 없다. - 기획하고 판매하는 것에 자신이 있다.
지도력	사람을 지도하는 것을 좋아하는 경향	- 사람을 다루는 것을 잘한다. - 팀을 아우르는 것을 잘한다. - 사람에게 지시하는 것을 잘한다.
독자성	다른 사람의 영향을 받지 않고, 스스로 생각해서 행동하는 것을 좋아하는 경향	- 모든 것을 자신의 생각대로 하는 편이다. - 주변의 평가는 신경 쓰지 않는다. - 유혹에 강한 편이다.
외향성	외향적이고 사교적인 경향	- 다른 사람의 주목을 끄는 것을 좋아한다. - 사람들이 모인 곳에서 중심이 되는 편이다. - 담소를 나눌 때 주변을 즐겁게 해 준다.
우호성	친구가 많고, 대세의 사람이 되는 것을 좋아하는 경향	- 친구와 함께 있는 것을 좋아한다. - 무엇이라도 얘기할 수 있는 친구가 많다. - 친구와 함께 무언가를 하는 것이 많다.
사회성	세상 물정에 밝고 사람 앞에서도 낯을 가리지 않는 성격	- 자신감이 있고 유쾌하게 발표할 수 있다. - 공적인 곳에서 인사하는 것을 잘한다. - 사람들 앞에서 발표하는 것이 어렵지 않다.

겸손성	사람에 대해서 겸손하게 행동하고 누구라도 똑같이 사귀는 경향	- 자신의 성과를 그다지 내세우지 않는다. - 절제를 잘하는 편이다. - 사회적인 지위에 무관심하다.
협의성	사람들에게 의견을 물으면서 일을 진행하는 경향	- 사람들의 의견을 구하며 일하는 편이다. - 타인의 의견을 묻고 일을 진행시킨다. - 친구와 상담해서 계획을 세운다.
돌봄	측은해 하는 마음이 있고, 사람을 돌봐 주는 것을 좋아하는 경향	- 개인적인 상담에 친절하게 답해 준다. - 다른 사람의 상담을 진행하는 경우가 많다. - 후배의 어려움을 돌보는 것을 좋아한다.
구체적인 사물에 대한 관심	물건을 고치거나 만드는 것을 좋아하는 경향	- 고장 난 물건을 수리하는 것이 재미있다. - 상태가 안 좋은 기계도 잘 사용한다. - 말하기보다는 행동하기를 좋아한다.
데이터에 대한 관심	데이터를 정리해서 생각하는 것을 좋아하는 경향	- 통계 등의 데이터를 분석하는 것을 좋아한다. - 표를 만들거나 정리하는 것을 좋아한다. - 숫자를 다루는 것을 좋아한다.
미적가치에 대한 관심	미적인 것이나 예술적인 것을 좋아하는 경향	- 디자인에 관심이 있다. - 미술이나 음악을 좋아한다. - 미적인 감각에 자신이 있다.
인간에 대한 관심	사람의 행동에 동기나 배경을 분석하는 것을 좋아하는 경향	- 다른 사람을 분석하는 편이다. - 타인의 행동을 보면 동기를 알 수 있다. - 다른 사람의 행동을 잘 관찰한다.
정통성	이미 있는 가치관을 소중히 여기고, 익숙한 방법으로 사물을 대하는 것을 좋아하는 경향	- 실적이 보장되는 확실한 방법을 취한다. - 낡은 가치관을 존중하는 편이다. - 보수적인 편이다.
변화 지향	변화를 추구하고, 변화를 받아들이는 것을 좋아하는 경향	- 새로운 것을 하는 것을 좋아한다. - 해외여행을 좋아한다. - 경험이 없더라도 시도해 보는 것을 좋아한다.
개념성	지식에 대한 욕구가 있고, 논리적으로 생각하는 것을 좋아하는 경향	- 개념적인 사고가 가능하다. - 분석적인 사고를 좋아한다. - 순서를 만들고 단계에 따라 생각한다.
창조성	새로운 분야에 대한 공부를 하는 것을 좋아하는 경향	- 새로운 것을 추구한다. - 독창성이 있다. - 신선한 아이디어를 낸다.
계획성	앞을 생각해서 사물을 예상하고, 계획적으로 실행하는 것을 좋아하는 경향	- 과거를 돌이켜보며 계획을 세운다. - 앞날을 예상하며 행동한다. - 실수를 돌아보며 대책을 강구하는 편이다.

치밀함	정확한 순서를 세워 진행하는 것을 좋아하는 경향	- 사소한 실수는 거의 하지 않는다. - 정확하게 요구되는 것을 좋아한다. - 사소한 것에도 주의하는 편이다.
꼼꼼함	어떤 일이든 마지막까지 꼼꼼하게 마무리 짓는 경향	- 맡은 일을 마지막까지 해결한다. - 마감 시한은 반드시 지킨다. - 시작한 일은 중간에 그만두지 않는다.
여유	평소에 릴랙스하고, 스트레스에 잘 대처하는 경향	- 감정의 회복이 빠르다. - 분별없이 함부로 행동하지 않는다. - 스트레스에 잘 대처한다.
근심 · 걱정	어떤 일이 잘 진행되지 않으면 불안을 느끼고, 중요한 일을 앞두면 긴장하는 경향	- 예정대로 잘되지 않으면 근심 · 걱정이 많다. - 신경 쓰이는 일이 있으면 불안하다. - 중요한 만남 전에는 기분이 편하지 않다.
호방함	사람들이 자신을 어떻게 생각하는지를 신경 쓰지 않는 경향	- 사람들이 자신을 어떻게 생각하는지 그다지 신경 쓰지 않는다. - 상처받아도 동요하지 않고 아무렇지 않은 태도를 취한다. - 사람들의 비판에 크게 영향받지 않는다.
억제력	감정을 표현하지 않는 경향	- 쉽게 감정적으로 되지 않는다. - 분노를 억누른다. - 격분하지 않는다.
낙관적	사물을 낙관적으로 보는 경향	- 낙관적으로 생각하고 일을 진행시킨다. - 문제가 일어나도 낙관적으로 생각한다.
비판적	비판적으로 사물을 생각하고, 이론 · 문장 등의 오류에 신경 쓰는 경향	- 이론의 모순을 찾아낸다. - 계획이 갖춰지지 않은 것이 신경 쓰인다. - 누구도 신경 쓰지 않는 오류를 찾아낸다.
행동력	운동을 좋아하고, 민첩하게 행동하는 경향	- 동작이 날렵하다. - 여가를 활동적으로 보낸다. - 몸을 움직이는 것을 좋아한다.
경쟁성	지는 것을 싫어하는 경향	- 승부를 겨루게 되면 지는 것을 싫어한다. - 상대를 이기는 것을 좋아한다. - 싸워 보지 않고 포기하는 것을 싫어한다.
출세 지향	출세하는 것을 중요하게 생각하고, 야심적인 목표를 향해 노력하는 경향	- 출세 지향적인 성격이다. - 곤란한 목표도 달성할 수 있다. - 실력으로 평가받는 사회가 좋다.
결단력	빠르게 판단하는 경향	- 답을 빠르게 찾아낸다. - 문제에 대한 빠른 상황 파악이 가능하다. - 위험을 감수하고도 결단을 내리는 편이다.

1회 기출복원 | 2회 기출복원 | 3회 기출예상 | 4회 기출예상 | 5회 기출예상 | 6회 기출예상 | 인성검사 | 면접가이드 | 철도법령

4 인성검사 합격 전략

1 포장하지 않은 솔직한 답변

"다른 사람을 험담한 적이 한 번도 없다.", "물건을 훔치고 싶다고 생각해 본 적이 없다."

이 질문에 당신은 '그렇다', '아니다' 중 무엇을 선택할 것인가? 채용기업이 인성검사를 실시하는 가장 큰 이유는 '이 사람이 어떤 성향을 가진 사람인가'를 효율적으로 파악하기 위해서이다.

인성검사는 도덕적 가치가 빼어나게 높은 사람을 판별하려는 것도 아니고, 성인군자를 가려내기 위함도 아니다. 인간의 보편적 성향과 상식적 사고를 고려할 때, 도덕적 질문에 지나치게 겸손한 답변을 체크하면 오히려 솔직하지 못한 것으로 간주되거나 인성을 제대로 판단하지 못해 무효 처리가 되기도 한다. 자신의 성격을 포장하여 작위적인 답변을 하지 않도록 솔직하게 임하는 것이 예기치 않은 결과를 피하는 첫 번째 전략이 된다.

2 필터링 함정을 피하고 일관성 유지

앞서 강조한 솔직함은 일관성과 연결된다. 인성검사를 구성하는 많은 척도는 여러 형태의 문장 속에 동일한 요소를 적용해 반복되기도 한다. 예컨대 '나는 매우 활동적인 사람이다'와 '나는 운동을 매우 좋아한다'라는 질문에 '그렇다'고 체크한 사람이 '휴일에는 집에서 조용히 쉬며 독서하는 것이 좋다'에도 '그렇다'고 체크한다면 일관성이 없다고 평가될 수 있다.

그러나 일관성 있는 답변에만 매달리면 '이 사람이 같은 답변만 체크하기 위해 이 부분만 신경 썼구나'하는 필터링 함정에 빠질 수도 있다. 비슷하게 보이는 문장이 무조건 같은 내용이라고 판단하여 똑같이 답하는 것도 주의해야 한다. 일관성보다 중요한 것은 솔직함이다. 솔직함이 전제되지 않은 일관성은 허위 척도 필터링에서 드러나게 되어 있다. 유사한 질문의 응답이 터무니없이 다르거나 양극단에 치우치지 않는 정도라면 약간의 차이는 크게 문제되지 않는다. 중요한 것은 솔직함과 일관성이 하나의 연장선에 있다는 점을 명심하자.

3 지원한 직무와 연관성을 고려

다양한 분야의 많은 계열사와 큰 조직을 통솔하는 대기업은 여러 사람이 조직적으로 움직이는 만큼 각 직무에 걸맞은 능력을 갖춘 인재가 필요하다. 그래서 기업은 매년 신규채용으로 입사한 신입사원들의 젊은 패기와 참신한 능력을 성장 동력으로 활용한다.

기업은 사교성 있고 활달한 사람만을 원하지 않는다. 해당 직군과 직무에 따라 필요로 하는 사원의 능력과 개성이 다르기 때문에, 지원자가 희망하는 계열사나 부서의 직무가 무엇인지 제대로 파악하여 자신의 성향과 맞는지에 대한 고민은 반드시 필요하다. 같은 질문이라도 기업이 원하는 인재상이나 부서의 직무에 따라 판단 척도가 달라질 수 있다.

4 평상심 유지와 컨디션 관리

역시 솔직함과 연결된 내용이다. 한 질문에 오래 고민하고 신경 쓰면 불필요한 생각이 개입될 소지가 크다. 이는 직관을 떠나 이성적 판단에 따라 포장할 위험이 높아진다는 뜻이기도 하다. 긴 시간 생각하지 말고 자신의 평상시 생각과 감정대로 답하는 것이 중요하며, 가능한 건너뛰지 말고 모든 질문에 답하도록 한다. 300 ～ 400개 정도 문항을 출제하는 기업이 많기 때문에, 끝까지 집중하여 임하는 것이 중요하다.

특히 적성검사와 같은 날 실시하는 경우, 적성검사를 마친 후 연이어 보기 때문에 신체적·정신적으로 피로한 상태에서 자세가 흐트러질 수도 있다. 따라서 컨디션을 유지하면서 문항당 7 ～ 10초 이상 쓰지 않도록 하고, 문항 수가 많을 때는 답안지에 바로바로 표기하자.

02 인성검사 연습

🔍 1 인성검사 출제유형

인성검사는 250문항, 30분으로 구성되었으며, 공사가 추구하는 '사람지향 소통인, 고객지향 전문인, 미래지향 혁신인'이라는 내부 기준에 따라 적합한 인재를 찾기 위해 가치관과 태도를 측정하는 것이다. 응시자 개인의 사고와 태도·행동 특성 및 유사 질문의 반복을 통해 거짓말 척도 등으로 기업의 인재상에 적합한지를 판단하므로 특별하게 정해진 답은 없다.

🔍 2 문항군 개별 항목 체크

1 각 문항의 내용을 읽고 자신이 동의하는 정도에 따라 '① 매우 그렇지 않다 ② 그렇지 않다 ③ 보통이다 ④ 그렇다 ⑤ 매우 그렇다' 중 해당되는 것을 표시한다.

2 각 문항의 내용을 읽고 평소 자신의 생각 및 행동과 유사하거나 일치하면 '예', 다르거나 일치하지 않으면 '아니오'에 표시한다.

3 구성된 검사지에 문항 수가 많으면 일관된 답변이 어려울 수도 있으므로 최대한 꾸밈없이 자신의 가치관과 신념을 바탕으로 솔직하게 답하도록 노력한다.

📢 인성검사 Tip

1. 직관적으로 솔직하게 답한다.
2. 모든 문제를 신중하게 풀도록 한다.
3. 비교적 일관성을 유지할 수 있도록 한다.
4. 평소의 경험과 선호도를 자연스럽게 답한다.
5. 각 문항에 너무 골똘히 생각하거나 고민하지 않는다.
6. 지원한 분야와 나의 성격의 연관성을 미리 생각하고 분석해 본다.

3 모의 연습

※ 자신의 모습 그대로 솔직하게 응답하십시오. 솔직하고 성의 있게 응답하지 않을 경우 결과가 무효 처리됩니다.

[01~100] 모든 문항에는 옳고 그른 답이 없습니다. 다음 문항을 잘 읽고 ① ~ ⑤ 중 본인에게 해당되는 부분에 표시해 주십시오.

번호	문항	매우 그렇지 않다	그렇지 않다	보통 이다	그렇다	매우 그렇다
1	내가 한 행동이 가져올 결과를 잘 알고 있다.	①	②	③	④	⑤
2	다른 사람의 주장이나 의견이 어떤 맥락을 가지고 있는지 생각해 본다.	①	②	③	④	⑤
3	나는 어려운 문제를 보면 반드시 그것을 해결해야 직성이 풀린다.	①	②	③	④	⑤
4	시험시간이 끝나면 곧바로 정답을 확인해 보는 편이다.	①	②	③	④	⑤
5	물건을 구매할 때 가격 정보부터 찾는 편이다.	①	②	③	④	⑤
6	항상 일을 할 때 개선점을 찾으려고 한다.	①	②	③	④	⑤
7	사적인 스트레스로 일을 망치는 일은 없다.	①	②	③	④	⑤
8	일이 어떻게 진행되고 있는지 지속적으로 점검한다.	①	②	③	④	⑤
9	궁극적으로 내가 달성하고자 하는 것을 자주 생각한다.	①	②	③	④	⑤
10	막상 시험기간이 되면 계획대로 되지 않는다.	①	②	③	④	⑤
11	다른 사람에게 궁금한 것이 있어도 참는 편이다.	①	②	③	④	⑤
12	요리하는 TV프로그램을 즐겨 시청한다.	①	②	③	④	⑤
13	후회를 해 본 적이 없다.	①	②	③	④	⑤
14	스스로 계획한 일은 하나도 빠짐없이 실행한다.	①	②	③	④	⑤
15	낮보다 어두운 밤에 집중력이 좋다.	①	②	③	④	⑤
16	인내심을 가지고 일을 한다.	①	②	③	④	⑤
17	많은 생각을 필요로 하는 일에 더 적극적이다.	①	②	③	④	⑤
18	미래는 불확실하기 때문에 결과를 예측하는 것은 무의미하다.	①	②	③	④	⑤
19	매일 긍정적인 감정만 느낀다.	①	②	③	④	⑤
20	쉬는 날 가급적이면 집 밖으로 나가지 않는다.	①	②	③	④	⑤

21	나는 약속 시간을 잘 지킨다.	①	②	③	④	⑤
22	영화보다는 연극을 선호한다.	①	②	③	④	⑤
23	아무리 계획을 잘 세워도 결국 일정에 쫓기게 된다.	①	②	③	④	⑤
24	생소한 문제를 접하면 해결해 보고 싶다는 생각보다 귀찮다는 생각이 먼저 든다.	①	②	③	④	⑤
25	내가 한 일의 결과물을 구체적으로 상상해 본다.	①	②	③	④	⑤
26	새로운 것을 남들보다 빨리 받아들이는 편이다.	①	②	③	④	⑤
27	나는 친구들의 생일선물을 잘 챙겨 준다.	①	②	③	④	⑤
28	나를 알고 있는 모든 사람은 나에게 칭찬을 한다.	①	②	③	④	⑤
29	일을 할 때 필요한 나의 능력에 대해 정확하게 알고 있다.	①	②	③	④	⑤
30	나는 질문을 많이 하는 편이다.	①	②	③	④	⑤
31	가급적 여러 가지 대안을 고민하는 것이 좋다.	①	②	③	④	⑤
32	만일 일을 선택할 수 있다면 어려운 것보다 쉬운 것을 선택할 것이다.	①	②	③	④	⑤
33	나는 즉흥적으로 일을 한다.	①	②	③	④	⑤
34	배가 고픈 것을 잘 참지 못한다.	①	②	③	④	⑤
35	단순한 일보다는 생각을 많이 해야 하는 일을 선호한다.	①	②	③	④	⑤
36	갑작스럽게 힘든 일을 겪어도 스스로를 통제할 수 있다.	①	②	③	④	⑤
37	가능성이 낮다 하더라도 내가 믿는 것이 있으면 그것을 실현시키기 위해 노력할 것이다.	①	②	③	④	⑤
38	내가 잘하는 일과 못하는 일을 정확하게 알고 있다.	①	②	③	④	⑤
39	어떤 목표를 세울 것인가 보다 왜 그런 목표를 세웠는지가 더 중요하다.	①	②	③	④	⑤
40	나는 성인이 된 이후로 하루도 빠짐없이 똑같은 시간에 일어났다.	①	②	③	④	⑤
41	다른 사람들보다 새로운 것을 빠르게 습득하는 편이다.	①	②	③	④	⑤
42	나는 모르는 것이 있으면 수단과 방법을 가리지 않고 알아낸다.	①	②	③	④	⑤
43	내 삶을 향상시키기 위한 방법을 찾는다.	①	②	③	④	⑤
44	내 의견이 옳다는 생각이 들면 다른 사람과 잘 타협하지 못한다.	①	②	③	④	⑤
45	나는 집요한 사람이다.	①	②	③	④	⑤

46	가까운 사람과 사소한 일로 다투었을 때 먼저 화해를 청하는 편이다.	①	②	③	④	⑤
47	무엇인가를 반드시 성취해야 하는 것은 아니다.	①	②	③	④	⑤
48	일을 통해서 나의 지식과 기술을 후대에 기여하고 싶다.	①	②	③	④	⑤
49	내 의견을 이해하지 못하는 사람은 상대하지 않는다.	①	②	③	④	⑤
50	사회에서 인정받을 수 있는 사람이 되고 싶다.	①	②	③	④	⑤
51	착한 사람은 항상 손해를 보게 되어 있다.	①	②	③	④	⑤
52	내가 잘한 일은 남들이 꼭 알아줬으면 한다.	①	②	③	④	⑤
53	상황이 변해도 유연하게 대처한다.	①	②	③	④	⑤
54	나와 다른 의견도 끝까지 듣는다.	①	②	③	④	⑤
55	상황에 따라서는 거짓말도 필요하다.	①	②	③	④	⑤
56	평범한 사람이라고 생각한다.	①	②	③	④	⑤
57	남들이 실패한 일도 나는 해낼 수 있다.	①	②	③	④	⑤
58	남들보다 특별히 더 우월하다고 생각하지 않는다.	①	②	③	④	⑤
59	시비가 붙더라도 침착하게 대응한다.	①	②	③	④	⑤
60	화가 날수록 상대방에게 침착해지는 편이다.	①	②	③	④	⑤
61	세상은 착한 사람들에게 불리하다.	①	②	③	④	⑤
62	여러 사람과 이야기하는 것이 즐겁다.	①	②	③	④	⑤
63	다른 사람의 감정을 내 것처럼 느낀다.	①	②	③	④	⑤
64	내게 모욕을 준 사람들을 절대 잊지 않는다.	①	②	③	④	⑤
65	우리가 사는 세상은 살 만한 곳이라고 생각한다.	①	②	③	④	⑤
66	속이 거북할 정도로 많이 먹을 때가 있다.	①	②	③	④	⑤
67	마음속에 있는 것을 솔직하게 털어놓는 편이다.	①	②	③	④	⑤
68	일은 내 삶의 중심에 있다.	①	②	③	④	⑤
69	내가 열심히 노력한다고 해서 나의 주변 환경에 어떤 바람직한 변화가 일어나는 것은 아니다.	①	②	③	④	⑤
70	웬만한 일을 겪어도 마음의 평정을 유지하는 편이다.	①	②	③	④	⑤
71	사람들 앞에 서면 실수를 할까 걱정된다.	①	②	③	④	⑤
72	점이나 사주를 믿는 편이다.	①	②	③	④	⑤
73	화가 나면 언성이 높아진다.	①	②	③	④	⑤
74	차근차근 하나씩 일을 마무리한다.	①	②	③	④	⑤

75	어려운 목표라도 어떻게 해서든 실현 가능한 해결책을 만든다.	①	②	③	④	⑤
76	진행하던 일을 홧김에 그만둔 적이 있다.	①	②	③	④	⑤
77	사람을 차별하지 않는다.	①	②	③	④	⑤
78	창이 있는 레스토랑에 가면 창가에 자리를 잡는다.	①	②	③	④	⑤
79	다양한 분야에 관심이 있다.	①	②	③	④	⑤
80	무단횡단을 한 번도 해 본 적이 없다.	①	②	③	④	⑤
81	내 주위에서는 즐거운 일들이 자주 일어난다.	①	②	③	④	⑤
82	다른 사람의 행동을 내가 통제하고 싶다.	①	②	③	④	⑤
83	내 친구들은 은근히 뒤에서 나를 비웃는다.	①	②	③	④	⑤
84	아이디어를 적극적으로 제시한다.	①	②	③	④	⑤
85	규칙을 어기는 것도 필요할 때가 있다.	①	②	③	④	⑤
86	친구를 쉽게 사귄다.	①	②	③	④	⑤
87	내 분야에서 1등이 되어야 한다.	①	②	③	④	⑤
88	스트레스가 쌓이면 몸도 함께 아프다.	①	②	③	④	⑤
89	목표를 달성하기 위해서는 때로 편법이 필요할 때도 있다.	①	②	③	④	⑤
90	나는 보통사람들보다 더 존경받을 만하다고 생각한다.	①	②	③	④	⑤
91	내 주위에는 나보다 잘난 사람들만 있는 것 같다.	①	②	③	④	⑤
92	나는 따뜻하고 부드러운 마음을 가지고 있다.	①	②	③	④	⑤
93	어떤 일에 실패했어도 반드시 다시 도전한다.	①	②	③	④	⑤
94	회의에 적극 참여한다.	①	②	③	④	⑤
95	나는 적응력이 뛰어나다.	①	②	③	④	⑤
96	서두르지 않고 순서대로 일을 마무리한다.	①	②	③	④	⑤
97	나는 실수에 대해 변명한 적이 없다.	①	②	③	④	⑤
98	나는 맡은 일은 책임지고 끝낸다.	①	②	③	④	⑤
99	나는 눈치가 빠르다.	①	②	③	④	⑤
100	나는 본 검사에 성실하게 응답하였다.	①	②	③	④	⑤

※ 자신의 모습 그대로 솔직하게 응답하십시오. 솔직하고 성의 있게 응답하지 않을 경우 결과가 무효 처리됩니다.

[01~50] 모든 문항에는 옳고 그른 답이 없습니다. 문항의 내용을 읽고 평소 자신의 생각 및 행동과 유사하거나 일치하면 '예', 다르거나 일치하지 않으면 '아니오'로 표시해 주십시오.

1	나는 수줍음을 많이 타는 편이다.	○ 예	○ 아니오
2	나는 과거의 실수가 자꾸만 생각나곤 한다.	○ 예	○ 아니오
3	나는 사람들과 서로 일상사에 대해 이야기하는 것이 쑥스럽다.	○ 예	○ 아니오
4	내 주변에는 나를 좋지 않게 평가하는 사람들이 있다.	○ 예	○ 아니오
5	나는 가족들과는 합리적인 대화가 잘 안 된다.	○ 예	○ 아니오
6	나는 내가 하고 싶은 일은 꼭 해야 한다.	○ 예	○ 아니오
7	나는 개인적 사정으로 타인에게 피해를 주는 사람을 이해할 수 없다.	○ 예	○ 아니오
8	나는 많은 것을 성취하고 싶다.	○ 예	○ 아니오
9	나는 변화가 적은 것을 좋아한다.	○ 예	○ 아니오
10	나는 내가 하고 싶은 일과 해야 할 일을 구분할 줄 안다.	○ 예	○ 아니오
11	나는 뜻대로 일이 되지 않으면 화가 많이 난다.	○ 예	○ 아니오
12	내 주변에는 나에 대해 좋게 얘기하는 사람이 있다.	○ 예	○ 아니오
13	요즘 세상에서는 믿을 만한 사람이 없다.	○ 예	○ 아니오
14	나는 할 말은 반드시 하고야 마는 사람이다.	○ 예	○ 아니오
15	나는 변화가 적은 것을 좋아한다.	○ 예	○ 아니오
16	나는 가끔 부당한 대우를 받는다는 생각이 든다.	○ 예	○ 아니오
17	나는 가치관이 달라도 친하게 지내는 친구들이 많다.	○ 예	○ 아니오
18	나는 새로운 아이디어를 내는 것이 쉽지 않다.	○ 예	○ 아니오
19	나는 노력한 만큼 인정받지 못하고 있다.	○ 예	○ 아니오
20	나는 매사에 적극적으로 참여한다.	○ 예	○ 아니오
21	나의 가족들과는 어떤 주제를 놓고도 서로 대화가 잘 통한다.	○ 예	○ 아니오
22	나는 사람들과 어울리는 일에서 삶의 활력을 얻는다.	○ 예	○ 아니오
23	학창시절 마음에 맞는 친구가 없었다.	○ 예	○ 아니오
24	특별한 이유 없이 누군가를 미워한 적이 있다.	○ 예	○ 아니오
25	내가 원하는 대로 일이 되지 않을 때 화가 많이 난다.	○ 예	○ 아니오

26	요즘 같은 세상에서는 누구든 믿을 수 없다.	○ 예	○ 아니오
27	나는 여행할 때 남들보다 짐이 많은 편이다.	○ 예	○ 아니오
28	나는 상대방이 화를 내면 더욱 화가 난다.	○ 예	○ 아니오
29	나는 반대 의견을 말하더라도 상대방을 무시하는 말을 하지 않으려고 한다.	○ 예	○ 아니오
30	나는 학창시절 내가 속한 동아리에서 누구보다 충성도가 높은 사람이었다.	○ 예	○ 아니오
31	나는 새로운 집단에서 친구를 쉽게 사귀는 편이다.	○ 예	○ 아니오
32	나는 다른 사람을 챙기는 태도가 몸에 배여 있다.	○ 예	○ 아니오
33	나는 항상 겸손하여 노력한다.	○ 예	○ 아니오
34	내 주변에는 나에 대해 좋지 않은 이야기를 하는 사람이 있다.	○ 예	○ 아니오
35	나는 가족들과는 합리적인 대화가 잘 안 된다.	○ 예	○ 아니오
36	나는 내가 하고 싶은 일은 꼭 해야 한다.	○ 예	○ 아니오
37	나는 스트레스를 받으면 몸에 이상이 온다.	○ 예	○ 아니오
38	나는 재치가 있다는 말을 많이 듣는 편이다.	○ 예	○ 아니오
39	나는 사람들에게 잘 보이기 위해 마음에 없는 거짓말을 한다.	○ 예	○ 아니오
40	다른 사람을 위협적으로 대한 적이 있다.	○ 예	○ 아니오
41	나는 부지런하다는 말을 자주 들었다.	○ 예	○ 아니오
42	나는 쉽게 화가 났다가 쉽게 풀리기도 한다.	○ 예	○ 아니오
43	나는 할 말은 반드시 하고 사는 사람이다.	○ 예	○ 아니오
44	나는 터질 듯한 분노를 종종 느낀다.	○ 예	○ 아니오
45	나도 남들처럼 든든한 배경이 있었다면 지금보다 훨씬 나은 위치에 있었을 것이다.	○ 예	○ 아니오
46	나는 종종 싸움에 휘말린다.	○ 예	○ 아니오
47	나는 능력과 무관하게 불이익을 받은 적이 있다.	○ 예	○ 아니오
48	누군가 내 의견을 반박하면 물러서지 않고 논쟁을 벌인다.	○ 예	○ 아니오
49	남이 나에게 피해를 입힌다면 나도 가만히 있지 않을 것이다.	○ 예	○ 아니오
50	내가 인정받기 위해서 규칙을 위반한 행위를 한 적이 있다.	○ 예	○ 아니오

파트 3 면접가이드

01 NCS 면접의 이해

※ 능력중심 채용에서는 타당도가 높은 구조화 면접을 적용한다.

1 면접이란?

　일을 하는 데 필요한 능력(직무역량, 직무지식, 인재상 등)을 지원자가 보유하고 있는지를 다양한 면접기법을 활용하여 확인하는 절차이다. 자신의 환경, 성취, 관심사, 경험 등에 대해 이야기하여 본인이 적합하다는 것을 보여 줄 기회를 제공하고, 면접관은 평가에 필요한 정보를 수집하고 평가하는 것이다.

- 지원자의 태도, 적성, 능력에 대한 정보를 심층적으로 파악하기 위한 선발 방법
- 선발의 최종 의사결정에 주로 사용되는 선발 방법
- 전 세계적으로 선발에서 가장 많이 사용되는 핵심적이고 중요한 방법

2 면접의 특징

　서류전형이나 인적성검사에서 드러나지 않는 것들을 볼 수 있는 기회를 제공한다.

- 직무수행과 관련된 다양한 지원자 행동에 대한 관찰이 가능하다.
- 면접관이 알고자 하는 정보를 심층적으로 파악할 수 있다.
- 서류상의 미비한 사항과 의심스러운 부분을 확인할 수 있다.
- 커뮤니케이션, 대인관계행동 등 행동·언어적 정보도 얻을 수 있다.

3 면접의 평가요소

1 인재적합도

해당 기관이나 기업별 인재상에 대한 인성 평가

2 조직적합도

조직에 대한 이해와 관련 상황에 대한 평가

3 직무적합도

직무에 대한 지식과 기술, 태도에 대한 평가

🧑‍🤝‍🧑 4 면접의 유형

구조화된 정도에 따른 분류

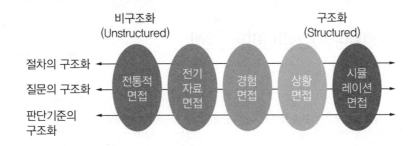

1 구조화 면접(Structured Interview)

사전에 계획을 세워 질문의 내용과 방법, 지원자의 답변 유형에 따른 추가 질문과 그에 대한 평가역량이 정해져 있는 면접 방식(표준화 면접)

- 표준화된 질문이나 평가요소가 면접 전 확정되며, 지원자는 편성된 조나 면접관에 영향을 받지 않고 동일한 질문과 시간을 부여받을 수 있음.
- 조직 또는 직무별로 주요하게 도출된 역량을 기반으로 평가요소가 구성되어, 조직 또는 직무에서 필요한 역량을 가진 지원자를 선발할 수 있음.
- 표준화된 형식을 사용하는 특성 때문에 비구조화 면접에 비해 신뢰성과 타당성, 객관성이 높음.

2 비구조화 면접(Unstructured Interview)

면접 계획을 세울 때 면접 목적만 명시하고 내용이나 방법은 면접관에게 전적으로 일임하는 방식(비표준화 면접)

- 표준화된 질문이나 평가요소 없이 면접이 진행되며, 편성된 조나 면접관에 따라 지원자에게 주어지는 질문이나 시간이 다름.
- 면접관의 주관적인 판단에 따라 평가가 이루어져 평가 오류가 빈번히 일어남.
- 상황 대처나 언변이 뛰어난 지원자에게 유리한 면접이 될 수 있음.

02 NCS 구조화 면접 기법

※ 능력중심 채용에서는 타당도가 높은 구조화 면접을 적용한다.

 ## 1 경험면접(Behavioral Event Interview)

면접 프로세스

안내 → 지원자는 입실 후, 면접관을 통해 인사말과 면접에 대한 간단한 안내를 받음.

질문 → 지원자는 면접관에게 평가요소(직업기초능력, 직무수행능력 등)와 관련된 주요 질문을 받게 되며, 질문에서 의도하는 평가요소를 고려하여 응답할 수 있도록 함.

세부질문 →
- 지원자가 응답한 내용을 토대로 해당 평가기준들을 충족시키는지 파악하기 위한 세부질문이 이루어짐.
- 구체적인 행동·생각 등에 대해 응답할수록 높은 점수를 얻을 수 있음.

- **방식**
  해당 역량의 발휘가 요구되는 일반적인 상황을 제시하고, 그러한 상황에서 어떻게 행동했었는지(과거경험)를 이야기하도록 함.

- **판단기준**
  해당 역량의 수준, 경험 자체의 구체성, 진실성 등

- **특징**
  추상적인 생각이나 의견 제시가 아닌 과거 경험 및 행동 중심의 질의가 이루어지므로 지원자는 사전에 본인의 과거 경험 및 사례를 정리하여 면접에 대비할 수 있음.

- **예시**

지원분야		지원자		면접관		(인)
경영자원관리 조직이 보유한 인적자원을 효율적으로 활용하여, 조직 내 유·무형 자산 및 재무자원을 효율적으로 관리한다.						
주질문						
A. 어떤 과제를 처리할 때 기존에 팀이 사용했던 방식의 문제점을 찾아내 이를 보완하여 과제를 더욱 효율적으로 처리했던 경험에 대해 이야기해 주시기 바랍니다.						
세부질문						
[상황 및 과제] 사례와 관련해 당시 상황에 대해 이야기해 주시기 바랍니다. [역할] 당시 지원자께서 맡았던 역할은 무엇이었습니까? [행동] 사례와 관련해 구성원들의 설득을 이끌어 내기 위해 어떤 노력을 하였습니까? [결과] 결과는 어땠습니까?						

기대행동	평점
업무진행에 있어 한정된 자원을 효율적으로 활용한다.	① - ② - ③ - ④ - ⑤
구성원들의 능력과 성향을 파악해 효율적으로 업무를 배분한다.	① - ② - ③ - ④ - ⑤
효과적 인적/물적 자원관리를 통해 맡은 일을 무리 없이 잘 마무리한다.	① - ② - ③ - ④ - ⑤

척도해설

1 : 행동증거가 거의 드러나지 않음	2 : 행동증거가 미약하게 드러남	3 : 행동증거가 어느 정도 드러남	4 : 행동증거가 명확하게 드러남	5 : 뛰어난 수준의 행동증거가 드러남

관찰기록 :

총평 :

※ 실제 적용되는 평가지는 기업/기관마다 다름.

2 상황면접(Situational Interview)

면접 프로세스

안내 — 지원자는 입실 후, 면접관을 통해 인사말과 면접에 대한 간단한 안내를 받음.

질문
- 지원자는 상황질문지를 검토하거나 면접관을 통해 상황 및 질문을 제공받음.
- 면접관의 질문이나 질문지의 의도를 파악하여 응답할 수 있도록 함.

세부질문
- 지원자가 응답한 내용을 토대로 해당 평가기준들을 충족시키는지 파악하기 위한 세부질문이 이루어짐.
- 구체적인 행동·생각 등에 대해 응답할수록 높은 점수를 얻을 수 있음.

- 방식
  직무 수행 시 접할 수 있는 상황들을 제시하고, 그러한 상황에서 어떻게 행동할 것인지(행동의도)를 이야기하도록 함.
- 판단기준
  해당 상황에 맞는 해당 역량의 구체적 행동지표
- 특징
  지원자의 가치관, 태도, 사고방식 등의 요소를 평가하는 데 용이함.

• 예시

지원분야		지원자		면접관	(인)
유관부서협업					
타 부서의 업무협조요청 등에 적극적으로 협력하고 갈등 상황이 발생하지 않도록 이해관계를 조율하며 관련 부서의 협업을 효과적으로 이끌어 낸다.					
주질문					
당신은 생산관리팀의 팀원으로, 2개월 뒤에 제품 A를 출시하기 위해 생산팀의 생산 계획을 수립한 상황입니다. 그러나 원가가 곧 실적으로 이어지는 구매팀에서는 최대한 원가를 줄여 전반적 단가를 낮추려고 원가절감을 위한 제안을 하였으나, 연구개발팀에서는 구매팀이 제안한 방식으로 제품을 생산할 경우 대부분이 구매팀의 실적으로 산정될 것이므로 제대로 확인도 해보지 않은 채 적합하지 않은 방식이라고 판단하고 있습니다. 당신은 어떻게 하겠습니까?					
세부질문					
[상황 및 과제] 이 상황의 핵심적인 이슈는 무엇이라고 생각합니까?					
[역할] 당신의 역할을 더 잘 수행하기 위해서는 어떤 점을 고려해야 하겠습니까? 왜 그렇게 생각합니까?					
[행동] 당면한 과제를 해결하기 위해서 구체적으로 어떤 조치를 취하겠습니까? 그 이유는 무엇입니까?					
[결과] 그 결과는 어떻게 될 것이라고 생각합니까? 그 이유는 무엇입니까?					

척도해설

1 : 행동증거가 거의 드러나지 않음	2 : 행동증거가 미약하게 드러남	3 : 행동증거가 어느 정도 드러남	4 : 행동증거가 명확하게 드러남	5 : 뛰어난 수준의 행동증거가 드러남
관찰기록 :				
총평 :				

※ 실제 적용되는 평가지는 기업/기관마다 다름.

3 발표면접(Presentation)

면접 프로세스

안내
- 입실 후 지원자는 면접관으로부터 인사말과 발표면접에 대해 간략히 안내받음.
- 면접 전 지원자는 과제 검토 및 발표 준비시간을 가짐.

▼

발표
- 지원자들이 과제 주제와 관련하여 정해진 시간 동안 발표를 실시함.
- 면접관은 발표내용 중 평가요소와 관련해 나타난 가점 및 감점요소들을 평가하게 됨.

▼

질문응답
- 발표 종료 후 면접관은 정해진 시간 동안 지원자의 발표내용과 관련해 구체적인 내용을 확인하기 위한 질문을 함.
- 지원자는 면접관의 질문의도를 정확히 파악하여 적절히 응답할 수 있도록 함.
- 응답 시 명확하고 자신있게 전달할 수 있도록 함.

- **방식**

  지원자가 특정 주제와 관련된 자료(신문기사, 그래프 등)를 검토하고, 그에 대한 자신의 생각을 면접관 앞에서 발표하며, 추가 질의응답이 이루어짐.

- **판단기준**

  지원자의 사고력, 논리력, 문제해결능력 등

- **특징**

  과제를 부여한 후, 지원자들이 과제를 수행하는 과정과 결과를 관찰·평가함. 과제수행의 결과뿐 아니라 과제수행 과정에서의 행동을 모두 평가함.

4 토론면접(Group Discussion)

면접 프로세스

안내
- 입실 후, 지원자들은 면접관으로부터 토론 면접의 전반적인 과정에 대해 안내받음.
- 지원자는 정해진 자리에 착석함.

토론
- 지원자들이 과제 주제와 관련하여 정해진 시간 동안 토론을 실시함(시간은 기관별 상이).
- 지원자들은 면접 전 과제 검토 및 토론 준비시간을 가짐.
- 토론이 진행되는 동안, 지원자들은 다른 토론자들의 발언을 경청하여 적절히 본인의 의사를 전달할 수 있도록 함. 더불어 적극적인 태도로 토론면접에 임하는 것도 중요함.

마무리 (5분 이내)
- 면접 종료 전, 지원자들은 토론을 통해 도출한 결론에 대해 첨언하고 적절히 마무리 지음.
- 본인의 의견을 전달하는 것과 동시에 다른 토론자를 배려하는 모습도 중요함.

- **방식**

  상호갈등적 요소를 가진 과제 또는 공통의 과제를 해결하는 내용의 토론 과제(신문기사, 그래프 등)를 제시하고, 그 과정에서의 개인 간의 상호작용 행동을 관찰함.

- **판단기준**

  팀워크, 갈등 조정, 의사소통능력 등

- **특징**

  면접에서 최종안을 도출하는 것도 중요하나 주장의 옳고 그름이 아닌 결론을 도출하는 과정과 말하는 자세 등도 중요함.

5 역할연기면접(Role Play Interview)

- 방식

  기업 내 발생 가능한 상황에서 부딪히게 되는 문제와 역할을 가상적으로 설정하여 특정 역할을 맡은 사람과 상호작용하고 문제를 해결해 나가도록 함.

- 판단기준

  대처능력, 대인관계능력, 의사소통능력 등

- 특징

  실제 상황과 유사한 가상 상황에서 지원자의 성격이나 대처 행동 등을 관찰할 수 있음.

6 집단면접(Group Activity)

- 방식

  지원자들이 팀(집단)으로 협력하여 정해진 시간 안에 활동 또는 게임을 하며 면접관들은 지원자들의 행동을 관찰함.

- 판단기준

  대인관계능력, 팀워크, 창의성 등

- 특징

  기존 면접보다 오랜 시간 관찰을 하여 지원자들의 평소 습관이나 행동들을 관찰하려는 데 목적이 있음.

면접 최신 기출 주제

- 총 면접시간은 10분, 면접관 4명과의 1 : 4 면접
- 1분 자기소개 – 상황면접 답변 – 상황면접 관련 질문 – 인성면접으로 구성
- 1분 자기소개는 타이머로 정확히 1분을 측정하면서 진행
- 상황면접
  - 면접 직전 A4용지 1페이지 분량의 상황문제를 제시하고 7분 동안 답변을 작성
  - 상황문제와 함께 상황면접 채점기준도 함께 제공
  - 작성한 답변으로 면접 중 1분 동안 상황면접 발표 후 면접관이 답변을 바탕으로 하는 꼬리질문을 진행

1 2024 상반기 면접 실제 기출 주제

1. 1분 자기소개
2. 지원한 직무에 본인이 기여할 수 있는 방안을 말해 보시오.
3. 안전과 정시성 중 어떠한 것을 선택할 것인가?
4. 지원한 직무 관련 트렌드와 그에 대한 대비법을 말해 보시오.
5. 역사 내 불법 판매상이 근절되지 않는 이유가 무엇이라고 생각하는지 말해 보시오.
6. 객실 내에서 불편했다고 느낀 것과 이에 대한 해결책을 말해 보시오.
7. 업무 시 매뉴얼이 현장에 적합하지 않다면 어떻게 대처할 것인가?
8. 10년 뒤 회사에서의 본인 모습이 어떠할 것 같은가?
9. 차량정비가 지연되고 있다면 어떻게 행동할 것인가?
10. 입사하면 어떤 일을 하고 싶은가?
11. 희망하지 않는 분야의 직무에 배치된다면 어떻게 할 것인가?
12. 본인의 장점과 단점을 말해 보시오.
13. 내진 설계에 대해 아는 대로 말해 보시오.
14. 직무 전문성을 기르기 위해 어떠한 노력을 하였고, 입사 후에는 어떻게 할 것인가?
15. 코레일에 입사하려는 이유를 말해 보시오.
16. 해당 자격증을 취득한 이유가 무엇인가?

17. 지원한 직무에 대해 설명해 보시오.

18. 조직 생활에 있어 중요하게 생각하는 것이 무엇인가?

19. 나이 차이가 많이 나는 상사와 친분을 쌓는 본인만의 방법이 있는가?

20. 악성 민원이 무엇이라고 생각하는가?

21. 지원한 직무와 비슷한 직무를 수행한 경험이 있는가?

22. 차량에 잘못된 부품이 조립되어 있는 것을 발견한다면 어떻게 조치할 것인가?

23. 인생에서 성취감을 느꼈던 경험을 말해 보시오.

24. 지원한 직무에서 앞서 말한 본인의 역량을 어떻게 활용할 것인가?

25. 관행과 매뉴얼 중 어떤 것이 더 중요하다고 생각하는가?

26. 외국인 고객을 응대하는 효과적인 방안을 말해 보시오.

27. 조직과 개인의 목표가 충돌할 때 어떻게 대처할 것인가?

28. 본인의 경력과 지원한 직무가 어떠한 연관성이 있는가?

2 2023 상반기 면접 실제 기출 주제

1. 본인이 생각하는 본인의 단점은 무엇인가?

2. 세대 간 갈등에 대한 본인의 경험과 견해를 이야기하시오.

3. 5년 뒤의 나는 무엇을 하고 있을지 이야기하시오.

4. 스트레스에 대처하는 본인만의 방법은 무엇인가?

5. 존경하는 인물이 있다면 그 이유를 이야기하시오.

6. 공공기관의 윤리성에 대한 생각을 이야기하시오.

7. 다른 사람과 협력하여 문제를 해결한 경험에 대해 이야기하시오.

8. 공적인 자리에서 사적인 부탁을 거절한 경험이 있다면 이야기하시오.

9. 팀원과 갈등을 겪었던 경험에 대해 이야기하시오.

10. 평소 자기개발을 하는 방법은?

11. 인간관계로 스트레스를 받았던 경험을 이야기하시오.

12. 주변 사람이 윤리에 어긋나는 일을 하고 이를 해결한 경험을 이야기하시오.

3 2022 상반기 면접 실제 기출 주제

1. 1분 자기소개

2. 상사가 만약 나의 제안을 거절한다면 어떻게 하겠는가?

3. 동아리, 인턴 등의 경험이 코레일에서의 직무수행에 어떻게 작용하겠는가?

4. 지원자가 코레일에 적합한 이유를 설명해 보시오.

5. 입사 후에 중점을 둘 것에 대해 설명해 보시오.

6. 본인의 장점에 대해 세 가지만 풀어 말해 보시오.

7. 평소 자기관리를 하는 방법은 무엇인가?

8. 지시에 따르지 않는 부하직원이 있다면 어떻게 대처하겠는가?

9. 꼰대란 무엇이라 생각하는가?

10. 규정과 융통성 중 더 중요한 가치는 무엇이라고 생각하는가?

11. 조직 간의 갈등을 해결한 경험이 있다면 말해 보시오.

12. 원칙을 지킨 경험이 있다면 말해 보시오.

13. 가장 최근 다른 사람과의 갈등을 겪은 이유에 대해 말해 보시오.

14. 만약 지속적으로 야근을 해야 하는 상황이 온다면 어떻게 하겠는가?

15. 자신의 일을 다 떠넘기는 동료가 있다면 어떻게 대처하겠는가?

16. 가장 존경하는 인물과 그 이유에 대해 말해 보시오.

17. KTX를 이용했던 경험에 대해 자유롭게 말해 보시오.

18. 현재 국민들이 코레일에 대해 가지고 있는 불만은 무엇이라고 생각하는가?

19. 자기소개서에 적혀 있는 이야기 중 하나를 골라 3분 동안 구체적으로 소개해 보시오.

20. 상사의 업무를 왜곡해서 전달하는 사수가 있다면 어떻게 대처하겠는가?

21. 기차 내에 취객이 탑승해 민원이 들어왔다면 어떻게 해결해야 하는가?

22. 신입사원으로서 가장 중요한 것은 무엇이라고 생각하는가?

23. 공공기관이 다른 사기업과 가지는 특징은 무엇인가?

24. 평소 가장 좋아하는 취미가 무엇인가?

25. 입사 후 포부에 대해 말해 보시오.

1회 기출복원
2회 기출복원
3회 기출예상
4회 기출예상
5회 기출예상
6회 기출예상
인성검사
면접가이드
최신기출

👥 4 그 외 면접 실제 기출 주제

1. 지원한 이유에 대해 말해 보시오.

2. 입사 후 자기개발을 위해 어떤 일을 할 것인지 말해 보시오.

3. 공부를 제외하고 성취한 것에 대해 말해 보시오.

4. 코레일에 대해 아는 대로 말해 보시오.

5. KTX의 장점과 보완점에 대해 말해 보시오.

6. 기억에 남는 기차역 또는 지하철역이 있다면 역의 이름과 그 이유를 말해 보시오.

7. 코레일이 검색어 순위 1위를 할 수 있는 방법이 있다면?

8. 코레일의 서비스 수준을 외국인에게 소개한다면?

9. 남북 관계가 개선된다면 코레일이 얻을 수 있는 이득과 가능한 사업 분야에 대해 말해 보시오.

10. 지원한 직무에서 가장 중요하다고 생각하는 점과 필요한 역량에 대해 말해 보시오.

11. 조직을 위해 일했던 경험을 말해 보시오.

12. 일할 때 가장 꺼리는 유형을 말해 보시오.

13. 원하는 부서에 배치되지 않는다면 어떻게 할 것인가?

14. 학생과 직장인의 차이가 뭐라고 생각하는가?

15. 여러 단체에 있으면서 소속감을 느꼈던 순간에 대해 말해 보시오.

16. 차량실명제에 대하여 어떻게 생각하는지 말해 보시오.

17. 이전 회사에 다니면서 부당함을 느껴본 적이 있는가?

18. 자신만의 경쟁력을 말해 보시오.

19. 인간관계에서 가장 중요시하는 것이 무엇인지 말해 보시오.

20. 노조의 필요성과 파업에 대한 견해를 말해 보시오.

21. 공과 사를 구분한 경험이 있다면 구체적으로 말해 보시오.

22. 평소 친구들과 어떻게 연락하는가?

23. 살면서 가장 열정적으로 임했던 일이 있다면 말해 보시오.

24. 융통성을 깨고 성과를 이룬 경험에 대해 말해 보시오.

25. 아르바이트를 하면서 느낀 점에 대해 말해 보시오.

26. 코레일 직원으로서 가져야 할 사명감이 무엇이라고 생각하는지 말해 보시오.

27. 본인이 속했던 집단이 가졌던 장점에 대해 말해 보시오.

28. 돌발 상황에 대처한 경험이 있다면 구체적으로 말해 보시오.

29. 다른 사람이 잘못했을 때 대신 희생한 경험이 있다면 구체적으로 말해 보시오.

30. 본인이 다른 지원자보다 뛰어나다고 생각하는 부분이 있는지 말해 보시오.

31. ATO(Automatic Train Operation)가 있는 곳이 어디인지 말해 보시오.

32. 슬랙이란 무엇인가?

33. 살면서 가장 힘들었던 일과 그 일을 어떻게 극복했는지 말해 보시오.

34. 본인은 안전을 추구하는 사람인지, 경제성을 추구하는 사람인지 말해 보시오.

35. 다른 사람들과 일을 할 때 불편한 게 보여서 누가 말하기 전에 본인이 먼저 나선 경험이 있는지 말해 보시오.

36. 새로운 기술을 사용해 본 경험이 있다면 그 기술을 어떻게 습득하였는지 말해 보시오.

37. 팀 과제나 프로젝트를 하면서 어려움이 있었던 경험에 대해 말해 보시오.

38. 만약 코레일에 입사해서 일을 하다가 보안사고가 터진다면 어떻게 할 것인지 말해 보시오.

39. 지원한 직무를 선택한 동기와 해당 직무를 잘 수행하기 위해 어떤 역량이 가장 필요하다고 생각하는지 말해 보시오.

40. 책임감을 발휘했던 경험에 대해 말해 보시오.

41. 싫어하는 사람과 같이 일해 본 적 있는가? 있다면 구체적으로 말해 보시오.

42. 원리원칙과 효율성 중에 무엇을 우선시하는지 말해 보시오.

43. 철도 관련 사고 중 가장 위험하다고 생각하는 사고는 무엇인지 말해 보시오.

44. 타인과의 갈등을 해결한 경험이 있다면 말해 보시오.

45. A를 해야 하는 상황에서 선배가 B를 하라고 한다면, 어떻게 소통할 것인가?

46. (상황면접)안전과 선배의 지시가 충돌하는 상황일 때 어떻게 할 것인지 말해 보시오.

47. (상황면접)최신 기술을 적용하여 코레일에 도움이 될 만한 기술방안을 말해 보시오.

48. (상황면접)현재 어떤 제품의 점검 주기가 10달인데 해외에서는 5달에 한 번 점검을 한다. 따라서 5달에 한 번 점검을 하자고 다른 사람들을 설득하고자 할 때 어떻게 할 것인가?

49. (상황면접)역무원 측에서 전기배선을 정리해 달라고 하는데 이는 본인 직무의 관할이 아니다. 이 경우, 어떻게 할 것인지 말해 보시오.

50. (상황면접)안전 관련 선로장치를 정비 중인데 제어장치 하나가 고장 나서 수리를 해야 한다. 선배는 선로장치를 먼저 수리하라고 한다. 제어장치를 수리하지 않으면 열차가 지연되고, 선로장치를 수리하지 않으면 사고 가능성이 있다. 어떻게 할 것인지 말해 보시오.

코레일 | 한국철도공사

부록 철도법령

- 철도산업발전기본법 · 시행령
- 한국철도공사법 · 시행령
- 철도사업법 · 시행령

철도산업발전기본법
〈법률 제18693호, 시행 2022. 7. 5.〉

제1장 총칙

제1조(목적) 이 법은 철도산업의 경쟁력을 높이고 발전기반을 조성함으로써 철도산업의 효율성 및 공익성의 향상과 국민경제의 발전에 이바지함을 목적으로 한다.

제2조(적용범위) 이 법은 다음 각호의 어느 하나에 해당하는 철도에 대하여 적용한다. 다만, 제2장의 규정은 모든 철도에 대하여 적용한다.

1. 국가 및 한국고속철도건설공단법에 의하여 설립된 한국고속철도건설공단(이하 "고속철도건설공단"이라 한다)이 소유 · 건설 · 운영 또는 관리하는 철도
2. 제20조 제3항에 따라 설립되는 국가철도공단 및 제21조 제3항에 따라 설립되는 한국철도공사가 소유 · 건설 · 운영 또는 관리하는 철도

제3조(정의) 이 법에서 사용하는 용어의 정의는 다음 각호와 같다.

1. "철도"라 함은 여객 또는 화물을 운송하는 데 필요한 철도시설과 철도차량 및 이와 관련된 운영 · 지원체계가 유기적으로 구성된 운송체계를 말한다.
2. "철도시설"이라 함은 다음 각 목의 어느 하나에 해당하는 시설(부지를 포함한다)을 말한다.
   가. 철도의 선로(선로에 부대되는 시설을 포함한다), 역시설(물류시설 · 환승시설 및 편의시설 등을 포함한다) 및 철도운영을 위한 건축물 · 건축설비
   나. 선로 및 철도차량을 보수 · 정비하기 위한 선로보수기지, 차량정비기지 및 차량유치시설
   다. 철도의 전철전력설비, 정보통신설비, 신호 및 열차제어설비
   라. 철도노선 간 또는 다른 교통수단과의 연계운영에 필요한 시설
   마. 철도기술의 개발 · 시험 및 연구를 위한 시설
   바. 철도경영연수 및 철도전문인력의 교육훈련을 위한 시설
   사. 그 밖에 철도의 건설 · 유지보수 및 운영을 위한 시설로서 대통령령으로 정하는 시설
3. "철도운영"이라 함은 철도와 관련된 다음 각 목의 어느 하나에 해당하는 것을 말한다.
   가. 철도 여객 및 화물 운송
   나. 철도차량의 정비 및 열차의 운행관리
   다. 철도시설 · 철도차량 및 철도부지 등을 활용한 부대사업개발 및 서비스
4. "철도차량"이라 함은 선로를 운행할 목적으로 제작된 동력차 · 객차 · 화차 및 특수차를 말한다.
5. "선로"라 함은 철도차량을 운행하기 위한 궤도와 이를 받치는 노반 또는 공작물로 구성된 시설을 말한다.
6. "철도시설의 건설"이라 함은 철도시설의 신설과 기존 철도시설의 직선화 · 전철화 · 복선화 및 현대화 등 철도시설의 성능 및 기능향상을 위한 철도시설의 개량을 포함한 활동을 말한다.
7. "철도시설의 유지보수"라 함은 기존 철도시설의 현상유지 및 성능향상을 위한 점검 · 보수 · 교체 · 개량 등 일상적인 활동을 말한다.
8. "철도산업"이라 함은 철도운송 · 철도시설 · 철도차량 관련산업과 철도기술개발관련산업 그 밖에 철도의 개발 · 이용 · 관리와 관련된 산업을 말한다.
9. "철도시설관리자"라 함은 철도시설의 건설 및 관리 등에 관한 업무를 수행하는 자로서 다음 각 목의 어느 하나에 해당하는 자를 말한다.
   가. 제19조에 따른 관리청
   나. 제20조 제3항에 따라 설립된 국가철도공단
   다. 제26조 제1항에 따라 철도시설관리권을 설정받은 자
   라. 가목부터 다목까지의 자로부터 철도시설의 관리를 대행 · 위임 또는 위탁받은 자
10. "철도운영자"라 함은 제21조 제3항에 따라 설립된 한국철도공사 등 철도운영에 관한 업무를 수행하는 자를 말한다.
11. "공익서비스"라 함은 철도운영자가 영리목적의 영업활동과 관계없이 국가 또는 지방자치단체의 정책이나 공공목적 등을 위하여 제공하는 철도서비스를 말한다.

제2장 철도산업 발전기반의 조성
제1절 철도산업시책의 수립 및 추진체제

제4조(시책의 기본방향) ① 국가는 철도산업시책을 수립하여 시행하는 경우 효율성과 공익적 기능을 고려하여야 한다.

② 국가는 에너지이용의 효율성, 환경친화성 및 수송효율성이 높은 철도의 역할이 국가의 건전한 발전과 국민의 교통편익 증진을 위하여 필수적인 요소임을 인식하여 적정한 철도수송분담의 목표를 설정하여 유지하고 이를 위한 철도시설을 확보하는 등 철도산업발전을 위한 여러 시책을 마련하여야 한다.

③ 국가는 철도산업시책과 철도투자·안전 등 관련 시책을 효율적으로 추진하기 위하여 필요한 조직과 인원을 확보하여야 한다.

제5조(철도산업발전기본계획의 수립 등) ① 국토교통부장관은 철도산업의 육성과 발전을 촉진하기 위하여 5년 단위로 철도산업발전기본계획(이하 "기본계획"이라 한다)을 수립하여 시행하여야 한다.

② 기본계획에는 다음 각호의 사항이 포함되어야 한다.

1. 철도산업 육성시책의 기본방향에 관한 사항
2. 철도산업의 여건 및 동향전망에 관한 사항
3. 철도시설의 투자·건설·유지보수 및 이를 위한 재원확보에 관한 사항
4. 각종 철도 간의 연계수송 및 사업조정에 관한 사항
5. 철도운영체계의 개선에 관한 사항
6. 철도산업 전문인력의 양성에 관한 사항
7. 철도기술의 개발 및 활용에 관한 사항
8. 그 밖에 철도산업의 육성 및 발전에 관한 사항으로서 대통령령으로 정하는 사항

③ 기본계획은 「국가통합교통체계효율화법」 제4조에 따른 국가기간교통망계획, 같은 법 제6조에 따른 중기 교통시설투자계획 및 「국토교통과학기술 육성법」 제4조에 따른 국토교통과학기술 연구개발 종합계획과 조화를 이루도록 하여야 한다.

④ 국토교통부장관은 기본계획을 수립하고자 하는 때에는 미리 기본계획과 관련이 있는 행정기관의 장과 협의한 후 제6조에 따른 철도산업위원회의 심의를 거쳐야 한다. 수립된 기본계획을 변경(대통령령으로 정하는 경미한 변경은 제외한다)하고자 하는 때에도 또한 같다.

⑤ 국토교통부장관은 제4항에 따라 기본계획을 수립 또는 변경한 때에는 이를 관보에 고시하여야 한다.

⑥ 관계행정기관의 장은 수립·고시된 기본계획에 따라 연도별 시행계획을 수립·추진하고, 해당 연도의 계획 및 전년도의 추진실적을 국토교통부장관

에게 제출하여야 한다.

⑦ 제6항에 따른 연도별 시행계획의 수립 및 시행절차에 관하여 필요한 사항은 대통령령으로 정한다.

제6조(철도산업위원회) ① 철도산업에 관한 기본계획 및 중요정책 등을 심의·조정하기 위하여 국토교통부에 철도산업위원회(이하 "위원회"라 한다)를 둔다.

② 위원회는 다음 각호의 사항을 심의·조정한다.

1. 철도산업의 육성·발전에 관한 중요정책 사항
2. 철도산업구조개혁에 관한 중요정책 사항
3. 철도시설의 건설 및 관리 등 철도시설에 관한 중요정책 사항
4. 철도안전과 철도운영에 관한 중요정책 사항
5. 철도시설관리자와 철도운영자 간 상호협력 및 조정에 관한 사항
6. 이 법 또는 다른 법률에서 위원회의 심의를 거치도록 한 사항
7. 그 밖에 철도산업에 관한 중요한 사항으로서 위원장이 회의에 부치는 사항

③ 위원회는 위원장을 포함한 25인 이내의 위원으로 구성한다.

④ 위원회에 상정할 안건을 미리 검토하고 위원회가 위임한 안건을 심의하기 위하여 위원회에 분과위원회를 둔다.

⑤ 이 법에서 규정한 사항 외에 위원회 및 분과위원회의 구성·기능 및 운영에 관하여 필요한 사항은 대통령령으로 정한다.

제2절 철도산업의 육성

제7조(철도시설 투자의 확대) ① 국가는 철도시설 투자를 추진하는 경우 사회적·환경적 편익을 고려하여야 한다.

② 국가는 각종 국가계획에 철도시설 투자의 목표치와 투자계획을 반영하여야 하며, 매년 교통시설 투자예산에서 철도시설 투자예산의 비율이 지속적으로 높아지도록 노력하여야 한다.

제8조(철도산업의 지원) 국가 및 지방자치단체는 철도산업의 육성·발전을 촉진하기 위하여 철도산업에 대한 재정·금융·세제·행정상의 지원을 할 수 있다.

제9조(철도산업전문인력의 교육·훈련 등) ① 국토교통부장관은 철도산업에 종사하는 자의 자질향상과

www.gosinet.co.kr

1회 기출복원
2회 기출복원
3회 기출예상
4회 기출예상
5회 기출예상
6회 기출예상
인성검사
면접가이드

철도법령

새로운 철도기술 및 그 운영기법의 향상을 위한 교육·훈련방안을 마련하여야 한다.

② 국토교통부장관은 국토교통부령으로 정하는 바에 의하여 철도산업전문연수기관과 협약을 체결하여 철도산업에 종사하는 자의 교육·훈련프로그램에 대한 행정적·재정적 지원 등을 할 수 있다.

③ 제2항에 따른 철도산업전문연수기관은 매년 전문인력수요조사를 실시하고 그 결과와 전문인력의 수급에 관한 의견을 국토교통부장관에게 제출할 수 있다.

④ 국토교통부장관은 새로운 철도기술과 운영기법의 향상을 위하여 특히 필요하다고 인정하는 때에는 정부투자기관·정부출연기관 또는 정부가 출자한 회사 등으로 하여금 새로운 철도기술과 운영기법의 연구·개발에 투자하도록 권고할 수 있다.

제10조(철도산업교육과정의 확대 등) ① 국토교통부장관은 철도산업전문인력의 수급의 변화에 따라 철도산업교육과정의 확대 등 필요한 조치를 관계 중앙행정기관의 장에게 요청할 수 있다.

② 국가는 철도산업종사자의 자격제도를 다양화하고 질적 수준을 유지·발전시키기 위하여 필요한 시책을 수립·시행하여야 한다.

③ 국토교통부장관은 철도산업 전문인력의 원활한 수급 및 철도산업의 발전을 위하여 특성화된 대학 등 교육기관을 운영·지원할 수 있다.

제11조(철도기술의 진흥 등) ① 국토교통부장관은 철도기술의 진흥 및 육성을 위하여 철도기술전반에 대한 연구 및 개발에 노력하여야 한다.

② 국토교통부장관은 제1항에 따른 연구 및 개발을 촉진하기 위하여 이를 전문으로 연구하는 기관 또는 단체를 지도·육성하여야 한다.

③ 국가는 철도기술의 진흥을 위하여 철도시험·연구개발시설 및 부지 등 국유재산을 「과학기술분야정부출연연구기관등의설립·운영및육성에관한법률」에 의한 한국철도기술연구원에 무상으로 대부·양여하거나 사용·수익하게 할 수 있다.

제12조(철도산업의 정보화 촉진) ① 국토교통부장관은 철도산업에 관한 정보를 효율적으로 처리하고 원활하게 유통하기 위하여 대통령령으로 정하는 바에 의하여 철도산업정보화기본계획을 수립·시행하여야 한다.

② 국토교통부장관은 철도산업에 관한 정보를 효율적으로 수집·관리 및 제공하기 위하여 대통령령으로 정하는 바에 의하여 철도산업정보센터를

설치·운영하거나 철도산업에 관한 정보를 수집·관리 또는 제공하는 자 등에게 필요한 지원을 할 수 있다.

제13조(국제협력 및 해외진출 촉진) ① 국토교통부장관은 철도산업에 관한 국제적 동향을 파악하고 국제협력을 촉진하여야 한다.

② 국가는 철도산업의 국제협력 및 해외시장 진출을 추진하기 위하여 다음 각호의 사업을 지원할 수 있다.

1. 철도산업과 관련된 기술 및 인력의 국제교류
2. 철도산업의 국제표준화와 국제공동연구개발
3. 그 밖에 국토교통부장관이 철도산업의 국제협력 및 해외시장 진출을 촉진하기 위하여 필요하다고 인정하는 사업

제13조의2(협회의 설립) ① 철도산업에 관련된 기업, 기관 및 단체와 이에 관한 업무에 종사하는 자는 철도산업의 건전한 발전과 해외진출을 도모하기 위하여 철도협회(이하 "협회"라 한다)를 설립할 수 있다.

② 협회는 법인으로 한다.

③ 협회는 국토교통부장관의 인가를 받아 주된 사무소의 소재지에 설립등기를 함으로써 성립한다.

④ 협회는 철도 분야에 관한 다음 각호의 업무를 한다.

1. 정책 및 기술개발의 지원
2. 정보의 관리 및 공동활용 지원
3. 전문인력의 양성 지원
4. 해외철도 진출을 위한 현지조사 및 지원
5. 조사·연구 및 간행물의 발간
6. 국가 또는 지방자치단체 위탁사업
7. 그 밖에 정관으로 정하는 업무

⑤ 국가, 지방자치단체 및 「공공기관의운영에관한법률」에 따른 철도 분야 공공기관은 협회에 위탁한 업무의 수행에 필요한 비용의 전부 또는 일부를 예산의 범위에서 지원할 수 있다.

⑥ 협회의 정관은 국토교통부장관의 인가를 받아야 하며, 정관의 기재사항과 협회의 운영 등에 필요한 사항은 대통령령으로 정한다.

⑦ 협회에 관하여 이 법에 규정한 것 외에는 「민법」 중 사단법인에 관한 규정을 준용한다.

제3장 철도안전 및 이용자 보호

제14조(철도안전) ① 국가는 국민의 생명·신체 및 재산을 보호하기 위하여 철도안전에 필요한 법적·제도적 장치를 마련하고 이에 필요한 재원을 확보하도록 노력하여야 한다.
② 철도시설관리자는 그 시설을 설치 또는 관리할 때에 법령에서 정하는 바에 따라 해당 시설의 안전한 상태를 유지하고, 해당 시설과 이를 이용하려는 철도차량 간의 종합적인 성능검증 및 안전상태 점검 등 안전확보에 필요한 조치를 하여야 한다.
③ 철도운영자 또는 철도차량 및 장비 등의 제조업자는 법령에서 정하는 바에 따라 철도의 안전한 운행 또는 그 제조하는 철도차량 및 장비 등의 구조·설비 및 장치의 안전성을 확보하고 이의 향상을 위하여 노력하여야 한다.
④ 국가는 객관적이고 공정한 철도사고조사를 추진하기 위한 전담기구와 전문인력을 확보하여야 한다.

제15조(철도서비스의 품질개선 등) ① 철도운영자는 그가 제공하는 철도서비스의 품질을 개선하기 위하여 노력하여야 한다.
② 국토교통부장관은 철도서비스의 품질을 개선하고 이용자의 편익을 높이기 위하여 철도서비스의 품질을 평가하여 시책에 반영하여야 한다.
③ 제2항에 따른 철도서비스 품질평가의 절차 및 활용 등에 관하여 필요한 사항은 국토교통부령으로 정한다.

제16조(철도이용자의 권익보호 등) 국가는 철도이용자의 권익보호를 위하여 다음 각호의 시책을 강구하여야 한다.
1. 철도이용자의 권익보호를 위한 홍보·교육 및 연구
2. 철도이용자의 생명·신체 및 재산상의 위해 방지
3. 철도이용자의 불만 및 피해에 대한 신속·공정한 구제조치
4. 그 밖에 철도이용자 보호와 관련된 사항

제4장 철도산업구조개혁의 추진

제1절 기본시책

제17조(철도산업구조개혁의 기본방향) ① 국가는 철도산업의 경쟁력을 강화하고 발전기반을 조성하기

위하여 철도시설 부문과 철도운영 부문을 분리하는 철도산업의 구조개혁을 추진하여야 한다.
② 국가는 철도시설 부문과 철도운영 부문 간의 상호 보완적 기능이 발휘될 수 있도록 대통령령으로 정하는 바에 의하여 상호협력체계 구축 등 필요한 조치를 마련하여야 한다.

제18조(철도산업구조개혁기본계획의 수립 등) ① 국토교통부장관은 철도산업의 구조개혁을 효율적으로 추진하기 위하여 철도산업구조개혁기본계획(이하 "구조개혁계획"이라 한다)을 수립하여야 한다.
② 구조개혁계획에는 다음 각호의 사항이 포함되어야 한다.
1. 철도산업구조개혁의 목표 및 기본방향에 관한 사항
2. 철도산업구조개혁의 추진방안에 관한 사항
3. 철도의 소유 및 경영구조의 개혁에 관한 사항
4. 철도산업구조개혁에 따른 대내외 여건조성에 관한 사항
5. 철도산업구조개혁에 따른 자산·부채·인력 등에 관한 사항
6. 철도산업구조개혁에 따른 철도관련 기관·단체 등의 정비에 관한 사항
7. 그 밖에 철도산업구조개혁을 위하여 필요한 사항으로서 대통령령으로 정하는 사항
③ 국토교통부장관은 구조개혁계획을 수립하고자 하는 때에는 미리 구조개혁계획과 관련이 있는 행정기관의 장과 협의한 후 제6조에 따른 위원회의 심의를 거쳐야 한다. 수립한 구조개혁계획을 변경(대통령령으로 정하는 경미한 변경은 제외한다)하고자 하는 경우에도 또한 같다.
④ 국토교통부장관은 제3항에 따라 구조개혁계획을 수립 또는 변경한 때에는 이를 관보에 고시하여야 한다.
⑤ 관계행정기관의 장은 수립·고시된 구조개혁계획에 따라 연도별 시행계획을 수립·추진하고, 그 연도의 계획 및 전년도의 추진실적을 국토교통부장관에게 제출하여야 한다.
⑥ 제5항에 따른 연도별 시행계획의 수립 및 시행 등에 관하여 필요한 사항은 대통령령으로 정한다.

제19조(관리청) ① 철도의 관리청은 국토교통부장관으로 한다.
② 국토교통부장관은 이 법과 그 밖의 철도에 관한 법률에 규정된 철도시설의 건설 및 관리 등에 관한 그의 업무의 일부를 대통령령으로 정하는 바에 의하여 제20조 제3항에 따라 설립되는 국가철도

공단으로 하여금 대행하게 할 수 있다. 이 경우 대행하는 업무의 범위·권한의 내용 등에 관하여 필요한 사항은 대통령령으로 정한다.

③ 제20조 제3항에 따라 설립되는 국가철도공단은 제2항에 따라 국토교통부장관의 업무를 대행하는 경우에 그 대행하는 범위 안에서 이 법과 그 밖의 철도에 관한 법률을 적용할 때에는 그 철도의 관리청으로 본다.

제20조(철도시설) ① 철도산업의 구조개혁을 추진하는 경우 철도시설은 국가가 소유하는 것을 원칙으로 한다.

② 국토교통부장관은 철도시설에 대한 다음 각호의 시책을 수립·시행한다.
1. 철도시설에 대한 투자 계획수립 및 재원조달
2. 철도시설의 건설 및 관리
3. 철도시설의 유지보수 및 적정한 상태 유지
4. 철도시설의 안전관리 및 재해대책
5. 그 밖에 다른 교통시설과의 연계성 확보 등 철도시설의 공공성 확보에 필요한 사항

③ 국가는 철도시설 관련업무를 체계적이고 효율적으로 추진하기 위하여 그 집행조직으로서 철도청 및 고속철도건설공단의 관련 조직을 통·폐합하여 특별법에 의하여 국가철도공단(이하 "국가철도공단"이라 한다)을 설립한다.

제21조(철도운영) ① 철도산업의 구조개혁을 추진하는 경우 철도운영 관련사업은 시장경제원리에 따라 국가 외의 자가 영위하는 것을 원칙으로 한다.

② 국토교통부장관은 철도운영에 대한 다음 각호의 시책을 수립·시행한다. 〈개정 2008. 2. 29., 2013. 3. 23.〉
1. 철도운영부문의 경쟁력 강화
2. 철도운영서비스의 개선
3. 열차운영의 안전진단 등 예방조치 및 사고조사 등 철도운영의 안전확보
4. 공정한 경쟁여건의 조성
5. 그 밖에 철도이용자 보호와 열차운행원칙 등 철도운영에 필요한 사항

③ 국가는 철도운영 관련사업을 효율적으로 경영하기 위하여 철도청 및 고속철도건설공단의 관련 조직을 전환하여 특별법에 의하여 한국철도공사(이하 "철도공사"라 한다)를 설립한다.

제2절 자산·부채 및 인력의 처리

제22조(철도자산의 구분 등) ① 국토교통부장관은

철도산업의 구조개혁을 추진하는 경우 철도청과 고속철도건설공단의 철도자산을 다음 각호와 같이 구분하여야 한다.
1. 운영자산 : 철도청과 고속철도건설공단이 철도운영 등을 주된 목적으로 취득하였거나 관련 법령 및 계약 등에 의하여 취득하기로 한 재산·시설 및 그에 관한 권리
2. 시설자산 : 철도청과 고속철도건설공단이 철도의 기반이 되는 시설의 건설 및 관리를 주된 목적으로 취득하였거나 관련 법령 및 계약 등에 의하여 취득하기로 한 재산·시설 및 그에 관한 권리
3. 기타자산 : 제1호 및 제2호의 철도자산을 제외한 자산

② 국토교통부장관은 제1항에 따라 철도자산을 구분하는 때에는 기획재정부장관과 미리 협의하여 그 기준을 정한다.

제23조(철도자산의 처리) ① 국토교통부장관은 대통령령으로 정하는 바에 의하여 철도산업의 구조개혁을 추진하기 위한 철도자산의 처리계획(이하 "철도자산처리계획"이라 한다)을 위원회의 심의를 거쳐 수립하여야 한다.

② 국가는 「국유재산법」에도 불구하고 철도자산처리계획에 의하여 철도공사에 운영자산을 현물출자한다.

③ 철도공사는 제2항에 따라 현물출자 받은 운영자산과 관련된 권리와 의무를 포괄하여 승계한다.

④ 국토교통부장관은 철도자산처리계획에 의하여 철도청장으로부터 다음 각호의 철도자산을 이관받으며, 그 관리업무를 국가철도공단, 철도공사, 관련 기관 및 단체 또는 대통령령으로 정하는 민간법인에 위탁하거나 그 자산을 사용·수익하게 할 수 있다.
1. 철도청의 시설자산(건설중인 시설자산은 제외한다)
2. 철도청의 기타자산

⑤ 국가철도공단은 철도자산처리계획에 의하여 다음 각호의 철도자산과 그에 관한 권리와 의무를 포괄하여 승계한다. 이 경우 제1호 및 제2호의 철도자산이 완공된 때에는 국가에 귀속된다.
1. 철도청이 건설중인 시설자산
2. 고속철도건설공단이 건설중인 시설자산 및 운영자산
3. 고속철도건설공단의 기타자산

⑥ 철도청장 또는 고속철도건설공단이사장이 제2항부터 제5항까지의 규정에 의하여 철도자산의

인계·이관 등을 하고자 하는 때에는 그에 관한 서류를 작성하여 국토교통부장관의 승인을 얻어야 한다.

⑦ 제6항에 따른 철도자산의 인계·이관 등의 시기와 해당 철도자산 등의 평가방법 및 평가기준일 등에 관한 사항은 대통령령으로 정한다.

제24조(철도부채의 처리) ① 국토교통부장관은 기획재정부장관과 미리 협의하여 철도청과 고속철도건설공단의 철도부채를 다음 각호로 구분하여야 한다.
1. 운영부채 : 제22조 제1항 제1호에 따른 운영자산과 직접 관련된 부채
2. 시설부채 : 제22조 제1항 제2호에 따른 시설자산과 직접 관련된 부채
3. 기타부채 : 제1호 및 제2호의 철도부채를 제외한 부채로서 철도사업특별회계가 부담하고 있는 철도부채 중 공공자금관리기금에 대한 부채
② 운영부채는 철도공사가, 시설부채는 국가철도공단이 각각 포괄하여 승계하고, 기타부채는 일반회계가 포괄하여 승계한다.
③ 제1항 및 제2항에 따라 철도청장 또는 고속철도건설공단이사장이 철도부채를 인계하고자 하는 때에는 인계에 관한 서류를 작성하여 국토교통부장관의 승인을 얻어야 한다.
④ 제3항에 따라 철도부채를 인계하는 시기와 인계하는 철도부채 등의 평가방법 및 평가기준일 등에 관한 사항은 대통령령으로 정한다.

제25조(고용승계 등) ① 철도공사 및 국가철도공단은 철도청 직원중 공무원 신분을 계속 유지하는 자를 제외한 철도청 직원 및 고속철도건설공단 직원의 고용을 포괄하여 승계한다.
② 국가는 제1항에 따라 철도청 직원 중 철도공사 및 국가철도공단 직원으로 고용이 승계되는 자에 대하여는 근로여건 및 퇴직급여의 불이익이 발생하지 않도록 필요한 조치를 한다.

제3절 철도시설관리권 등

제26조(철도시설관리권) ① 국토교통부장관은 철도시설을 관리하고 그 철도시설을 사용하거나 이용하는 자로부터 사용료를 징수할 수 있는 권리(이하 "철도시설관리권"이라 한다)를 설정할 수 있다.
② 제1항에 따라 철도시설관리권의 설정을 받은 자는 대통령령으로 정하는 바에 따라 국토교통부장관에게 등록하여야 한다. 등록한 사항을 변경하고자 하는 때에도 또한 같다.

제27조(철도시설관리권의 성질) 철도시설관리권은 이를 물권으로 보며, 이 법에 특별한 규정이 있는 경우를 제외하고는 민법 중 부동산에 관한 규정을 준용한다.

제28조(저당권 설정의 특례) 저당권이 설정된 철도시설관리권은 그 저당권자의 동의가 없으면 처분할 수 없다.

제29조(권리의 변동) ① 철도시설관리권 또는 철도시설관리권을 목적으로 하는 저당권의 설정·변경·소멸 및 처분의 제한은 국토교통부에 비치하는 철도시설관리권등록부에 등록함으로써 그 효력이 발생한다.
② 제1항에 따른 철도시설관리권의 등록에 관하여 필요한 사항은 대통령령으로 정한다.

제30조(철도시설 관리대장) ① 철도시설을 관리하는 자는 그가 관리하는 철도시설의 관리대장을 작성·비치하여야 한다.
② 철도시설 관리대장의 작성·비치 및 기재사항 등에 관하여 필요한 사항은 국토교통부령으로 정한다.

제31조(철도시설 사용료) ① 철도시설을 사용하고자 하는 자는 대통령령으로 정하는 바에 따라 관리청의 허가를 받거나 철도시설관리자와 시설사용계약을 체결하거나 그 시설사용계약을 체결한 자(이하 "시설사용계약자"라 한다)의 승낙을 얻어 사용할 수 있다.
② 철도시설관리자 또는 시설사용계약자는 제1항에 따라 철도시설을 사용하는 자로부터 사용료를 징수할 수 있다. 다만, 「국유재산법」 제34조에도 불구하고 지방자치단체가 직접 공용·공공용 또는 비영리 공익사업용으로 철도시설을 사용하고자 하는 경우에는 대통령령으로 정하는 바에 따라 그 사용료의 전부 또는 일부를 면제할 수 있다.
③ 제2항에 따라 철도시설 사용료를 징수하는 경우 철도의 사회경제적 편익과 다른 교통수단과의 형평성 등이 고려되어야 한다.
④ 철도시설 사용료의 징수기준 및 절차 등에 관하여 필요한 사항은 대통령령으로 정한다.

제4절 공익적 기능의 유지

제32조(공익서비스비용의 부담) ① 철도운영자의 공익서비스 제공으로 발생하는 비용(이하 "공익서비스비용"이라 한다)은 대통령령으로 정하는 바에

따라 국가 또는 해당 철도서비스를 직접 요구한 자(이하 "원인제공자"라 한다)가 부담하여야 한다.
② 원인제공자가 부담하는 공익서비스비용의 범위는 다음 각호와 같다.
1. 철도운영자가 다른 법령에 의하거나 국가정책 또는 공공목적을 위하여 철도운임·요금을 감면할 경우 그 감면액
2. 철도운영자가 경영개선을 위한 적절한 조치를 취하였음에도 불구하고 철도이용수요가 적어 수지균형의 확보가 극히 곤란하여 벽지의 노선 또는 역의 철도서비스를 제한 또는 중지하여야 되는 경우로서 공익목적을 위하여 기초적인 철도서비스를 계속함으로써 발생되는 경영손실
3. 철도운영자가 국가의 특수목적사업을 수행함으로써 발생되는 비용

제33조(공익서비스 제공에 따른 보상계약의 체결)
① 원인제공자는 철도운영자와 공익서비스비용의 보상에 관한 계약(이하 "보상계약"이라 한다)을 체결하여야 한다.
② 제1항에 따른 보상계약에는 다음 각호의 사항이 포함되어야 한다.
1. 철도운영자가 제공하는 철도서비스의 기준과 내용에 관한 사항
2. 공익서비스 제공과 관련하여 원인제공자가 부담하여야 하는 보상내용 및 보상방법 등에 관한 사항
3. 계약기간 및 계약기간의 수정·갱신과 계약의 해지에 관한 사항
4. 그 밖에 원인제공자와 철도운영자가 필요하다고 합의하는 사항
③ 원인제공자는 철도운영자와 보상계약을 체결하기 전에 계약내용에 관하여 국토교통부장관 및 기획재정부장관과 미리 협의하여야 한다.
④ 국토교통부장관은 공익서비스비용의 객관성과 공정성을 확보하기 위하여 필요한 때에는 국토교통부령으로 정하는 바에 의하여 전문기관을 지정하여 그 기관으로 하여금 공익서비스비용의 산정 및 평가 등의 업무를 담당하게 할 수 있다.
⑤ 보상계약체결에 관하여 원인제공자와 철도운영자의 협의가 성립되지 아니하는 때에는 원인제공자 또는 철도운영자의 신청에 의하여 위원회가 이를 조정할 수 있다.

제34조(특정노선 폐지 등의 승인)
① 철도시설관리자와 철도운영자(이하 "승인신청자"라 한다)는 다음 각호의 어느 하나에 해당하는 경우에 국토

교통부장관의 승인을 얻어 특정노선 및 역의 폐지와 관련 철도서비스의 제한 또는 중지 등 필요한 조치를 취할 수 있다.
1. 승인신청자가 철도서비스를 제공하고 있는 노선 또는 역에 대하여 철도의 경영개선을 위한 적절한 조치를 취하였음에도 불구하고 수지균형의 확보가 극히 곤란하여 경영상 어려움이 발생한 경우
2. 제33조에 따른 보상계약체결에도 불구하고 공익서비스비용에 대한 적정한 보상이 이루어지지 아니한 경우
3. 원인제공자가 공익서비스비용을 부담하지 아니한 경우
4. 원인제공자가 제33조 제5항에 따른 조정에 따르지 아니한 경우
② 승인신청자는 다음 각호의 사항이 포함된 승인신청서를 국토교통부장관에게 제출하여야 한다.
1. 폐지하고자 하는 특정 노선 및 역 또는 제한·중지하고자 하는 철도서비스의 내용
2. 특정 노선 및 역을 계속 운영하거나 철도서비스를 계속 제공하여야 할 경우의 원인제공자의 비용부담 등에 관한 사항
3. 그 밖에 특정 노선 및 역의 폐지 또는 철도서비스의 제한·중지 등과 관련된 사항
③ 국토교통부장관은 제2항에 따라 승인신청서가 제출된 경우 원인제공자 및 관계 행정기관의 장과 협의한 후 위원회의 심의를 거쳐 승인여부를 결정하고 그 결과를 승인신청자에게 통보하여야 한다. 이 경우 승인하기로 결정된 때에는 그 사실을 관보에 공고하여야 한다.
④ 국토교통부장관 또는 관계행정기관의 장은 승인신청자가 제1항에 따라 특정 노선 및 역을 폐지하거나 철도서비스의 제한·중지 등의 조치를 취하고자 하는 때에는 대통령령으로 정하는 바에 의하여 대체수송수단의 마련 등 필요한 조치를 하여야 한다.

제35조(승인의 제한 등)
① 국토교통부장관은 제34조 제1항 각호의 어느 하나에 해당되는 경우에도 다음 각호의 어느 하나에 해당하는 경우에는 같은 조 제3항에 따른 승인을 하지 아니할 수 있다.
1. 제34조에 따른 노선 폐지 등의 조치가 공익을 현저하게 저해한다고 인정하는 경우
2. 제34조에 따른 노선 폐지 등의 조치가 대체교통수단 미흡 등으로 교통서비스 제공에 중대한 지장을 초래한다고 인정하는 경우
② 국토교통부장관은 제1항 각호에 따라 승인을

하지 아니함에 따라 철도운영자인 승인신청자가 경영상 중대한 영업손실을 받은 경우에는 그 손실을 보상할 수 있다.

제36조(비상사태 시 처분) ① 국토교통부장관은 천재·지변·전시·사변, 철도교통의 심각한 장애 그 밖에 이에 준하는 사태의 발생으로 인하여 철도서비스에 중대한 차질이 발생하거나 발생할 우려가 있다고 인정하는 경우에는 필요한 범위 안에서 철도시설관리자·철도운영자 또는 철도이용자에게 다음 각호의 사항에 관한 조정·명령 그 밖의 필요한 조치를 할 수 있다.
1. 지역별·노선별·수송대상별 수송 우선순위 부여 등 수송통제
2. 철도시설·철도차량 또는 설비의 가동 및 조업
3. 대체수송수단 및 수송로의 확보
4. 임시열차의 편성 및 운행
5. 철도서비스 인력의 투입
6. 철도이용의 제한 또는 금지
7. 그 밖에 철도서비스의 수급안정을 위하여 대통령령으로 정하는 사항
② 국토교통부장관은 제1항에 따른 조치의 시행을 위하여 관계행정기관의 장에게 필요한 협조를 요청할 수 있으며, 관계행정기관의 장은 이에 협조하여야 한다.
③ 국토교통부장관은 제1항에 따른 조치를 한 사유가 소멸되었다고 인정하는 때에는 지체없이 이를 해제하여야 한다.

제5장 보칙

제37조(철도건설 등의 비용부담) ① 철도시설관리자는 지방자치단체·특정한 기관 또는 단체가 철도시설건설사업으로 인하여 현저한 이익을 받는 경우에는 국토교통부장관의 승인을 얻어 그 이익을 받는 자(이하 이 조에서 "수익자"라 한다)로 하여금 그 비용의 일부를 부담하게 할 수 있다.
② 제1항에 따라 수익자가 부담하여야 할 비용은 철도시설관리자와 수익자가 협의하여 정한다. 이 경우 협의가 성립되지 아니하는 때에는 철도시설관리자 또는 수익자의 신청에 의하여 위원회가 이를 조정할 수 있다.

제38조(권한의 위임 및 위탁) 국토교통부장관은 이 법에 따른 권한의 일부를 대통령령으로 정하는

바에 따라 특별시장·광역시장·도지사·특별자치도지사 또는 지방교통관서의 장에 위임하거나 관계 행정기관·국가철도공단·철도공사·정부출연연구기관에게 위탁할 수 있다. 다만, 철도시설 유지보수 시행업무는 철도공사에 위탁한다.

제39조(청문) 국토교통부장관은 제34조에 따른 특정 노선 및 역의 폐지와 이와 관련된 철도서비스의 제한 또는 중지에 대한 승인을 하고자 하는 때에는 청문을 실시하여야 한다.

제6장 벌칙

제40조(벌칙) ① 제34조의 규정을 위반하여 국토교통부장관의 승인을 얻지 아니하고 특정 노선 및 역을 폐지하거나 철도서비스를 제한 또는 중지한 자는 3년 이하의 징역 또는 5천만원 이하의 벌금에 처한다.
② 다음 각호의 어느 하나에 해당하는 자는 2년 이하의 징역 또는 3천만 원 이하의 벌금에 처한다.
1. 거짓이나 그 밖의 부정한 방법으로 제31조 제1항에 따른 허가를 받은 자
2. 제31조 제1항에 따른 허가를 받지 아니하고 철도시설을 사용한 자
3. 제36조 제1항 제1호부터 제5호까지 또는 제7호에 따른 조정·명령 등의 조치를 위반한 자

제41조(양벌규정) 법인의 대표자나 법인 또는 개인의 대리인, 사용인, 그 밖의 종업원이 그 법인 또는 개인의 업무에 관하여 제40조의 위반행위를 하면 그 행위자를 벌하는 외에 그 법인 또는 개인에게도 해당 조문의 벌금형을 과(科)한다. 다만, 법인 또는 개인이 그 위반행위를 방지하기 위하여 해당 업무에 관하여 상당한 주의와 감독을 게을리하지 아니한 경우에는 그러하지 아니하다.

제42조(과태료) ① 제36조 제1항 제6호의 규정을 위반한 자에게는 1천만 원 이하의 과태료를 부과한다. 〈개정 2020. 6. 9.〉
② 제1항에 따른 과태료는 대통령령으로 정하는 바에 따라 국토교통부장관이 부과·징수한다. 〈개정 2009. 4. 1., 2013. 3. 23.〉
③ 삭제 〈2009. 4. 1.〉
④ 삭제 〈2009. 4. 1.〉
⑤ 삭제 〈2009. 4. 1.〉

철도산업발전기본법 시행령
〈대통령령 제32759호, 시행 2022. 7. 5.〉

제1조(목적) 이 영은 「철도산업발전기본법」에서 위임된 사항과 그 시행에 관하여 필요한 사항을 규정함을 목적으로 한다.

제2조(철도시설) 「철도산업발전기본법」(이하 "법"이라 한다) 제3조 제2호 사목에서 "대통령령이 정하는 시설"이라 함은 다음 각호의 시설을 말한다.
1. 철도의 건설 및 유지보수에 필요한 자재를 가공·조립·운반 또는 보관하기 위하여 당해 사업기간 중에 사용되는 시설
2. 철도의 건설 및 유지보수를 위한 공사에 사용되는 진입도로·주차장·야적장·토석채취장 및 사토장과 그 설치 또는 운영에 필요한 시설
3. 철도의 건설 및 유지보수를 위하여 당해 사업기간 중에 사용되는 장비와 그 정비·점검 또는 수리를 위한 시설
4. 그 밖에 철도안전관련시설·안내시설 등 철도의 건설·유지보수 및 운영을 위하여 필요한 시설로서 국토교통부장관이 정하는 시설

제3조(철도산업발전기본계획의 내용) 법 제5조 제2항 제8호에서 "대통령령이 정하는 사항"이라 함은 다음 각호의 사항을 말한다.
1. 철도수송분담의 목표
2. 철도안전 및 철도서비스에 관한 사항
3. 다른 교통수단과의 연계수송에 관한 사항
4. 철도산업의 국제협력 및 해외시장 진출에 관한 사항
5. 철도산업시책의 추진체계
6. 그 밖에 철도산업의 육성 및 발전에 관한 사항으로서 국토교통부장관이 필요하다고 인정하는 사항

제4조(철도산업발전기본계획의 경미한 변경) 법 제5조 제4항 후단에서 "대통령령이 정하는 경미한 변경"이라 함은 다음 각호의 변경을 말한다.
1. 철도시설투자사업 규모의 100분의 1의 범위안에서의 변경
2. 철도시설투자사업 총투자비용의 100분의 1의 범위안에서의 변경
3. 철도시설투자사업 기간의 2년의 기간 내에서의 변경

제5조(철도산업발전시행계획의 수립절차 등) ① 관계행정기관의 장은 법 제5조 제6항의 규정에 의한 당해 연도의 시행계획을 전년도 11월말까지 국토교통부장관에게 제출하여야 한다.
② 관계행정기관의 장은 전년도 시행계획의 추진실적을 매년 2월 말까지 국토교통부장관에게 제출하여야 한다.

제6조(철도산업위원회의 구성) ① 법 제6조의 규정에 의한 철도산업위원회(이하 "위원회"라 한다)의 위원장은 국토교통부장관이 된다. 〈개정 2008. 2. 29., 2013. 3. 23.〉
② 위원회의 위원은 다음 각호의 자가 된다
1. 기획재정부차관·교육부차관·과학기술정보통신부차관·행정안전부차관·산업통상자원부차관·고용노동부차관·국토교통부차관·해양수산부차관 및 공정거래위원회부위원장
2. 법 제20조 제3항의 규정에 따른 국가철도공단(이하 "국가철도공단"이라 한다)의 이사장
3. 법 제21조 제3항의 규정에 의한 한국철도공사(이하 "한국철도공사"라 한다)의 사장
4. 철도산업에 관한 전문성과 경험이 풍부한 자중에서 위원회의 위원장이 위촉하는 자
③ 제2항 제4호의 규정에 의한 위원의 임기는 2년으로 하되, 연임할 수 있다.

제6조의2(위원의 해촉) 위원회의 위원장은 제6조 제2항 제4호에 따른 위원이 다음 각호의 어느 하나에 해당하는 경우에는 해당 위원을 해촉(解囑)할 수 있다.
1. 심신장애로 인하여 직무를 수행할 수 없게 된 경우
2. 직무와 관련된 비위사실이 있는 경우
3. 직무태만, 품위손상이나 그 밖의 사유로 인하여 위원으로 적합하지 아니하다고 인정되는 경우
4. 위원 스스로 직무를 수행하는 것이 곤란하다고 의사를 밝히는 경우

제7조(위원회의 위원장의 직무) ① 위원회의 위원장은 위원회를 대표하며, 위원회의 업무를 총괄한다.
② 위원회의 위원장이 부득이한 사유로 직무를 수행할 수 없는 때에는 위원회의 위원장이 미리 지명한 위원이 그 직무를 대행한다.

제8조(회의) ① 위원회의 위원장은 위원회의 회의를 소집하고, 그 의장이 된다.

② 위원회의 회의는 재적위원 과반수의 출석과 출석위원 과반수의 찬성으로 의결한다.
③ 위원회는 회의록을 작성·비치하여야 한다.

제9조(간사) 위원회에 간사 1인을 두되, 간사는 국토교통부장관이 국토교통부소속공무원 중에서 지명한다.

제10조(실무위원회의 구성 등) ① 위원회의 심의·조정사항과 위원회에서 위임한 사항의 실무적인 검토를 위하여 위원회에 실무위원회를 둔다.
② 실무위원회는 위원장을 포함한 20인 이내의 위원으로 구성한다.
③ 실무위원회의 위원장은 국토교통부장관이 국토교통부의 3급 공무원 또는 고위공무원단에 속하는 일반직공무원 중에서 지명한다.
④ 실무위원회의 위원은 다음 각호의 자가 된다.
1. 기획재정부·교육부·과학기술정보통신부·행정안전부·산업통상자원부·고용노동부·국토교통부·해양수산부 및 공정거래위원회의 3급 공무원, 4급 공무원 또는 고위공무원단에 속하는 일반직공무원 중 그 소속기관의 장이 지명하는 자 각 1인
2. 국가철도공단의 임직원 중 국가철도공단이사장이 지명하는 자 1인
3. 한국철도공사의 임직원 중 한국철도공사사장이 지명하는 자 1인
4. 철도산업에 관한 전문성과 경험이 풍부한 자 중에서 실무위원회의 위원장이 위촉하는 자
⑤ 제4항 제4호의 규정에 의한 위원의 임기는 2년으로 하되, 연임할 수 있다.
⑥ 실무위원회에 간사 1인을 두되, 간사는 국토교통부장관이 국토교통부소속 공무원 중에서 지명한다.
⑦ 제8조의 규정은 실무위원회의 회의에 관하여 이를 준용한다.

제10조의2(실무위원회 위원의 해촉 등) ① 제10조 제4항 제1호부터 제3호까지의 규정에 따라 위원을 지명한 자는 위원이 다음 각호의 어느 하나에 해당하는 경우에는 그 지명을 철회할 수 있다.
1. 심신장애로 인하여 직무를 수행할 수 없게 된 경우
2. 직무와 관련된 비위사실이 있는 경우
3. 직무태만, 품위손상이나 그 밖의 사유로 인하여 위원으로 적합하지 아니하다고 인정되는 경우
4. 위원 스스로 직무를 수행하는 것이 곤란하다고 의사를 밝히는 경우

② 실무위원회의 위원장은 제10조 제4항 제4호에 따른 위원이 제1항 각호의 어느 하나에 해당하는 경우에는 해당 위원을 해촉할 수 있다.

제11조(철도산업구조개혁기획단의 구성 등) ① 위원회의 활동을 지원하고 철도산업의 구조개혁 그 밖에 철도정책과 관련되는 다음 각호의 업무를 지원·수행하기 위하여 국토교통부장관소속하에 철도산업구조개혁기획단(이하 "기획단"이라 한다)을 둔다.
1. 철도산업구조개혁기본계획 및 분야별 세부추진계획의 수립
2. 철도산업구조개혁과 관련된 철도의 건설·운영 주체의 정비
3. 철도산업구조개혁과 관련된 인력조정·재원확보대책의 수립
4. 철도산업구조개혁과 관련된 법령의 정비
5. 철도산업구조개혁추진에 따른 철도운임·철도시설사용료·철도수송시장 등에 관한 철도산업정책의 수립
6. 철도산업구조개혁추진에 따른 공익서비스비용의 보상, 세제·금융지원 등 정부지원정책의 수립
7. 철도산업구조개혁추진에 따른 철도시설건설계획 및 투자재원조달대책의 수립
8. 철도산업구조개혁추진에 따른 전기·신호·차량 등에 관한 철도기술개발정책의 수립
9. 철도산업구조개혁추진에 따른 철도안전기준의 정비 및 안전정책의 수립
10. 철도산업구조개혁추진에 따른 남북철도망 및 국제철도망 구축정책의 수립
11. 철도산업구조개혁에 관한 대외협상 및 홍보
12. 철도산업구조개혁추진에 따른 각종 철도의 연계 및 조정
13. 그 밖에 철도산업구조개혁과 관련된 철도정책 전반에 관하여 필요한 업무
② 기획단은 단장 1인과 단원으로 구성한다.
③ 기획단의 단장은 국토교통부장관이 국토교통부의 3급 공무원 또는 고위공무원단에 속하는 일반직공무원 중에서 임명한다.
④ 국토교통부장관은 기획단의 업무수행을 위하여 필요하다고 인정하는 때에는 관계 행정기관, 한국철도공사 등 관련 공사, 국가철도공단 등 특별법에 의하여 설립된 공단 또는 관련 연구기관에 대하여 소속 공무원·임직원 또는 연구원을 기획단으로 파견하여 줄 것을 요청할 수 있다.
⑤ 기획단의 조직 및 운영에 관하여 필요한 세부적인 사항은 국토교통부장관이 정한다.

제12조(관계행정기관 등에의 협조요청 등) 위원회 및 실무위원회는 그 업무를 수행하기 위하여 필요한 때에는 관계행정기관 또는 단체 등에 대하여 자료 또는 의견의 제출 등의 협조를 요청하거나 관계공무원 또는 관계전문가 등을 위원회 및 실무위원회에 참석하게 하여 의견을 들을 수 있다.

제13조(수당 등) 위원회와 실무위원회의 위원 중 공무원이 아닌 위원 및 위원회와 실무위원회에 출석하는 관계전문가에 대하여는 예산의 범위안에서 수당·여비 그 밖의 필요한 경비를 지급할 수 있다.

제14조(운영세칙) 이 영에서 규정한 사항 외에 위원회 및 실무위원회의 운영에 관하여 필요한 사항은 위원회의 의결을 거쳐 위원회의 위원장이 정한다.

제15조(철도산업정보화기본계획의 내용 등) ① 법 제12조 제1항의 규정에 의한 철도산업정보화기본계획에는 다음 각호의 사항이 포함되어야 한다.
1. 철도산업정보화의 여건 및 전망
2. 철도산업정보화의 목표 및 단계별 추진계획
3. 철도산업정보화에 필요한 비용
4. 철도산업정보의 수집 및 조사계획
5. 철도산업정보의 유통 및 이용활성화에 관한 사항
6. 철도산업정보화와 관련된 기술개발의 지원에 관한 사항
7. 그 밖에 국토교통부장관이 필요하다고 인정하는 사항
② 국토교통부장관은 법 제12조 제1항의 규정에 의하여 철도산업정보화기본계획을 수립 또는 변경하고자 하는 때에는 위원회의 심의를 거쳐야 한다.

제16조(철도산업정보센터의 업무 등) ① 법 제12조 제2항의 규정에 의한 철도산업정보센터는 다음 각호의 업무를 행한다.
1. 철도산업정보의 수집·분석·보급 및 홍보
2. 철도산업의 국제동향 파악 및 국제협력사업의 지원
② 국토교통부장관은 법 제12조 제2항의 규정에 의하여 철도산업에 관한 정보를 수집·관리 또는 제공하는 자에게 예산의 범위안에서 운영에 소요되는 비용을 지원할 수 있다. 〈개정 2008. 2. 29., 2013. 3. 23.〉

제17조 삭제 〈2008. 10. 20.〉

제18조 삭제 〈2008. 10. 20.〉

제19조 삭제 〈2008. 10. 20.〉

제20조 삭제 〈2008. 10. 20.〉

제21조 삭제 〈2008. 10. 20.〉

제22조 삭제 〈2008. 10. 20.〉

제23조(업무절차서의 교환 등) ① 철도시설관리자와 철도운영자는 법 제17조 제2항의 규정에 의하여 철도시설관리와 철도운영에 있어 상호협력이 필요한 분야에 대하여 업무절차서를 작성하여 정기적으로 이를 교환하고, 이를 변경한 때에는 즉시 통보하여야 한다.
② 철도시설관리자와 철도운영자는 상호협력이 필요한 분야에 대하여 정기적으로 합동점검을 하여야 한다.

제24조(선로배분지침의 수립 등) ① 국토교통부장관은 법 제17조 제2항의 규정에 의하여 철도시설관리자와 철도운영자가 안전하고 효율적으로 선로를 사용할 수 있도록 하기 위하여 선로용량의 배분에 관한 지침(이하 "선로배분지침"이라 한다)을 수립·고시하여야 한다.
② 제1항의 규정에 의한 선로배분지침에는 다음 각호의 사항이 포함되어야 한다.
1. 여객열차와 화물열차에 대한 선로용량의 배분
2. 지역 간 열차와 지역 내 열차에 대한 선로용량의 배분
3. 선로의 유지보수·개량 및 건설을 위한 작업시간
4. 철도차량의 안전운행에 관한 사항
5. 그 밖에 선로의 효율적 활용을 위하여 필요한 사항
③ 철도시설관리자·철도운영자 등 선로를 관리 또는 사용하는 자는 제1항의 규정에 의한 선로배분지침을 준수하여야 한다.
④ 국토교통부장관은 철도차량 등의 운행정보의 제공, 철도차량 등에 대한 운행통제, 적법운행 여부에 대한 지도·감독, 사고발생시 사고복구 지시 등 철도교통의 안전과 질서를 유지하기 위하여 필요한 조치를 할 수 있도록 철도교통관제시설을 설치·운영하여야 한다.

제25조(철도산업구조개혁기본계획의 내용) 법 제18조 제2항 제7호에서 "대통령령이 정하는 사항"이라 함은 다음 각호의 사항을 말한다.
1. 철도서비스 시장의 구조개편에 관한 사항
2. 철도요금·철도시설사용료 등 가격정책에 관한 사항
3. 철도안전 및 서비스향상에 관한 사항
4. 철도산업구조개혁의 추진체계 및 관계기관의 협조에 관한 사항

5. 철도산업구조개혁의 중장기 추진방향에 관한 사항

6. 그 밖에 국토교통부장관이 철도산업구조개혁의 추진을 위하여 필요하다고 인정하는 사항

제26조(철도산업구조개혁기본계획의 경미한 변경)
법 제18조 제3항 후단에서 "대통령령이 정하는 경미한 변경"이라 함은 철도산업구조개혁기본계획 추진기간의 1년의 기간 내에서의 변경을 말한다.

제27조(철도산업구조개혁시행계획의 수립절차 등)
① 관계행정기관의 장은 법 제18조 제5항의 규정에 의한 당해 연도의 시행계획을 전년도 11월 말까지 국토교통부장관에게 제출하여야 한

② 관계행정기관의 장은 전년도 시행계획의 추진실적을 매년 2월 말까지 국토교통부장관에게 제출하여야 한다.

제28조(관리청 업무의 대행범위)
국토교통부장관이 법 제19조 제2항의 규정에 의하여 국가철도공단으로 하여금 대행하게 하는 경우 그 대행업무는 다음 각호와 같다.

1. 국가가 추진하는 철도시설 건설사업의 집행

2. 국가 소유의 철도시설에 대한 사용료 징수 등 관리업무의 집행

3. 철도시설의 안전유지, 철도시설과 이를 이용하는 철도차량간의 종합적인 성능검증·안전상태점검 등 철도시설의 안전을 위하여 국토교통부장관이 정하는 업무

4. 그 밖에 국토교통부장관이 철도시설의 효율적인 관리를 위하여 필요하다고 인정한 업무

제29조(철도자산처리계획의 내용)
법 제23조 제1항의 규정에 의한 철도자산처리계획에는 다음 각호의 사항이 포함되어야 한다.

1. 철도자산의 개요 및 현황에 관한 사항

2. 철도자산의 처리방향에 관한 사항

3. 철도자산의 구분기준에 관한 사항

4. 철도자산의 인계·이관 및 출자에 관한 사항

5. 철도자산처리의 추진일정에 관한 사항

6. 그 밖에 국토교통부장관이 철도자산의 처리를 위하여 필요하다고 인정하는 사항

제30조(철도자산 관리업무의 민간위탁계획)
① 법 제23조 제4항 각호외의 부분에서 "대통령령이 정하는 민간법인"이라 함은 민법에 의하여 설립된 비영리법인과 상법에 의하여 설립된 주식회사를 말한다.

② 국토교통부장관은 법 제23조 제4항의 규정에 의하여 철도자산의 관리업무를 민간법인에 위탁하고자 하는 때에는 위원회의 심의를 거쳐 민간위탁계획을 수립하여야 한다.

③ 제2항의 규정에 의한 민간위탁계획에는 다음 각호의 사항이 포함되어야 한다.

1. 위탁대상 철도자산

2. 위탁의 필요성·범위 및 효과

3. 수탁기관의 선정절차

④ 국토교통부장관이 제2항의 규정에 의하여 민간위탁계획을 수립한 때에는 이를 고시하여야 한다.

제31조(민간위탁계약의 체결)
① 국토교통부장관은 법 제23조 제4항의 규정에 의하여 철도자산의 관리업무를 위탁하고자 하는 때에는 제30조 제4항의 규정에 의하여 고시된 민간위탁계획에 따라 사업계획을 제출한 자중에서 당해 철도자산을 관리하기에 적합하다고 인정되는 자를 선정하여 위탁계약을 체결하여야 한다.

② 제1항의 규정에 의한 위탁계약에는 다음 각호의 사항이 포함되어야 한다.

1. 위탁대상 철도자산

2. 위탁대상 철도자산의 관리에 관한 사항

3. 위탁계약기간(계약기간의 수정·갱신 및 위탁계약의 해지에 관한 사항을 포함한다)

4. 위탁대가의 지급에 관한 사항

5. 위탁업무에 대한 관리 및 감독에 관한 사항

6. 위탁업무의 재위탁에 관한 사항

7. 그 밖에 국토교통부장관이 필요하다고 인정하는 사항

제32조(철도자산의 인계·이관 등의 절차 및 시기)
① 철도청장 또는 한국고속철도건설공단이사장은 법 제23조 제6항의 규정에 의하여 철도자산의 인계·이관 등에 관한 승인을 얻고자 하는 때에는 인계·이관 자산의 범위·목록 및 가액이 기재된 승인신청서에 인계·이관에 필요한 서류를 첨부하여 국토교통부장관에게 제출하여야 한다.

② 법 제23조 제7항의 규정에 의한 철도자산의 인계·이관 등의 시기는 다음 각호와 같다.

1. 한국철도공사가 법 제23조 제2항의 규정에 의한 철도자산을 출자받는 시기 : 한국철도공사의 설립등기일

2. 국토교통부장관이 법 제23조 제4항의 규정에 의한 철도자산을 이관받는 시기 : 2004년 1월 1일

3. 국가철도공단이 법 제23조 제5항의 규정에 의한 철도자산을 인계받는 시기 : 2004년 1월 1일

③ 인계·이관 등의 대상이 되는 철도자산의 평가기준일은 제2항의 규정에 의한 인계·이관 등을 받는 날의 전일로 한다. 다만, 법 제23조 제2항의 규정에 의하여 한국철도공사에 출자되는 철도자산의 평가기준일은 「국유재산법」이 정하는 바에 의한다.

④ 인계·이관 등의 대상이 되는 철도자산의 평가가액은 제3항의 규정에 의한 평가기준일의 자산의 장부가액으로 한다. 다만, 법 제23조 제2항의 규정에 의하여 한국철도공사에 출자되는 철도자산의 평가방법은 「국유재산법」이 정하는 바에 의한다.

제33조(철도부채의 인계절차 및 시기) ① 철도청장 또는 한국고속철도건설공단이사장이 법 제24조 제3항의 규정에 의하여 철도부채의 인계에 관한 승인을 얻고자 하는 때에는 인계 부채의 범위·목록 및 가액이 기재된 승인신청서에 인계에 필요한 서류를 첨부하여 국토교통부장관에게 제출하여야 한다.

② 법 제24조 제4항의 규정에 의한 철도부채의 인계시기는 다음 각호와 같다.

1. 한국철도공사가 법 제24조 제2항의 규정에 의하여 운영부채를 인계받는 시기 : 한국철도공사의 설립등기일

2. 국가철도공단이 법 제24조 제2항의 규정에 의하여 시설부채를 인계받는 시기 : 2004년 1월 1일

3. 일반회계가 법 제24조 제2항의 규정에 의하여 기타부채를 인계받는 시기 : 2004년 1월 1일

③ 인계하는 철도부채의 평가기준일은 제2항의 규정에 의한 인계일의 전일로 한다.

④ 인계하는 철도부채의 평가가액은 평가기준일의 부채의 장부가액으로 한다.

제34조(철도시설의 사용허가) 법 제31조 제1항에 따른 관리청의 허가 기준·방법·절차·기간 등에 관한 사항은 「국유재산법」에 따른다.

제34조의2(사용허가에 따른 철도시설의 사용료 등) ① 철도시설을 사용하려는 자가 법 제31조 제1항에 따라 관리청의 허가를 받아 철도시설을 사용하는 경우 같은 조 제2항 본문에 따라 관리청이 징수할 수 있는 철도시설의 사용료는 「국유재산법」 제32조에 따른다.

② 관리청은 법 제31조 제2항 단서에 따라 지방자치단체가 직접 공용·공공용 또는 비영리 공익사업용으로 철도시설을 사용하려는 경우에는 다음 각호의 구분에 따른 기준에 따라 사용료를 면제할 수 있다.

1. 철도시설을 취득하는 조건으로 사용하려는 경우로서 사용허가기간이 1년 이내인 사용허가의 경우 : 사용료의 전부

2. 제1호에서 정한 사용허가 외의 사용허가의 경우 : 사용료의 100분의 60

③ 사용허가에 따른 철도시설 사용료의 징수기준 및 절차 등에 관하여 이 영에서 규정된 것을 제외하고는 「국유재산법」에 따른다.

제35조(철도시설의 사용계약) ① 법 제31조 제1항에 따른 철도시설의 사용계약에는 다음 각호의 사항이 포함되어야 한다.

1. 사용기간·대상시설·사용조건 및 사용료

2. 대상시설의 제3자에 대한 사용승낙의 범위·조건

3. 상호책임 및 계약위반시 조치사항

4. 분쟁 발생 시 조정절차

5. 비상사태 발생 시 조치

6. 계약의 갱신에 관한 사항

7. 계약내용에 대한 비밀누설금지에 관한 사항

② 법 제3조 제2호 가목부터 라목까지에서 규정한 철도시설(이하 "선로등"이라 한다)에 대한 법 제31조 제1항에 따른 사용계약(이하 "선로등사용계약"이라 한다)을 체결하려는 경우에는 다음 각호의 기준을 모두 충족해야 한다.

1. 해당 선로등을 여객 또는 화물운송 목적으로 사용하려는 경우일 것

2. 사용기간이 5년을 초과하지 않을 것

③ 선로등에 대한 제1항 제1호에 따른 사용조건에는 다음 각호의 사항이 포함되어야 하며, 그 사용조건은 제24조 제1항에 따른 선로배분지침에 위반되는 내용이어서는 안 된다.

1. 투입되는 철도차량의 종류 및 길이

2. 철도차량의 일일운행횟수·운행개시시각·운행종료시각 및 운행간격

3. 출발역·정차역 및 종착역

4. 철도운영의 안전에 관한 사항

5. 철도여객 또는 화물운송서비스의 수준

④ 철도시설관리자는 법 제31조 제1항에 따라 철도시설을 사용하려는 자와 사용계약을 체결하여 철도시설을 사용하게 하려는 경우에는 미리 그 사실을 공고해야 한다.

제36조(사용계약에 따른 선로등의 사용료 등) ① 철도시설관리자는 제35조 제1항 제1호에 따른 선로등의 사용료를 정하는 경우에는 다음 각호의 한도를 초과하지 않는 범위에서 선로등의 유지보수 비용 등 관련 비용을 회수할 수 있도록 해야 한다.

1회 기출복원

2회 기출복원

3회 기출예상

4회 기출예상

5회 기출예상

6회 기출예상

인성검사

면접가이드

철도법령

다만, 「사회기반시설에 대한 민간투자법」 제26조에 따라 사회기반시설관리운영권을 설정받은 철도시설관리자는 같은 법에서 정하는 바에 따라 선로등의 사용료를 정해야 한다.

1. 국가 또는 지방자치단체가 건설사업비의 전액을 부담한 선로등 : 해당 선로등에 대한 유지보수비용의 총액

2. 제1호의 선로등 외의 선로등 : 해당 선로등에 대한 유지보수비용 총액과 총건설사업비(조사비·설계비·공사비·보상비 및 그 밖에 건설에 소요된 비용의 합계액에서 국가·지방자치단체 또는 법 제37조 제1항에 따라 수익자가 부담한 비용을 제외한 금액을 말한다)의 합계액

② 철도시설관리자는 제1항 각호 외의 부분 본문에 따라 선로등의 사용료를 정하는 경우에는 다음 각호의 사항을 고려할 수 있다.

1. 선로등급·선로용량 등 선로등의 상태
2. 운행하는 철도차량의 종류 및 중량
3. 철도차량의 운행시간대 및 운행횟수
4. 철도사고의 발생빈도 및 정도
5. 철도서비스의 수준
6. 철도관리의 효율성 및 공익성

③ 삭제 〈2022. 7. 4.〉

제37조(선로등사용계약 체결의 절차) ① 제35조 제2항의 규정에 의한 선로등사용계약을 체결하고자 하는 자(이하 "사용신청자"라 한다)는 선로등의 사용목적을 기재한 선로등사용계약신청서에 다음 각호의 서류를 첨부하여 철도시설관리자에게 제출하여야 한다.

1. 철도여객 또는 화물운송사업의 자격을 증명할 수 있는 서류
2. 철도여객 또는 화물운송사업계획서
3. 철도차량·운영시설의 규격 및 안전성을 확인할 수 있는 서류

② 철도시설관리자는 제1항의 규정에 의하여 선로등사용계약신청서를 제출받은 날부터 1월 이내에 사용신청자에게 선로등사용계약의 체결에 관한 협의일정을 통보하여야 한다.

③ 철도시설관리자는 사용신청자가 철도시설에 관한 자료의 제공을 요청하는 경우에는 특별한 이유가 없는 한 이에 응하여야 한다.

④ 철도시설관리자는 사용신청자와 선로등사용계약을 체결하고자 하는 경우에는 미리 국토교통부장관의 승인을 받아야 한다. 선로등사용계약의 내용을 변경하는 경우에도 또한 같다.

제38조(선로등사용계약의 갱신) ① 선로등사용계약을 체결하여 선로등을 사용하고 있는 자(이하 "선로등사용계약자"라 한다)는 그 선로등을 계속하여 사용하고자 하는 경우에는 사용기간이 만료되기 10월 전까지 선로등사용계약의 갱신을 신청하여야 한다.

② 철도시설관리자는 제1항의 규정에 의하여 선로등사용계약자가 선로등사용계약의 갱신을 신청한 때에는 특별한 사유가 없는 한 그 선로등의 사용에 관하여 우선적으로 협의하여야 한다. 이 경우 제35조 제4항의 규정은 이를 적용하지 아니한다.

③ 제35조 제1항 내지 제3항, 제36조 및 제37조의 규정은 선로등사용계약의 갱신에 관하여 이를 준용한다.

제39조(철도시설의 사용승낙) ① 제35조 제1항의 규정에 의한 철도시설의 사용계약을 체결한 자(이하 이 조에서 "시설사용계약자"라 한다)는 그 사용계약을 체결한 철도시설의 일부에 대하여 법 제31조 제1항의 규정에 의하여 제3자에게 그 사용을 승낙할 수 있다. 이 경우 철도시설관리자와 미리 협의하여야 한다.

② 시설사용계약자는 제1항의 규정에 의하여 제3자에게 사용승낙을 한 경우에는 그 내용을 철도시설관리자에게 통보하여야 한다.

제40조(공익서비스비용 보상예산의 확보) ① 철도운영자는 매년 3월 말까지 국가가 법 제32조 제1항의 규정에 의하여 다음 연도에 부담하여야 하는 공익서비스비용(이하 "국가부담비용"이라 한다)의 추정액, 당해 공익서비스의 내용 그 밖의 필요한 사항을 기재한 국가부담비용추정서를 국토교통부장관에게 제출하여야 한다. 이 경우 철도운영자가 국가부담비용의 추정액을 산정함에 있어서는 법 제33조 제1항의 규정에 의한 보상계약 등을 고려하여야 한다.

② 국토교통부장관은 제1항의 규정에 의하여 국가부담비용추정서를 제출받은 때에는 관계행정기관의 장과 협의하여 다음 연도의 국토교통부소관 일반회계에 국가부담비용을 계상하여야 한다.

③ 국토교통부장관은 제2항의 규정에 의한 국가부담비용을 정하는 때에는 제1항의 규정에 의한 국가부담비용의 추정액, 전년도에 부담한 국가부담비용, 관련법령의 규정 또는 법 제33조 제1항의 규정에 의한 보상계약 등을 고려하여야 한다.

제41조(국가부담비용의 지급) ① 철도운영자는 국가부담비용의 지급을 신청하고자 하는 때에는 국토교통부장관이 지정하는 기간 내에 국가부담비용지급신청서에 다음 각호의 서류를 첨부하여 국토교통부장관에게 제출하여야 한다.

1. 국가부담비용지급신청액 및 산정내역서
2. 당해 연도의 예상수입ㆍ지출명세서
3. 최근 2년간 지급받은 국가부담비용내역서
4. 원가계산서

② 국토교통부장관은 제1항의 규정에 의하여 국가부담비용지급신청서를 제출받은 때에는 이를 검토하여 매 반기마다 반기초에 국가부담비용을 지급하여야 한다.

제42조(국가부담비용의 정산) ① 제41조 제2항의 규정에 의하여 국가부담비용을 지급받은 철도운영자는 당해 반기가 끝난 후 30일 이내에 국가부담비용정산서에 다음 각호의 서류를 첨부하여 국토교통부장관에게 제출하여야 한다.

1. 수입ㆍ지출명세서
2. 수입ㆍ지출증빙서류
3. 그 밖에 현금흐름표 등 회계 관련 서류

② 국토교통부장관은 제1항의 규정에 의하여 국가부담비용정산서를 제출받은 때에는 법 제33조 제4항의 규정에 의한 전문기관 등으로 하여금 이를 확인하게 할 수 있다.

제43조(회계의 구분 등) ① 국가부담비용을 지급받는 철도운영자는 법 제32조 제2항 제2호의 규정에 의한 노선 및 역에 대한 회계를 다른 회계와 구분하여 경리하여야 한다.

② 국가부담비용을 지급받는 철도운영자의 회계연도는 정부의 회계연도에 따른다.

제44조(특정노선 폐지 등의 승인신청서의 첨부서류) 철도시설관리자와 철도운영자가 법 제34조 제2항의 규정에 의하여 국토교통부장관에게 승인신청서를 제출하는 때에는 다음 각호의 사항을 기재한 서류를 첨부하여야 한다. 〈개정 2008. 2. 29., 2013. 3. 23.〉

1. 승인신청 사유
2. 등급별ㆍ시간대별 철도차량의 운행빈도, 역수, 종사자수 등 운영현황
3. 과거 6월 이상의 기간 동안의 1일 평균 철도서비스 수요
4. 과거 1년 이상의 기간 동안의 수입ㆍ비용 및 영업손실액에 관한 회계보고서

5. 향후 5년 동안의 1일 평균 철도서비스 수요에 대한 전망
6. 과거 5년 동안의 공익서비스비용의 전체규모 및 법 제32조 제1항의 규정에 의한 원인제공자가 부담한 공익서비스 비용의 규모
7. 대체수송수단의 이용가능성

제45조(실태조사) ① 국토교통부장관은 법 제34조 제2항의 규정에 의한 승인신청을 받은 때에는 당해 노선 및 역의 운영현황 또는 철도서비스의 제공현황에 관하여 실태조사를 실시하여야 한다.

② 국토교통부장관은 필요한 경우에는 관계 지방자치단체 또는 관련 전문기관을 제1항의 규정에 의한 실태조사에 참여시킬 수 있다.

③ 국토교통부장관은 제1항의 규정에 의한 실태조사의 결과를 위원회에 보고하여야 한다.

제46조(특정노선 폐지 등의 공고) 국토교통부장관은 법 제34조 제3항의 규정에 의하여 승인을 한 때에는 그 승인이 있은 날부터 1월 이내에 폐지되는 특정노선 및 역 또는 제한ㆍ중지되는 철도서비스의 내용과 그 사유를 국토교통부령이 정하는 바에 따라 공고하여야 한다.

제47조(특정노선 폐지 등에 따른 수송대책의 수립) 국토교통부장관 또는 관계행정기관의 장은 특정노선 및 역의 폐지 또는 철도서비스의 제한ㆍ중지 등의 조치로 인하여 영향을 받는 지역중에서 대체수송수단이 없거나 현저히 부족하여 수송서비스에 심각한 지장이 초래되는 지역에 대하여는 법 제34조 제4항의 규정에 의하여 다음 각호의 사항이 포함된 수송대책을 수립ㆍ시행하여야 한다.

1. 수송여건 분석
2. 대체수송수단의 운행횟수 증대, 노선조정 또는 추가투입
3. 대체수송에 필요한 재원조달
4. 그 밖에 수송대책의 효율적 시행을 위하여 필요한 사항

제48조(철도서비스의 제한 또는 중지에 따른 신규운영자의 선정) ① 국토교통부장관은 철도운영자인 승인신청자(이하 이 조에서 "기존운영자"라 한다)가 법 제34조 제1항의 규정에 의하여 제한 또는 중지하고자 하는 특정 노선 및 역에 관한 철도서비스를 새로운 철도운영자(이하 이 조에서 "신규운영자"라 한다)로 하여금 제공하게 하는 것이 타당하다고 인정하는 때에는 법 제34조 제4항의 규정에 의하여 신규운영자를 선정할 수 있다.

② 국토교통부장관은 제1항의 규정에 의하여 신규운영자를 선정하고자 하는 때에는 법 제32조 제1항의 규정에 의한 원인제공자와 협의하여 경쟁에 의한 방법으로 신규운영자를 선정하여야 한다.

③ 원인제공자는 신규운영자와 법 제33조의 규정에 의한 보상계약을 체결하여야 하며, 기존운영자는 당해 철도서비스 등에 관한 인수인계서류를 작성하여 신규운영자에게 제공하여야 한다.

④ 제2항 및 제3항의 규정에 의한 신규운영자 선정의 구체적인 방법, 인수인계절차 그 밖의 필요한 사항은 국토교통부령으로 정한다.

제49조(비상사태시 처분) 법 제36조 제1항 제7호에서 "대통령령이 정하는 사항"이라 함은 다음 각호의 사항을 말한다.

1. 철도시설의 임시사용
2. 철도시설의 사용제한 및 접근 통제
3. 철도시설의 긴급복구 및 복구지원
4. 철도역 및 철도차량에 대한 수색 등

제50조(권한의 위탁) ① 국토교통부장관은 법 제38조 본문의 규정에 의하여 법 제12조 제2항의 규정에 의한 철도산업정보센터의 설치·운영업무를 다음 각호의 자중에서 국토교통부령이 정하는 자에게 위탁한다.

1. 정부출연연구기관등의설립·운영및육성에관한법률 또는 과학기술분야정부출연연구기관등의설립·운영및육성에관한법률에 의한 정부출연연구기관
2. 국가철도공단

② 국토교통부장관은 법 제38조 본문의 규정에 의하여 철도시설유지보수 시행업무를 철도청장에게 위탁한다.

③ 국토교통부장관은 법 제38조 본문의 규정에 의하여 제24조 제4항의 규정에 의한 철도교통관제시설의 관리업무 및 철도교통관제업무를 다음 각호의 자 중에서 국토교통부령이 정하는 자에게 위탁한다.

1. 국가철도공단
2. 철도운영자

제51조(과태료) ① 국토교통부장관이 법 제42조 제2항의 규정에 의하여 과태료를 부과하는 때에는 당해 위반행위를 조사·확인한 후 위반사실·과태료 금액·이의제기의 방법 및 기간 등을 서면으로 명시하여 이를 납부할 것을 과태료처분대상자에게 통지하여야 한다.

② 국토교통부장관은 제1항의 규정에 의하여 과태료를 부과하고자 하는 때에는 10일 이상의 기간을 정하여 과태료처분대상자에게 구술 또는 서면에 의한 의견진술의 기회를 주어야 한다. 이 경우 지정된 기일까지 의견진술이 없는 때에는 의견이 없는 것으로 본다.

③ 국토교통부장관은 과태료의 금액을 정함에 있어서는 당해 위반행위의 동기·정도·횟수 등을 참작하여야 한다.

④ 과태료의 징수절차는 국토교통부령으로 정한다.

한국철도공사법

〈법률 제15460호, 시행 2019. 3. 14.〉

제1조(목적) 이 법은 한국철도공사를 설립하여 철도운영의 전문성과 효율성을 높임으로써 철도산업과 국민경제의 발전에 이바지함을 목적으로 한다.

제2조(법인격) 한국철도공사(이하 "공사"라 한다)는 법인으로 한다.

제3조(사무소) ① 공사의 주된 사무소의 소재지는 정관으로 정한다.
② 공사는 업무수행을 위하여 필요하면 이사회의 의결을 거쳐 필요한 곳에 하부조직을 둘 수 있다.

제4조(자본금 및 출자) ① 공사의 자본금은 22조원으로 하고, 그 전부를 정부가 출자한다.
② 제1항에 따른 자본금의 납입 시기와 방법은 기획재정부장관이 정하는 바에 따른다.
③ 국가는 「국유재산법」에도 불구하고 「철도산업발전 기본법」 제22조 제1항 제1호에 따른 운영자산을 공사에 현물로 출자한다.
④ 제3항에 따라 국가가 공사에 출자를 할 때에는 「국유재산의 현물출자에 관한 법률」에 따른다.

제5조(등기) ① 공사는 주된 사무소의 소재지에서 설립등기를 함으로써 성립한다.
② 제1항에 따른 공사의 설립등기와 하부조직의 설치·이전 및 변경 등기, 그 밖에 공사의 등기에 필요한 사항은 대통령령으로 정한다.
③ 공사는 등기가 필요한 사항에 관하여는 등기하기 전에는 제3자에게 대항하지 못한다.

제6조 삭제 〈2009. 3. 25.〉

제7조(대리·대행) 정관으로 정하는 바에 따라 사장이 지정한 공사의 직원은 사장을 대신하여 공사의 업무에 관한 재판상 또는 재판 외의 모든 행위를 할 수 있다.

제8조(비밀 누설·도용의 금지) 공사의 임직원이거나 임직원이었던 사람은 그 직무상 알게 된 비밀을 누설하거나 도용하여서는 아니 된다.

제8조의2(유사명칭의 사용금지) 이 법에 따른 공사가 아닌 자는 한국철도공사 또는 이와 유사한 명칭을 사용하지 못한다.

제9조(사업) ① 공사는 다음 각호의 사업을 한다.

1. 철도여객사업, 화물운송사업, 철도와 다른 교통수단의 연계운송사업
2. 철도 장비와 철도용품의 제작·판매·정비 및 임대사업
3. 철도 차량의 정비 및 임대사업
4. 철도시설의 유지·보수 등 국가·지방자치단체 또는 공공법인 등으로부터 위탁받은 사업
5. 역세권 및 공사의 자산을 활용한 개발·운영 사업으로서 대통령령으로 정하는 사업
6. 「철도의 건설 및 철도시설 유지관리에 관한 법률」 제2조 제6호 가목의 역 시설 개발 및 운영사업으로서 대통령령으로 정하는 사업
7. 「물류정책기본법」에 따른 물류사업으로서 대통령령으로 정하는 사업
8. 「관광진흥법」에 따른 관광사업으로서 대통령령으로 정하는 사업
9. 제1호부터 제8호까지의 사업과 관련한 조사·연구, 정보화, 기술 개발 및 인력 양성에 관한 사업
10. 제1호부터 제9호까지의 사업에 딸린 사업으로서 대통령령으로 정하는 사업
② 공사는 국외에서 제1항 각호의 사업을 할 수 있다.
③ 공사는 이사회의 의결을 거쳐 예산의 범위에서 공사의 업무와 관련된 사업에 투자·융자·보조 또는 출연할 수 있다.

제10조(손익금의 처리) ① 공사는 매 사업연도 결산 결과 이익금이 생기면 다음 각호의 순서로 처리하여야 한다.
1. 이월결손금의 보전(補塡)
2. 자본금의 2분의 1이 될 때까지 이익금의 10분의 2 이상을 이익준비금으로 적립
3. 자본금과 같은 액수가 될 때까지 이익금의 10분의 2 이상을 사업확장적립금으로 적립
4. 국고에 납입
② 공사는 매 사업연도 결산 결과 손실금이 생기면 제1항 제3호에 따른 사업확장적립금으로 보전하고 그 적립금으로도 부족하면 같은 항 제2호에 따른 이익준비금으로 보전하되, 보전미달액은 다음 사업연도로 이월(移越)한다.
③ 제1항 제2호 및 제3호에 따른 이익준비금과 사업

확장적립금은 대통령령으로 정하는 바에 따라 자본금으로 전입할 수 있다.

제11조(사채의 발행 등) ① 공사는 이사회의 의결을 거쳐 사채를 발행할 수 있다.
② 사채의 발행액은 공사의 자본금과 적립금을 합한 금액의 5배를 초과하지 못한다.
③ 국가는 공사가 발행하는 사채의 원리금 상환을 보증할 수 있다.
④ 사채의 소멸시효는 원금은 5년, 이자는 2년이 지나면 완성한다.
⑤ 공사는 「공공기관의 운영에 관한 법률」 제40조 제3항에 따라 예산이 확정되면 2개월 이내에 해당 연도에 발행할 사채의 목적·규모·용도 등이 포함된 사채발행 운용계획을 수립하여 이사회의 의결을 거쳐 국토교통부장관의 승인을 받아야 한다. 운용계획을 변경하려는 경우에도 또한 같다.

제12조(보조금 등) 국가는 공사의 경영 안정 및 철도 차량·장비의 현대화 등을 위하여 재정 지원이 필요하다고 인정하면 예산의 범위에서 사업에 필요한 비용의 일부를 보조하거나 재정자금의 융자 또는 사채 인수를 할 수 있다.

제13조(역세권 개발사업) 공사는 철도사업과 관련하여 일반업무시설, 판매시설, 주차장, 여객자동차터미널 및 화물터미널 등 철도 이용자에게 편의를 제공하기 위한 역세권 개발사업을 할 수 있고, 정부는 필요한 경우에 행정적·재정적 지원을 할 수 있다.

제14조(국유재산의 무상대부 등) ① 국가는 다음 각호의 어느 하나에 해당하는 공사의 사업을 효율적으로 수행하기 위하여 국토교통부장관이 필요하다고 인정하면 「국유재산법」에도 불구하고 공사에 국유재산(물품을 포함한다. 이하 같다)을 무상으로 대부(貸付)하거나 사용·수익하게 할 수 있다.
1. 제9조 제1항 제1호부터 제4호까지의 규정에 따른 사업
2. 「철도산업발전 기본법」 제3조 제2호 가목의 역시설의 개발 및 운영사업
② 국가는 「국유재산법」에도 불구하고 제1항에 따라 대부하거나 사용·수익을 허가한 국유재산에 건물이나 그 밖의 영구시설물을 축조하게 할 수 있다.
③ 제1항에 따른 대부 또는 사용·수익 허가의 조건 및 절차에 관하여 필요한 사항은 대통령령으로 정한다.

제15조(국유재산의 전대 등) ① 공사는 제9조에 따른 사업을 효율적으로 수행하기 위하여 필요하면 제14조에 따라 대부받거나 사용·수익을 허가받은 국유재산을 전대(轉貸)할 수 있다.
② 공사는 제1항에 따른 전대를 하려면 미리 국토교통부장관의 승인을 받아야 한다. 이를 변경하려는 경우에도 또한 같다.
③ 제1항에 따라 전대를 받은 자는 재산을 다른 사람에게 대부하거나 사용·수익하게 하지 못한다.
④ 제1항에 따라 전대를 받은 자는 해당 재산에 건물이나 그 밖의 영구시설물을 축조하지 못한다. 다만, 국토교통부장관이 행정 목적 또는 공사의 사업 수행에 필요하다고 인정하는 시설물의 축조는 그러하지 아니하다.

제16조(지도·감독) 국토교통부장관은 공사의 업무 중 다음 각호의 사항과 그와 관련되는 업무에 대하여 지도·감독한다.
1. 연도별 사업계획 및 예산에 관한 사항
2. 철도서비스 품질 개선에 관한 사항
3. 철도사업계획의 이행에 관한 사항
4. 철도시설·철도차량·열차운행 등 철도의 안전을 확보하기 위한 사항
5. 그 밖에 다른 법령에서 정하는 사항

제17조(자료제공의 요청) ① 공사는 업무상 필요하다고 인정하면 관계 행정기관이나 철도사업과 관련되는 기관·단체 등에 자료의 제공을 요청할 수 있다.
② 제1항에 따라 자료의 제공을 요청받은 자는 특별한 사유가 없으면 그 요청에 따라야 한다.

제18조(등기 촉탁의 대위) 공사가 제9조 제1항 제4호에 따라 국가 또는 지방자치단체로부터 위탁받은 사업과 관련하여 국가 또는 지방자치단체가 취득한 부동산에 관한 권리를 「부동산등기법」 제98조에 따라 등기하여야 하는 경우 공사는 국가 또는 지방자치단체를 대위(代位)하여 등기를 촉탁할 수 있다.

제19조(벌칙) 제8조를 위반한 자는 2년 이하의 징역 또는 2천만 원 이하의 벌금에 처한다.

제20조(과태료) ① 제8조의2를 위반한 자에게는 500만 원 이하의 과태료를 부과한다. 〈개정 2014. 5. 21.〉
② 제1항에 따른 과태료는 국토교통부장관이 부과·징수한다.

한국철도공사법 시행령
〈대통령령 제31899호, 시행 2019. 7. 20.〉

제1조(목적) 이 영은 「한국철도공사법」에서 위임된 사항과 그 시행에 관하여 필요한 사항을 규정함을 목적으로 한다.

제2조(설립등기) 「한국철도공사법」(이하 "법"이라 한다) 제5조 제2항의 규정에 의한 한국철도공사(이하 "공사"라 한다)의 설립등기사항은 다음 각호와 같다.
1. 설립목적
2. 명칭
3. 주된 사무소 및 하부조직의 소재지
4. 자본금
5. 임원의 성명 및 주소
6. 공고의 방법

제3조(하부조직의 설치등기) 공사가 하부조직을 설치한 때에는 다음 각호의 구분에 따라 각각 등기하여야 한다.
1. 주된 사무소의 소재지에 있어서는 2주일 이내에 새로이 설치된 하부조직의 명칭 및 소재지
2. 새로이 설치된 하부조직의 소재지에 있어서는 3주일 이내에 제2조 각호의 사항
3. 이미 설치된 하부조직의 소재지에 있어서는 3주일 이내에 새로이 설치된 하부조직의 명칭 및 소재지

제4조(이전등기) ① 공사가 주된 사무소 또는 하부조직을 다른 등기소의 관할구역으로 이전한 때에는 구소재지에 있어서는 2주일 이내에 그 이전한 뜻을, 신소재지에 있어서는 3주일 이내에 제2조 각호의 사항을 각각 등기하여야 한다.
② 동일한 등기소의 관할구역 안에서 주된 사무소 또는 하부조직을 이전한 때에는 2주일 이내에 그 이전의 뜻만을 등기하여야 한다.

제5조(변경등기) 공사는 제2조 각호의 사항에 변경이 있는 때에는 주된 사무소의 소재지에서는 2주일 이내에, 하부조직의 소재지에서는 3주일 이내에 그 변경된 사항을 등기하여야 한다.

제6조(대리·대행인의 선임등기) ① 공사의 사장이 법 제7조의 규정에 의하여 사장에 갈음하여 공사의 업무에 관한 재판상 또는 재판외의 행위를 할 수 있는 직원(이하 "대리·대행인"이라 한다)을 선임한 때에는 2주일 이내에 대리·대행인을 둔 주된 사무소 또는 하부조직의 소재지에서 다음 각호의 사항을 등기하여야 한다. 등기한 사항이 변경된 때에도 또한 같다.
1. 대리·대행인의 성명 및 주소
2. 대리·대행인을 둔 주된 사무소 또는 하부조직의 명칭 및 소재지
3. 대리·대행인의 권한을 제한한 때에는 그 제한의 내용
② 대리·대행인을 해임한 때에는 2주일 이내에 대리·대행인을 둔 주된 사무소 또는 하부조직의 소재지에서 그 해임한 뜻을 등기하여야 한다.

제7조(등기신청서의 첨부서류) 제2조 내지 제6조의 규정에 의한 각 등기의 신청서에는 다음 각호의 구분에 따른 서류를 첨부하여야 한다.
1. 제2조의 규정에 의한 공사의 설립등기의 경우에는 공사의 정관, 자본금의 납입액 및 임원의 자격을 증명하는 서류
2. 제3조의 규정에 의한 하부조직의 설치등기의 경우에는 하부조직의 설치를 증명하는 서류
3. 제4조의 규정에 의한 이전등기의 경우에는 주된 사무소 또는 하부조직의 이전을 증명하는 서류
4. 제5조의 규정에 의한 변경등기의 경우에는 그 변경된 사항을 증명하는 서류
5. 제6조의 규정에 의한 대리·대행인의 선임·변경 또는 해임의 등기의 경우에는 그 선임·변경 또는 해임이 법 제7조의 규정에 의한 것임을 증명하는 서류와 대리·대행인이 제6조 제1항 제3호의 규정에 의하여 그 권한이 제한된 때에는 그 제한을 증명하는 서류

제7조의2(역세권 개발·운영 사업 등) ① 법 제9조 제1항 제5호에서 "대통령령으로 정하는 사업"이란 다음 각호에 따른 사업을 말한다.
1. 역세권 개발·운영 사업 : 「역세권의 개발 및 이용에 관한 법률」 제2조 제2호에 따른 역세권개발사업 및 운영 사업
2. 공사의 자산을 활용한 개발·운영 사업 : 철도 이용객의 편의를 증진하기 위한 시설의 개발·운영 사업

② 법 제9조 제1항 제6호에서 "대통령령으로 정하는 사업"이란 다음 각호의 시설을 개발·운영하는 사업을 말한다.

1. 「물류정책기본법」 제2조 제1항 제4호의 물류시설 중 철도운영이나 철도와 다른 교통수단과의 연계운송을 위한 시설

2. 「도시교통정비 촉진법」 제2조 제3호에 따른 환승시설

3. 역사와 같은 건물 안에 있는 시설로서 「건축법 시행령」 제3조의5에 따른 건축물 중 제1종 근린생활시설, 제2종 근린생활시설, 문화 및 집회시설, 판매시설, 운수시설, 의료시설, 운동시설, 업무시설, 숙박시설, 창고시설, 자동차관련시설, 관광휴게시설과 그 밖에 철도이용객의 편의를 증진하기 위한 시설

③ 법 제9조 제1항 제7호에서 "대통령령으로 정하는 사업"이란 「물류정책기본법」 제2조 제1항 제2호의 물류사업 중 다음 각호의 사업을 말한다. 〈개정 2021. 7. 20.〉

1. 철도운영을 위한 사업

2. 철도와 다른 교통수단과의 연계운송을 위한 사업

3. 다음 각 목의 자산을 이용하는 사업으로서 「물류정책기본법 시행령」 별표 1의 물류시설운영업 및 물류서비스업

가. 「철도산업발전기본법」 제3조 제2호의 철도시설(이하 "철도시설"이라 한다) 또는 철도부지

나. 그 밖에 공사가 소유하고 있는 시설, 장비 또는 부지

④ 법 제9조 제1항 제8호에서 "대통령령으로 정하는 사업"이란 「관광진흥법」 제3조에서 정한 관광사업(카지노업은 제외한다)으로서 철도운영과 관련된 사업을 말한다.

⑤ 법 제9조 제1항 제10호에서 "대통령령으로 정하는 사업"이란 다음 각호의 사업을 말한다.

1. 철도시설 또는 철도부지나 같은 조 제4호의 철도차량 등을 이용하는 광고사업

2. 철도시설을 이용한 정보통신 기반시설 구축 및 활용 사업

3. 철도운영과 관련한 엔지니어링 활동

4. 철도운영과 관련한 정기간행물 사업, 정보매체 사업

5. 다른 법령의 규정에 따라 공사가 시행할 수 있는 사업

6. 그 밖에 철도운영의 전문성과 효율성을 높이기 위하여 필요한 사업

제8조(이익준비금 등의 자본금전입) ① 법 제10조 제3항의 규정에 의하여 이익준비금 또는 사업확장적립금을 자본금으로 전입하고자 하는 때에는 이사회의 의결을 거쳐 기획재정부장관의 승인을 얻어야 한다.

② 제1항의 규정에 의하여 이익준비금 또는 사업확장적립금을 자본금에 전입한 때에는 공사는 그 사실을 국토교통부장관에게 보고하여야 한다.

제9조(사채의 발행방법) 공사가 법 제11조 제1항의 규정에 의하여 사채를 발행하고자 하는 때에는 모집·총액인수 또는 매출의 방법에 의한다.

제10조(사채의 응모 등) ① 사채의 모집에 응하고자 하는 자는 사채청약서 2통에 그 인수하고자 하는 사채의 수·인수가액과 청약자의 주소를 기재하고 기명날인하여야 한다. 다만, 사채의 최저가액을 정하여 발행하는 경우에는 그 응모가액을 기재하여야 한다.

② 사채청약서는 사장이 이를 작성하고 다음 각호의 사항을 기재해야 한다.

1. 공사의 명칭

2. 사채의 발행총액

3. 사채의 종류별 액면금액

4. 사채의 이율

5. 사채상환의 방법 및 시기

6. 이자지급의 방법 및 시기

7. 사채의 발행가액 또는 그 최저가액

8. 이미 발행한 사채 중 상환되지 아니한 사채가 있는 때에는 그 총액

9. 사채모집의 위탁을 받은 회사가 있을 때에는 그 상호 및 주소

제11조(사채의 발행총액) 공사가 법 제11조 제1항의 규정에 의하여 사채를 발행함에 있어서 실제로 응모된 총액이 사채청약서에 기재한 사채발행총액에 미달하는 때에도 사채를 발행한다는 뜻을 사채청약서에 표시할 수 있다. 이 경우 그 응모총액을 사채의 발행총액으로 한다.

제12조(총액인수의 방법 등) 공사가 계약에 의하여 특정인에게 사채의 총액을 인수시키는 경우에는 제10조의 규정을 적용하지 아니한다. 사채모집의 위탁을 받은 회사가 사채의 일부를 인수하는 경우에는 그 인수분에 대하여도 또한 같다.

제13조(매출의 방법) 공사가 매출의 방법으로 사채를 발행하는 경우에는 매출기간과 제10조 제2항

제1호·제3호 내지 제7호의 사항을 미리 공고하여야 한다.

제14조(사채인수가액의 납입 등) ① 공사는 사채의 응모가 완료된 때에는 지체없이 응모자가 인수한 사채의 전액을 납입시켜야 한다.

② 사채모집의 위탁을 받은 회사는 자기명의로 공사를 위하여 제1항 및 제10조 제2항의 규정에 의한 행위를 할 수 있다.

제15조(채권의 발행 및 기재사항) ① 채권은 사채의 인수가액 전액이 납입된 후가 아니면 이를 발행하지 못한다.

② 채권에는 다음 각호의 사항을 기재하고, 사장이 기명날인하여야 한다. 다만, 매출의 방법에 의하여 사채를 발행하는 경우에는 제10조 제2항 제2호의 사항은 이를 기재하지 아니한다.

1. 제10조 제2항 제1호 내지 제6호의 사항
2. 채권번호
3. 채권의 발행연월일

제16조(채권의 형식) 채권은 무기명식으로 한다. 다만, 응모자 또는 소지인의 청구에 의하여 기명식으로 할 수 있다.

제17조(사채원부) ① 공사는 주된 사무소에 사채원부를 비치하고, 다음 각호의 사항을 기재해야 한다.

1. 채권의 종류별 수와 번호
2. 채권의 발행연월일
3. 제10조 제2항 제2호 내지 제6호 및 제9호의 사항

② 채권이 기명식인 때에는 사채원부에 제1항 각호의 사항 외에 다음 각호의 사항을 기재해야 한다.

1. 채권소유자의 성명과 주소
2. 채권의 취득연월일

③ 채권의 소유자 또는 소지인은 공사의 근무시간 중 언제든지 사채원부의 열람을 요구할 수 있다.

제18조(이권흠결의 경우의 공제) ① 이권(利券)이 있는 무기명식의 사채를 상환하는 경우에 이권이 흠결된 때에는 그 이권에 상당한 금액을 상환액으로부터 공제한다.

② 제1항의 규정에 의한 이권소지인은 그 이권과 상환으로 공제된 금액의 지급을 청구할 수 있다.

제19조(사채권자 등에 대한 통지 등) ① 사채를 발행하기 전의 그 응모자 또는 사채를 교부받을

권리를 가진 자에 대한 통지 또는 최고는 사채청약서에 기재된 주소로 하여야 한다. 다만, 따로 주소를 공사에 통지한 경우에는 그 주소로 하여야 한다.

② 기명식채권의 소유자에 대한 통지 또는 최고는 사채원부에 기재된 주소로 하여야 한다. 다만, 따로 주소를 공사에 통지한 경우에는 그 주소로 하여야 한다.

③ 무기명식채권의 소지자에 대한 통지 또는 최고는 공고의 방법에 의한다. 다만, 그 소재를 알 수 있는 경우에는 이에 의하지 아니할 수 있다.

제20조(국유재산의 무상대부 등) ① 법 제14조 제1항의 규정에 의한 국유재산의 무상사용·수익은 당해 국유재산관리청의 허가에 의하며, 무상대부의 조건 및 절차 등에 관하여는 당해 국유재산관리청과 공사간의 계약에 의한다.

② 국유재산의 무상대부 또는 무상사용·수익에 관하여 법 및 이 영에 규정된 것외에는 국유재산법의 규정에 의한다.

제21조(국유재산의 전대의 절차 등) 공사는 법 제14조 제1항의 규정에 의하여 대부받거나 사용·수익의 허가를 받은 국유재산을 법 제15조 제1항의 규정에 의하여 전대(轉貸)하고자 하는 경우에는 다음 각호의 사항이 기재된 승인신청서를 국토교통부장관에게 제출하여야 한다.

1. 전대재산의 표시(도면을 포함한다)
2. 전대를 받을 자의 전대재산 사용목적
3. 전대기간
4. 사용료 및 그 산출근거
5. 전대를 받을 자의 사업계획서

제22조 삭제 〈2017. 6. 13.〉

철도사업법

〈법률 제19391호, 시행 2023. 10. 19.〉

제1장 총칙

제1조(목적) 이 법은 철도사업에 관한 질서를 확립하고 효율적인 운영 여건을 조성함으로써 철도사업의 건전한 발전과 철도 이용자의 편의를 도모하여 국민경제의 발전에 이바지함을 목적으로 한다.

제2조(정의) 이 법에서 사용하는 용어의 뜻은 다음과 같다.

1. "철도"란 「철도산업발전 기본법」 제3조 제1호에 따른 철도를 말한다.

2. "철도시설"이란 「철도산업발전 기본법」 제3조 제2호에 따른 철도시설을 말한다.

3. "철도차량"이란 「철도산업발전 기본법」 제3조 제4호에 따른 철도차량을 말한다.

4. "사업용철도"란 철도사업을 목적으로 설치하거나 운영하는 철도를 말한다.

5. "전용철도"란 다른 사람의 수요에 따른 영업을 목적으로 하지 아니하고 자신의 수요에 따라 특수목적을 수행하기 위하여 설치하거나 운영하는 철도를 말한다.

6. "철도사업"이란 다른 사람의 수요에 응하여 철도차량을 사용하여 유상(有償)으로 여객이나 화물을 운송하는 사업을 말한다.

7. "철도운수종사자"란 철도운송과 관련하여 승무(乘務, 동력차 운전과 열차 내 승무를 말한다. 이하 같다) 및 역무서비스를 제공하는 직원을 말한다.

8. "철도사업자"란 「한국철도공사법」에 따라 설립된 한국철도공사(이하 "철도공사"라 한다) 및 제5조에 따라 철도사업 면허를 받은 자를 말한다.

9. "전용철도운영자"란 제34조에 따라 전용철도 등록을 한 자를 말한다.

제3조(다른 법률과의 관계) 철도사업에 관하여 다른 법률에 특별한 규정이 있는 경우를 제외하고는 이 법에서 정하는 바에 따른다.

제3조의2(조약과의 관계) 국제철도(대한민국을 포함한 둘 이상의 국가에 걸쳐 운행되는 철도를 말한다)를 이용한 화물 및 여객 운송에 관하여 대한민국과 외국 간 체결된 조약에 이 법과 다른 규정이 있는 때에는 그 조약의 규정에 따른다.

제2장 철도사업의 관리

제4조(사업용철도노선의 고시 등) ① 국토교통부장관은 사업용철도노선의 노선번호, 노선명, 기점(起點), 종점(終點), 중요 경과지(정차역을 포함한다)와 그 밖에 필요한 사항을 국토교통부령으로 정하는 바에 따라 지정·고시하여야 한다.

② 국토교통부장관은 제1항에 따라 사업용철도노선을 지정·고시하는 경우 사업용철도노선을 다음 각호의 구분에 따라 분류할 수 있다.

1. 운행지역과 운행거리에 따른 분류

가. 간선(幹線)철도

나. 지선(支線)철도

2. 운행속도에 따른 분류

가. 고속철도노선

나. 준고속철도노선

다. 일반철도노선

③ 제2항에 따른 사업용철도노선 분류의 기준이 되는 운행지역, 운행거리 및 운행속도는 국토교통부령으로 정한다.

제4조의2(철도차량의 유형 분류) 국토교통부장관은 철도 운임 상한의 산정, 철도차량의 효율적인 관리 등을 위하여 철도차량을 국토교통부령으로 정하는 운행속도에 따라 다음 각호의 구분에 따른 유형으로 분류할 수 있다.

1. 고속철도차량

2. 준고속철도차량

3. 일반철도차량

제5조(면허 등) ① 철도사업을 경영하려는 자는 제4조 제1항에 따라 지정·고시된 사업용철도노선을 정하여 국토교통부장관의 면허를 받아야 한다. 이 경우 국토교통부장관은 철도의 공공성과 안전을 강화하고 이용자 편의를 증진시키기 위하여 국토교통부령으로 정하는 바에 따라 필요한 부담을 붙일 수 있다.

② 제1항에 따른 면허를 받으려는 자는 국토교통부령으로 정하는 바에 따라 사업계획서를 첨부한 면허신청서를 국토교통부장관에게 제출하여야 한다.

③ 철도사업의 면허를 받을 수 있는 자는 법인으로 한다.

제6조(면허의 기준) 철도사업의 면허기준은 다음 각호와 같다.

1. 해당 사업의 시작으로 철도교통의 안전에 지장을 줄 염려가 없을 것

2. 해당 사업의 운행계획이 그 운행 구간의 철도 수송 수요와 수송력 공급 및 이용자의 편의에 적합할 것

3. 신청자가 해당 사업을 수행할 수 있는 재정적 능력이 있을 것

4. 해당 사업에 사용할 철도차량의 대수(臺數), 사용연한 및 규격이 국토교통부령으로 정하는 기준에 맞을 것

제7조(결격사유) 다음 각호의 어느 하나에 해당하는 법인은 철도사업의 면허를 받을 수 없다.

1. 법인의 임원 중 다음 각 목의 어느 하나에 해당하는 사람이 있는 법인

가. 피성년후견인 또는 피한정후견인

나. 파산선고를 받고 복권되지 아니한 사람

다. 이 법 또는 대통령령으로 정하는 철도 관계 법령을 위반하여 금고 이상의 실형을 선고받고 그 집행이 끝나거나(끝난 것으로 보는 경우를 포함한다) 면제된 날부터 2년이 지나지 아니한 사람

라. 이 법 또는 대통령령으로 정하는 철도 관계 법령을 위반하여 금고 이상의 형의 집행유예를 선고받고 그 유예 기간 중에 있는 사람

2. 제16조 제1항에 따라 철도사업의 면허가 취소된 후 그 취소일부터 2년이 지나지 아니한 법인. 다만, 제1호가목 또는 나목에 해당하여 철도사업의 면허가 취소된 경우는 제외한다.

제8조(운송 시작의 의무) 철도사업자는 국토교통부장관이 지정하는 날 또는 기간에 운송을 시작하여야 한다. 다만, 천재지변이나 그 밖의 불가피한 사유로 철도사업자가 국토교통부장관이 지정하는 날 또는 기간에 운송을 시작할 수 없는 경우에는 국토교통부장관의 승인을 받아 날짜를 연기하거나 기간을 연장할 수 있다.

제9조(여객 운임·요금의 신고 등) ① 철도사업자는 여객에 대한 운임(여객운송에 대한 직접적인 대가를 말하며, 여객운송과 관련된 설비·용역에 대한 대가는 제외한다. 이하 같다)·요금(이하 "여객 운임·요금"이라 한다)을 국토교통부장관에게 신고하여야 한다. 이를 변경하려는 경우에도 같다.

② 철도사업자는 여객 운임·요금을 정하거나 변경하는 경우에는 원가(原價)와 버스 등 다른 교통수단의 여객 운임·요금과의 형평성 등을 고려하여야 한다. 이 경우 여객에 대한 운임은 제4조 제2항에 따른 사업용철도노선의 분류, 제4조의2에 따른 철도차량의 유형 등을 고려하여 국토교통부장관이 지정·고시한 상한을 초과하여서는 아니 된다.

③ 국토교통부장관은 제2항에 따라 여객 운임의 상한을 지정하려면 미리 기획재정부장관과 협의하여야 한다.

④ 국토교통부장관은 제1항에 따른 신고 또는 변경신고를 받은 날부터 3일 이내에 신고수리 여부를 신고인에게 통지하여야 한다.

⑤ 철도사업자는 제1항에 따라 신고 또는 변경신고를 한 여객 운임·요금을 그 시행 1주일 이전에 인터넷 홈페이지, 관계 역·영업소 및 사업소 등 일반인이 잘 볼 수 있는 곳에 게시하여야 한다.

제9조의2(여객 운임·요금의 감면) ① 철도사업자는 재해복구를 위한 긴급지원, 여객 유치를 위한 기념행사, 그 밖에 철도사업의 경영상 필요하다고 인정되는 경우에는 일정한 기간과 대상을 정하여 제9조 제1항에 따라 신고한 여객 운임·요금을 감면할 수 있다.

② 철도사업자는 제1항에 따라 여객 운임·요금을 감면하는 경우에는 그 시행 3일 이전에 감면 사항을 인터넷 홈페이지, 관계 역·영업소 및 사업소 등 일반인이 잘 볼 수 있는 곳에 게시하여야 한다. 다만, 긴급한 경우에는 미리 게시하지 아니할 수 있다. 〈개정 2015. 12. 29.〉

제10조(부가 운임의 징수) ① 철도사업자는 열차를 이용하는 여객이 정당한 운임·요금을 지급하지 아니하고 열차를 이용한 경우에는 승차 구간에 해당하는 운임 외에 그의 30배의 범위에서 부가 운임을 징수할 수 있다.

② 철도사업자는 송하인(送荷人)이 운송장에 적은 화물의 품명·중량·용적 또는 개수에 따라 계산한 운임이 정당한 사유 없이 정상 운임보다 적은 경우에는 송하인에게 그 부족 운임 외에 그 부족 운임의 5배의 범위에서 부가 운임을 징수할 수 있다.

③ 철도사업자는 제1항 및 제2항에 따른 부가 운임을 징수하려는 경우에는 사전에 부가 운임의 징수 대상 행위, 열차의 종류 및 운행 구간 등에 따른 부가 운임 산정기준을 정하고 제11조에 따른 철도사업약관에 포함하여 국토교통부장관에게 신고하여야 한다.

④ 국토교통부장관은 제3항에 따른 신고를 받은 날부터 3일 이내에 신고수리 여부를 신고인에게 통지하여야 한다.

⑤ 제1항 및 제2항에 따른 부가 운임의 징수 대상자는 이를 성실하게 납부하여야 한다.

제10조의2(승차권 등 부정판매의 금지) 철도사업자 또는 철도사업자로부터 승차권 판매위탁을 받은 자가 아닌 자는 철도사업자가 발행한 승차권 또는 할인권·교환권 등 승차권에 준하는 증서를 상습 또는 영업으로 자신이 구입한 가격을 초과한 금액으로 다른 사람에게 판매하거나 이를 알선하여서는 아니 된다.

제11조(철도사업약관) ① 철도사업자는 철도사업약관을 정하여 국토교통부장관에게 신고하여야 한다. 이를 변경하려는 경우에도 같다.

② 제1항에 따른 철도사업약관의 기재 사항 등에 필요한 사항은 국토교통부령으로 정한다.

③ 국토교통부장관은 제1항에 따른 신고 또는 변경신고를 받은 날부터 3일 이내에 신고수리 여부를 신고인에게 통지하여야 한다.

제12조(사업계획의 변경) ① 철도사업자는 사업계획을 변경하려는 경우에는 국토교통부장관에게 신고하여야 한다. 다만, 대통령령으로 정하는 중요 사항을 변경하려는 경우에는 국토교통부장관의 인가를 받아야 한다.

② 국토교통부장관은 철도사업자가 다음 각호의 어느 하나에 해당하는 경우에는 제1항에 따른 사업계획의 변경을 제한할 수 있다.

1. 제8조에 따라 국토교통부장관이 지정한 날 또는 기간에 운송을 시작하지 아니한 경우

2. 제16조에 따라 노선 운행중지, 운행제한, 감차(減車) 등을 수반하는 사업계획 변경명령을 받은 후 1년이 지나지 아니한 경우

3. 제21조에 따른 개선명령을 받고 이행하지 아니한 경우

4. 철도사고(「철도안전법」 제2조 제11호에 따른 철도사고를 말한다. 이하 같다)의 규모 또는 발생 빈도가 대통령령으로 정하는 기준 이상인 경우

③ 제1항과 제2항에 따른 사업계획 변경의 절차·기준과 그 밖에 필요한 사항은 국토교통부령으로 정한다.

④ 국토교통부장관은 제1항 본문에 따른 신고를 받은 날부터 3일 이내에 신고수리 여부를 신고인에게 통지하여야 한다.

제13조(공동운수협정) ① 철도사업자는 다른 철도사업자와 공동경영에 관한 계약이나 그 밖의 운수에 관한 협정(이하 "공동운수협정"이라 한다)을 체결하거나 변경하려는 경우에는 국토교통부령으로 정하는 바에 따라 국토교통부장관의 인가를 받아야 한다. 다만, 국토교통부령으로 정하는 경미한 사항을 변경하려는 경우에는 국토교통부령으로 정하는 바에 따라 국토교통부장관에게 신고하여야 한다.

② 국토교통부장관은 제1항 본문에 따라 공동운수협정을 인가하려면 미리 공정거래위원회와 협의하여야 한다.

③ 국토교통부장관은 제1항 단서에 따른 신고를 받은 날부터 3일 이내에 신고수리 여부를 신고인에게 통지하여야 한다.

제14조(사업의 양도·양수 등) ① 철도사업자는 그 철도사업을 양도·양수하려는 경우에는 국토교통부장관의 인가를 받아야 한다.

② 철도사업자는 다른 철도사업자 또는 철도사업 외의 사업을 경영하는 자와 합병하려는 경우에는 국토교통부장관의 인가를 받아야 한다.

③ 제1항이나 제2항에 따른 인가를 받은 경우 철도사업을 양수한 자는 철도사업을 양도한 자의 철도사업자로서의 지위를 승계하며, 합병으로 설립되거나 존속하는 법인은 합병으로 소멸되는 법인의 철도사업자로서의 지위를 승계한다.

④ 제1항과 제2항의 인가에 관하여는 제7조를 준용한다.

제15조(사업의 휴업·폐업) ① 철도사업자가 그 사업의 전부 또는 일부를 휴업 또는 폐업하려는 경우에는 국토교통부령으로 정하는 바에 따라 국토교통부장관의 허가를 받아야 한다. 다만, 선로 또는 교량의 파괴, 철도시설의 개량, 그 밖의 정당한 사유로 휴업하는 경우에는 국토교통부령으로 정하는 바에 따라 국토교통부장관에게 신고하여야 한다.

② 제1항에 따른 휴업기간은 6개월을 넘을 수 없다. 다만, 제1항 단서에 따른 휴업의 경우에는 예외로 한다.

③ 제1항에 따라 허가를 받거나 신고한 휴업기간 중이라도 휴업 사유가 소멸된 경우에는 국토교통부장관에게 신고하고 사업을 재개(再開)할 수 있다.

④ 국토교통부장관은 제1항 단서 및 제3항에 따른 신고를 받은 날부터 60일 이내에 신고수리 여부를 신고인에게 통지하여야 한다.

⑤ 철도사업자는 철도사업의 전부 또는 일부를 휴업 또는 폐업하려는 경우에는 대통령령으로 정하는 바에 따라 휴업 또는 폐업하는 사업의 내용과 그 기간 등을 인터넷 홈페이지, 관계 역·영업소 및 사업소 등 일반인이 잘 볼 수 있는 곳에 게시하여야 한다.

제16조(면허취소 등) ① 국토교통부장관은 철도사업자가 다음 각호의 어느 하나에 해당하는 경우에는 면허를 취소하거나, 6개월 이내의 기간을 정하여 사업의 전부 또는 일부의 정지를 명하거나, 노선 운행중지·운행제한·감차 등을 수반하는 사업계획의 변경을 명할 수 있다. 다만, 제4호 및 제7호의 경우에는 면허를 취소하여야 한다.

1. 면허받은 사항을 정당한 사유 없이 시행하지 아니한 경우

2. 사업 경영의 불확실 또는 자산상태의 현저한 불량이나 그 밖의 사유로 사업을 계속하는 것이 적합하지 아니할 경우

3. 고의 또는 중대한 과실에 의한 철도사고로 대통령령으로 정하는 다수의 사상자(死傷者)가 발생한 경우

4. 거짓이나 그 밖의 부정한 방법으로 제5조에 따른 철도사업의 면허를 받은 경우

5. 제5조 제1항 후단에 따라 면허에 붙인 부담을 위반한 경우

6. 제6조에 따른 철도사업의 면허기준에 미달하게 된 경우. 다만, 3개월 이내에 그 기준을 충족시킨 경우에는 예외로 한다.

7. 철도사업자의 임원 중 제7조 제1호 각 목의 어느 하나의 결격사유에 해당하게 된 사람이 있는 경우. 다만, 3개월 이내에 그 임원을 바꾸어 임명한 경우에는 예외로 한다.

8. 제8조를 위반하여 국토교통부장관이 지정한 날 또는 기간에 운송을 시작하지 아니한 경우

9. 제15조에 따른 휴업 또는 폐업의 허가를 받지 아니하거나 신고를 하지 아니하고 영업을 하지 아니한 경우

10. 제20조 제1항에 따른 준수사항을 1년 이내에 3회 이상 위반한 경우

11. 제21조에 따른 개선명령을 위반한 경우

12. 제23조에 따른 명의 대여 금지를 위반한 경우

② 제1항에 따른 처분의 기준 및 절차와 그 밖에 필요한 사항은 국토교통부령으로 정한다.

③ 국토교통부장관은 제1항에 따라 철도사업의 면허를 취소하려면 청문을 하여야 한다.

제17조(과징금처분) ① 국토교통부장관은 제16조 제1항에 따라 철도사업자에게 사업정지처분을 하여야 하는 경우로서 그 사업정지처분이 그 철도사업자가 제공하는 철도서비스의 이용자에게 심한 불편을 주거나 그 밖에 공익을 해칠 우려가 있을 때에는 그 사업정지처분을 갈음하여 1억 원 이하의 과징금을 부과·징수할 수 있다.

② 제1항에 따라 과징금을 부과하는 위반행위의 종류, 과징금의 부과기준·징수방법 등 필요한 사항은 대통령령으로 정한다.

③ 국토교통부장관은 제1항에 따라 과징금 부과처분을 받은 자가 납부기한까지 과징금을 내지 아니하면 국세 체납처분의 예에 따라 징수한다.

④ 제1항에 따라 징수한 과징금은 다음 각호 외의 용도로는 사용할 수 없다.

1. 철도사업 종사자의 양성·교육훈련이나 그 밖의 자질향상을 위한 시설 및 철도사업 종사자에 대한 지도업무의 수행을 위한 시설의 건설·운영

2. 철도사업의 경영개선이나 그 밖에 철도사업의 발전을 위하여 필요한 사업

3. 제1호 및 제2호의 목적을 위한 보조 또는 융자

⑤ 국토교통부장관은 과징금으로 징수한 금액의 운용계획을 수립하여 시행하여야 한다.

⑥ 제4항과 제5항에 따른 과징금 사용의 절차, 운용계획의 수립·시행에 관한 사항과 그 밖에 필요한 사항은 국토교통부령으로 정한다.

제18조(철도차량 표시) 철도사업자는 철도사업에 사용되는 철도차량에 철도사업자의 명칭과 그 밖에 국토교통부령으로 정하는 사항을 표시하여야 한다.

제19조(우편물 등의 운송) 철도사업자는 여객 또는 화물 운송에 부수(附隨)하여 우편물과 신문 등을 운송할 수 있다.

제20조(철도사업자의 준수사항) ① 철도사업자는 「철도안전법」 제21조에 따른 요건을 갖추지 아니한 사람을 운전업무에 종사하게 하여서는 아니 된다.

② 철도사업자는 사업계획을 성실하게 이행하여야 하며, 부당한 운송 조건을 제시하거나 정당한 사유 없이 운송계약의 체결을 거부하는 등 철도운송 질서를 해치는 행위를 하여서는 아니 된다.

③ 철도사업자는 여객 운임표, 여객 요금표, 감면 사항 및 철도사업약관을 인터넷 홈페이지에 게시하고 관계 역·영업소 및 사업소 등에 갖추어 두어야 하며, 이용자가 요구하는 경우에는 제시하여야 한다.

④ 제1항부터 제3항까지에 따른 준수사항 외에 운송의 안전과 여객 및 화주(貨主)의 편의를 위하여 철도사업자가 준수하여야 할 사항은 국토교통부령으로 정한다.

제21조(사업의 개선명령) 국토교통부장관은 원활한 철도운송, 서비스의 개선 및 운송의 안전과 그 밖에 공공복리의 증진을 위하여 필요하다고 인정하는 경우에는 철도사업자에게 다음 각호의 사항을 명할 수 있다.
1. 사업계획의 변경
2. 철도차량 및 운송 관련 장비 · 시설의 개선
3. 운임 · 요금 징수 방식의 개선
4. 철도사업약관의 변경
5. 공동운수협정의 체결
6. 철도차량 및 철도사고에 관한 손해배상을 위한 보험에의 가입
7. 안전운송의 확보 및 서비스의 향상을 위하여 필요한 조치
8. 철도운수종사자의 양성 및 자질향상을 위한 교육

제22조(철도운수종사자의 준수사항) 철도사업에 종사하는 철도운수종사자는 다음 각호의 어느 하나에 해당하는 행위를 하여서는 아니 된다.
1. 정당한 사유 없이 여객 또는 화물의 운송을 거부하거나 여객 또는 화물을 중도에서 내리게 하는 행위
2. 부당한 운임 또는 요금을 요구하거나 받는 행위
3. 그 밖에 안전운행과 여객 및 화주의 편의를 위하여 철도운수종사자가 준수하여야 할 사항으로서 국토교통부령으로 정하는 사항을 위반하는 행위

제23조(명의 대여의 금지) 철도사업자는 타인에게 자기의 성명 또는 상호를 사용하여 철도사업을 경영하게 하여서는 아니 된다.

제24조(철도화물 운송에 관한 책임) ① 철도사업자의 화물의 멸실 · 훼손 또는 인도(引導)의 지연에 대한 손해배상책임에 관하여는 「상법」 제135조를 준용한다.
② 제1항을 적용할 때에 화물이 인도 기한을 지난 후 3개월 이내에 인도되지 아니한 경우에는 그 화물은 멸실된 것으로 본다.

제2장의2
민자철도 운영의 감독 · 관리 등

제25조(민자철도의 유지 · 관리 및 운영에 관한 기준 등) ① 국토교통부장관은 「철도의 건설 및 철도시설 유지관리에 관한 법률」 제2조 제2호부터 제4호까지에 따른 고속철도, 광역철도 및 일반철도로서 「사회기반시설에 대한 민간투자법」 제2조 제6호에 따른 민간투자사업으로 건설된 철도(이하 "민자철도"라 한다)의 관리운영권을 「사회기반시설에 대한 민간투자법」 제26조 제1항에 따라 설정받은 자(이하 "민자철도사업자"라 한다)가 해당 민자철도를 안전하고 효율적으로 유지 · 관리할 수 있도록 민자철도의 유지 · 관리 및 운영에 관한 기준을 정하여 고시하여야 한다.
② 민자철도사업자는 민자철도의 안전하고 효율적인 유지 · 관리와 이용자 편의를 도모하기 위하여 제1항에 따라 고시된 기준을 준수하여야 한다.
③ 국토교통부장관은 제1항에 따른 민자철도의 유지 · 관리 및 운영에 관한 기준에 따라 매년 소관 민자철도에 대하여 운영평가를 실시하여야 한다.
④ 국토교통부장관은 제3항에 따른 운영평가 결과에 따라 민자철도에 관한 유지 · 관리 및 체계 개선 등 필요한 조치를 민자철도사업자에게 명할 수 있다.
⑤ 민자철도사업자는 제4항에 따른 명령을 이행하고 그 결과를 국토교통부장관에게 보고하여야 한다.
⑥ 제3항에 따른 운영평가의 절차, 방법 및 그 밖에 필요한 사항은 국토교통부령으로 정한다.

제25조의2(민자철도사업자에 대한 과징금 처분) ① 국토교통부장관은 민자철도사업자가 다음 각호의 어느 하나에 해당하는 경우에는 1억 원 이하의 과징금을 부과 · 징수할 수 있다.
1. 제25조 제2항을 위반하여 민자철도의 유지 · 관리 및 운영에 관한 기준을 준수하지 아니한 경우
2. 제25조 제5항을 위반하여 명령을 이행하지 아니하거나 그 결과를 보고하지 아니한 경우
② 제1항에 따라 과징금을 부과하는 위반행위의 종류와 위반 정도 등에 따른 과징금의 금액 및 징수방법 등에 필요한 사항은 대통령령으로 정한다.
③ 국토교통부장관은 제1항에 따라 과징금 부과처분을 받은 자가 납부기한까지 과징금을 내지 아니하면 국세강제징수의 예에 따라 징수한다.

④ 제1항에 따라 징수한 과징금의 용도 등에 관하여는 제17조 제4항부터 제6항까지를 준용한다.

제25조의3(사정변경 등에 따른 실시협약의 변경 요구 등) ① 국토교통부장관은 중대한 사정변경 또는 민자철도사업자의 위법한 행위 등 다음 각호의 어느 하나에 해당하는 사유가 발생한 경우 민자철도사업자에게 그 사유를 소명하거나 해소 대책을 수립할 것을 요구할 수 있다.

1. 민자철도사업자가 「사회기반시설에 대한 민간투자법」 제2조 제7호에 따른 실시협약(이하 "실시협약"이라 한다)에서 정한 자기자본의 비율을 대통령령으로 정하는 기준 미만으로 변경한 경우. 다만, 같은 조 제5호에 따른 주무관청의 승인을 받아 변경한 경우는 제외한다.

2. 민자철도사업자가 대통령령으로 정하는 기준을 초과한 이자율로 자금을 차입한 경우

3. 교통여건이 현저히 변화되는 등 실시협약의 기초가 되는 사실 또는 상황에 중대한 변경이 생긴 경우로서 대통령령으로 정하는 경우

② 제1항에 따른 요구를 받은 민자철도사업자는 국토교통부장관이 요구한 날부터 30일 이내에 그 사유를 소명하거나 해소 대책을 수립하여야 한다.

③ 국토교통부장관은 다음 각호의 어느 하나에 해당하는 경우 제25조의5에 따른 민자철도 관리지원센터의 자문을 거쳐 실시협약의 변경 등을 요구할 수 있다.

1. 민자철도사업자가 제2항에 따른 소명을 하지 아니하거나 그 소명이 충분하지 아니한 경우

2. 민자철도사업자가 제2항에 따른 해소 대책을 수립하지 아니한 경우

3. 제2항에 따른 해소 대책으로는 제1항에 따른 사유를 해소할 수 없거나 해소하기 곤란하다고 판단되는 경우

④ 국토교통부장관은 민자철도사업자가 제3항에 따른 요구에 따르지 아니하는 경우 정부지급금, 실시협약에 따른 보조금 및 재정지원금의 전부 또는 일부를 지급하지 아니할 수 있다.

제25조의4(민자철도사업자에 대한 지원) 국토교통부장관은 정책의 변경 또는 법령의 개정 등으로 인하여 민자철도사업자가 부담하여야 하는 비용이 추가로 발생하는 경우 그 비용의 전부 또는 일부를 지원할 수 있다.

제25조의5(민자철도 관리지원센터의 지정 등) ① 국토교통부장관은 민자철도에 대한 감독 업무를 효율적으로 수행하기 위하여 다음 각호의 어느 하나에 해당하는 기관을 민자철도에 대한 전문성을 고려하여 민자철도 관리지원센터(이하 "관리지원센터"라 한다)로 지정할 수 있다.

1. 「정부출연연구기관 등의 설립·운영 및 육성에 관한 법률」에 따른 정부출연연구기관

2. 「공공기관의 운영에 관한 법률」에 따른 공공기관

② 관리지원센터는 다음 각호의 업무를 수행한다.

1. 민자철도의 교통수요 예측, 적정 요금 또는 운임 및 운영비 산출과 관련한 자문 및 지원

2. 제25조 제1항에 따른 민자철도의 유지·관리 및 운영에 관한 기준과 관련한 자문 및 지원

3. 제25조 제3항에 따른 운영평가와 관련한 자문 및 지원

4. 제25조의3 제3항에 따른 실시협약 변경 등의 요구와 관련한 자문 및 지원

5. 제5항에 따라 국토교통부장관이 위탁하는 업무

6. 그 밖에 이 법에 따른 민자철도에 관한 감독 지원을 위하여 국토교통부령으로 정하는 업무

③ 국토교통부장관은 관리지원센터가 업무를 수행하는 데에 필요한 비용을 예산의 범위에서 지원할 수 있다.

④ 국토교통부장관은 관리지원센터가 다음 각호의 어느 하나에 해당하는 경우에는 지정을 취소할 수 있다. 다만, 제1호에 해당하는 경우에는 지정을 취소하여야 한다.

1. 거짓이나 그 밖의 부정한 방법으로 지정을 받은 경우

2. 지정받은 사항을 위반하여 업무를 수행한 경우

⑤ 국토교통부장관은 민자철도와 관련하여 이 법과 「사회기반시설에 대한 민간투자법」에 따른 업무로서 국토교통부령으로 정하는 업무를 관리지원센터에 위탁할 수 있다.

제25조의6(국회에 대한 보고 등) ① 국토교통부장관은 「사회기반시설에 대한 민간투자법」 제53조에 따라 국가가 재정을 지원한 민자철도의 건설 및 유지·관리 현황에 관한 보고서를 작성하여 매년 5월 31일까지 국회 소관 상임위원회에 제출하여야 한다.

② 국토교통부장관은 제1항에 따른 보고서를 작성하기 위하여 민자철도사업자에게 필요한 자료의 제출을 요구할 수 있다.

제3장 철도서비스 향상 등

제26조(철도서비스의 품질평가 등) ① 국토교통부 장관은 공공복리의 증진과 철도서비스 이용자의 권익보호를 위하여 철도사업자가 제공하는 철도서 비스에 대하여 적정한 철도서비스 기준을 정하고, 그에 따라 철도사업자가 제공하는 철도서비스의 품질을 평가하여야 한다.
② 제1항에 따른 철도서비스의 기준, 품질평가의 항목·절차 등에 필요한 사항은 국토교통부령으로 정한다.

제27조(평가 결과의 공표 및 활용) ① 국토교통부 장관은 제26조에 따른 철도서비스의 품질을 평가 한 경우에는 그 평가 결과를 대통령령으로 정하는 바에 따라 신문 등 대중매체를 통하여 공표하여야 한다.
② 국토교통부장관은 철도서비스의 품질평가 결과 에 따라 제21조에 따른 사업 개선명령 등 필요한 조치를 할 수 있다.

제28조(우수 철도서비스 인증) ① 국토교통부장관 은 공정거래위원회와 협의하여 철도사업자 간 경 쟁을 제한하지 아니하는 범위에서 철도서비스의 질적 향상을 촉진하기 위하여 우수 철도서비스에 대한 인증을 할 수 있다.
② 제1항에 따라 인증을 받은 철도사업자는 그 인 증의 내용을 나타내는 표지(이하 "우수서비스마 크"라 한다)를 철도차량, 역 시설 또는 철도 용품 등에 붙이거나 인증 사실을 홍보할 수 있다.
③ 제1항에 따라 인증을 받은 자가 아니면 우수서 비스마크 또는 이와 유사한 표지를 철도차량, 역 시설 또는 철도 용품 등에 붙이거나 인증 사실을 홍보하여서는 아니 된다.
④ 우수 철도서비스 인증의 절차, 인증기준, 우수 서비스마크, 인증의 사후관리에 관한 사항과 그 밖에 인증에 필요한 사항은 국토교통부령으로 정 한다.

제29조(평가업무 등의 위탁) 국토교통부장관은 효 율적인 철도 서비스 품질평가 체제를 구축하기 위 하여 필요한 경우에는 관계 전문기관 등에 철도서 비스 품질에 대한 조사·평가·연구 등의 업무와 제28조 제1항에 따른 우수 철도서비스 인증에 필 요한 심사업무를 위탁할 수 있다.

제30조(자료 등의 요청) ① 국토교통부장관이나 제29조에 따라 평가업무 등을 위탁받은 자는 철도 서비스의 평가 등을 할 때 철도사업자에게 관련 자료 또는 의견 제출 등을 요구하거나 철도서비스 에 대한 실지조사(實地調査)를 할 수 있다.
② 제1항에 따라 자료 또는 의견 제출 등을 요구받 은 관련 철도사업자는 특별한 사유가 없으면 이에 따라야 한다.

제31조(철도시설의 공동 활용) 공공교통을 목적으 로 하는 선로 및 다음 각호의 공동 사용시설을 관 리하는 자는 철도사업자가 그 시설의 공동 활용에 관한 요청을 하는 경우 협정을 체결하여 이용할 수 있게 하여야 한다.
1. 철도역 및 역 시설(물류시설, 환승시설 및 편의 시설 등을 포함한다)
2. 철도차량의 정비·검사·점검·보관 등 유지관 리를 위한 시설
3. 사고의 복구 및 구조·피난을 위한 설비
4. 열차의 조성 또는 분리 등을 위한 시설
5. 철도 운영에 필요한 정보통신 설비

제32조(회계의 구분) ① 철도사업자는 철도사업 외의 사업을 경영하는 경우에는 철도사업에 관한 회계와 철도사업 외의 사업에 관한 회계를 구분하 여 경리하여야 한다.
② 철도사업자는 철도운영의 효율화와 회계처리의 투명성을 제고하기 위하여 국토교통부령으로 정하 는 바에 따라 철도사업의 종류별·노선별로 회계 를 구분하여 경리하여야 한다.

제33조(벌칙 적용 시의 공무원 의제) 제29조에 따 라 위탁받은 업무에 종사하는 관계 전문기관 등의 임원 및 직원은 「형법」 제129조부터 제132조까지 의 규정을 적용할 때에는 공무원으로 본다.

제4장 전용철도

제34조(등록) ① 전용철도를 운영하려는 자는 국 토교통부령으로 정하는 바에 따라 전용철도의 건 설·운전·보안 및 운송에 관한 사항이 포함된 운 영계획서를 첨부하여 국토교통부장관에게 등록을 하여야 한다. 등록사항을 변경하려는 경우에도 같 다. 다만, 대통령령으로 정하는 경미한 변경의 경 우에는 예외로 한다.
② 전용철도의 등록기준과 등록절차 등에 관하여 필요한 사항은 국토교통부령으로 정한다.

③ 국토교통부장관은 제2항에 따른 등록기준을 적용할 때에 환경오염, 주변 여건 등 지역적 특성을 고려할 필요가 있거나 그 밖에 공익상 필요하다고 인정하는 경우에는 등록을 제한하거나 부담을 붙일 수 있다.

제35조(결격사유) 다음 각호의 어느 하나에 해당하는 자는 전용철도를 등록할 수 없다. 법인인 경우 그 임원 중에 다음 각호의 어느 하나에 해당하는 자가 있는 경우에도 같다.
1. 제7조 제1호 각 목의 어느 하나에 해당하는 사람
2. 이 법에 따라 전용철도의 등록이 취소된 후 그 취소일부터 1년이 지나지 아니한 자

제36조(전용철도 운영의 양도·양수 등) ① 전용철도의 운영을 양도·양수하려는 자는 국토교통부령으로 정하는 바에 따라 국토교통부장관에게 신고하여야 한다.
② 전용철도의 등록을 한 법인이 합병하려는 경우에는 국토교통부령으로 정하는 바에 따라 국토교통부장관에게 신고하여야 한다.
③ 국토교통부장관은 제1항 및 제2항에 따른 신고를 받은 날부터 30일 이내에 신고수리 여부를 신고인에게 통지하여야 한다.
④ 제1항 또는 제2항에 따른 신고가 수리된 경우 전용철도의 운영을 양수한 자는 전용철도의 운영을 양도한 자의 전용철도운영자로서의 지위를 승계하며, 합병으로 설립되거나 존속하는 법인은 합병으로 소멸되는 법인의 전용철도운영자로서의 지위를 승계한다.
⑤ 제1항과 제2항의 신고에 관하여는 제35조를 준용한다.

제37조(전용철도 운영의 상속) ① 전용철도운영자가 사망한 경우 상속인이 그 전용철도의 운영을 계속하려는 경우에는 피상속인이 사망한 날부터 3개월 이내에 국토교통부장관에게 신고하여야 한다.
② 국토교통부장관은 제1항에 따른 신고를 받은 날부터 10일 이내에 신고수리 여부를 신고인에게 통지하여야 한다.
③ 제1항에 따른 신고가 수리된 경우 상속인은 피상속인의 전용철도운영자로서의 지위를 승계하며, 피상속인이 사망한 날부터 신고가 수리된 날까지의 기간 동안은 피상속인의 전용철도 등록은 상속인의 등록으로 본다.
④ 제1항의 신고에 관하여는 제35조를 준용한다.

다만, 제35조 각호의 어느 하나에 해당하는 상속인이 피상속인이 사망한 날부터 3개월 이내에 그 전용철도의 운영을 다른 사람에게 양도한 경우 피상속인의 사망일부터 양도일까지의 기간에 있어서 피상속인의 전용철도 등록은 상속인의 등록으로 본다.

제38조(전용철도 운영의 휴업·폐업) 전용철도운영자가 그 운영의 전부 또는 일부를 휴업 또는 폐업한 경우에는 1개월 이내에 국토교통부장관에게 신고하여야 한다.

제39조(전용철도 운영의 개선명령) 국토교통부장관은 전용철도 운영의 건전한 발전을 위하여 필요하다고 인정하는 경우에는 전용철도운영자에게 다음 각호의 사항을 명할 수 있다.
1. 사업장의 이전
2. 시설 또는 운영의 개선

제40조(등록의 취소·정지) 국토교통부장관은 전용철도운영자가 다음 각호의 어느 하나에 해당하는 경우에는 그 등록을 취소하거나 1년 이내의 기간을 정하여 그 운영의 전부 또는 일부의 정지를 명할 수 있다. 다만, 제1호에 해당하는 경우에는 등록을 취소하여야 한다. 〈개정 2013. 3. 23.〉
1. 거짓이나 그 밖의 부정한 방법으로 제34조에 따른 등록을 한 경우
2. 제34조 제2항에 따른 등록기준에 미달하거나 같은 조 제3항에 따른 부담을 이행하지 아니한 경우
3. 휴업신고나 폐업신고를 하지 아니하고 3개월 이상 전용철도를 운영하지 아니한 경우

제41조(준용규정) 전용철도에 관하여는 제16조 제3항과 제23조를 준용한다. 이 경우 "철도사업의 면허"는 "전용철도의 등록"으로, "철도사업자"는 "전용철도운영자"로, "철도사업"은 "전용철도의 운영"으로 본다.

제5장 국유철도시설의 활용·지원 등

제42조(점용허가) ① 국토교통부장관은 국가가 소유·관리하는 철도시설에 건물이나 그 밖의 시설물(이하 "시설물"이라 한다)을 설치하려는 자에게 「국유재산법」 제18조에도 불구하고 대통령령으로 정하는 바에 따라 시설물의 종류 및 기간 등을 정하여 점용허가를 할 수 있다.

② 제1항에 따른 점용허가는 철도사업자와 철도사업자가 출자·보조 또는 출연한 사업을 경영하는 자에게만 하며, 시설물의 종류와 경영하려는 사업이 철도사업에 지장을 주지 아니하여야 한다.

제42조의2(점용허가의 취소) ① 국토교통부장관은 제42조 제1항에 따른 점용허가를 받은 자가 다음 각호의 어느 하나에 해당하면 그 점용허가를 취소할 수 있다.
1. 점용허가 목적과 다른 목적으로 철도시설을 점용한 경우
2. 제42조 제2항을 위반하여 시설물의 종류와 경영하는 사업이 철도사업에 지장을 주게 된 경우
3. 점용허가를 받은 날부터 1년 이내에 해당 점용허가의 목적이 된 공사에 착수하지 아니한 경우. 다만, 정당한 사유가 있는 경우에는 1년의 범위에서 공사의 착수기간을 연장할 수 있다.
4. 제44조에 따른 점용료를 납부하지 아니하는 경우
5. 점용허가를 받은 자가 스스로 점용허가의 취소를 신청하는 경우
② 제1항에 따른 점용허가 취소의 절차 및 방법은 국토교통부령으로 정한다.

제43조(시설물 설치의 대행) 국토교통부장관은 제42조에 따라 점용허가를 받은 자(이하 "점용허가를 받은 자"라 한다)가 설치하려는 시설물의 전부 또는 일부가 철도시설 관리에 관계되는 경우에는 점용허가를 받은 자의 부담으로 그의 위탁을 받아 시설물을 직접 설치하거나 「국가철도공단법」에 따라 설립된 국가철도공단으로 하여금 설치하게 할 수 있다.

제44조(점용료) ① 국토교통부장관은 대통령령으로 정하는 바에 따라 점용허가를 받은 자에게 점용료를 부과한다.
② 제1항에도 불구하고 점용허가를 받은 자가 다음 각호에 해당하는 경우에는 대통령령으로 정하는 바에 따라 점용료를 감면할 수 있다.
1. 국가에 무상으로 양도하거나 제공하기 위한 시설물을 설치하기 위하여 점용허가를 받은 경우
2. 제1호의 시설물을 설치하기 위한 경우로서 공사기간 중에 점용허가를 받거나 임시 시설물을 설치하기 위하여 점용허가를 받은 경우
3. 「공공주택 특별법」에 따른 공공주택을 건설하기 위하여 점용허가를 받은 경우

4. 재해, 그 밖의 특별한 사정으로 본래의 철도 점용 목적을 달성할 수 없는 경우
5. 국민경제에 중대한 영향을 미치는 공익사업으로서 대통령령으로 정하는 사업을 위하여 점용허가를 받은 경우
③ 국토교통부장관이 「철도산업발전기본법」 제19조 제2항에 따라 철도시설의 건설 및 관리 등에 관한 업무의 일부를 「국가철도공단법」에 따른 국가철도공단으로 하여금 대행하게 한 경우 제1항에 따른 점용료 징수에 관한 업무를 위탁할 수 있다.
④ 국토교통부장관은 점용허가를 받은 자가 제1항에 따른 점용료를 내지 아니하면 국세 체납처분의 예에 따라 징수한다.

제44조의2(변상금의 징수) 국토교통부장관은 제42조 제1항에 따른 점용허가를 받지 아니하고 철도시설을 점용한 자에 대하여 제44조 제1항에 따른 점용료의 100분의 120에 해당하는 금액을 변상금으로 징수할 수 있다. 이 경우 변상금의 징수에 관하여는 제44조 제3항을 준용한다.

제45조(권리와 의무의 이전) 제42조에 따른 점용허가로 인하여 발생한 권리와 의무를 이전하려는 경우에는 대통령령으로 정하는 바에 따라 국토교통부장관의 인가를 받아야 한다.

제46조(원상회복의무) ① 점용허가를 받은 자는 점용허가기간이 만료되거나 제42조의2 제1항에 따라 점용허가가 취소된 경우에는 점용허가된 철도 재산을 원상(原狀)으로 회복하여야 한다. 다만, 국토교통부장관은 원상으로 회복할 수 없거나 원상회복이 부적당하다고 인정하는 경우에는 원상회복의무를 면제할 수 있다.
② 국토교통부장관은 점용허가를 받은 자가 제1항 본문에 따른 원상회복을 하지 아니하는 경우에는 「행정대집행법」에 따라 시설물을 철거하거나 그 밖에 필요한 조치를 할 수 있다.
③ 국토교통부장관은 제1항 단서에 따라 원상회복의무를 면제하는 경우에는 해당 철도 재산에 설치된 시설물 등의 무상 국가귀속을 조건으로 할 수 있다.

제46조의2(국가귀속 시설물의 사용허가기간 등에 관한 특례) ① 제46조 제3항에 따라 국가귀속된 시설물을 「국유재산법」에 따라 사용허가하려는 경우 그 허가의 기간은 같은 법 제35조에도 불구하고 10년 이내로 한다.

② 제1항에 따른 허가기간이 끝난 시설물에 대해서는 10년을 초과하지 아니하는 범위에서 1회에 한하여 종전의 사용허가를 갱신할 수 있다.

③ 제1항에 따른 사용허가를 받은 자는 「국유재산법」 제30조 제2항에도 불구하고 그 사용허가의 용도나 목적에 위배되지 않는 범위에서 국토교통부장관의 승인을 받아 해당 시설물의 일부를 다른 사람에게 사용·수익하게 할 수 있다.

제6장 보칙

제47조(보고·검사 등) ① 국토교통부장관은 필요하다고 인정하면 철도사업자와 전용철도운영자에게 해당 철도사업 또는 전용철도의 운영에 관한 사항이나 철도차량의 소유 또는 사용에 관한 사항에 대하여 보고나 서류 제출을 명할 수 있다.

② 국토교통부장관은 필요하다고 인정하면 소속 공무원으로 하여금 철도사업자 및 전용철도운영자의 장부, 서류, 시설 또는 그 밖의 물건을 검사하게 할 수 있다.

③ 제2항에 따라 검사를 하는 공무원은 그 권한을 표시하는 증표를 지니고 이를 관계인에게 보여 주어야 한다.

④ 제3항에 따른 증표에 관하여 필요한 사항은 국토교통부령으로 정한다.

제48조(수수료) 이 법에 따른 면허·인가를 받으려는 자, 등록·신고를 하려는 자, 면허증·인가서·등록증·인증서 또는 허가서의 재발급을 신청하는 자는 국토교통부령으로 정하는 수수료를 내야 한다.

제48조의2(규제의 재검토) 국토교통부장관은 다음 각호의 사항에 대하여 2014년 1월 1일을 기준으로 3년마다(매 3년이 되는 해의 기준일과 같은 날 전까지를 말한다) 그 타당성을 검토하여 개선 등의 조치를 하여야 한다.

1. 제9조에 따른 여객 운임·요금의 신고 등
2. 제10조 제1항 및 제2항에 따른 부가 운임의 상한
3. 제21조에 따른 사업의 개선명령
4. 제39조에 따른 전용철도 운영의 개선명령

제7장 벌칙

제49조(벌칙) ① 다음 각호의 어느 하나에 해당하는 자는 2년 이하의 징역 또는 2천만 원 이하의 벌금에 처한다.

1. 제5조 제1항에 따른 면허를 받지 아니하고 철도사업을 경영한 자
2. 거짓이나 그 밖의 부정한 방법으로 제5조 제1항에 따른 철도사업의 면허를 받은 자
3. 제16조 제1항에 따른 사업정지처분기간 중에 철도사업을 경영한 자
4. 제16조 제1항에 따른 사업계획의 변경명령을 위반한 자
5. 제23조(제41조에서 준용하는 경우를 포함한다)를 위반하여 타인에게 자기의 성명 또는 상호를 대여하여 철도사업을 경영하게 한 자
6. 제31조를 위반하여 철도사업자의 공동 활용에 관한 요청을 정당한 사유 없이 거부한 자

② 다음 각호의 어느 하나에 해당하는 자는 1년 이하의 징역 또는 1천만 원 이하의 벌금에 처한다.

1. 제34조 제1항을 위반하여 등록을 하지 아니하고 전용철도를 운영한 자
2. 거짓이나 그 밖의 부정한 방법으로 제34조 제1항에 따른 전용철도의 등록을 한 자

③ 다음 각호의 어느 하나에 해당하는 자는 1천만 원 이하의 벌금에 처한다.

1. 제13조를 위반하여 국토교통부장관의 인가를 받지 아니하고 공동운수협정을 체결하거나 변경한 자
2. 삭제 〈2013. 3. 22.〉
3. 제28조 제3항을 위반하여 우수서비스마크 또는 이와 유사한 표지를 철도차량 등에 붙이거나 인증 사실을 홍보한 자

제50조(양벌규정) 법인의 대표자나 법인 또는 개인의 대리인, 사용인, 그 밖의 종업원이 그 법인 또는 개인의 업무에 관하여 제49조의 위반행위를 하면 그 행위자를 벌하는 외에 그 법인 또는 개인에게도 해당 조문의 벌금형을 과(科)한다. 다만, 법인 또는 개인이 그 위반행위를 방지하기 위하여 해당 업무에 관하여 상당한 주의와 감독을 게을리하지 아니한 경우에는 그러하지 아니하다.

제51조(과태료) ① 다음 각호의 어느 하나에 해당하는 자에게는 1천만 원 이하의 과태료를 부과한다.

1. 제9조 제1항에 따른 여객 운임·요금의 신고를 하지 아니한 자

2. 제11조 제1항에 따른 철도사업약관을 신고하지 아니하거나 신고한 철도사업약관을 이행하지 아니한 자

3. 제12조에 따른 인가를 받지 아니하거나 신고를 하지 아니하고 사업계획을 변경한 자

4. 제10조의2를 위반하여 상습 또는 영업으로 승차권 또는 이에 준하는 증서를 자신이 구입한 가격을 초과한 금액으로 다른 사람에게 판매하거나 이를 알선한 자

② 다음 각호의 어느 하나에 해당하는 자에게는 500만 원 이하의 과태료를 부과한다.

1. 제18조에 따른 사업용철도차량의 표시를 하지 아니한 철도사업자

2. 삭제 〈2018. 6. 12.〉

3. 제32조 제1항 또는 제2항을 위반하여 회계를 구분하여 경리하지 아니한 자

4. 정당한 사유 없이 제47조 제1항에 따른 명령을 이행하지 아니하거나 제47조 제2항에 따른 검사를 거부·방해 또는 기피한 자

③ 다음 각호의 어느 하나에 해당하는 자에게는 100만 원 이하의 과태료를 부과한다.

1. 제20조 제2항부터 제4항까지에 따른 준수사항을 위반한 자

2. 삭제 〈2018. 6. 12.〉

④ 제22조를 위반한 철도운수종사자 및 그가 소속된 철도사업자에게는 50만 원 이하의 과태료를 부과한다. 〈개정 2011. 5. 24.〉

⑤ 제1항부터 제4항까지의 규정에 따른 과태료는 대통령령으로 정하는 바에 따라 국토교통부장관이 부과·징수한다. 〈개정 2009. 4. 1., 2013. 3. 23.〉

⑥ 삭제 〈2009. 4. 1.〉

⑦ 삭제 〈2009. 4. 1.〉

제52조 삭제 〈2011. 5. 24.〉

철도사업법 시행령

〈대통령령 제33795호. 시행 2024. 1. 1.〉

제1조(목적) 이 영은 「철도사업법」에서 위임된 사항과 그 시행에 관하여 필요한 사항을 규정함을 목적으로 한다.

제2조(철도관계법령) 「철도사업법」(이하 "법"이라 한다) 제7조 제1호 다목 및 라목에서 "대통령령으로 정하는 철도 관계 법령"이란 각각 다음 각호의 법령을 말한다.
1. 「철도산업발전 기본법」
2. 「철도안전법」
3. 「도시철도법」
4. 「국가철도공단법」
5. 「한국철도공사법」

제3조(여객 운임·요금의 신고) ① 철도사업자는 법 제9조 제1항에 따라 여객에 대한 운임·요금(이하 "여객 운임·요금"이라 한다)의 신고 또는 변경신고를 하려는 경우에는 국토교통부령으로 정하는 여객 운임·요금신고서 또는 변경신고서에 다음 각호의 서류를 첨부하여 국토교통부장관에게 제출하여야 한다.
1. 여객 운임·요금표
2. 여객 운임·요금 신·구대비표 및 변경사유를 기재한 서류(여객 운임·요금을 변경하는 경우에 한정한다)
② 철도사업자는 사업용철도를 「도시철도법」에 의한 도시철도운영자가 운영하는 도시철도와 연결하여 운행하려는 때에는 법 제9조 제1항에 따라 여객 운임·요금의 신고 또는 변경신고를 하기 전에 여객 운임·요금 및 그 변경시기에 관하여 미리 당해 도시철도운영자와 협의하여야 한다.

제4조(여객 운임의 상한지정 등) ① 국토교통부장관은 법 제9조 제2항 후단에 따라 여객에 대한 운임(이하 "여객 운임"이라 한다)의 상한을 지정하는 때에는 물가상승률, 원가수준, 다른 교통수단과의 형평성, 법 제4조 제2항에 따른 사업용철도노선(이하 "사업용철도노선"이라 한다)의 분류와 법 제4조의2에 따른 철도차량의 유형 등을 고려하여야 하며, 여객 운임의 상한을 지정한 경우에는 이를 관보에 고시하여야 한다.
② 국토교통부장관은 제1항에 따라 여객 운임의 상한을 지정하기 위하여 「철도산업발전기본법」 제6조에 따른 철도산업위원회 또는 철도나 교통 관련 전문기관 및 전문가의 의견을 들을 수 있다.
③ 삭제〈2008. 10. 20.〉
④ 삭제〈2008. 10. 20.〉
⑤ 국토교통부장관이 여객 운임의 상한을 지정하려는 때에는 철도사업자로 하여금 원가계산 그 밖에 여객 운임의 산출기초를 기재한 서류를 제출하게 할 수 있다.
⑥ 국토교통부장관은 사업용철도노선과 「도시철도법」에 의한 도시철도가 연결되어 운행되는 구간에 대하여 제1항에 따른 여객 운임의 상한을 지정하는 경우에는 「도시철도법」 제31조 제1항에 따라 특별시장·광역시장·특별자치시장·도지사 또는 특별자치도지사가 정하는 도시철도 운임의 범위와 조화를 이루도록 하여야 한다.

제5조(사업계획의 중요한 사항의 변경) 법 제12조 제1항 단서에서 "대통령령으로 정하는 중요 사항을 변경하려는 경우"란 다음 각호의 어느 하나에 해당하는 경우를 말한다.
1. 철도이용수요가 적어 수지균형의 확보가 극히 곤란한 벽지 노선으로서 「철도산업발전기본법」 제33조 제1항에 따라 공익서비스비용의 보상에 관한 계약이 체결된 노선의 철도운송서비스(철도여객운송서비스 또는 철도화물운송서비스를 말한다)의 종류를 변경하거나 다른 종류의 철도운송서비스를 추가하는 경우
2. 운행구간의 변경(여객열차의 경우에 한한다)
3. 사업용철도노선별로 여객열차의 정차역을 신설 또는 폐지하거나 10분의 2 이상 변경하는 경우
4. 사업용철도노선별로 10분의 1 이상의 운행횟수의 변경(여객열차의 경우에 한한다). 다만, 공휴일·방학기간 등 수송수요와 열차운행계획상의 수송력과 현저한 차이가 있는 경우로서 3월 이내의 기간 동안 운행횟수를 변경하는 경우를 제외한다.

제6조(사업계획의 변경을 제한할 수 있는 철도사고의 기준) 법 제12조 제2항 제4호에서 "대통령령으로 정하는 기준"이란 사업계획의 변경을 신청한 날이 포함된 연도의 직전 연도의 열차운행거리 100만 킬로미터당 철도사고(철도사업자 또는 그 소속 종사자의 고의 또는 과실에 의한 철도사고를 말한다. 이하 같다)로 인한 사망자 수 또는 철도

사고의 발생횟수가 최근(직전연도를 제외한다) 5년간 평균보다 10분의 2 이상 증가한 경우를 말한다.

제7조(사업의 휴업·폐업 내용의 게시) 철도사업자는 법 제15조 제1항에 따라 철도사업의 휴업 또는 폐업의 허가를 받은 때에는 그 허가를 받은 날부터 7일 이내에 법 제15조 제4항에 따라 다음 각호의 사항을 철도사업자의 인터넷 홈페이지, 관계 역·영업소 및 사업소 등 일반인이 잘 볼 수 있는 곳에 게시하여야 한다. 다만, 법 제15조 제1항 단서에 따라 휴업을 신고하는 경우에는 해당 사유가 발생한 때에 즉시 다음 각호의 사항을 게시하여야 한다.
1. 휴업 또는 폐업하는 철도사업의 내용 및 그 사유
2. 휴업의 경우 그 기간
3. 대체교통수단 안내
4. 그 밖에 휴업 또는 폐업과 관련하여 철도사업자가 공중에게 알려야 할 필요성이 있다고 인정하는 사항이 있는 경우 그에 관한 사항

제8조(면허취소 또는 사업정지 등의 처분대상이 되는 사상자 수) 법 제16조 제1항 제3호에서 "대통령령으로 정하는 다수의 사상자(死傷者)가 발생한 경우"란 1회 철도사고로 사망자 5명 이상이 발생하게 된 경우를 말한다.

제9조(철도사업자에 대한 과징금의 부과기준) 법 제17조 제1항에 따라 사업정지처분에 갈음하여 과징금을 부과하는 위반행위의 종류와 정도에 따른 과징금의 금액은 별표 1과 같다.

제10조(과징금의 부과 및 납부) ① 국토교통부장관은 법 제17조 제1항의 규정에 의하여 과징금을 부과하고자 하는 때에는 그 위반행위의 종별과 해당 과징금의 금액 등을 명시하여 이를 납부할 것을 서면으로 통지하여야 한다.
② 제1항에 따른 통지를 받은 자는 20일 이내에 과징금을 국토교통부장관이 지정한 수납기관에 납부해야 한다.
③ 제2항의 규정에 의하여 과징금의 납부를 받은 수납기관은 납부자에게 영수증을 교부하여야 한다.
④ 과징금의 수납기관은 제2항의 규정에 의하여 과징금을 수납한 때에는 지체 없이 그 사실을 국토교통부장관에게 통보하여야 한다. 〈개정 2008. 2. 29., 2013. 3. 23.〉
⑤ 삭제 〈2021. 9. 24.〉

제10조의2(민자철도사업자에 대한 과징금의 부과기준) 법 제25조의2 제1항에 따라 과징금을 부과하는 위반행위의 종류와 위반 정도 등에 따른 과징금의 금액 등 부과기준은 별표 1의2와 같다.

제10조의3(과징금의 부과 및 납부) 법 제25조 제1항에 따른 민자철도사업자(이하 "민자철도사업자"라 한다)에 대한 과징금의 부과 및 납부에 관하여는 제10조를 준용한다. 이 경우 "법 제17조 제1항"은 "법 제25조의2 제1항"으로 본다.

제10조의4(사정변경 등에 따른 실시협약의 변경 요구 등) ① 법 제25조의3 제1항 제1호 본문에서 "대통령령으로 정하는 기준"이란 「사회기반시설에 대한 민간투자법」 제7조에 따른 민간투자사업기본계획에 따라 민자철도사업자가 유지해야 하는 자기자본의 비율을 말한다.
② 법 제25조의3 제1항 제2호에서 "대통령령으로 정하는 기준을 초과한 이자율"이란 다음 각호의 이자율 중 가장 낮은 이자율을 초과한 이자율을 말한다.
1. 「대부업 등의 등록 및 금융이용자 보호에 관한 법률 시행령」 제5조 제2항에 따른 이자율
2. 「이자제한법 제2조 제1항의 최고이자율에 관한 규정」에 따른 최고이자율
3. 민자철도사업자가 자금을 차입하는 때의 최고 이자율에 관하여 국토교통부장관과 합의가 있는 경우에는 그 이자율
③ 법 제25조의3 제1항 제3호에서 "대통령령으로 정하는 경우"란 「사회기반시설에 대한 민간투자법」 제2조 제7호에 따른 실시협약(이하 이 항에서 "실시협약"이라 한다)의 체결 이후 다음 각호의 경우로 인하여 연간 실제 교통량이 실시협약에서 정한 교통량의 100분의 30 이상 변경된 경우를 말한다.
1. 해당 민자철도의 실시협약 체결 당시 예상되지 않았던 다른 철도가 연결되는 경우
2. 해당 민자철도의 운영 여건 변화로 이용자의 안전 및 편의 등 민자철도의 기능에 심각한 지장이 초래된 경우
3. 해당 민자철도가 「국가통합교통체계효율화법 시행령」 제36조 제1항에 따른 연계교통체계 영향권의 설정 범위에 포함된 경우
4. 관련 법령이 개정되거나 민자철도에 관한 정책이 변경된 경우
5. 그 밖에 제1호부터 제4호까지에 준하는 사유로 교통 여건이 현저히 변화된 경우

제11조(평가결과의 공표) ① 국토교통부장관이 법 제27조의 규정에 의하여 철도서비스의 품질평가 결과를 공표하는 경우에는 다음 각호의 사항을 포함하여야 한다.

1. 평가지표별 평가결과
2. 철도서비스의 품질 향상도
3. 철도사업자별 평가순위
4. 그 밖에 철도서비스에 대한 품질평가결과 국토교통부장관이 공표가 필요하다고 인정하는 사항

② 토교통부장관은 철도서비스의 품질평가결과가 우수한 철도사업자 및 그 소속 종사자에게 예산의 범위 안에서 포상 등 지원시책을 시행할 수 있다.

제12조(전용철도 등록사항의 경미한 변경 등) ① 법 제34조 제1항 단서에서 "대통령령으로 정하는 경미한 변경의 경우"란 다음 각호의 어느 하나에 해당하는 경우를 말한다.

1. 운행시간을 연장 또는 단축한 경우
2. 배차간격 또는 운행횟수를 단축 또는 연장한 경우
3. 10분의 1의 범위 안에서 철도차량 대수를 변경한 경우
4. 주사무소·철도차량기지를 제외한 운송관련 부대시설을 변경한 경우
5. 임원을 변경한 경우(법인에 한한다)
6. 6월의 범위 안에서 전용철도 건설기간을 조정한 경우

② 전용철도운영자는 법 제38조에 따라 전용철도 운영의 전부 또는 일부를 휴업 또는 폐업하는 경우 다음 각호의 조치를 하여야 한다.

1. 휴업 또는 폐업으로 인하여 철도운행 및 철도운행의 안전에 지장을 초래하지 아니하도록 하는 조치
2. 휴업 또는 폐업으로 인하여 자연재해·환경오염 등이 가중되지 아니하도록 하는 조치

제13조(점용허가의 신청 및 점용허가기간) ① 법 제42조 제1항의 규정에 의하여 국가가 소유·관리하는 철도시설의 점용허가를 받고자 하는 자는 국토교통부령이 정하는 점용허가신청서에 다음 각호의 서류를 첨부하여 국토교통부장관에게 제출하여야 한다. 이 경우 국토교통부장관은 「전자정부법」 제36조 제1항에 따른 행정정보의 공동이용을 통하여 법인 등기사항증명서(법인인 경우로 한정한다)를 확인하여야 한다.

1. 사업개요에 관한 서류
2. 시설물의 건설계획 및 사용계획에 관한 서류
3. 자금조달계획에 관한 서류
4. 수지전망에 관한 서류
5. 법인의 경우 정관
6. 설치하고자 하는 시설물의 설계도서(시방서·위치도·평면도 및 주단면도를 말한다)
7. 그 밖에 참고사항을 기재한 서류

② 국토교통부장관은 법 제42조 제1항의 규정에 의하여 국가가 소유·관리하는 철도시설에 대한 점용허가를 하고자 하는 때에는 다음 각호의 기간을 초과하여서는 아니된다. 다만, 건물 그 밖의 시설물을 설치하는 경우 그 공사에 소요되는 기간은 이를 산입하지 아니한다.

1. 철골조·철근콘크리트조·석조 또는 이와 유사한 견고한 건물의 축조를 목적으로 하는 경우에는 50년
2. 제1호 외의 건물의 축조를 목적으로 하는 경우에는 15년
3. 건물 외의 공작물의 축조를 목적으로 하는 경우에는 5년

③ 삭제 〈2023. 10. 10.〉

제14조(점용료) ① 법 제44조 제1항의 규정에 의한 점용료는 점용허가를 할 철도시설의 가액과 점용허가를 받아 행하는 사업의 매출액을 기준으로 하여 산출하되, 구체적인 점용료 산정기준에 대하여는 국토교통부장관이 정한다.

② 제1항의 규정에 의한 철도시설의 가액은 「국유재산법 시행령」 제42조를 준용하여 산출하되, 당해 철도시설의 가액은 산출 후 3년 이내에 한하여 적용한다.

③ 법 제44조 제2항에 따른 점용료의 감면은 다음 각호의 구분에 따른다.

1. 법 제44조 제2항 제1호 및 제2호에 해당하는 경우 : 전체 시설물 중 국가에 무상으로 양도하거나 제공하기 위한 시설물의 비율에 해당하는 점용료를 감면
2. 법 제44조 제2항 제3호에 해당하는 경우 : 해당 철도시설의 부지에 대하여 국토교통부령으로 정하는 기준에 따른 점용료를 감면
3. 법 제44조 제2항 제4호에 해당하는 경우 : 다음 각 목의 구분에 따른 점용료를 감면
가. 점용허가를 받은 시설의 전부를 사용하지 못한 경우 : 해당 기간의 점용료 전액을 감면

나. 점용허가를 받은 시설의 일부를 사용하지 못한 경우 : 전체 점용허가 면적에서 사용하지 못한 시설의 면적 비율에 따라 해당 기간 동안의 점용료를 감면

④ 점용료는 매년 1월 말까지 당해 연도 해당분을 선납하여야 한다. 다만, 국토교통부장관은 부득이한 사유로 선납이 곤란하다고 인정하는 경우에는 그 납부기한을 따로 정할 수 있다.

제15조(권리와 의무의 이전) ① 법 제42조의 규정에 의하여 점용허가를 받은 자가 법 제45조의 규정에 의하여 그 권리와 의무의 이전에 대하여 인가를 받고자 하는 때에는 국토교통부령이 정하는 신청서에 다음 각호의 서류를 첨부하여 권리와 의무를 이전하고자 하는 날 3월 전까지 국토교통부장관에게 제출하여야 한다.

1. 이전계약서 사본
2. 이전가격의 명세서

② 법 제45조의 규정에 의하여 국토교통부장관의 인가를 받아 철도시설의 점용허가로 인하여 발생한 권리와 의무를 이전한 경우 당해 권리와 의무를 이전받은 자의 점용허가기간은 권리와 의무를 이전한 자가 받은 점용허가기간의 잔여기간으로 한다.

제16조(원상회복의무) ① 법 제42조 제1항의 규정에 의하여 철도시설의 점용허가를 받은 자는 점용허가기간이 만료되거나 점용을 폐지한 날부터 3월 이내에 점용허가받은 철도시설을 원상으로 회복하여야 한다. 다만, 국토교통부장관은 불가피하다고 인정하는 경우에는 원상회복 기간을 연장할 수 있다.

② 점용허가를 받은 자가 그 점용허가기간의 만료 또는 점용의 폐지에도 불구하고 법 제46조 제1항 단서의 규정에 의하여 당해 철도시설의 전부 또는 일부에 대한 원상회복의무를 면제받고자 하는 경우에는 그 점용허가기간의 만료일 또는 점용폐지일 3월 전까지 그 사유를 기재한 신청서를 국토교통부장관에게 제출하여야 한다.

③ 국토교통부장관은 제2항의 규정에 의한 점용허가를 받은 자의 면제신청을 받은 경우 또는 직권으로 철도시설의 일부 또는 전부에 대한 원상회복의무를 면제하고자 하는 경우에는 원상회복의무를 면제하는 부분을 명시하여 점용허가를 받은 자에게 점용허가 기간의 만료일 또는 점용 폐지일까지 서면으로 통보하여야 한다.

제16조의2(민감정보 및 고유식별정보의 처리) 국토교통부장관은 다음 각호의 사무를 수행하기 위하여 불가피한 경우 「개인정보 보호법 시행령」 제18조 제2호에 따른 범죄경력자료에 해당하는 정보나 같은 영 제19조 제1호, 제2호 또는 제4호에 따른 주민등록번호, 여권번호 또는 외국인등록번호가 포함된 자료를 처리할 수 있다.

1. 법 제5조에 따른 면허에 관한 사무
2. 법 제14조에 따른 사업의 양도 · 양수 등에 관한 사무
3. 법 제16조에 따른 면허취소 등에 관한 사무
4. 법 제34조에 따른 전용철도 등록에 관한 사무
5. 법 제36조에 따른 전용철도 운영의 양도 · 양수 등에 관한 사무
6. 법 제37조에 따른 전용철도 운영의 상속에 관한 사무
7. 법 제40조에 따른 전용철도 등록의 취소에 관한 사무

제16조의3 삭제 〈2018. 12. 24.〉

제17조(과태료의 부과기준) 법 제51조 제1항부터 제4항까지의 규정에 따른 과태료의 부과기준은 별표 2와 같다.

Memo

미래를 창조하기에 꿈만큼 좋은 것은 없다.
오늘의 유토피아가 내일 현실이 될 수 있다.

There is nothing like dream to create the future.
Utopia today, flesh and blood tomorrow.
빅토르 위고 Victor Hugo

코레일[한국철도공사]

1회 기출복원문제

감독관 확인란

※ 검사문항 : 1~25

성명표기란

(한글 자모 표기판)

수험번호

(주민등록 앞자리 생년제외) 월일

수험생 유의사항

※ 답안은 반드시 컴퓨터용 사인펜으로 보기와 같이 바르게 표기해야 합니다.
〈보기〉 ① ② ③ ❹ ⑤

※ 성명표기란 위 칸에는 성명을 한글로 쓰고 아래 칸에는 성명을 정확하게 표기하십시오. (맨 왼쪽 칸부터 성과 이름은 붙여 씁니다)

※ 수험번호/월일 위 칸에는 숫자와 일치하게 표기하십시오.

※ 월일은 반드시 본인 주민등록번호의 생년월일을 제외한 월 두 자리, 일 두 자리를 표기하십시오.
(예) 1994년 1월 12일 → 0112

문번	답란	문번	답란
1	① ② ③ ④ ⑤	16	① ② ③ ④ ⑤
2	① ② ③ ④ ⑤	17	① ② ③ ④ ⑤
3	① ② ③ ④ ⑤	18	① ② ③ ④ ⑤
4	① ② ③ ④ ⑤	19	① ② ③ ④ ⑤
5	① ② ③ ④ ⑤	20	① ② ③ ④ ⑤
6	① ② ③ ④ ⑤	21	① ② ③ ④ ⑤
7	① ② ③ ④ ⑤	22	① ② ③ ④ ⑤
8	① ② ③ ④ ⑤	23	① ② ③ ④ ⑤
9	① ② ③ ④ ⑤	24	① ② ③ ④ ⑤
10	① ② ③ ④ ⑤	25	① ② ③ ④ ⑤
11	① ② ③ ④ ⑤		
12	① ② ③ ④ ⑤		
13	① ② ③ ④ ⑤		
14	① ② ③ ④ ⑤		
15	① ② ③ ④ ⑤		

잘라서 활용하세요.

gosinet (주)고시넷

코레일[한국철도공사]

2회 기출복원문제

※ 검사문항 : 1~25

문번	답란					문번	답란				
1	①	②	③	④	⑤	16	①	②	③	④	⑤
2	①	②	③	④	⑤	17	①	②	③	④	⑤
3	①	②	③	④	⑤	18	①	②	③	④	⑤
4	①	②	③	④	⑤	19	①	②	③	④	⑤
5	①	②	③	④	⑤	20	①	②	③	④	⑤
6	①	②	③	④	⑤	21	①	②	③	④	⑤
7	①	②	③	④	⑤	22	①	②	③	④	⑤
8	①	②	③	④	⑤	23	①	②	③	④	⑤
9	①	②	③	④	⑤	24	①	②	③	④	⑤
10	①	②	③	④	⑤	25	①	②	③	④	⑤
11	①	②	③	④	⑤						
12	①	②	③	④	⑤						
13	①	②	③	④	⑤						
14	①	②	③	④	⑤						
15	①	②	③	④	⑤						

감독관
확인란

성명표기란

수험번호

⓪ ① ② ③ ④ ⑤ ⑥ ⑦ ⑧ ⑨

주민등록 앞자리 생년제외 월일

⓪ ① ② ③ ④ ⑤ ⑥ ⑦ ⑧ ⑨

수험생 유의사항

※ 답안은 반드시 컴퓨터용 사인펜으로 보기와 같이 바르게 표기해야 합니다.
〈보기〉 ① ② ③ ❹ ⑤

※ 성명표기란 위 칸에는 성명을 한글로 쓰고 아래 칸에는 성명을 정확하게 표기하십시오. (맨 왼쪽 칸부터 성과 이름은 붙여 씁니다)

※ 수험번호/월일 위 칸에는 아라비아 숫자로 쓰고 아래 칸에는 숫자와 일치하게 표기하십시오.

※ 월일은 반드시 본인 주민등록번호의 생년월일을 제외한 월 두 자리, 일 두 자리를 표기하십시오.
〈예〉 1994년 1월 12일 → 0112

코레일[한국철도공사]

3회 기출예상문제

성명표기란

수험번호

(주민등록 앞자리 생년제외) 월일

※ 검사문항 : 1~40

문번	답란	문번	답란	문번	답란
1	① ② ③ ④ ⑤	16	① ② ③ ④ ⑤	31	① ② ③ ④ ⑤
2	① ② ③ ④ ⑤	17	① ② ③ ④ ⑤	32	① ② ③ ④ ⑤
3	① ② ③ ④ ⑤	18	① ② ③ ④ ⑤	33	① ② ③ ④ ⑤
4	① ② ③ ④ ⑤	19	① ② ③ ④ ⑤	34	① ② ③ ④ ⑤
5	① ② ③ ④ ⑤	20	① ② ③ ④ ⑤	35	① ② ③ ④ ⑤
6	① ② ③ ④ ⑤	21	① ② ③ ④ ⑤	36	① ② ③ ④ ⑤
7	① ② ③ ④ ⑤	22	① ② ③ ④ ⑤	37	① ② ③ ④ ⑤
8	① ② ③ ④ ⑤	23	① ② ③ ④ ⑤	38	① ② ③ ④ ⑤
9	① ② ③ ④ ⑤	24	① ② ③ ④ ⑤	39	① ② ③ ④ ⑤
10	① ② ③ ④ ⑤	25	① ② ③ ④ ⑤	40	① ② ③ ④ ⑤
11	① ② ③ ④ ⑤	26	① ② ③ ④ ⑤		
12	① ② ③ ④ ⑤	27	① ② ③ ④ ⑤		
13	① ② ③ ④ ⑤	28	① ② ③ ④ ⑤		
14	① ② ③ ④ ⑤	29	① ② ③ ④ ⑤		
15	① ② ③ ④ ⑤	30	① ② ③ ④ ⑤		

코레일[한국철도공사]

4회 기출예상문제

※ 검사문항 : 1~40

문번	답란	문번	답란	문번	답란
1	① ② ③ ④ ⑤	16	① ② ③ ④ ⑤	31	① ② ③ ④ ⑤
2	① ② ③ ④ ⑤	17	① ② ③ ④ ⑤	32	① ② ③ ④ ⑤
3	① ② ③ ④ ⑤	18	① ② ③ ④ ⑤	33	① ② ③ ④ ⑤
4	① ② ③ ④ ⑤	19	① ② ③ ④ ⑤	34	① ② ③ ④ ⑤
5	① ② ③ ④ ⑤	20	① ② ③ ④ ⑤	35	① ② ③ ④ ⑤
6	① ② ③ ④ ⑤	21	① ② ③ ④ ⑤	36	① ② ③ ④ ⑤
7	① ② ③ ④ ⑤	22	① ② ③ ④ ⑤	37	① ② ③ ④ ⑤
8	① ② ③ ④ ⑤	23	① ② ③ ④ ⑤	38	① ② ③ ④ ⑤
9	① ② ③ ④ ⑤	24	① ② ③ ④ ⑤	39	① ② ③ ④ ⑤
10	① ② ③ ④ ⑤	25	① ② ③ ④ ⑤	40	① ② ③ ④ ⑤
11	① ② ③ ④ ⑤	26	① ② ③ ④ ⑤		
12	① ② ③ ④ ⑤	27	① ② ③ ④ ⑤		
13	① ② ③ ④ ⑤	28	① ② ③ ④ ⑤		
14	① ② ③ ④ ⑤	29	① ② ③ ④ ⑤		
15	① ② ③ ④ ⑤	30	① ② ③ ④ ⑤		

성명표기란

수험번호

⓪ ① ② ③ ④ ⑤ ⑥ ⑦ ⑧ ⑨

월일 (주민등록 앞자리 생년제외)

⓪ ① ② ③ ④ ⑤ ⑥ ⑦ ⑧ ⑨

수험생 유의사항

※ 답안은 반드시 컴퓨터용 사인펜으로 보기와 같이 바르게 표기해야 합니다.
 〈보기〉 ① ② ③ ❹ ⑤

※ 성명표기란 위 칸에는 성명을 한글로 쓰고 아래 칸에는 성명을 정확하게 표기하십시오. (맨 왼쪽 칸부터 성과 이름은 붙여 씁니다)

※ 수험번호/월일 위 칸에는 아라비아 숫자로 쓰고 아래 칸에는 숫자와 일치하게 표기하십시오.

※ 월일은 반드시 본인 주민등록번호의 생년을 제외한 월 두 자리, 일 두 자리를 표기하십시오.
 〈예〉 1994년 1월 12일 → 0112

코레일[한국철도공사]

5회 기출예상문제

감독관	
확인란	

성명표기란

(주민등록 앞자리 생년제외) 월일	수험번호

수험생 유의사항

※ 답안은 반드시 컴퓨터용 사인펜으로 보기의 같이 바르게 표기해야 합니다.
〈보기〉 ① ② ③ ❹ ⑤
※ 성명표기란 위 칸에는 성명을 한글로 쓰고 아래 칸에는 성명을 정확하게 표기하십시오. (맨 왼쪽부터 성과 이름은 붙여 씁니다)
※ 수험번호/월일 위 칸에는 아라비아 숫자로 쓰고 아래 칸에는 숫자와 일치하게 표기하십시오.
※ 월일은 반드시 본인 주민등록번호의 생년을 제외한 월 두 자리, 일 두 자리를 표기하십시오.
(예) 1994년 1월 12일 → 0112

문번	답란
1	① ② ③ ④ ⑤
2	① ② ③ ④ ⑤
3	① ② ③ ④ ⑤
4	① ② ③ ④ ⑤
5	① ② ③ ④ ⑤
6	① ② ③ ④ ⑤
7	① ② ③ ④ ⑤
8	① ② ③ ④ ⑤
9	① ② ③ ④ ⑤
10	① ② ③ ④ ⑤
11	① ② ③ ④ ⑤
12	① ② ③ ④ ⑤
13	① ② ③ ④ ⑤
14	① ② ③ ④ ⑤
15	① ② ③ ④ ⑤

문번	답란
16	① ② ③ ④ ⑤
17	① ② ③ ④ ⑤
18	① ② ③ ④ ⑤
19	① ② ③ ④ ⑤
20	① ② ③ ④ ⑤
21	① ② ③ ④ ⑤
22	① ② ③ ④ ⑤
23	① ② ③ ④ ⑤
24	① ② ③ ④ ⑤
25	① ② ③ ④ ⑤
26	① ② ③ ④ ⑤
27	① ② ③ ④ ⑤
28	① ② ③ ④ ⑤
29	① ② ③ ④ ⑤
30	① ② ③ ④ ⑤

문번	답란
31	① ② ③ ④ ⑤
32	① ② ③ ④ ⑤
33	① ② ③ ④ ⑤
34	① ② ③ ④ ⑤
35	① ② ③ ④ ⑤
36	① ② ③ ④ ⑤
37	① ② ③ ④ ⑤
38	① ② ③ ④ ⑤
39	① ② ③ ④ ⑤
40	① ② ③ ④ ⑤

코레일[한국철도공사]

6회 기출예상문제

※ 검사문항 : 1~40

문번	답란	문번	답란	문번	답란	문번	답란
1	① ② ③ ④ ⑤	16	① ② ③ ④ ⑤	31	① ② ③ ④ ⑤		
2	① ② ③ ④ ⑤	17	① ② ③ ④ ⑤	32	① ② ③ ④ ⑤		
3	① ② ③ ④ ⑤	18	① ② ③ ④ ⑤	33	① ② ③ ④ ⑤		
4	① ② ③ ④ ⑤	19	① ② ③ ④ ⑤	34	① ② ③ ④ ⑤		
5	① ② ③ ④ ⑤	20	① ② ③ ④ ⑤	35	① ② ③ ④ ⑤		
6	① ② ③ ④ ⑤	21	① ② ③ ④ ⑤	36	① ② ③ ④ ⑤		
7	① ② ③ ④ ⑤	22	① ② ③ ④ ⑤	37	① ② ③ ④ ⑤		
8	① ② ③ ④ ⑤	23	① ② ③ ④ ⑤	38	① ② ③ ④ ⑤		
9	① ② ③ ④ ⑤	24	① ② ③ ④ ⑤	39	① ② ③ ④ ⑤		
10	① ② ③ ④ ⑤	25	① ② ③ ④ ⑤	40	① ② ③ ④ ⑤		
11	① ② ③ ④ ⑤	26	① ② ③ ④ ⑤				
12	① ② ③ ④ ⑤	27	① ② ③ ④ ⑤				
13	① ② ③ ④ ⑤	28	① ② ③ ④ ⑤				
14	① ② ③ ④ ⑤	29	① ② ③ ④ ⑤				
15	① ② ③ ④ ⑤	30	① ② ③ ④ ⑤				

감독관
확인란

성명표기란

수험번호

주민등록 앞자리 생년제외 월일

수험생 유의사항

※ 답안은 반드시 컴퓨터용 사인펜으로 보기와 같이 바르게 표기해야 합니다.
〈보기〉 ① ② ③ ❹ ⑤

※ 성명표기란 위 칸에는 성명을 한글로 쓰고 아래 칸에는 성명을 정확하게 표기하십시오. (맨 왼쪽 칸부터 성과 이름은 붙여 씁니다)

※ 수험번호/월일 위 칸에는 아라비아 숫자로 쓰고 아래 칸에는 숫자와 일치하게 표기하십시오.

※ 월일은 반드시 본인 주민등록번호의 생년월일을 제외한 월 두 자리, 일 두 자리를 표기하십시오.
(예) 1994년 1월 12일 → 0112

[코레일]한국철도공사

기출예상문제_ 요습용

감독관 확인란

※ 검사문항 : 1~40

성명표기란

수험번호

문번	답란	문번	답란	문번	답란
1	① ② ③ ④ ⑤	16	① ② ③ ④ ⑤	31	① ② ③ ④ ⑤
2	① ② ③ ④ ⑤	17	① ② ③ ④ ⑤	32	① ② ③ ④ ⑤
3	① ② ③ ④ ⑤	18	① ② ③ ④ ⑤	33	① ② ③ ④ ⑤
4	① ② ③ ④ ⑤	19	① ② ③ ④ ⑤	34	① ② ③ ④ ⑤
5	① ② ③ ④ ⑤	20	① ② ③ ④ ⑤	35	① ② ③ ④ ⑤
6	① ② ③ ④ ⑤	21	① ② ③ ④ ⑤	36	① ② ③ ④ ⑤
7	① ② ③ ④ ⑤	22	① ② ③ ④ ⑤	37	① ② ③ ④ ⑤
8	① ② ③ ④ ⑤	23	① ② ③ ④ ⑤	38	① ② ③ ④ ⑤
9	① ② ③ ④ ⑤	24	① ② ③ ④ ⑤	39	① ② ③ ④ ⑤
10	① ② ③ ④ ⑤	25	① ② ③ ④ ⑤	40	① ② ③ ④ ⑤
11	① ② ③ ④ ⑤	26	① ② ③ ④ ⑤		
12	① ② ③ ④ ⑤	27	① ② ③ ④ ⑤		
13	① ② ③ ④ ⑤	28	① ② ③ ④ ⑤		
14	① ② ③ ④ ⑤	29	① ② ③ ④ ⑤		
15	① ② ③ ④ ⑤	30	① ② ③ ④ ⑤		

코레일[한국철도공사]

기출예상문제_연습용

※ 검사문항 : 1~40

문번	답란	문번	답란	문번	답란	문번	답란
1	① ② ③ ④ ⑤	16	① ② ③ ④ ⑤	31	① ② ③ ④ ⑤		
2	① ② ③ ④ ⑤	17	① ② ③ ④ ⑤	32	① ② ③ ④ ⑤		
3	① ② ③ ④ ⑤	18	① ② ③ ④ ⑤	33	① ② ③ ④ ⑤		
4	① ② ③ ④ ⑤	19	① ② ③ ④ ⑤	34	① ② ③ ④ ⑤		
5	① ② ③ ④ ⑤	20	① ② ③ ④ ⑤	35	① ② ③ ④ ⑤		
6	① ② ③ ④ ⑤	21	① ② ③ ④ ⑤	36	① ② ③ ④ ⑤		
7	① ② ③ ④ ⑤	22	① ② ③ ④ ⑤	37	① ② ③ ④ ⑤		
8	① ② ③ ④ ⑤	23	① ② ③ ④ ⑤	38	① ② ③ ④ ⑤		
9	① ② ③ ④ ⑤	24	① ② ③ ④ ⑤	39	① ② ③ ④ ⑤		
10	① ② ③ ④ ⑤	25	① ② ③ ④ ⑤	40	① ② ③ ④ ⑤		
11	① ② ③ ④ ⑤	26	① ② ③ ④ ⑤				
12	① ② ③ ④ ⑤	27	① ② ③ ④ ⑤				
13	① ② ③ ④ ⑤	28	① ② ③ ④ ⑤				
14	① ② ③ ④ ⑤	29	① ② ③ ④ ⑤				
15	① ② ③ ④ ⑤	30	① ② ③ ④ ⑤				

감독관 확인란

성명표기란

수험번호

⑩ ① ② ③ ④ ⑤ ⑥ ⑦ ⑧ ⑨

생년월일 (주민등록 앞자리 생년제외)

⑩ ① ② ③ ④ ⑤ ⑥ ⑦ ⑧ ⑨

수험생 유의사항

※ 답안은 반드시 컴퓨터용 사인펜으로 보기와 같이 바르게 표기해야 합니다.
〈보기〉 ① ② ③ ❹ ⑤

※ 성명표기란 위 칸에는 성명을 한글로 쓰고 아래 칸에는 성명을 정확하게 표기하십시오. (맨 왼쪽 칸부터 성과 이름은 붙여 씁니다)

※ 수험번호 위 칸에는 아라비아 숫자로 쓰고 아래 칸에는 숫자와 일치하게 표기하십시오.

※ 월일은 반드시 본인 주민등록번호의 생년을 제외한 월 두 자리, 일 두 자리를 표기하십시오.
(예) 1994년 1월 12일 → 0112

대기업 · 금융

저마다의 일생에는,

특히 그 일생이 동터 오르는 여명기에는

모든 것을 결정짓는 한 순간이 있다.

그 순간을 다시 찾아내는 것은 어렵다.

그것은 다른 수많은 순간들의 퇴적 속에

깊이 묻혀있다.

- 장 그르니에, 섬 LES ILES

2024 하반기 | 한국철도공사 | NCS

고시넷 공기업

한국철도공사 코레일 NCS+철도법 기출예상모의고사 6회

정답과 해설

gosinet
(주)고시넷

고시넷 공기업

모듈형/피듈형
NCS 베스트셀러

350여 공공기관
및 출제사
최신 출제유형

NCS 완전정복 초록이 시리즈

산인공 모듈형 + 응용모듈형
필수이론, 기출문제 유형

고시넷 NCS
초록이 ① 통합기본서

고시넷 NCS
초록이 ② 통합문제집

2024 하반기 | 한국철도공사 | NCS

고시넷
공기업

한국철도공사
코레일 NCS + 철도법
기출예상모의고사

6회

정답과 해설

1회 기출복원문제

문제 28쪽

01	④	02	①	03	③	04	③	05	①
06	④	07	⑤	08	①	09	④	10	③
11	①	12	④	13	②	14	①	15	③
16	①	17	④	18	②	19	③	20	③
21	③	22	⑤	23	②	24	③	25	③

01 문서작성능력 올바른 한글맞춤법 사용하기

| 정답 | ④

| 해설 | '눈쌀'은 '눈살'의 틀린 표기이다. '눈살'의 경우 [눈쌀]로 발음되나 표기할 때는 '눈살'로 표기한다.

| 오답풀이 |

① '물에 젖어서 부피가 커지다'의 의미로 쓰이는 단어는 '붇다'이다.

② '잠갔다'의 기본형은 '잠그다'이다. 이는 어간의 끝 음절이 'ㅡ'로 끝나는 동사의 경우 뒤에 어미 '-어/-야'가 연결되면 'ㅡ'가 탈락한 후 결합하는 활용 규칙을 따르는 것이다.

③ '너저분하게 널리 퍼뜨리다'의 의미로 쓰이는 단어는 '널브러뜨리다'이다.

⑤ '단언컨대'는 '단언하건대'의 준말로, 어간의 끝음절 '하'의 'ㅏ'가 줄고 'ㅎ'이 다음 음절의 첫소리와 어울려 거센소리로 될 적에는 거센소리로 적는다는 규정에 따라 '건'의 'ㄱ'이 '하'의 'ㅎ'을 만나 'ㅋ'이 되는 것이다.

02 의사소통능력 표준발음법 이해하기

| 정답 | ①

| 해설 | '홑이불'은 음절의 끝소리 규칙에 의해 '홑'은 '혼'으로 발음되고, '혼이불'에서 'ㄴ' 첨가 현상으로 '혼니불'이 되어 비음화의 영향으로 [혼니불]로 발음된다.

| 오답풀이 |

② 솜이불 → [솜니불]

③ 색연필 → [색년필] → [생년필]

④ 한여름 → [한녀름]

⑤ 할 일 → [할닐] → [할릴]

03 문서작성능력 한자성어 이해하기

| 정답 | ③

| 해설 | '와신상담(臥薪嘗膽)'은 '불편한 섶에 몸을 눕히고 쓸개를 맛본다'는 뜻으로, 원수를 갚거나 마음먹은 일을 이루기 위하여 온갖 어려움과 괴로움을 참고 견딤을 비유적으로 이르는 말이다.

'고지식하고 융통성이 없어 구습과 전례만 고집함'은 '수주대토(守株待兔)'와 관련된 설명이다.

04 문서이해능력 작품의 특징 이해하기

| 정답 | ③

| 해설 | 뺑덕어미의 싸우고 이간질하는 등의 태도를 비판하고 있으며, 뺑덕어미가 외모만 가꾼다는 내용은 제시된 글에 나타나 있지 않다.

| 오답풀이 |

①, ④ '저 부인'과 '뺑덕어미'의 도리에서 벗어난 행태들을 열거하고 있으며, 이를 과장되게 표현하여 이들에 대한 비판과 경계를 보여주고 있다.

② 노복(奴僕)이라는 표현을 통해 '저 부인'이 양반 계층임을 알 수 있다. 즉, '저 부인'을 통해 양반의 생활상을 풍자와 비판의 대상으로 삼고 있다.

⑤ 마지막 문단의 "그른 일을 알았거든 고칠 개(改)자 힘을 쓰소."와 "오른 말을 들었거든 행하기를 위업하소."를 통해 바른 도리를 깨우치려 함을 알 수 있다.

〈용부가〉 현대어 풀이

흉보기도 싫지만 저 부인의 거동봐라. 시집 간 지 석 달 만에 시집살이 힘들다고 친정에 편지하여 시집 흉을 잡아내네. 욕심 많은 시아버지 시샘 많은 시어머니 고자질 잘하는 시누이와 무뚝뚝한 맏동서라. 요약한 아우 동서 여우 같은 남편의 첩에 드세기도 드센 남녀 종들이 드나들며 흠을 잡고, 남편만큼은 믿었는데 (주위의 헐뜯는 말에) 넘어가 버렸구나.

여기저기 잔소리요, 구석구석 모함이라. 시집살이 못 하겠네 극약병을 기울이며 자살하려고도 하고, 치마를 뒤집어 쓰고 뛰어내리기도 하고, 봇짐을 싸서 도망도 해 보고, 오락가락 견디지 못해 중들이나 따라나설까. 긴 담뱃대 벗 삼아 들 구경이나 해 볼까. 점치는 일로 시간을 때우고, 겉으로는 시름 많은 척하지만, 속으로는 딴생각하고, 화장하는 것으로 일을 삼고, 털 뽑는 것으로 세월을 보낸다. 시부모가 꾸짖으면 말 한마디도 지지 않고, 남편이 걱정하면 뒤를 받아 지지 않고 대꾸하고, 드나드는 젊은 남자들 따라나서 팔자나 고쳐 볼까. 양반 자랑 모두 하며 기생집이나 해 볼까.

남문 밖에 사는 뺑덕어미 천성이 저러한가 배워서 그러한가. 본 것 없이 자라나서 여기저기 싸움질로 세월 보내며, 남의 말 듣고는 이간질하고, 들어오면 음식 타령하고, 제사 지내 조상 섬기는 것은 하지 않고, 불공드리기 일삼을 때, 무당과 소경 불러 푸닥거리하느라 옷가지 다 내주고, 남편 모양을 보자면 삽살개 뒷다리 같고 자식들 거동을 보자면 털 빠진 솔개 같구나. 엿장사, 떡장사를 아이들 핑계 대어 다 불러 먹고, 물레 앞에선 지겨워 하품하고 씨아 앞에선 기지개라. 이 집 저 집 다니면서 이간질하고 음탕한 이야기하는 것을 일삼는다. 죄없는 사람 모함해서 곤경에 빠트리기, 살림살이는 줄어 가고 걱정은 늘어 간다. 치마는 점점 짧아지고 허리통은 점점 길어 간다.

총 없는 헌 짚신에 어린 자식 들쳐 업고 혼인집, 초상집 집집마다 음식 얻어먹기를 일삼고, 아이 싸움, 어른 싸움을 더 크게 만들고, 까닭없이 성 내고 예쁜 자식 매질하며 며느리를 내쫓아서 아들은 홀아비라. 남의 집 딸자식을 데려오니 그 집은 결단난다. 두 손뼉을 두드리며 통곡하는 것이 기이하다. 무슨 꼴인지 생트집 잡고 머리 싸고 드러눕고, 다른 남자와 간통하고 달아나서 관가의 종이 되기를 몇 번이던가. 무식한 백성들아 저 거동을 자세히 보고, 그릇된 줄 알았거든 고치기를 힘쓰시오. 옳은 말을 들었거든 행하기를 일삼으시오.

---

05 문서이해능력 | 세부 내용 이해하기

| 정답 | ①

| 해설 | 두 번째 문단 첫째 줄에 "붓은 결코 소리내지 않습니다."라고 나와 있다. 날카로운 소리는 '종이 위를 지날 때 날카로운 마찰음을 내는' 매직펜에 대한 설명이다.

| 오답풀이 |

② "붓은 그 사용자에게 상당한 양의 노력과 수련을 요구하지만"을 통해 알 수 있다.

③ "붓은 동양의 정신을 담은 것", "붓은 좀체 호락호락하지 않는 매운 지조의 선비 같습니다."를 통해 알 수 있다.

④ "수줍은 듯 은근한 그 묵향(墨香)"을 통해 알 수 있다.

⑤ "추호(秋毫)처럼 가는 획에서 필관(筆管)보다 굵은 글자에 이르기까지"를 통해 알 수 있다.

---

06 문서작성능력 | 적절한 접속어 파악하기

| 정답 | ④

| 해설 | (a) 앞 문장에서는 일부 독자들은 여전히 수동적인 위치에 머무르고 있음을 말하고, 뒤 문장에서는 수동적인 위치임에도 예전의 단편적인 수용자와는 다름을 말하고 있다. 따라서 (a)에는 역접의 접속어 '하지만'이 들어가는 것이 적절하다.

(b) 앞 문장에서는 새로운 종류의 읽기, 쓰기가 급속도로 생겨났음을 말하고, 뒤 문장에서는 이러한 현상에 대해 보충하여 설명하고 있다. 따라서 서로 비슷한 내용의 두 문장을 이어주는 '그리고'가 들어가는 것이 적절하다.

---

07 문서작성능력 | 올바른 띄어쓰기 적용하기

| 정답 | ⑤

| 해설 | '지'가 의존명사로서 '어떤 동작이 있었던 때로부터 지금까지의 동안을 나타내는 말'로 쓰일 경우에는 앞말과 띄어 쓴다.

| 오답풀이 |

① '뿐'이 '그것만이고 더는 없음' 또는 '오직 그렇게 하거나 그러하다는 것'을 나타내는 조사로 쓰였으므로 앞말과 붙여 쓴다.

② '만큼'이 뒤에 나오는 내용의 원인이나 근거가 됨을 나타내는 의존명사로 쓰였으므로 앞말과 띄어 쓴다.

③ '만'이 시간을 나타내는 '사흘' 뒤에 쓰여 시간의 경과를 나타내는 의존명사로 쓰였으므로 앞말과 띄어 쓴다.

④ 승부를 겨루는 일을 세는 단위로서의 '판'은 의존명사이므로 앞말과 띄어 쓴다.

08 문서이해능력 작품의 특징 이해하기

| 정답 | ①

| 해설 | 글쓴이는 갓은 폐단이 크므로 갓을 쓰는 것을 금지해야 한다는 주장을 하는 것이지, 신분제 폐지를 주장하는 것은 아니다.

| 오답풀이 |

② "어찌 고깔이라 보겠는가?", "금하지 않을 수 있겠는가?"와 같은 설의법을 사용하여 갓의 폐단을 지적하고 자신의 주장을 강조하고 있다.

③ 네 번째 문단을 통해 소립(小笠)을 제작해 사용할 것을 주장하고 있다.

④ 세 번째 문단에서 "갓이 너무 크면 항우(項羽)라도 쭈그러들고, 갓이 파손되면 학자도 당황한다."는 속담을 언급하며 주장을 강화하고 있다.

⑤ 일곱 번째 문단에서 조선의 갓과는 대조적으로 실용적인 모자를 쓰는 여진 사람들의 사례를 제시하고 있다.

09 문서이해능력 세부 내용 이해하기

| 정답 | ④

| 해설 | 마지막 문단을 통해 능숙한 독자는 독서 경험을 통해 얻은 지식과 지혜를 자신과 사회 문제의 해결에 적극적으로 활용해야 한다는 것을 알 수 있다. 따라서 독서 경험과 사회 문제를 분리해서 생각해야 한다는 반응은 적절하지 않다.

| 오답풀이 |

① 첫 번째 문단을 통해 알 수 있다.

② 두 번째 문단을 통해 능숙한 독자의 태도를 알 수 있다.

③ 세 번째 문단을 통해 알 수 있다.

⑤ 두 번째 문단에서 능숙한 독자도 독서 환경이 달라지면 그에 적합한 새로운 독서 전략을 적용하고 독서 행위를 조절한다는 내용을 통해 독서 환경의 영향을 받는 것을 알 수 있다.

10 기초연산능력 분수 계산하기

| 정답 | ③

| 해설 |
$$\frac{1}{2} + \frac{1}{8} + \frac{1}{24} + \frac{1}{48} + \frac{1}{80} + \frac{1}{120}$$

$$= \frac{1}{2} + \frac{1}{2 \times 4} + \frac{1}{4 \times 6} + \frac{1}{6 \times 8} + \frac{1}{8 \times 10} + \frac{1}{10 \times 20}$$

$$= \frac{1}{2} + \frac{1}{2}\left(\frac{1}{2} - \frac{1}{4}\right) + \frac{1}{2}\left(\frac{1}{4} - \frac{1}{6}\right) + \frac{1}{2}\left(\frac{1}{6} - \frac{1}{8}\right)$$
$$+ \frac{1}{2}\left(\frac{1}{8} - \frac{1}{10}\right) + \frac{1}{2}\left(\frac{1}{10} - \frac{1}{12}\right)$$

$$= \frac{1}{2}\left(1 + \frac{1}{2} - \frac{1}{4} + \frac{1}{4} - \frac{1}{6} + \cdots + \frac{1}{10} - \frac{1}{12}\right)$$

$$= \frac{1}{2}\left(1 + \frac{1}{2} - \frac{1}{12}\right)$$

$$= \frac{1}{2} \times \frac{17}{12} = \frac{17}{24}$$

11 기초연산능력 수의 규칙 찾기

| 정답 | ①

| 해설 | 홀수 항은 9씩 커지고, 짝수 항은 21씩 커진다.

따라서 빈칸에 들어갈 숫자는 $111 + 9 = 120$이다.

12 기초연산능력 거리 · 속도 · 시간 활용하기

| 정답 | ④

| 해설 | 터널 M의 길이를 x km라고 하면, A 열차가 터널 M을 완전히 지날 때 걸리는 시간은 $\frac{0.2 + x}{60}$이고, B 열차가 터널 M을 완전히 지날 때 걸리는 시간은 $\frac{0.3 + x}{90}$이다.

두 열차가 터널 M을 지날 때 걸리는 시간의 비가 10 : 7이므로 다음 식이 성립한다.

www.gosinet.co.kr gosinet

1회 기출복원

2회 기출복원

3회 기출예상

4회 기출예상

5회 기출예상

6회 기출예상

$$\frac{0.2+x}{60} : \frac{0.3+x}{90} = 10 : 7$$

위 비례식을 풀면 다음과 같다.

$$10 \times \left(\frac{0.3+x}{90}\right) = 7 \times \left(\frac{0.2+x}{60}\right)$$

$$20 \times (0.3+x) = 21 \times (0.2+x)$$

$$6 + 20x = 4.2 + 21x$$

$$\therefore \ x = 1.8(\text{km})$$

따라서 터널 M의 길이는 1.8km이다.

---

13 도표분석능력 **자료의 수치 분석하기**

| 정답 | ②

| 해설 | 2018년 대비 2023년의 교통량이 줄어든 차종은 중형버스, 대형버스, 소형화물, 중형화물이다. 그중 감소율이 가장 낮은 차종은 $\frac{375,637-374,159}{375,637}\times100 \fallingdotseq 0.4(\%)$의 감소율을 기록한 중형화물이다.

| 오답풀이 |

① 전체 교통량에서 대형화물의 교통량이 차지하는 비중은 2018년에는 $\frac{515,297}{13,395,376}\times100 \fallingdotseq 3.8(\%)$, 2023년에는 $\frac{535,073}{13,886,909}\times100 \fallingdotseq 3.9(\%)$로 모두 전체 교통량의 4% 미만을 기록하였다.

③ 제시된 자료로는 2023년 버스의 교통량 감소와 해외여행 선호와의 연관을 찾을 수 없다.

④ 2018년 화물차 수는 $1,684,051+375,637+515,297 = 2,574,985$(대), 2023년은 $1,644,426+374,159+535,073 = 2,553,658$(대)로, 2018년과 비교하여 2023년 화물차의 교통량은 감소하였다.

⑤ 수도권 지역과 비수도권 지역의 차종별 선호도에 대한 내용은 제시되어 있지 않다.

---

14 기초연산능력 **수의 규칙 찾기**

| 정답 | ④

| 해설 | 제시된 수열은 다음과 같은 규칙을 가진다.

a	b	c	d

$2 \times (a+b+c) + b = d$

$2 \times (3+4+3) + 4 = 2 \times 10 + 4 = 24$

$2 \times (4+6+5) + 6 = 2 \times 15 + 6 = 36$

$2 \times (6+2+3) + 2 = 2 \times 11 + 2 = 24$

$2 \times (2+8+8) + 8 = 2 \times 18 + 8 = 44$

따라서 빈칸에 들어갈 숫자는 44이다.

---

15 도표분석능력 **자료의 수치 분석하기**

| 정답 | ③

| 해설 | 자료에서 모든 차종의 고속국도 내 주행거리의 합은 2019년 191,358천 대-km, 2020년 201,247천 대-km, 2021년 213,219천 대-km, 2022년 224,555천 대-km, 2023년 227,020천 대-km로 매년 증가하였다.

| 오답풀이 |

① 2019년 버스와 화물차의 국가지원지방도 주행거리의 합은 $676+6,174=6,850$(천 대-km)으로 2023년의 화물차의 국가지원지방도 주행거리인 6,880천 대-km보다 작다.

② 제시된 자료로는 국도의 길이의 증감은 추론할 수 없다.

④ 지방도의 주행거리 감소를 통해 지방도의 수요 감소를 추론할 수 있으나, 그 원인이 수도권 내 인구 집중에 있다는 내용은 제시된 자료로는 추론할 수 없다.

⑤ 2019년부터 2023년까지 버스의 국가지원지방도 내 주행거리의 10배는 6,760, 6,890, 7,220, 6,840, 6,570천 대-km로, 화물차의 국가지원지방도 내 주행거리가 이 이상을 기록한 해는 2022년과 2023년뿐이다.

---

16 도표작성능력 **적절한 그래프 찾기**

| 정답 | ①

| 해설 | 제시된 자료의 상승폭을 시각적으로 표현할 수 있는 그래프로는 막대 그래프, 꺾은선 그래프 등이 있다. 이때 자료의 잠재소비총액과 GDP 비중의 표시 단위가 각각 다르므로, 두 가지를 구분하여 표시할 수 있도록 서로 다른 유형의 그래프를 사용하고, 보조축을 통해 이를 구분할 수 있도록 그래프를 작성하는 것이 적절하다. 따라서 ①의 그래프가 가장 적절하다.

17　기초통계능력　경우의 수 구하기

| 정답 | ④

| 해설 | A, B가 앉는 방법에 따라 다음과 같이 경우를 구분할 수 있다.

1) A, B가 가장자리에 가로로 앉을 경우

		C	C
			C

A, B의 위치의 경우의 수 : 4가지
C가 앉을 수 있는 경우의 수 : 3가지
D, E가 앉을 수 있는 경우의 수 : 5×4가지
A와 B가 자리를 바꾸는 경우의 수 : 2가지
모든 경우의 수 : 4×3×5×4×2 = 480(가지)

2) A, B가 가운데에 가로로 앉을 경우

C			C

A, B의 위치의 경우의 수 : 2가지
C가 앉을 수 있는 경우의 수 : 2가지
D, E가 앉을 수 있는 경우의 수 : 5×4가지
A와 B가 자리를 바꾸는 경우의 수 : 2가지
모든 경우의 수 : 2×2×5×4×2 = 160(가지)

3) A, B가 가장자리에 세로로 앉을 경우

		C	C
		C	C

A, B의 위치의 경우의 수 : 2가지
C가 앉을 수 있는 경우의 수 : 4가지
D, E가 앉을 수 있는 경우의 수 : 5×4가지
A와 B가 자리를 바꾸는 경우의 수 : 2가지
모든 경우의 수 : 2×4×5×4×2 = 320(가지)

4) A, B가 가운데에 세로로 앉을 경우

			C
			C

A, B의 위치의 경우의 수 : 2가지
C가 앉을 수 있는 경우의 수 : 2가지

D, E가 앉을 수 있는 경우의 수 : 5×4가지
A와 B가 자리를 바꾸는 경우의 수 : 2가지
모든 경우의 수 : 2×2×5×4×2 = 160(가지)

따라서 전체 경우의 수는 480＋160＋320＋160 = 1,120(가지)이다.

18　사고력　조건을 바탕으로 추론하기

| 정답 | ②

| 해설 | D보다 E가 늦게 도착했다면 E는 A, B, C, D 모두보다 늦게 도착하게 되므로 E는 어떠한 경우에도 5등으로 도착하게 된다.

| 오답풀이 |

① A는 B보다 일찍 도착하였고, B는 D보다 일찍 도착하였으므로 A는 D보다 일찍 도착했다.

③ B보다 E가 일찍 도착했다면 E보다 일찍 도착하는 A와 C는 1등이나 2등으로 도착하게 되고, 3등부터 5등까지는 E－B－D 순서로 도착하게 된다.

④ B가 2등으로 도착했다면 1등으로 도착하는 사람은 A이므로, 어떠한 경우에도 A는 C보다 일찍 도착하게 된다.

⑤ C가 4등으로 도착하였다면 A－B－D－C－E 순서로 도착한 것이 되므로 E는 D보다 늦게 도착하게 된다.

19　사고력　메인 메시지 도출하기

| 정답 | ③

| 해설 | '불안감과 맥박이 감소하는 효과', '스트레스와 피로감 감소', '심박수 감소', '편안함을 주는', '업무 집중도 상승', '조직이 구성원을 돌보고 있다는 심리적인 신호'라는 표현을 통해 '실내에 식물을 배치하는 것은 건강에 유익할 뿐만 아니라, 심리개선의 효과도 있다'를 도출하는 것이 가장 적절하다.

| 오답풀이 |

① '습도 조절'과 '미세먼지 제거'는 제시되어 있지 않은 내용이다.

② 제시된 내용은 모두 '가정'과 '사무실'에 관련된 내용이다. 이를 '도시 건설'로 연결시키는 것은 적절하지 않다.

④ 식물을 관리하는 과정에 대한 내용은 제시되어 있지 않다.

⑤ '사무공간 내 비용 발생'은 제시되어 있지 않은 내용이다.

20 사고력 논리적 오류 파악하기

|정답| ③

|해설| 제시된 내용과 ③은 모두 어떤 명제가 참일 때 그의 '이'에 해당하는 명제도 참일 것이라고 생각하는, 전건을 부정하여 후건 부정을 타당한 결론으로 도출하는 '전건 부정의 오류'이다.

|오답풀이|

① 제시된 내용에는 논리적 오류가 없다.

② '모든 새는 하늘을 날 수 있다'고 제시되어 있으므로 '제비는 하늘을 날 수 있을 것이다'는 명제를 도출함에 '비둘기는 하늘을 날 수 있다'는 필요없는 명제이다.

④ 어떤 명제가 참일 때 그의 '역'에 해당하는 명제도 참일 것이라고 생각해 후건을 긍정하여 전건 긍정을 타당한 결론으로 도출하는 '후건 긍정의 오류'이다.

⑤ '모든 X는 T이다. Z도 Y이다. 따라서 Z는 X이다'는 형식의 오류로 매개념(X)이 외연 전부(Y)에 대하여 성립되지 않을 때 발생하는 '매개념 부주연의 오류'이다.

21 문제처리능력 SWOT 분석 이해하기

|정답| ③

|해설| 외부 위협 요인인 높은 열차운행밀도 및 터널 협소 공간 등 접근한계를 극복하기 위해 강점 요인인 선제적 예방/대비/대응 기술 개발 및 적용을 이용한 ST 전략으로, WO 전략이라고 할 수 없다.

22 문제처리능력 자료의 내용 이해하기

|정답| ⑤

|해설| 부산발 서울 도착 열차를 KTX로 두 번 이용할 경우, 오송 혹은 울산 경유 열차 기준으로 입석 탑승권의 가격은 50,500×2=110,000(원)이다. A 씨는 내일로 패스의

YOUTH 요금이 적용되며 내일로 패스 7일권 YOUTH 가격은 80,000원이므로 내일로 패스 7일권을 구매하는 것이 더 저렴하다.

|오답풀이|

① 여행 일정이 2박 3일이므로 유효기간 7일 이내에 3일을 선택해서 내일로 패스를 이용할 수 있는 선택 3일권을 이용할 수 있다. 만 29세 이하인 A 씨는 YOUTH 가격이 적용되어 선택 3일권의 가격은 70,000원이다. 다만 여행 일정 중 부산발 서울 도착 열차를 한 번만 이용할 경우나, 무궁화호를 두 번 이용할 경우 등 내일로 패스를 이용하지 않고 승차권을 구매하는 것이 더 저렴한 경우도 존재한다.

② 내일로 패스를 이용할 경우 울산을 경유하는 KTX 115는 매진되어 이용할 수 없으나, 울산을 경유하는 KTX 열차는 KTX 115만 있다는 내용은 제시되어 있지 않으며, ITX새마을과 무궁화호 역시 울산역에서 정차하므로 ITX새마을이나 무궁화호 탑승에 내일로 패스를 이용하여 울산을 경유할 수 있다.

③ 내일로 패스를 이용하지 않고 부산-서울을 ITX 일반실 두 번 이용할 경우의 요금은 42,600×2=85,200(원)이다. 만 20세의 A 씨는 내일로 패스의 YOUTH 요금이 적용되므로 내일로 패스 종류에 관계없이 탑승권을 구매하는 것보다 내일로 패스를 이용하는 것이 더 저렴하다.

④ ITX새마을과 무궁화호는 오송에 정차하지 않으므로 내일로 패스를 이용하여 오송을 경유하는 열차를 탑승하기 위해서는 KTX를 이용해야 한다. 내일로 패스로 KTX를 탑승하는 것은 1일 1회로 한정되어 있다.

23 문제처리능력 자료의 내용 이해하기

|정답| ②

|해설| 13 : 00에 KTX 108이 부산에서 출발할 때부터의 다섯 열차의 시간대별 위치는 다음과 같다.

• 13 : 00 KTX 108 부산 출발
• 13 : 20 KTX 108 울산 통과, ITX 1008 부산 출발
• 13 : 40 KTX 108 동대구 정차
• 13 : 45 KTX 108 동대구 출발
• 13 : 50 ITX 1008 울산 정차, 무궁화 1218 부산 출발

- 13 : 55 ITX 1008 울산 출발, KTX 112 부산 출발
- 14 : 15 KTX 112 울산 통과
- 14 : 20 KTX 115 부산 출발, 무궁화 1218 울산 정차
- 14 : 25 ITX 1008 동대구 정차, 무궁화 1218 울산 출발
- 14 : 30 ITX 1008 동대구 출발
- 14 : 35 KTX 108 대전 정차, KTX 112 동대구 정차
- 14 : 40 KTX 108 대전 정차, KTX 112 동대구 출발, KTX 115 울산 환승
- 14 : 50 KTX 115 울산 출발
- 15 : 05 무궁화 1218 동대구 정차
- 15 : 10 KTX 108 오송 통과, KTX 115 동대구 정차, 무궁화 1218 동대구 출발
- 15 : 15 KTX 115 동대구 출발
- 15 : 30 ITX 1008 대전 정차, KTX 112 대전 정차
- 15 : 35 KTX 112 대전 출발(KTX-ITX 순이므로 KTX 먼저 출발)
- 15 : 40 ITX 1008 대전 출발(여러 기차 출발 시 10분 간격 두고 출발)
- 16 : 00 <u>KTX 108 서울 도착</u>
- 16 : 05 KTX 112 오송 환승, KTX 115 대전 정차
- 16 : 10 KTX 115 대전 출발
- 16 : 15 KTX 112 오송 출발
- 16 : 20 ITX 1008 오송 통과
- 16 : 40 KTX 115 오송 통과, 무궁화 1218 대전 정차
- 16 : 45 무궁화 1218 대전 출발
- 17 : 05 <u>KTX 112 서울 도착</u>
- 17 : 20 <u>ITX 1008 서울 도착</u>

따라서 서울에 세 번째로 도착하는 열차는 ITX 1008이다.

24 문제처리능력 자료 분석하기

| 정답 | ③

| 해설 | 제시된 자료인 시도별 대중교통 환승 횟수로는 지역별 대중교통과 자가용의 선호도 비중을 확인할 수는 없다.

| 오답풀이 |

① 서울 지역 내 대중교통 이용 시 1회 이하로 환승하는 이용 비율은 전체의 7.59+58.76=66.35(%)로 65%를 초과한다.

② 제시된 자료에서 시도별 대중교통 이용시 환승을 하지 않는 비율이 가장 높은 지역은 94.12%를 기록한 세종시이다.

④ 제시된 자료의 모든 지역에서 대중교통 환승 횟수가 4회인 이용 비율이 가장 높은 지역은 2.88%인 인천이며, 모든 지역에서 3% 미만의 비율을 기록하고 있다.

⑤ 경기도와 특별시·광역시 내에서 대중교통 환승을 하지 않는 비율은 20% 이하를 기록하는 반면, 경기도를 제외한 도·특별자치도는 70% 이상을 기록하고 있다. 이를 통해 특별시·광역시와 경기도 이외의 도·특별자치도 사이에 지역 내 대중교통 구조의 차이가 있음을 추론할 수 있다.

25 문제처리능력 자료를 바탕으로 전략 세우기

| 정답 | ③

| 해설 | 제시된 기사에서 ○○지역 내 도로는 응급 복구작업을 통해 현재 차량통행이 재개된 상황이다. 따라서 지역 내외에서의 적극적인 지원을 받아 수해 복구를 진행하고, 차후의 수해 발생을 예방하기 위한 전략을 설정하는 것이 적절하다. 이를 위해 차량 통행을 제한하는 것보다 수해복구를 위한 차량이 통행할 수 있도록 지원하는 것이 더욱 필요하다.

2회 기출복원문제

문제 46쪽

01	④	02	④	03	⑤	04	⑤	05	⑤
06	⑤	07	②	08	④	09	②	10	④
11	④	12	③	13	⑤	14	②	15	③
16	①	17	①	18	①	19	②	20	②
21	④	22	②	23	④	24	⑤	25	④

01 문서이해능력 한시 이해하기

| 정답 | ④

| 해설 | 제시된 작품은 최치원이 당나라 유학 시절 지은 오언 율시의 한시이다. 최치원은 당나라에 유학을 가 장원 급제하고 문장으로 이름을 떨쳤으나 이방인으로서의 한계에 회의를 느끼고 이를 탄식하며 이 시를 지었다. 최치원은 자신의 성장 환경이나 처지를 유사한 속성 및 상태를 지닌 꽃에 비유하여 자신의 감정을 이입했다.

'촉규화(蜀葵花)'의 시어들의 의미를 정리하면 다음과 같다.

외지고 묵은 밭	촉규화가 피어 있는 곳
풍성하게 핀 꽃	화자 자신
수레 탄 사람	고귀한 신분의 인물, 힘 있는 사람
벌과 나비들	하찮은 사람들

구분	시적 대상(촉규화)	시적 화자
1, 2구	거칠고 쓸쓸한 곳에 탐스럽게 핌.	어려운 환경 속에서 뛰어난 학문적 경지에 이름.
3, 4구	향기를 날리며 피어 있음.	완숙한 학문적 경지에 이름.
5, 6구	수레 탄 사람이 알아봐 주지 않음.	임금, 고관대작 등이 자신의 능력을 알아주지 않음.
7, 8구	천한 땅에서 태어나 버림받음.	신라에서 6두품으로 태어난 것에 대해 부끄러워하고 탄식함.

따라서 적절하지 않은 설명은 ④이다.

| 오답풀이 |

③ '외지고 묵은 밭'은 화자가 유학을 갔던 당나라를 의미하며, 그곳에서 능력이 뛰어남에도 이방인의 한계를 경험

하며 느꼈을 소외감을 표현한 것이다.

⑤ 2 ~ 4구에서 '풍성하게 핀 꽃', '향기', '그림자'를 통해 시적 화자가 완숙한 학문적 경지에 이르렀음을 나타낸다. 그러나 학문적 경지에 이르렀지만 그 능력을 힘 있는 사람들에게 인정받지 못하는 상황 속에서 위 대상들은 화자의 고뇌를 심화시키고 있다.

02 문서작성능력 한자성어 이해하기

| 정답 | ④

| 해설 | '각주구검(刻舟求劍)'은 융통성 없이 현실에 맞지 않는 낡은 생각을 고집하는 어리석음을 이르는 말로, 초나라 사람이 배에서 칼을 물속에 떨어뜨리고 그 위치를 뱃전에 표시하였다가 나중에 배가 움직인 것을 생각하지 않고 칼을 찾았다는 데서 유래한다.

03 문서이해능력 세부 내용 이해하기

| 정답 | ⑤

| 해설 | 옛 성인과 제왕의 사례를 들어 화폐 유통의 중요성을 강조하고 있을 뿐, 화폐 개혁이 필요하다고 주장하고 있지는 않다.

| 오답풀이 |

① 첫 번째 문단과 세 번째 문단을 통해 알 수 있다.

② 세 번째 문단을 통해 확인할 수 있다.

③ 네 번째 문단을 통해 알 수 있다.

④ 네 번째 문단에서 '재물'과 '우물'의 유사한 속성을 견주는 '유추'를 통해 논지를 전개하고 있다.

04 문서작성능력 적절한 제목 작성하기

| 정답 | ⑤

| 해설 | 제시된 글은 블로그나 페이스북과 같은 소셜 네트워크 서비스(SNS) 등의 플랫폼 발달과 '글쓰기 공간(writing space)'의 확장에 대해 이야기하고 있다. 따라서 ⑤가 제목으로 가장 적절하다.

05 문서작성능력 적절한 접속어 파악하기

|정답| ⑤

|해설| ⓐ의 앞 문장과 뒤 문장은 예전과 지금의 속성을 대조하고 있다. 따라서 ⓐ에는 역접의 접속어인 '그러나'가 들어가는 것이 적절하다.

ⓑ의 뒤 문장의 '때문이다'를 통해 ⓑ의 뒤 문장은 앞 문장의 원인이 됨을 알 수 있다. 따라서 ⓑ에는 '왜냐하면'이 들어가는 것이 적절하다.

06 문서이해능력 세부 내용 이해하기

|정답| ⑤

|해설| 최고봉에서 백록담으로 내려오는 과정을 '주자의 시구를 읊으며 백록담 가로 되돌아오니'로 간략하게 제시하며 글을 마무리하고 있다. 하지만 어린 시절의 추억을 회상하는 부분은 나타나 있지 않다.

|오답풀이|

① 제시된 글은 한라산 기행문으로 한라산의 수려한 풍경과 진면목을 묘사하고 있다.

② 첫 번째 문단을 통해 기상상황이 좋지 않음에도 섬사람들의 웃음거리가 되지 않을까 하는 생각에 계속해서 등정한 것을 알 수 있다.

③ 백록담의 모습과 함께 비유적 표현을 통해 자신의 주관적인 느낌을 말하고 맹자와 소동파를 인용하여 자신의 소감을 드러내고 있다.

④ 다섯 번째 문단을 통해 글쓴이가 정상에 올라 성현의 호연지기를 상상하는 부분을 통해 알 수 있다.

07 문서작성능력 올바른 띄어쓰기 적용하기

|정답| ②

|해설| '뿐'이 체언 뒤에서 '그것만이고 더는 없음'을 나타내는 조사로 쓰인 경우 앞말에 붙여 쓰므로 '둘뿐이다'가 옳은 표기이다.

|오답풀이|

① '애쓴 만큼'에서 '애쓴'은 용언이므로 뒤에 오는 '만큼'은 의존명사가 되어 띄어 쓴다.

③ '지'가 의존명사로 쓰일 때는 시간의 경과를 의미하고,

말하고 싶은 것이 확실하지 않은 상황에서는 연결어미로 쓰인다. ③에서는 연결어미에 해당하므로 붙여 쓰는 것이 옳은 표기이다.

④ '만'이 의존명사로 쓰일 때는 시간의 경과를 의미하고, 조사로 쓰일 때는 제한의 의미를 나타낸다. ④에서는 제한의 의미를 담고 있어 조사로 사용되었으므로 붙여 쓰는 것이 옳은 표기이다.

⑤ '그곳', '저곳'은 각각 '거기'와 '저기'를 문어적으로 이르는 말이므로 한 단어로 붙여 쓴다.

08 문서작성능력 올바른 맞춤법 적용하기

|정답| ④

|해설| '채가다'는 '갑자기 세게 잡아당기다'는 뜻으로 '채다'와 '가다'가 결합된 단어이다. 따라서 ④의 표기는 올바르지 않다.

|오답풀이|

① '지금 바로'의 뜻으로 쓰이는 부사는 '금시에'가 줄어든 말이므로 '금새'가 아닌 '금세'로 적는다.

② '허구한'은 '날이나 세월이 매우 오랜된'의 뜻의 '허구하다'의 형용사형이다. 따라서 '허구한'으로 적는 것이 적절하다.

③ '얼굴에 핏기가 없고 파리하다'는 뜻으로 쓰이는 단어 중 '핼쑥하다'와 '해쓱하다'는 모두 표준어이다.

⑤ '오랜만'은 '오래간만'이 줄어든 말로 '오랜만'으로 쓴다.

09 의사소통능력 표준발음법 이해하기

|정답| ②

|해설| 'ㄹ'로 끝나는 한자와 'ㄷ, ㅅ, ㅈ'으로 시작하는 한자가 결합하면 'ㄷ, ㅅ, ㅈ'이 [ㄸ, ㅆ, ㅉ]과 같은 경음으로 발음된다.

따라서 '몰상식'은 [몰쌍식]으로 발음된다.

|오답풀이|

① 구개음화에 의해 '땀받이'는 [땀바지]로 발음된다.

③ 비음 'ㄴ'이 유음 'ㄹ' 앞에 오거나 뒤에 올 때 'ㄴ'이 'ㄹ'로 변하는 자음동화에 의해 '물난리'는 [물랄리]로 발음된다.

④ '결단력'은 비음화가 일어나지 않고 경음화 현상이 일어난다. 한자어에서 'ㄹ' 받침 뒤 'ㄷ, ㅅ, ㅈ'은 경음으로 발음하는 현상으로 [결딴력]이 올바른 발음 표기이다.

⑤ '옷맵시'는 음절의 끝소리 규칙과 자음동화, 경음화의 과정을 거쳐 '옷맵시 → 온맵시 → 온맵시 → 온맵씨'가 된다.

10 기초연산능력 제시된 식 계산하기

| 정답 | ④

| 해설 | 제시된 식을 계산하면 다음과 같다.

$865^2 + 865 \times 270 + 135 \times 138$

$= 748,225 + 233,550 + 18,630 = 1,000,405$

따라서 계산한 값은 $1,000,405$이다.

별해

구거법을 이용해 답을 찾는다.

구거법(九去法)이란 임의의 정수를 9로 나눈 나머지에 대한 계산을 검산할 때 각 자리 수의 합을 9로 나눈 나머지를 이용하는 방법이다.

865의 각 자리의 숫자의 합 $8+6+5=19$를 9로 나누었을 때의 나머지는 1이다.

270의 각 자리의 숫자의 합 $2+7+0=9$를 9로 나누었을 때의 나머지는 0이다.

135의 각 자리의 숫자의 합 $1+3+5=9$를 9로 나누었을 때의 나머지는 0이다.

138의 각 자리의 숫자의 합 $1+3+8=12$를 9로 나누었을 때의 나머지는 3이다.

문제의 식에 구거법을 적용하면

$865^2 + 865 \times 270 + 135 \times 138$

$\Rightarrow 1^2 + 1 \times 0 + 0 \times 2 = 1$

따라서 문제의 식을 계산한 값이 9로 나누었을 때의 나머지가 1인 $1,000,405$이다.

---

11 기초연산능력 수의 규칙 찾기

| 정답 | ④

| 해설 | $7 \times (13-4) = 7 \times 9 = 63$

$6 \times (27-11) = 6 \times 16 = 96$

$12 \times (32-21) = 12 \times 11 = 132$

$9 \times (16-9) = 9 \times 7 = 63$

따라서 빈칸에 들어갈 숫자는 63이다.

12 기초통계능력 토너먼트 경기 횟수 구하기

| 정답 | ③

| 해설 |

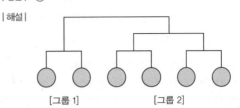

[그룹 1]   [그룹 2]

A, B 부서가 결승전에서 만나게 하기 위해서는 두 부서를 각각 [그룹 1]과 [그룹 2]에 나누어 배치해야 한다. 우선 A 부서가 [그룹 1]에 들어가 있는 경우, 상대편으로 B 부서를 제외한 4부서가 들어갈 수 있으며, 이때 B 부서의 상대편으로는 A와 A의 상대편을 제외한 3부서가 들어갈 수 있으므로 경우의 수는 $4 \times 3 = 12$(가지)이다.

A가 [그룹 2], B가 [그룹 1]에 속하는 경우도 위와 마찬가지이므로 이 때 경우의 수도 12가지이다.

따라서 A와 B가 결승전에서 만날 수 있는 대진표의 경우의 수는 총 $12 \times 2 = 24$(가지)이다.

13 기초연산능력 수의 규칙 찾기

| 정답 | ⑤

| 해설 |

$1 \rightarrow 6 \rightarrow 13 \rightarrow 22 \rightarrow 33 \rightarrow 46 \rightarrow 61 \rightarrow 78 \rightarrow 97 \rightarrow (\quad)$

$\underset{+2}{+5} \ \underset{+2}{+7} \ \underset{+2}{+9} \ \underset{+2}{+11} \ \underset{+2}{+13} \ \underset{+2}{+15} \ \underset{+2}{+17} \ \underset{+2}{+19} \ \underset{+2}{+21}$

따라서 빈칸에 들어갈 숫자는 $97+21=118$이다.

14 기초연산능력 이차방정식 활용하기

| 정답 | ②

| 해설 | 제품 A의 가격을 5,000원씩 x번 인상하면 판매총액은 다음과 같다.

$(140,000 + 5,000x) \times (1,700 - 40x)$

$= 5,000(28+x) \times 40\left(\dfrac{65}{2} - x\right)$

$= 200,000 \times (28+x) \times \left(\dfrac{85}{2} - x\right)$

$= -200,000\left(x^2 - \dfrac{29}{2}x - 1,190\right)$

$$=-200,000\left(x-\frac{29}{4}\right)^2+248,512,500$$

그러므로 $x=\frac{29}{4}=7.25$, 즉 7번 인상할 때 판매금액이 최대가 된다(x는 자연수).

따라서 5,000원 단위로 7번 인상한 $140,000+5,000\times7$ $=175,000$(원)일 때 판매금액이 최대가 된다.

별해

$(140,000+5,000x)\times(1,700-40x)$

$=200,000\times(28+x)\times\left(\frac{85}{2}-x\right)$

이차방정식의 그래프는 최댓값(또는 최솟값)을 기준으로 대칭이므로, 최댓값(또는 최솟값)은 두 근의 평균으로 알 수 있다.

두 근인 $x=\frac{85}{2}$, $x=-28$의 평균은

$\left(\frac{85}{2}-28\right)\times\frac{1}{2}=\frac{29}{4}=7.25$이다.

따라서 $x=7.25$가 된다.

---

15 도표분석능력 **자료의 수치 분석하기**

| 정답 | ③

| 해설 | 제시된 자료로는 개별 차종의 등록대수와 등록대수의 증감을 알 수 없다.

| 오답풀이 |

① 전체 구분을 보면 1일 평균 주행거리 수치 모두 2018년부터 2022년까지 계속 감소한다.

② 사업용 승합자동차의 1일 평균 주행거리 수치가 174.5, 177.5, 176.2, 175.3, 162.9로 가장 크다.

④ 전체 승합자동차의 1일 평균 주행거리가 사업용 승합자동차의 1일 평균 주행거리보다 비사업용 승합자동차의 1일 평균 주행거리에 더 근접하므로, 비사업용 승합자동차 등록대수가 사업용 승합자동차 등록대수보다 많다.

⑤ 매년 사업용 차종의 1일 평균 주행거리가 비사업용 차종보다 길다.

---

16 도표작성능력 **적절한 그래프 찾기**

| 정답 | ①

| 해설 | 방사형 그래프는 비교하는 수량을 직경 또는 반경으로 나누어 원의 중심에서의 거리에 따라 각 수량의 관계를 나타내는 그래프이다. 다양한 요소를 비교할 때, 경과를 나타낼 때 활용할 수 있다.

만점제로 제품을 특징별로 평가한 데이터를 방사형으로 표시하면 제품의 장단점, 항목 간의 균형을 시각적으로 표현할 수 있으므로 방사형 그래프가 제시된 사용 목적에 가장 적합하다.

| 오답풀이 |

② 100%를 기준으로 한 띠 그래프로, 각 요소의 구성비를 띠 모양으로 나타낸다.

③ 100%를 기준으로 한 누적 꺾은선형 그래프이다.

④ 층별 그래프로, 합계와 각 부분의 크기를 실수로 나타내고 시간적 변화를 보고자 할 때 활용할 수 있다.

⑤ 꺾은선 그래프로, 시간적 추이(시계열 변화)를 표시하는 데 적합하다.

---

17 도표분석능력 **자료의 수치 분석하기**

| 정답 | ①

| 해설 | 제시된 각 연도별 전체 교통량에서 승용차가 차지하는 비중은 다음과 같다.

• 2018년 : $\frac{2,765,473}{3,298,474}\times100 ≒ 83.8(\%)$

• 2023년 : $\frac{2,645,237}{3,131,672}\times100 ≒ 84.5(\%)$

따라서 2018년과 비교하여 2023년에 그 비중은 증가하였다.

| 오답풀이 |

② 2023년 차종별 교통량이 2018년에 비해 모두 감소하였으나, 그 원인이 친환경 교통 정책인지는 제시된 자료를 통해 알 수 없다.

③ 제시된 자료를 통해 명확하게 파악할 수 없는 내용이다.

④ 개인 이동 수단인 승용차의 교통량이 감소하였으므로, 개인 이동 수단에 대한 선호도가 증가하였다는 설명은 적절하지 않다.

⑤ 차종별 2018년 대비 2023년 교통량의 감소율을 구하면 다음과 같다.

• 승용차 : $\frac{2,645,237-2,765,473}{2,765,473}\times100 ≒ -4.3(\%)$

www.gosinet.co.kr

1회 기출복원

2회 기출복원

3회 기출예상

4회 기출예상

5회 기출예상

6회 기출예상

- 중형버스 : $\dfrac{16,403-17,845}{17,845}\times100 ≒ -8.1(\%)$

- 대형버스 : $\dfrac{68,495-73,184}{73,184}\times100 ≒ -6.4(\%)$

- 소형화물 : $\dfrac{296,983-323,754}{323,754}\times100 ≒ -8.3(\%)$

- 중형화물 : $\dfrac{49,633-61,004}{61,004}\times100 ≒ -18.6(\%)$

- 대형화물 : $\dfrac{54,921-57,214}{57,214}\times100 ≒ -4.0(\%)$

따라서 대형화물의 감소율이 가장 작다.

18 사고력 조건을 바탕으로 추론하기

| 정답 | ①

| 해설 | 첫 번째, 세 번째 조건에 의해 B-A-D 팀 순으로 도착했음을 알 수 있다.

두 번째 조건에 의해 C-E 팀 순인데, 다섯 번째 조건에 의해 C팀은 제일 먼저 도착할 수 없으므로 1등으로 도착한 팀은 B이다.

네 번째 조건까지 함께 고려하면 다음의 경우가 가능하다.
B-C-E-A-D, B-C-A-E-D, B-A-C-E-D
따라서 항상 참인 것은 ①이다.

19 사고력 메인 메시지 도출하기

| 정답 | ②

| 해설 | 제시된 보조 메시지 A ~ E는 모두 도시 지역에서의 생활을 중점으로 한 내용이다. E로는 농촌 생활과 비교한 도시 생활의 장점을 알 수 있고, A와 B를 통해서는 건강, 스트레스와 관련된 도시 생활에서의 단점, C와 D를 통해서는 도시 생활의 단점을 극복하기 위한 방안을 파악할 수 있다. 즉, A ~ E의 내용을 조합하여 도시 생활의 특징을 파악하고 보다 나은 도시 생활을 영위하기 위한 방안을 도출할 수 있다. 따라서 도시 생활의 단점을 극복하기 위한 방안을 언급하는 ②가 메인 메시지로 가장 적절하다.

| 오답풀이 |

①, ④ 제시된 보조 메시지를 통해 도시 생활이 농촌 생활보다 스트레스에 더 취약한지는 알 수 없다.

③ 농촌 생활과 비교한 도시 생활의 장점만을 언급하고 있어 보조 메시지를 모두 포괄하는 내용으로 볼 수 없다.

⑤ 농촌 지역의 주거지 선택 기준은 제시되어 있지 있다.

20 사고력 논리적 사고의 구성 요소 이해하기

| 정답 | ②

| 해설 | 다른 사람을 설득하는 과정에서 거부되었을 때, '왜 그럴까', '왜 자신이 생각한 것처럼 되지 않을까', '만약 된다고 한다면 무엇이 부족한 것일까' 하고 생각하기 쉽다. 그러나 이 때 자신의 논리로만 생각하면 독선에 빠지기 쉽다. 자신의 주장이 받아들여지지 않는 원인 중에 상대 주장에 대한 이해가 부족한 것이 있을 수 있다. 그러므로 상대의 논리를 구조화하는 것이 필요하다. 상대의 논리에서 약점을 찾고, 자신의 생각을 재구축한다면 분명히 다른 메시지를 전달할 수 있다.

보충 플러스+

논리적 사고의 구성 요소

생각하는 습관	논리적 사고에 있어서 가장 기본이 되는 것은 늘 생각하는 습관을 들이는 것이다. 어떤 의문이 들었다면 계속해서 왜 그런지에 대해서 생각해보아야 한다.
상대 논리의 구조화	자신의 논리에 빠지지 말고 상대의 논리를 구조화하는 것이 필요하다.
구체적인 생각	상대가 말하는 것을 잘 알 수 없을 때에는 구체적으로 생각해 보아야 한다. 업무 결과에 대한 구체적인 이미지를 떠올려 보거나, 숫자를 적용하여 표현을 하는 등의 방법과 같이 구체적인 이미지를 활용하여 단숨에 논리를 이해할 수 있는 경우도 많다.
타인에 대한 이해	상대의 주장에 반론을 제시할 때는 상대 주장의 전부를 부정하지 않는 것이 좋다. 동시에 상대의 인격을 부정해서는 안 된다. 반론 또는 찬성의 의견을 표하는 논의를 통해 이해가 깊어지거나 논점이 명확해지고 새로운 지식이 생기는 등 플러스 요인이 생기게 된다.
설득	공감을 필요로 하는 설득은 논쟁을 통하여 이루어지는 것이 아니라 논증을 통해 더욱 정교해진다. 따라서 이해는 머리로 하고 납득은 머리와 가슴이 동시에 공감되게 하여 그 사람이 내가 원하는 행동을 하게 한다. 또한 이 공감은 논리적 사고가 기본이 된다.

21 문제처리능력 자료 분석하기

| 정답 | ④

| 해설 | ㄱ ~ ㄹ의 내용을 바탕으로 (A) ~ (D)의 수치를 추론한다.

ㄱ.

구분	불만족 (%)	매우 만족 (%)	매우 만족 대비 불만족 비율
20대	10.8	43.8	$\frac{10.8}{43.8} \fallingdotseq 0.247$
30대	A	37.4	$\frac{A}{37.4}$
40대	10.1	44.3	$\frac{10.1}{44.3} \fallingdotseq 0.228$
50대	7.8	44.6	$\frac{7.8}{44.6} \fallingdotseq 0.175$
60대	10.0	43.9	$\frac{10.0}{43.9} \fallingdotseq 0.228$
70세 이상	9.7	45.2	$\frac{9.7}{45.2} \fallingdotseq 0.215$

따라서 30대의 '매우 만족' 대비 불만족 비율이 가장 높으려면

$$\frac{A}{37.4} > 0.247$$

A > 37.4×0.247 ≒ 9.24이어야 한다.

ㄴ. 연령대별 만족 비율은 10대 83.8%, 20대 86.0%, 30대 86.3%, 40대 87.5%, 50대 88.7%, 60대 83.6%, 70세 이상 (B+45.2)%이다. 따라서 70세 이상의 만족 비율이 가장 낮으려면

B+45.2 < 83.6

B < 38.4이어야 한다.

ㄷ. 가구원 수별 불만족 비율은 1인 (0.3+C)%, 2인 8.5%, 3인 이상 7.9%이다. 따라서 1인 가구의 불만족 비율이 가장 높으려면

0.3+C > 8.5

C > 8.2이어야 한다.

ㄹ. 중소도시의 만족 비율 86.0%이다. 따라서 읍면지역보다 중소도시의 만족 비율이 낮으려면

41.2+D > 86.0

D > 44.8이어야 한다.

따라서 A > 9.24, B < 38.4, C > 8.2, D > 44.8인 ④가 가장 적절하다.

22 문제처리능력 자료의 내용 이해하기

| 정답 | ②

| 해설 | 각 열차의 출발시간과 소요시간 및 첫 번째 조건만 고려할 경우, 각 열차의 출발 및 도착시간은 다음과 같다.

구분	서울 출발	오송 도착	오송 출발	대전 도착	대전 출발	동대구 도착	동대구 출발	울산 도착	울산 출발	부산 도착
KTX 106	09:30	10:20	10:20	10:50	11:00	11:50	12:00	12:25	12:25	12:50
무궁화 1204	09:50	11:10	11:20	12:10	12:20	13:50	14:00	14:40	14:50	15:30
ITX 새마을 1003	10:30	11:30	11:40	12:20	12:30	13:30	13:40	14:10	14:20	14:50
KTX 107	11:00	11:50	11:50	12:20	12:30	13:20	13:30	13:55	13:55	14:20
KTX 108	11:20	12:10	12:20	12:50	13:00	13:50	13:50	14:15	14:15	14:40

ITX새마을 1003과 KTX 107은 대전에서 12 : 20에 동시에 정차하여 12 : 30에 동시에 출발하므로 네 번째 조건에 의해 KTX 107이 12 : 30에, ITX새마을 1003은 12 : 40에 출발한다. 또한 가장 속도가 느린 무궁화 1204가 동대구에 13 : 50에 도착하므로 여덟 번째 조건에 의해 ITX새마을 1003과 KTX 107은 동대구에 13 : 50에 도착한다.

이러한 수정 사항을 반영한 시간표는 다음과 같다.

구분	서울 출발	오송 도착	오송 출발	대전 도착	대전 출발	동대구 도착	동대구 출발	울산 도착	울산 출발	부산 도착
KTX 106	09:30	10:20	10:20	10:50	11:00	11:50	12:00	12:25	12:25	12:50
무궁화 1204	09:50	11:10	11:20	12:10	12:20	13:50	14:00	14:40	14:50	15:30
ITX 새마을 1003	10:30	11:30	11:40	12:20	12:40	13:50	14:00	14:30	14:40	15:10
KTX 107	11:00	11:50	11:50	12:20	12:30	13:50	14:00	14:25	14:25	14:50
KTX 108	11:20	12:10	12:20	12:50	13:00	13:50	13:50	14:15	14:15	14:40

무궁화 1204, ITX새마을 1003과 KTX 107이 14 : 00에 동대구에서 동시에 출발하므로 네 번째 조건에 의해 KTX 107이 14 : 00에, ITX새마을 1003이 14 : 10에, 무궁화 1204는 14 : 20에 출발한다.

따라서 최종 시간표는 다음과 같다.

구분	서울 출발	오송 도착	오송 출발	대전 도착	대전 출발	동대구 도착	동대구 출발	울산 도착	울산 출발	부산 도착
KTX 106	09:30	10:20	10:20	10:50	11:00	11:50	12:00	12:25	12:25	12:50
무궁화 1204	09:50	11:10	11:20	12:10	12:20	13:50	14:20	15:00	15:10	15:50
ITX 새마을 1003	10:30	11:30	11:40	12:20	12:40	13:50	14:10	14:40	14:50	15:20
KTX 107	11:00	11:50	11:50	12:20	12:30	13:50	14:00	14:25	14:25	14:50
KTX 108	11:20	12:10	12:20	12:50	13:00	13:50	13:50	14:15	14:15	14:40

위 최종 시간표를 보면 ITX새마을 1003과 KTX 107 모두 13 : 50에 동대구에 도착하므로 ②는 적절하지 않다.

| 오답풀이 |

① 최종 시간표를 보면 무궁화 1204는 대전에 12 : 10에 도착하고, KTX 107은 대전에서 12 : 30에 출발하므로 15분이 소요되는 환승이 가능하다.

③ 가장 저렴한 무궁화 1204의 입석은 현재 매진이고 그다음으로 무궁화 1204의 일반실이 가장 저렴하므로, 30,000 × 4 = 120,000(원)이 4명이 가장 저렴하게 이용할 수 있는 운임이다.

④ 모든 KTX는 울산에서 정차하지 않으므로 울산에 가려면 환승을 해야 한다.

⑤ 모든 열차는 대전에서 정차하며, 최종 시간표를 보면 가장 일찍 부산에 도착하는 KTX 106은 대전에서 11시에 출발하므로 11시 이전에 탑승해야 한다.

23 문제처리능력 자료의 내용 이해하기

| 정답 | ④

| 해설 | **22**의 최종 시간표에 따라 부산역에는 KTX 106, KTX 108, KTX 107, ITX새마을 1003, 무궁화 1204 순서로 도착한다.

24 문제처리능력 자료를 바탕으로 전략 세우기

| 정답 | ⑤

| 해설 | 제시된 기사는 폭설로 인한 경제적 손실과 복구 작업, 재발 방지 방안, 관광 산업 타격 회복 방안에 대해 이야기하고 있다. ⑤는 제시된 내용에서 벗어나 있다.

| 오답풀이 |

① 주무부서에서 긴급 복구 작업을 우선하여 진행 중이고, 복구 작업에는 중앙 정부의 지원이 필수적이며, 복구 작업의 효율성을 높이기 위한 신기술 도입을 고려 중이라 하였으므로, 이를 조합한 적절한 전략안이다.

② 신기술 도입을 고려 중이고, 인프라 강화에 관한 투자가 논의되고 있다고 하였으므로, 이를 위해 연구 개발에 대한 투자를 증대하는 전략을 세울 수 있다.

③ 폭설로 타격을 입은 관광 산업의 회복과 촉진을 위한 방안을 검토해야 한다는 의견이 있다고 하였으므로 적절한 전략안이다.

④ 정확한 폭설 예측 시스템 개발에 관한 논의도 있으므로 적절한 전략안이다.

25 문제처리능력 자료 분석하기

| 정답 | ④

| 해설 | 시도별 인구수가 제시되어 있지 않으므로, 경북과 경남의 15분 이상 걸려 대중교통에 접근하는 사람 수는 알 수 없다.

| 오답풀이 |

① 시도별로 20분 미만까지의 수치를 더한 값이 90% 이상인지 혹은 20분 이상부터의 수치를 더한 값이 10% 이하인지를 확인하여 알 수 있는 내용이다.

② 시도별로 '5분 미만'과 '5분 ~ 10분 미만'의 수치를 더한 값이 가장 높은 지역이 경기가 맞는지 확인하여 알 수 있는 내용이다.

③ 시도별로 20분 이상부터의 수치를 더한 값이 가장 높은 지역이 강원이 맞는지 확인하여 알 수 있는 내용이다.

⑤ 수도권 세 지역의 '5분 ~ 10분 미만'의 수치와 전체의 수치를 비교하여 알 수 있는 내용이다.

3회 기출예상문제
문제 62쪽

01	④	02	②	03	①	04	②	05	⑤
06	②	07	①	08	⑤	09	③	10	④
11	⑤	12	①	13	②	14	⑤	15	③
16	③	17	①	18	⑤	19	②	20	④
21	④	22	③	23	⑤	24	①	25	①
26	⑤	27	①	28	⑤	29	⑤	30	①
31	④	32	①	33	⑤	34	④	35	③
36	②	37	①	38	①	39	⑤	40	③

과목 1 직업기초 [1~30]

01 문서이해능력 세부 내용 이해하기

| 정답 | ④

| 해설 | 세 번째 문단에서 기록물 분류체계 표준화 사업 내용을 포함한 차세대 기록관리시스템 구축 사업에는 올해 연말까지 17억 2,900만 원이 투입된다고 하였다.

| 오답풀이 |

① 다섯 번째 문단에서 보안사고 예방을 위한 효율적인 대응 시스템 마련을 위해 사이버안전센터 보안관제 용역 사업을 구상하고 있고, 그 핵심 사업 내용 중 하나가 보안관제시스템 및 헬프데스크 구축이라고 하였다.

② 여섯 번째 문단에서 디지털 전송장치인 CSU와 일반 전화선으로 데이터를 전송하는 근거리 통신망 DSL은 부품 단종 및 서비스가 종료된 제품이라고 설명하고 있다.

③ 첫 번째 문단에 따르면 47억을 투입하는 시스템 고도화 다음으로 22억 9,300만 원을 투입하는 PC 및 SW 구매가 가장 큰 비용을 투자하는 분야이다.

⑤ 세 번째 문단에서 정부로부터 무상으로 지원받아 사용하고 있는 표준기록관리시스템을 2009년부터 사용했다고 하였고, 보도자료에서 '올해'는 2022년이므로 10년 이상 사용하였다.

02 문서작성능력 적절한 제목 작성하기

| 정답 | ②

| 해설 | 첫 번째 문단에서 ○○공사가 2022년도 정보화사업 현황을 공개했다고 하였고, 제시된 글 전반에서 2022년에 추진될 정보화 사업 현황에 대한 세부적인 내용이 설명되어 있다. 따라서 글의 제목으로 '○○공사, 2022년 정보화 사업 현황 공개'가 적절하다.

| 오답풀이 |

① ○○공사의 내부 전문가 컨설팅에 관한 내용은 제시되어 있지 않다.

③ 정보통신공사업체의 참여가 가능할지 관심이 모아진다는 내용은 있지만, 고객이 제안한 정보통신공사업체 선정에 관한 내용은 제시되어 있지 않다.

④ 제시된 글은 ○○공사의 우수한 철도 기술력과 같은 내용을 설명하거나 홍보하는 내용이 아니다.

⑤ 시스템 고도화 분야의 통합정보시스템 고도화에 관한 내용이 제시되어 있으나, 이는 정보화 사업 현황 중 일부분의 내용이므로 전체 글의 내용을 포괄할 수 없다.

03 문서이해능력 세부 내용 이해하기

| 정답 | ①

| 해설 | 정보화 사업 분야 중 아직 언급되지 않은 것은 정보화 컨설팅과 소프트웨어 개발이다. 운영·유지관리 분야에 대한 내용은 다섯 번째 문단에서 확인할 수 있다.

한편, 정보화 사업 분야 중 시스템 고도화는 두 번째와 세 번째 문단, PC 및 SW 구매는 마지막 문단, 인프라 구축·개량은 여섯 번째 문단에서 언급되어 있다.

| 오답풀이 |

② 여섯 번째 문단에서 내용을 확인할 수 있다.

③ 마지막 문단에서 보안장비가 288대로 세 번째로 많이 구매될 것임을 알 수 있다.

④ 다섯 번째 문단에서 내용을 확인할 수 있다.

⑤ 차세대 기록관리시스템 구축 사업은 시스템 고도화 분야에 해당한다. 세 번째 문단에서 차세대 기록관리시스템 구축 사업은 17억 2,900만 원이 투입된다고 하였고, 이는 시스템 고도화에 투입되는 47억 원의 30%인 $47 \times 0.3 = 14.1$(억 원) 이상이다.

04 문서이해능력 세부 내용 이해하기

| 정답 | ②

| 해설 | 기계식 냉방장치인 에어컨이 처음 도입된 시기는 1939년으로, 객차에 자동문이 설치된 1994년보다 앞선다.

| 오답풀이 |

① 객차의 밀폐형 창문은 열차 내 에어컨의 설치로 인한 것이다.

③ 승강대는 3단 정도의 계단, 객차 안쪽으로 열리는 문, 스프링 장치가 있는 발판으로 이루어져 있다고 하였다.

④ 일반 객차의 냉방은 선풍기로 하였지만 난방은 전기식이 아니라 증기식이었다.

⑤ 발판의 스프링으로 발판 고정 장치를 쉽게 풀 수 있는 수동 출입문은 이로 인해 열차 이동 중에도 발판의 고정 장치가 쉽게 풀어져 이용객이 추락할 위험이 있었다. 이를 해결하기 위해 설치된 것이 자동문이다.

05 문서작성능력 빈칸에 들어갈 말 파악하기

| 정답 | ⑤

| 해설 | '한편'은 어떤 일에 대하여 앞에서 말한 것과 다른 측면을 말할 때 쓰는 부사이다. 그러나 ⑩의 뒤 내용은 앞 내용을 부연하므로 '한편'이 들어가는 것은 적절하지 않고, '그때부터'와 같은 말이 들어가야 자연스럽다.

06 문서이해능력 세부 내용 이해하기

| 정답 | ②

| 해설 | 다섯 번째 문단에서 승객 다섯 명 중 한 명은 오프라인 승차권을 구입한다고 하였다. 따라서 $\frac{1}{5} \times 100 = 20$(%) 정도가 오프라인 열차 승차권을 발권함을 알 수 있다.

| 오답풀이 |

① 기존부터 사용했던 ○○공사 모바일 앱뿐만 아니라 N사 및 N사 지도 애플리케이션, K사의 T앱에서 승차권을 예약할 수 있으며, K톡 애플리케이션에서 직접 승차권을 예약하는 서비스도 준비 중이라고 하였으므로, 6개의 애플리케이션에서 관련 서비스가 제공된다는 설명은 적절하지 않다.

③ '내 예약' 메뉴에서 승차권을 확인할 수 있는 것은 N사 애플리케이션이다.

④ 제시된 보도자료는 1월 31일 일요일에 작성되었고 열차 승차권 바로예약 서비스는 다음날인 2월 1일 오전 10시부터 제공된다고 하였으므로 월요일 오전 10시부터 이용할 수 있다.

⑤ N사 애플리케이션의 검색창에 기차표예매 등 열차 승차권 관련 키워드를 입력하여 예약 화면으로 이동해야 한다.

07 문서이해능력 글의 내용을 바탕으로 추론하기

| 정답 | ①

| 해설 | 다섯 번째 문단에서 철도 비회원 80% 이상이 오프라인으로 승차권을 구입하고 있으며, 이를 개선하기 위해 그들에게 익숙한 온라인 플랫폼에서 승차권을 구입할 수 있게 비대면 승차권 예약시스템을 확대한다고 하였다. 따라서 철도 비회원의 온라인 열차 승차권 발권 비율을 높이기 위해 N사와 K사의 플랫폼을 선정했음을 추론할 수 있다.

| 오답풀이 |

② 온라인이 아닌 오프라인으로 승차권을 발권하는 비율을 높인다는 내용은 적절하지 않다.

③ N사와 K사의 애플리케이션도 로그인이 필요하므로 별도의 가입절차와 애플리케이션 설치가 필요하다.

④ K사의 T앱에만 해당하는 설명이다.

⑤ ○○공사 모바일 앱 회원이 아닌 비회원의 접근성을 높이기 위한 서비스이다.

08 문서이해능력 세부 내용 이해하기

| 정답 | ⑤

| 해설 | 두 번째 문단에 따르면 현재 '실시간 까치집 자동검출시스템'에 고성능 영상처리장치와 GPS 등 최첨단 IT기술을 이용하고 있다. 그러나 세 번째 문단에 따르면 드론을 띄워 전차선 까치집을 발견하는 기술은 시범 운영 중이다.

| 오답풀이 |

① 첫 번째 문단에서 까치가 주로 집을 짓는 기간은 3월부터 5월이라고 하였다.

② 세 번째 문단에서 전차선 설비를 입체적으로 촬영하고 송전선로 점검에 드론을 활용하고자 '무인이동체 기반 접근취약 철도시설물 자동화 점검시스템'을 개발 중이라고 하였다.

③ 첫 번째 문단을 통해 까치집에 포함된 나뭇가지나 철사 등으로 전차선 단전 사고가 발생함을 알 수 있다.

④ 네 번째 문단에서 전차선 2m 이내에 위치한 까치집, 폐비닐과 같은 위험요인을 신고하면 소정의 사은품을 제공하는 '국민신고포상제도'를 운영하고 있다고 하였다.

09　문서이해능력　글의 내용을 바탕으로 추론하기

|정답| ③

|해설| (가) 이전에 직원 B가 언급한 딥러닝 방식의 AI 기술을 시스템에 활용하는 것은 '실시간 까치집 자동검출시스템'에 관한 내용이다. 이러한 방식으로 까치집과 전차선을 95% 이상의 높은 정확도로 구분할 수 있다고 두 번째 문단에 제시되어 있다.

|오답풀이|

① '실시간 까치집 자동검출시스템'이 도입되기 전에 활용되던 까치집 제거 작업에 대한 내용이다.

② (가) 뒤에 직원 B가 계속해서 '실시간 까치집 자동검출시스템'에 대해 이야기하고 있으므로, '여러' 첨단 기술 활용에 대한 내용이 들어가는 것은 적절하지 않다.

④, ⑤ 드론을 띄워 까치집을 발견하는 방식은 AI 기술을 활용하는 '실시간 까치집 자동검출시스템'과 별개이다.

10　문서작성능력　올바른 맞춤법 적용하기

|정답| ④

|해설| ⓒ의 '들렀다'는 기본형 '들르다'에 '-었-'이 결합된 것으로, 맞춤법에 맞는 표현이다. ⓔ의 '대가'는 '노력이나 희생을 통하여 얻게 되는 결과'를 나타내는 말로, 맞춤법에 맞는 표현이다.

|오답풀이|

㉠ 오랫만에 → 오랜만에

㉡ 쉴려고 → 쉬려고

㉢ 되였다 → 되었다

11　기초연산능력　방정식 활용하기

|정답| ⑤

|해설| 변경 전 의자의 줄 수를 x라 하면, 직원 수는 $13(x-1)+2$이다.

변경 후 의자의 줄 수는 변경 전보다 16줄 줄어들었으므로 $x-16$줄이다. 이때 임직원 수는 $15(x-16)+7$이고, 변경 전과 후의 임직원 수는 같으므로, 다음과 같이 식을 세울 수 있다.

$13(x-1)+2=15(x-16)+7$

∴ $x=111$

따라서 전체 임직원은 $13 \times (111-1)+2=1,432$(명)이다.

12　기초연산능력　손실액 차이 구하기

|정답| ①

|해설| 기계 A 50대 중 16대만 기계 B로 교체하므로 기계 A 16대의 불량품으로 인한 1일 손실액에서 기계 B 16대의 불량품으로 인한 1일 손실액을 빼면 된다.

• 기계 A
 - 1대당 하루 생산량 : 5,000개
 - 불량률 : 2%
 - 불량품 1개당 손실액 : 6,000원
 따라서 16대의 불량품으로 인한 1일 손실액은
 $16 \times 5,000 \times 0.02 \times 6,000=9,600,000$(원)

• 기계 B
 - 1대당 하루 생산량 : 8,500개
 - 불량률 : 1%
 - 불량품 1개당 손실액 : 7,000원
 따라서 16대의 불량품으로 인한 1일 손실액은
 $16 \times 8,500 \times 0.01 \times 7,000=9,520,000$(원)

그러므로 기계 교체 후 하루 동안 불량품으로 인한 손실액은 $9,600,000-9,520,000=80,000$(원) 줄어든다.

13　기초연산능력　일률 활용하기

|정답| ②

|해설| 직무 X의 전체 일의 양을 1로 두면, 하루 동안 직원

A, B, C가 하는 일의 양은 각각 $\frac{1}{10}$, $\frac{1}{15}$, $\frac{1}{12}$ 이다. 우선 직원 A와 B가 5일간 작업한다고 하였으므로 두 직원이 5일 동안 일한 양은 $\left(\frac{1}{10}+\frac{1}{15}\right)\times 5=\frac{1}{6}\times 5=\frac{5}{6}$ 이다. 따라서 직원 C는 $1-\frac{5}{6}=\frac{1}{6}$의 일을 혼자 해야 하므로, $\frac{1}{6}\div\frac{1}{12}=2$(일)이 소요된다.

14 도표분석능력 자료의 수치 분석하기

|정답| ⑤

|해설| 기타를 제외한 나머지 역 구분 소계의 평균은 영업고시 기준에서는 $\frac{688-167}{3}=\frac{521}{3}\fallingdotseq 173.7$(개), 사업본부별 기준에서는 $\frac{688-39}{3}=\frac{649}{3}\fallingdotseq 216.3$(개)로 영업고시 기준이 사업본부별 기준보다 작다.

|오답풀이|

① 조차장은 영업고시 기준에서 화물과 기타(비영업)로 1개 역씩 총 2개, 사업본부별 기준에서 물류본부 2개역으로 구분되어 운영되고 있다.

② 신호장과 신호소는 기타와 합계의 수치가 같으므로 구분 기준과 관계없이 모두 기타로 구분된다.

③ 두 경우 모두 간이역의 개수가 1로 같다.

④ 보통역의 역 구분 항목별 최댓값과 최솟값의 차이는 영업고시 기준에서는 269-7=262(개), 사업본부별 기준에서는 163-47=116(개)로 영업고시 기준이 사업본부별 기준보다 크다.

15 도표분석능력 자료를 바탕으로 수치 계산하기

|정답| ③

|해설| 〈보기〉의 수정사항에 따르면 총 13개의 역이 추가되므로 운영되는 역의 개수는 총 688+13=701(개)가 되고, 여객 및 화물의 소계는 37+4=41(개), 화물의 소계는 39+9=48(개)가 된다. 이에 따라 ⓐ, ⓑ의 값을 구하면 다음과 같다.

- ⓐ : $\frac{41}{701}\times 100\fallingdotseq 5.8$

- ⓑ : $\frac{48}{701}\times 100\fallingdotseq 6.8$

따라서 ⓐ에서 ⓑ를 뺀 절댓값은 $|5.8-6.8|=|-1|=1$ 이다.

16 도표분석능력 자료의 수치 분석하기

|정답| ③

|해설| 2024년의 취업유발 효과는 9,630명이므로 이보다 20%를 증가시키려면 9,630×1.2=11,556(명)을 목표로 해야 한다.

|오답풀이|

① 2024년 온라인 특가 승차권 구매 이용객 수가 308천 명이고 전년 대비 10% 증가한 것이라면, 2023년 이용객은 $\frac{308}{1.1}=280$(천 명), 즉 28만 명이므로 30만 명 미만이다.

② 2024년 여행사 매출은 59억 원으로 생산유발 효과의 1%인 7,351×0.01=73.51(억 원) 미만이다.

④ 전년 대비 2024년 공급 좌석 수의 증감률은 $\frac{30.1-29.6}{29.6}\times 100\fallingdotseq 1.7$(%), 여행사 매출의 증감률은 $\frac{72-59}{59}\times 100\fallingdotseq 22.0$(%)로 여행사 매출 증감률이 더 크다.

⑤ 2024년 온라인 특가 승차권 구매 이용객은 전체 철도 관광객 256만 명 중에서 $\frac{30.8}{256}\times 100\fallingdotseq 12$(%)를 차지한다.

17 도표분석능력 자료를 바탕으로 수치 계산하기

|정답| ①

|해설| 2023년과 2024년의 판매 수수료 경감은 각각 3.6억 원과 2억 원이므로 전년 대비 2024년도의 증감률은 $\frac{2-3.6}{3.6}\times 100\fallingdotseq -44$(%)이다.

www.gosinet.co.kr gosinet

1회 기출복원
2회 기출복원
3회 기출예상
4회 기출예상
5회 기출예상
6회 기출예상

18 도표분석능력 **자료의 수치 분석하기**

|정답| ⑤

|해설| 2X20년 이산화탄소 검출량은 지하 433ppm, 지상 466ppm으로, 지하보다 지상에서 더 많이 검출되었다.

|오답풀이|

① 〈철도 차량 실내공기질〉의 표를 보면 도시철도와 열차의 초미세먼지 공기질 기준치가 $50\mu g/m^3$ 이하로 동일함을 알 수 있다.

② 도시철도와 열차의 비혼잡 상태 이산화탄소 기준치는 모두 2,000ppm 이하로, 2X20 ~ 2X22년 동안 검출량은 2,000ppm을 넘지 않았다.

③ 2X20 ~ 2X22년 동안 열차의 혼잡 상태 이산화탄소 수치는 1,296 → 1,333 → 1,409로 매년 증가하였다.

④ 철도 역사의 폼알데하이드 기준치의 20%는 $100 \times 0.2 = 20(\mu g/m^3)$로, 2X20 ~ 2X22년 동안 검출량은 늘 20 $\mu g/m^3$보다 적었다.

19 도표분석능력 **자료를 바탕으로 수치 계산하기**

|정답| ②

|해설| ㉠ ~ ㉤의 실내공기질 기준치를 바탕으로 공기질 상태와 색상을 정리하면 다음과 같다.

구분	기준치/ 검출량	공기질 상태	색상
㉠	100 이하/ $52(\mu g/m^3)$	$\dfrac{52}{100} \times 100 = 52(\%)$ → 나쁨	노란색
㉡	1,000 이하/ 488(ppm)	$\dfrac{488}{1,000} \times 100 = 48.8(\%)$ → 보통	초록색
㉢	2,000 이하/ 1,153(ppm)	$\dfrac{1,153}{2,000} \times 100 = 57.65(\%)$ → 나쁨	노란색
㉣	2,500 이하/ 1,647(ppm)	$\dfrac{1,647}{2,500} \times 100 = 65.88(\%)$ → 나쁨	노란색
㉤	2,500 이하/ 1,296(ppm)	$\dfrac{1,296}{2,500} \times 100 = 51.84(\%)$ → 나쁨	노란색

따라서 공기오염도 색상이 노란색인 네 개와 달리 ㉡은 초록색이다.

보충 플러스+

제시된 표의 수치를 대략적으로 보면, ㉠, ㉢, ㉣, ㉤은 기준치의 50% 이상이고 ㉡만 50% 미만임을 파악할 수 있다. 따라서 ㉡만 공기오염도 색상이 다르다는 것을 쉽게 파악할 수 있다.

20 도표분석능력 **자료를 바탕으로 그래프 검토하기**

|정답| ④

|해설| 제시된 그래프의 수치를 대략적으로 보았을 때 그래프 (가)는 '철도 역사 미세먼지 및 철도 차량 초미세먼지 공기질', 그래프 (나)는 '철도 차량 이산화탄소 공기질'에 관한 자료이다. 그래프 (나)와 〈철도 차량 실내공기질〉의 수치를 비교할 때, 도시철도의 혼잡 상태와 비혼잡 상태가 일치하지 않고 그래프의 막대가 서로 바뀌어 있음을 알 수 있다.

|오답풀이|

① 그래프 (가)의 ⓐ는 철도 역사 지하, ⓑ는 철도 역사 지상의 미세먼지 공기질에 해당한다.

② 도시철도 및 열차의 초미세먼지 공기질뿐만 아니라 철도 역사 미세먼지 공기질도 함께 그래프로 나타내고 있다.

③ **19**의 기준을 참고할 때, 공기질 검출량이 기준치의 25% 미만이어야 공기질 등급이 파란색이다. 그러므로 철도 역사 미세먼지 검출량은 $100 \times 0.25 = 25(\mu g/m^3)$ 미만, 철도 차량 초미세먼지 검출량은 $50 \times 0.25 = 12.5(\mu g/m^3)$ 미만이어야 한다. 따라서 2X22년 철도 역사 지상 미세먼지 검출량이 $24\mu g/m^3$로 $25\mu g/m^3$ 미만이므로 파란색이 존재한다.

⑤ 그래프 (나)는 철도 차량 이산화탄소 공기질에 관한 자료로 ppm 단위를 사용하며, 폼알데하이드의 단위는 $\mu g/m^3$이다.

21 문제처리능력 **자료의 내용 이해하기**

|정답| ④

|해설| 도급업체는 조사내용에 대해 담당기관이 아닌 산하기관에 반드시 보고해야 한다.

|오답풀이|

① '도급계약은 보수업부 분담 이후에 보수업무 진행이 시작되기 전까지 담당기관과 도급업체 간에 계약성사가 완료되어야 하고'라고 제시돼 있다.

② '도급업체가 없는 경우 산하기관에서 보수업무를 진행'
한다고 하였으므로, 시설장비사무소의 산하기관인 장비
사업소가 보수업무를 진행한다.

③ 〈보수 절차도〉를 통해 확인할 수 있다.

⑤ 보수 방침 및 기준이 결정된 날로부터 7일 이내에 담당
기관에게 업무를 전달해야 하므로 8월 12일에 결정되었
다면 담당기관이 업무를 전달받게 되는 날은 최대 7일
후인 8월 19일이다.

22 문제처리능력 │ 자료를 바탕으로 일정 파악하기

|정답| ③

|해설| 보수 진행 절차를 정리하면 다음과 같다.

1. 담당기관에게 2X23년 11월 14일 업무가 전달된다.

2. 보수 실행 지시는 2X23년 11월 14일로부터 2주 뒤인
2X23년 11월 28일에 내려진다.

3. 보수업무는 지시 받은 날 즉시 분담해야 하며 보수업무
진행은 분담 받은 날부터 즉시 시작하므로 2X23년 11월
28일로부터 3주 뒤인 2X23년 12월 19일에 완료된다.

4. 조사내용은 2X23년 12월 19일로부터 10일 뒤인 2X23
년 12월 29일에 보고된다.

따라서 조사내용을 보고한 날짜는 2X23년 12월 29일이다.

23 문제처리능력 │ 자료를 바탕으로 일정 파악하기

|정답| ⑤

|해설| 3월 30일에 보수가 완료되었고 14일이 걸렸으므로
3월 17일부터 공사를 시작한 것을 알 수 있다. 도급계약을
완료한 다음날부터 공사를 시작했으므로 도급계약은 3월
16일에 이루어졌고 보수업무 분담일로부터 최대 7일 내에
도급계약이 완료되어야 하므로 보수업무 분담은 도급계약
일주일 전인 3월 9일에 이루어졌다. 보수 실행 지시를 받은
날 즉시 보수업무를 분담해야 하므로 보수 실행 지시가 3월
9일에 이루어졌다고 추론할 수 있다. 따라서 3월 8일에는
보수 실행 지시 전 단계인 담당기관 전달이 이루어지고 있
었음을 알 수 있다.

24 문제처리능력 │ 안내문 이해하기

|정답| ①

|해설| '발행량'에서 단품과 3종 세트에 국외분 2,100장이
포함되어 있다고 안내되어 있다.

|오답풀이|

②, ④, ⑤ '1인당 신청한도'에 안내되어 있다.

③ '규격'에 안내되어 있다.

25 문제처리능력 │ 자료를 적용하여 추론하기

|정답| ①

|해설| 대리인이 방문하여 수령하므로, '수령방법'에 따라
대리인 신분증, 신청인 신분증 또는 가족관계 확인 서류,
예약접수증을 지참해야 한다.

|오답풀이|

② '신청자격'에 따라 외국인은 출입국관리법에서 정한 외
국인등록증을 소지해야 한다.

③ 3종 세트인 D 타입 구성 1세트를 신청하였으므로 '판매
가격'에 따라 182,500원을 지불해야 한다.

④ H는 20X2년 2월 20일에 예약 접수하였고, 이는 예약
접수 기간 내에 해당한다.

⑤ '예약방법'에 따라 창구 접수의 경우 신분증을 지참하여
제시된 은행의 지점에 방문하여 신청서를 작성한다.

26 문제처리능력 │ 자료를 적용하여 추론하기

|정답| ⑤

|해설| '추첨'에서 각 타입별 접수량이 발행량을 초과할 경
우 무작위 추첨으로 당첨자를 결정한다고 하였고 당첨자
발표 예정일도 제시되어 있으므로 옳은 설명이다.

|오답풀이|

① '예약방법'에 따르면 가상계좌 신청은 한국조폐공사 온
라인 쇼핑몰 홈페이지에서 인터넷 접수를 할 때에 해당
한다.

② '수령방법'에서 우편배송 시 착불배송료를 본인이 부담
해야 한다고 안내되어 있으므로, 우편배송료는 상품을
받은 후에 지불해야 한다.

③ '예약 접수 기간'에 따라 접수 마감일인 20X2년 3월 10일 23시까지 신청이 가능하므로, Q의 신청일 당일인 20X2년 3월 9일에 23시 전까지 예약 신청을 반드시 할 필요는 없다.

④ '추첨'에 따르면 예약접수량이 총발행량에 미달일 경우 예약접수분은 그대로 판매된다고 안내되어 있다.

---

27 문제처리능력 자료 현황 이해하기

| 정답 | ①

| 해설 | 가. 전체 수도관의 길이는 185,778km이며, 경과연수 10년 이하인 수도관의 길이는 $36,220+43,577=79,797$(km)이므로 10년이 넘은 수도관은 절반을 넘는다.

나. 전체 수도관 중 경과연수 20년을 초과하는 관로의 비중을 관로별로 구하면 다음과 같다.

- 도수관 : $\dfrac{1,601}{3,331}\times100\fallingdotseq48.1(\%)$

- 송수관 : $\dfrac{3,398}{10,925}\times100\fallingdotseq31.1(\%)$

- 배수관 : $\dfrac{23,274}{100,121}\times100\fallingdotseq23.2(\%)$

- 급수관 : $\dfrac{23,347}{71,401}\times100\fallingdotseq32.7(\%)$

따라서 비중이 가장 큰 것은 도수관이다.

따라서 올바르지 않은 의견은 '가'와 '나'이다.

| 오답풀이 |

다. 지방 상수도 송수관과 배수관의 20년 초과 노후화율을 구하면 다음과 같다.

- 송수관 : $\dfrac{2,693}{7,414}\times100\fallingdotseq36.3(\%)$

- 배수관 : $\dfrac{23,274}{100,121}\times100\fallingdotseq23.2(\%)$

따라서 송수관의 노후화율이 더 크다.

라. 지방 상수도는 총 1,752km의 도수관로 중 145km가, 광역 상수도는 총 1,579km의 도수관로 중 63km가 5년 이내의 경과연수를 나타내고 있으므로 10%에 미치지 못한다.

---

28 문제처리능력 자료의 절차 이해하기

| 정답 | ⑤

| 해설 | '화물운송절차'의 '수탁검사 및 운송'에 발송 기간이 화물 수취시점으로부터 12시간이라고 제시되어 있다. 따라서 도착역에서 화물을 수송 완료한 시점이 아닌, 출발역에서 화물을 받은 시점으로부터 12시간 이내이다.

| 오답풀이 |

① '화물운송절차'의 '화차적재 및 화물운송'에 화주가 시간 내 적재를 완료하지 않으면 화차유치료가 발생하며, 화학류의 적재 시간은 적재통지 후 3시간 이내라고 제시되어 있다.

② '화물운송절차'의 '수탁검사 및 운송' 단계에 ○○공사는 화물운송장 신고사항과 현품 대조를 해야 하므로 화물운송장이 필요하다. 화물운송장 제출은 화주가 '운송신청' 단계에서 수행한다.

③ '화물운송절차'의 '하화준비 및 인도 확인'에 하화·인도 후 화물 인도명세서에 수령인 서명을 날인해야 한다고 제시되어 있다.

④ '화물운송절차'의 '운송가능여부 결정' 단계에 운송화물 적합성 평가가 진행되며, 운송가능 시 배차계획 수립 및 화차 수배가 진행됨을 알 수 있다.

---

29 문제처리능력 자료를 바탕으로 운임 계산하기

| 정답 | ①

| 해설 | 컨테이너화물운임은 '거리(km)×규격별·영공별 임률'의 값이다. 〈보기〉의 컨테이너화물은 공컨테이너이므로 규격별·영공별 임률은 $800\times0.74=592$(원/km)이다. 따라서 제시된 컨테이너화물운임은 $1,200\times592=710,400$(원)이다.

---

30 사고력 스캠퍼 기법 이해하기

| 정답 | ①

| 해설 | 1인 가구 증가에 따라 가전제품의 크기를 소형으로 바꾼 것은 '적용'이 아닌 '확대/축소'에 해당한다.

| 오답풀이 |

② 복합기는 복사기, 팩스기, 스캐너, 프린터 등의 기능을 결합하여 탄생한 제품이다.

③ 글씨를 쓰는 연필을 지문 채취라는 다른 용도로 사용한 사례이다.

④ 마우스와 컴퓨터 사이를 연결하는 케이블을 제거한 사례이다.

⑤ 컵의 재질을 종이라는 다른 재질로 치환한 사례이다.

과목 2 철도관련법령 [31 ~ 40]

31

| 정답 | ④

| 해설 | 관계행정기관의 장은 철도산업발전기본계획에 따라 연도별 시행계획을 수립·추진하고, 해당 연도의 계획 및 전년도의 추진실적을 국토교통부장관에게 제출하여야 한다 (「철도산업발전기본법」 제5조 제6항).

| 오답풀이 |

① 「철도산업발전기본법」 제5조 제1항

② 「철도산업발전기본법」 제5조 제4항

③ 「철도산업발전기본법」 제5조 제5항

⑤ 「철도산업발전기본법」 제5조 제3항

32

| 정답 | ①

| 해설 | 국가는 철도산업의 경쟁력을 강화하고 발전기반을 조성하기 위하여 철도시설 부문과 철도운영 부문을 분리하는 철도산업의 구조개혁을 추진하여야 한다(「철도산업발전기본법」 제17조 제1항).

| 오답풀이 |

② 「철도산업발전기본법」 제19조 제1항

③ 「철도산업발전기본법」 제17조 제2항

④ 「철도산업발전기본법」 제20조 제1항

⑤ 「철도산업발전기본법」 제21조 제1항

33

| 정답 | ⑤

| 해설 | 철도운영자가 국토교통부에 노선폐지를 신청하는 것 자체에는 철도산업위원회의 심의를 요구하지는 않는다. 철도산업위원회는 철도운영자의 노선폐지 신청에 대한 국토교통부장관의 승인 여부 결정에 있어서 이를 심의하는 역할을 수행한다(「철도산업발전기본법」 제34조 제3항).

| 오답풀이 |

① 「철도산업발전기본법」 제34조 제1항 제1호

② 「철도산업발전기본법」 제39조

③ 「철도산업발전기본법」 제35조 제2항

④ 「철도산업발전기본법」 제35조 제1항 제2호

34

| 정답 | ④

| 해설 | 사채응모에서 실제로 응모된 총액이 사채청약서에 기재된 사채의 발행총액에 미달하는 경우에도 사채를 발행할 수 있다. 한국철도공사는 사채를 발행함에 있어서 실제로 응모한 총액이 사채청약서에 기재된 사채발행총액에 미달하는 때에도 사채를 발행한다는 뜻을 사채청약서에 표시할 수 있다. 이 경우 응모총액은 사채의 발행총액으로 한다 (「한국철도공사법 시행령」 제11조).

| 오답풀이 |

① 「한국철도공사법」 제11조 제2항

② 「한국철도공사법 시행령」 제10조 제2항 제9호

③ 「한국철도공사법 시행령」 제10조 제1항

⑤ 「한국철도공사법 시행령」 제14조 제1항

35

| 정답 | ③

| 해설 | 철도운영과 관련한 정기간행물 사업과 정보매체 사업은 한국철도공사의 사업에 포함된다(「한국철도공사법 시행령」 제7조의2 제5항 제4호).

| 오답풀이 |

① 「한국철도공사법」 제9조 제1항 제1호

② 「한국철도공사법」 제9조 제3항

④ 「한국철도공사법」 제13조

⑤ 「한국철도공사법 시행령」 제7조의2 제2항 제1호

36

|정답| ②

|해설| 국토교통부장관은 국유철도시설 점용허가기간이 만료된 철도 재산에 대한 원상회복의무를 면제하는 경우에는 해당 철도 재산에 설치된 시설물 등의 무상 국가귀속을 조건으로 할 수 있다(「철도사업법」 제46조 제3항).

|오답풀이|

① 「철도사업법」 제46조 제2항

③ 「철도사업법 시행령」 제16조 제1항

④ 「철도사업법 시행령」 제16조 제2항

⑤ 「철도사업법」 제46조의2 제1항

37

|정답| ①

|해설| 거짓이나 그 밖의 부정한 방법으로 철도사업의 면허를 받은 경우나 철도사업자의 임원이 철도사업의 면허 발급에서의 결격사유에 해당하게 된 경우에는 해당 면허를 취소하여야 한다(「철도사업법」 제16조 제1항 제4호, 제7호).

|오답풀이|

② 「철도사업법」 제16조 제1항 제5호

③ 「철도사업법」 제16조 제1항 제12호

④ 「철도사업법」 제16조 제1항 제3호, 「철도사업법 시행령」 제8조

⑤ 「철도사업법」 제16조 제1항 제10호

38

|정답| ①

|해설| 철도사업이란 다른 사람의 수요에 응하여 철도차량을 사용하여 유상으로 여객이나 화물을 운송하는 사업을 말한다(「철도사업법」 제2조 제6호).

|오답풀이|

② 「철도사업법」 제2조 제7호

③ 「철도사업법」 제2조 제8호

④ 「철도사업법」 제2조 제4호

⑤ 「철도사업법」 제2조 제5호

39

|정답| ⑤

|해설| 철도사업자는 여객에 대한 운임을 정하거나 변경하는 경우 사업용철도노선의 분류, 철도차량의 유형 등을 고려하여 국토교통부장관이 지정·고시한 상한을 초과하여서는 아니 된다(「철도사업법」 제9조 제2항).

|오답풀이|

① 사업용철도노선은 운행속도에 따라 고속철도노선, 준고속철도노선, 일반철도노선으로 분류할 수 있다(「철도사업법」 제4조 제2항 제2호).

② 사업용철도노선은 운행지역과 운행거리에 따라 간선철도와 지선철도로 분류할 수 있다(「철도사업법」 제4조 제2항 제1호).

③ 국토교통부장관은 사업용철도노선의 노선번호, 노선명, 기점, 종점, 중요 경과지와 그 밖에 필요한 사항을 국토교통부령으로 정하는 바에 따라 지정·고시하여야 한다(「철도사업법」 제4조 제1항).

④ 철도사업을 경영하려는 자는 지정·고시된 사업용철도노선을 정하여 국토교통부장관의 면허를 받아야 한다(「철도사업법」 제5조 제1항).

40

|정답| ③

|해설| 철도사업자는 다른 철도사업자와 공동경영에 관한 계약이나 그 밖에 운수에 관한 협정인 '공동운수협정'을 체결하거나 변경하려는 경우에는 국토교통부장관의 인가를 받아야 한다. 다만 경미한 사항을 변경하려는 경우에는 국토교통부장관에게 신고하여야 한다(「철도사업법」 제13조 제1항).

4회 기출예상문제

문제 94쪽

01	③	02	②	03	③	04	⑤	05	③
06	②	07	③	08	②	09	②	10	①
11	⑤	12	②	13	①	14	③	15	⑤
16	②	17	⑤	18	④	19	②	20	④
21	①	22	③	23	④	24	③	25	③
26	②	27	③	28	③	29	④	30	③
31	③	32	①	33	⑤	34	③	35	④
36	②	37	①	38	③	39	④	40	①

과목 1 직업기초 [1~30]

01 문서작성능력 올바른 맞춤법 적용하기

| 정답 | ③

| 해설 | ⓒ '드러나는'이 옳은 표현이다.

ⓔ '오랫동안'이 옳은 표현이다.

ⓜ '(으)로서'는 신분, 자격, 지위, 관계 따위를 나타내는 조사이며, '(으)로써'는 수단, 방법, 도구를 나타낼 때 쓰이는 조사이다. 문장에서 생태자원은 방법이나 도구가 아니라 신분, 자격의 의미이므로 '생태자원으로서의'가 옳은 표현이다.

| 오답풀이 |

ⓖ '개펄'은 '갯벌'과 같은 말로 표준어이다.

ⓛ 어간의 끝음절 '하'의 'ㅏ'가 줄고 'ㅎ'이 다음 음절의 첫소리와 어울려 거센소리로 될 적에는 거센소리로 적는다. 따라서 '연상하게'는 '연상케'로 적을 수 있다.

02 문서이해능력 글의 입장 파악하기

| 정답 | ②

| 해설 | (가)는 왜놈의 문물은 오랑캐의 풍속이며 이는 개화가 아니라 나라를 망치는 일이므로 중국으로부터 가져온 아름다운 문화를 고수해야 한다는 입장이다. 한편, (나)는 조선이 강해지고 부유해지기 위해서는 구습을 버리고 외국문물을 받아들여 개화해야 한다는 입장이다. 또한, (나)에서 백성이 무명옷 대신 모직과 비단을 입게 되는 것을 긍정적으로 이야기하고 있지만, (가)에서 의복 제도를 변경하는 일은 중국으로부터 전해 받은 도리에 어긋나는 일이라고 함으로써 반대의 입장을 가지고 있다. 따라서 비판의 내용으로 ②가 가장 적절하다.

| 오답풀이 |

① (가)의 입장은 중국의 문화를 받아들이고 왜놈의 문물을 오랑캐의 풍속으로 거부해야 한다는 것으로, 중국과 왜놈 둘 다 오랑캐로 보는 것이 아니다.

③, ④, ⑤ (나)의 입장과 관련된 내용이다.

03 문서작성능력 글의 서술 방식 파악하기

| 정답 | ③

| 해설 | 전문가의 말을 인용하지 않았으며 ⓖ과 상반된 개념을 소개하지도 않았다.

| 오답풀이 |

① 첫 문단에서 ⓖ의 정의를 설명하고 그 개념이 등장할 수 있었던 배경을 헨리 포드와 연관지어 설명하고 있다.

② 두 번째 문단에서 언급되고 있다.

④ 국토교통부의 조사결과를 언급하며 객관적인 정보를 전달하고 있다.

⑤ 마지막 문단에서 ⓖ의 개념이 자동차의 대중화에서 친환경차의 보급 확대로 변화한 사실을 언급하며 친환경 자동차 시장의 성장이라는 미래 전망까지 예측하고 있다.

04 문서이해능력 맥락에 따라 적절한 대답 고르기

| 정답 | ⑤

| 해설 | 제시된 글은 각 학문들을 독자적으로 연구하고 발전시키는 것보다 다양한 학문들 사이의 상호관련성을 파악하고 연결하여 세상과 그 기원에 대해 연구하는 것이 초연결 사회의 흐름에 적합함을 이야기하고 있다. 이때 세상과 그 기원에 대한 연구는 전체 퍼즐 판으로, 그 연구를 위한 각 학문들은 개별 퍼즐 조각들로 비유하였다. 따라서 수천 개의 퍼즐 조각들을 활용하여 쉽고 재미있게 하나의 퍼즐 판을 완성하기 위하여 각 퍼즐 조각들 간의 연결 고리를 파악해야 한다는 답변이 가장 적절하다.

05 문서이해능력 세부 내용 이해하기

|정답| ③

|해설| '또한 세계 최초로 고속·일반철도 차량용 교류전력과 도시철도 전동차용 직류전력을 모두 공급할 수 있도록 하고'를 통해 알 수 있다.

|오답풀이|

① 우리나라는 개발품에 대한 성능시험을 시험용 철도선로가 아닌 KTX·전동차 등이 운행하고 있는 영업선로에서 실시하였음을 알 수 있다.

② 새로운 교량형식·공법에 대한 시험이 가능하도록 철도종합시험선로의 1개 교량의 교각·상부가 자유롭게 변경될 수 있는 구조로 구축되었음을 알 수 있다.

④ 제시된 글을 통해서는 알 수 없다.

⑤ 20X9년에는 철도종합시험선로에서 우리나라 기업이 호주에 수출할 전동차량에 대한 주행시험을 실시할 예정이라고 하였으므로 적절하지 않다.

06 문서작성능력 글의 서술 방식 파악하기

|정답| ②

|해설| 직원 T는 열차와 대비되는 성능을 가진 자동차, 외국의 사례와의 비교 그리고 철도신호와 도로신호 간의 비교를 통해 논점을 서술하고 있다.

07 문서이해능력 문단별 요지 파악하기

|정답| ③

|해설| (다)의 요지로는 '지속발전이 가능한 경영 구조를 완성하겠습니다'가 적절하다.

08 문서이해능력 세부 내용 이해하기

|정답| ②

|해설| 복잡한 사회를 살아가는 현대인은 부교감신경을 활성화하는, 즉 긴장 상태였던 신체를 안정시켜 주는 소리를 더 찾게 된다고 하였다. 신체가 스트레스 상황에 처할 때 자극되어 신체가 민첩하게 대처할 수 있게 만드는 소리는 교감신경을 활성화하는 것이다.

|오답풀이|

①, ⑤ ASMR은 오감을 자극해 심리적 안정감을 주는 감각적 경험으로, 주로 소리에 초점이 맞춰져 있다. 바람 소리, 시냇물 소리 등 평상시에는 집중하지 않으면 잘 들을 수 없는 자연 속 소리들도 그 대상이 되며, 향후에는 시각 또는 촉각적인 감각을 활용한 파생 콘텐츠가 나올 것으로 전망된다.

③ ASMR 실험 참가자 90%가 몸의 한 부분에서 저릿함을 느꼈으며 80%는 기분이 긍정적으로 바뀌는 경험을 했다고 하였다.

④ 교감신경이 지나치게 활성화된 불면증 환자에게 인류가 원시시대부터 자연에서 편하게 들었던 소리를 들려주면 부교감신경이 강화되어 안정감을 느끼게 할 수 있다.

09 문서작성능력 글의 흐름에 맞게 문단 배열하기

|정답| ②

|해설| (나)는 청중에게 배경지식을 환기시키고 강연의 주제를 언급하고 있으므로 도입 부분에 해당하며, 마지막 문장에 따라 그 다음에는 창문세에 관한 내용이 나와야 하므로 (마)와 (바)가 순서대로 이어진다. 또한 (가)에서 '앞에서 사람들이 왜 일조권을 포기했었죠?'라며 창문세에 관한 내용을 언급하고 있으므로 (가)는 (바) 다음에 오는 것이 적절하다. (가)의 마지막 부분에 '납세자들이 세금 납부를 얼마나 싫어하는지 알 수 있는 사례'라고 언급하였고 그것을 이어받아 (라)에서 납세자들이 세금 납부를 싫어한다고 해도 '근거 과세의 원칙'을 세우는 것이 중요하다고 언급하고 있으므로 (라)가 이어져야 한다. 또한 (다)와 (사)에서 연달아 근거 과세 원칙에 따라 국세 과세표준을 조사하고 결정해야 함을 언급하며 그 절차나 방법에 대해 설명하고 있으므로 (다)와 (사) 순서대로 이어져야 한다. 따라서 (나)-(마)-(바)-(가)-(라)-(다)-(사) 순이 적절하다.

10 문서이해능력 세부 내용 이해하기

|정답| ①

|해설| ㉠ 대표성 휴리스틱은 대상의 대표적인 특징이나 속성에 따라 상대를 판단하는 오류이고, ㉡ 가용성 휴리스틱은 특정 사건이 발생할 때 그와 관련된 경험과 사례를

얼마나 떠올리기 쉬우냐에 따라 그 발생 빈도를 판단하는 오류이다. 투표를 할 때도 대상과 관련된 어떠한 사건을 더 많이 떠올릴수록 그에 따른 판단을 내리는 가용성 휴리스틱의 오류를 범할 수 있다. 후보자 직업군은 대상의 대표적 특징 또는 속성이므로 그에 따라 후보자를 판단하는 것은 대표성 휴리스틱에 해당한다.

| 오답풀이 |

② 제시된 글을 통해 대표성 휴리스틱과 가용성 휴리스틱의 확률이나 빈도 차이를 알 수 없다.

③ 대표성 휴리스틱은 대략의 정보를 기반으로 한 대표적인 특징에 따라 대상을 판단하는 것으로 심각한 오판을 이끌어 낼 수 있다.

④, ⑤ 출신 지역과 학교는 대상의 대표적 특징 또는 속성으로 대표성 휴리스틱에 해당한다. 만약 출신 지역이나 학교와 관련된 사례, 경험 등에 대한 기억 빈도에 따라 후보자를 판단하였다면 가용성 휴리스틱에 해당한다.

11 문서이해능력 내용을 바탕으로 추론하기

| 정답 | ⑤

| 해설 | 마지막 문단에서 휴리스틱에 따른 의사결정이 무조건 나쁜 결과를 가져오는 것은 아니지만 휴리스틱에 의해 편향된 의사결정과 부정적 결과가 초래될 수 있다고 하였으므로, 휴리스틱에 의거하여 후보자를 판단할 때 주의해야 함을 유추할 수 있다.

| 오답풀이 |

① 두 번째 문단을 통해 투표율을 높이기 위한 다양한 제도를 실시하여도 휴리스틱이 발생할 수 있음을 알 수 있다.

② 대표성 휴리스틱과 가용성 휴리스틱 모두 심각한 오판을 초래할 수 있고, 제시된 글에서는 무엇이 더 낫고 못한지를 비교하고 있지 않다.

③ 합리적 무지의 경향 때문에 대상에 대해 제대로 파악하거나 분석하지 않고 짐작만으로 판단을 내리는 휴리스틱이 발생하게 된다.

④ 휴리스틱은 후보자의 개인정보 때문이 아니라 대상에 대한 제대로 된 정보 습득과 분석을 하는 대신 무지한 상태로 남으려는 경향 때문에 발생하는 것이다.

12 도표분석능력 자료의 수치 분석하기

| 정답 | ②

| 해설 | 기업의 연구개발 금액은 2005년에 18조 원, 2023년에 90조 원으로 연평균 증가량은 $\frac{90-18}{18}=4$(조 원)이다.

| 오답풀이 |

① 2023년 총투자는 $153+262=415$(조 원)이므로 정부투자 금액은 $415\times0.16=66.4$(조 원), 즉 66조 4,000억 원이다.

③ 설비투자, 건설투자는 감소하고 있으나 총투자 대비 정부투자 비율은 2023년에 증가하였다.

④ 2014년의 사내보유 금액은 597조 원, 건설투자 금액은 222조 원으로 사내보유 금액은 건설투자 금액의 3배인 666조 원 미만이다.

⑤ 사내보유 금액의 증감 패턴은 증가-감소-감소-증가-증가-증가, 설비투자 금액의 증감 패턴은 증가-증가-증가-증가-증가-감소로 반대 양상을 보이지 않는다.

13 도표분석능력 자료를 바탕으로 수치 계산하기

| 정답 | ①

| 해설 | A ~ C는 다음과 같이 구할 수 있다.

• A : 2021년의 사내보유 금액을 a조 원이라고 하면 다음과 같은 식이 성립한다.

$$\frac{a-750}{750}\times100=\frac{808-a}{a}\times100$$

$$\frac{a-750}{750}=\frac{808-a}{a}$$

$$a(a-750)=750(808-a)$$

$$a^2-750a=606,000-750a$$

$$a^2=606,000$$

$$\therefore a≒778(\text{조 원})$$

따라서 A에 들어갈 수치는 약 778이다.

• B : 2023년 총투자액은 $153+262=415$(조 원), 2013년 총투자액은 $102+230=332$(조 원)으로 2023년 총투자액은 2013년 총투자액의 $\frac{415}{332}\times100=125$(%)이다.

따라서 B에 들어갈 수치는 125이다.

- C : 설비투자 금액은 2005년에 76조 원, 2012년에 111조 원이므로 매년 증가하는 일정량은 $\frac{111-76}{7}=5$(조 원)이다.

따라서 C에 들어갈 수치는 $76+(5\times3)=91$(조 원)이다. 위에서 구한 수치의 대소 관계는 A>B>C이다.

14 도표분석능력 자료의 수치 분석하기

| 정답 | ③

| 해설 | 2005년 온실가스 총배출량 중 에너지 부문을 제외한 나머지 부문이 차지하는 비율은 $\frac{49.9+21.6+18.8}{500.9}\times100≒18(\%)$이다.

| 오답풀이 |

① 〈자료 1〉의 온실가스 총배출량에서 에너지, 산업공장, 농업, 폐기물의 배출량을 보면 에너지의 배출량이 현저히 크다는 것을 알 수 있다.

② 2020년 1인당 온실가스 배출량은 13.5톤 CO_2eq/명으로, 1995년의 6.8톤 CO_2eq/명에 비해 2배 가까이 증가하였다.

④ 〈자료 1〉을 보면 온실가스 총배출량은 계속해서 증가한 것을 알 수 있고, 2020년 온실가스 총배출량은 69,020만 톤 CO_2eq로 1995년 온실가스 총배출량인 29,290만 톤 CO_2eq의 $\frac{69,020}{29,290}≒2.4$(배)이다.

⑤ 〈자료 1〉의 온실가스 배출량은 계속 증가함에 반해 GDP 대비 온실가스 배출량은 계속 감소한 것을 알 수 있는데, 이는 온실가스 배출량(분자에 해당)이 증가하는 속도보다 GDP(분모에 해당) 증가 속도가 상대적으로 더 빠르기 때문이다.

15 도표분석능력 자료의 수치 분석하기

| 정답 | ⑤

| 해설 | 11개국 중 호주는 2010년 대비 2015년 1인당 온실가스 배출량이 −2.6으로 가장 많이 감소하였으며, 2015년 1인당 온실가스 배출량은 26.5톤 CO_2eq/명으로 다른 국가들의 1인당 온실가스 배출량보다 높다.

| 오답풀이 |

① 프랑스의 1인당 온실가스 배출량은 최대 9.2, 최소 7.9로 변화폭이 1.3인 반면, 인도의 1인당 온실가스 배출량은 최대 2.3, 최소 1.6으로 변화폭이 0.7이다.

② 한국, 중국, 브라질의 경우 2005년 이후 1인당 온실가스 배출량이 증가하고 있고, 이탈리아, 일본, 호주의 경우 증가하다가 다시 감소하고 있다.

③ 11개국의 2015년 1인당 온실가스 배출량의 평균을 구하면 $\frac{2.3+7.9+8.2+8.0+9.4+11.5+10.1+5.5+21.0+26.5+13.2}{11}$≒11.2로 우리나라 1인당 온실가스 배출량인 13.2에 비해 낮은 수준이다.

④ 1995년에서 2005년 사이 1인당 온실가스 배출량의 증가폭은 호주가 $27.9-26.1=1.8$, 우리나라가 $10.7-6.8=3.9$로 우리나라가 가장 큰 폭으로 증가하였다.

16 도표분석능력 자료의 수치 분석하기

| 정답 | ②

| 해설 | 특허 출원 전체에서 개인이 차지하는 비율은 2020년부터 차례대로 약 20.7%, 21.2%, 19.9%, 18.9%이다. 따라서 가장 큰 비중을 차지하는 해는 2021년이다.

| 오답풀이 |

① 2022년 여섯 유형의 상표 출원 건수 평균은 $\frac{120,833}{6}$≒20,138.8로 약 20,139건이다.

③ 2021년 기타 특허 출원 건수는 당해 전체 출원 건수의 약 $\frac{5,336}{97,279}$≒5.5(%)를 차지한다.

④ 2023년 대기업의 상표 출원 건수는 전년 대비 $\frac{5,312-4,846}{4,846}\times100$≒9.6(%) 증가했으며, 2022년에는 전년 대비 $\frac{4,846-4,268}{4,268}\times100$≒13.5(%) 증가했다.

⑤ 매년 상표 출원 건수가 특허 출원 건수보다 많은 유형은 중소벤처기업, 개인, 기타 유형이다.

17 도표분석능력 | 자료의 수치 분석하기

| 정답 | ⑤

| 해설 | 2020년 상표 출원 건수 대비 디자인 출원 건수의 비율이 50%를 초과하는 유형은 $\frac{475}{531} \times 100 ≒ 89.5(\%)$인 대학·공공연 1개이다.

| 오답풀이 |

① 2021년 대기업의 디자인 출원 건수는 전년 대비 $\frac{1,939 - 1,529}{1,529} \times 100 ≒ 26.8(\%)$ 증가하였다.

② 중소벤처기업의 특허, 상표 출원 건수는 매년 증가하였지만 디자인 출원 건수는 2022년에 감소하였다.

③ 2023년 디자인 출원 동향을 살펴보면 증가한 유형은 중소벤처기업, 개인, 외국인으로 총 3개이고 감소한 유형 역시 대기업, 대학·공공연, 기타로 총 3개이다.

④ 2023년 특허, 상표, 디자인 출원 건수의 합계가 가장 작은 유형은 12,284+605+523=13,412(건)의 대학·공공연이다. 기타는 총 5,683+16,160+2,010=23,853(건)이다.

18 기초연산능력 | 방정식 활용하기

| 정답 | ④

| 해설 | 제시된 식에 a, b, c에 해당하는 숫자를 대입하면 다음과 같다.

$6 \times 2 + 2 \times (3-2) - \frac{\sqrt{243}}{\sqrt{3}}$

$= 6 \times 2 + 2 \times 1 - \sqrt{81} = 12 + 2 - 9 = 5$

19 도표분석능력 | 자료의 수치 분석하기

| 정답 | ②

| 해설 | A : 〈자료 1〉을 보면 20X3년 조사에서 각 연령대별 남자 중 앞으로 결혼할 의향이 없는 1인 가구의 비율은 50대가 20대에 비해 $\frac{20.8 - 15.1}{15.1} \times 100 ≒ 38(\%)$ 많다.

| 오답풀이 |

B : 〈자료 1〉을 보면 20X2년 조사에서 여자 중 결혼할

의향이 없는 1인 가구의 비율은 연령대가 높아질수록 높아지고 있음을 알 수 있다.

C : 〈자료 2〉를 보면 20X3년에는 2년 이내에 1인 생활 종료가 예상된다고 응답한 사람의 비율은 16.0%로 전년 대비 17.3-16.0=1.3(%p) 줄어들었다.

D : 〈자료 2〉를 보면 10년 이상 1인 생활을 지속할 것이라고 예상하는 사람의 비율은 34.5%→38.0%→44.7%로 갈수록 늘어나고 있다.

20 기초통계능력 | 확률 계산하기

| 정답 | ④

| 해설 | 우선 운전석에 앉을 수 있는 사람은 3명이며 부서장은 조수석과 운전석에 앉지 않으므로 2열, 3열 중 한 곳에 앉게 된다. 부서장과 운전자를 제외한 나머지 직원들은 조수석, 2열, 3열에 나눠서 앉게 되므로, 인사부 직원 7명이 7인승 차량에 앉는 총 경우의 수는 $_3C_1 \times _5C_1 \times 5! = 1,800$(가지)이다.

A와 부서장을 하나로 묶어 2열 또는 3열에 앉는 경우로 나누어 계산하면 다음과 같다.

ⅰ. A와 부서장이 2열에 앉을 경우 : 운전석에 앉을 수 있는 사람은 2명이며 A와 부서장 그리고 운전자를 제외한 나머지 4명 중 1명이 2열에 앉게 되는데, 이때 A와 부서장이 자리를 바꿔 앉는 경우도 고려해야 한다. 따라서 $2 \times _4C_1 \times 2! \times 2 \times 3 \times 2 \times 1 = 192$(가지)이다.

ⅱ. A와 부서장이 3열에 앉을 경우 : 운전석에 앉을 수 있는 사람은 2명이며 A와 부서장, 운전자를 제외한 나머지 4명이 조수석과 2열에 앉게 된다. 마찬가지로 A와 부서장이 자리를 바꿔 앉는 경우를 고려하면 $2 \times 4! \times 2 = 96$(가지)이다.

따라서 A가 부서장 옆자리에 앉지 않을 확률은

$1 - \frac{192 + 96}{1,800} = \frac{1,512}{1,800} = 0.84$이다.

21 기초연산능력 | 대출 이용 인원 구하기

| 정답 | ①

| 해설 | 50세 미만 이용객의 수를 x라고 하면 50세 이상

1회 기출복원 2회 기출복원 3회 기출예상 4회 기출예상 5회 기출예상 6회 기출예상

이용객의 수는 $1.5x$이고, 1억 원 이상 대출을 받은 사람 중 50세 미만은 60명이므로 50세 이상은 40명이다. 따라서 1억 원 미만의 대출을 받은 이용객 중 50세 이상은 $1.5x - 40$, 50세 미만은 $x - 60$이고, 50세 이상 이용객이 전체 이용객의 $\frac{2}{3}$이므로 다음 식이 성립한다.

$(1.5x - 40) : (x - 60) = 2 : 1$

$2x - 120 = 1.5x - 40$

$0.5x = 80$

$\therefore x = 160$

따라서 해당 대출상품을 이용한 인원은 $2.5x = 2.5 \times 160 = 400$(명)이다.

22 　사고력　조건을 바탕으로 순서 파악하기

| 정답 | ③

| 해설 | 제시된 조건에 따라 약을 복용하면 다음과 같다.

구분	월		화		수	
	식전	식후	식전	식후	식전	식후
아침	D	B, E			B, E	C
점심	D	B, E	C			A
저녁	D	B, E	C			A

따라서 마지막에 복용하는 약은 A 약이다.

| 오답풀이 |

① 모든 약을 할당된 복용 횟수에 맞게 복용하기 위해서는 최소 3일이 필요하다.

② B 약 복용을 마치는 날은 화요일이다.

④ 화요일 아침 식후에 B 약과 E 약만을 복용할 수 있다.

⑤ D 약의 복용을 먼저 마칠 수 있다.

23 　사고력　카페의 손님 이동 파악하기

| 정답 | ④

| 해설 | 각 시간대별로 방문한 손님을 A ~ L로 표시하면 다음과 같다.

시간	신규 손님 인원수	남아 있는 손님	사용 중인 원탁	사용하는 원탁
9 : 20	1명(A)	–	–	2인용
10 : 15	2명(B)	1명(A)	2인용	4인용
10 : 50	4명(C)	3명(A, B)	2, 4인용	6인용
11 : 30	5명(D)	3명(A, B)	2, 4인용	6인용
12 : 40	3명(E)	7명(B, D)	4, 6인용	사용 불가
14 : 10	2명(F)	5명(D)	6인용	2인용
15 : 50	1명(G)	2명(F)	2인용	사용 불가
16 : 50	5명(H)	–	–	6인용
18 : 10	3명(I)	5명(H)	6인용	4인용
19 : 00	1명(J)	8명(H, I)	4, 6인용	2인용
19 : 40	3명(K)	8명(H, I)	4, 6인용	사용 불가
20 : 50	2명(L)	8명(H, I)	4, 6인용	2인용

따라서 주문을 하지 못한 손님은 E, G, K로 총 세 팀이다.

| 오답풀이 |

① 10시 50분에 매장에 남아 있는 손님은 A, B, C로 총 7명이다. 따라서 10분 뒤인 11시까지는 7명이 카페 내에 있음을 알 수 있다.

② 9시 20분에 온 A는 카페에 최소 11시 40분까지는 머물렀다. 따라서 2시간 이상 머물렀음을 알 수 있다.

③ 하루 동안 카페에 방문해 음료를 주문한 손님은 1+2+4+5+2+5+3+1+2=25(명)이다. 따라서 판매한 음료는 25잔으로 홀수이다.

⑤ 영업시간 동안 카페에 가장 많은 손님이 앉아 있었던 경우는 20시 50분 이후로 H, I, L 일행을 모두 합하면 총 10명이다.

24 　문제처리능력　자료를 바탕으로 추론하기

| 정답 | ③

| 해설 | ㄴ. A 지역 외에서 들어오는 택배는 다른 중앙 집하장에서 A 지역의 중앙 집하장을 거쳐 가 ~ 다 집하장으로 선별되어 배송된다.

ㄷ. 편의점이나 무인택배함을 이용한 택배 접수 외 모든 택배물의 접수는 각 집하장 관할의 택배 접수 센터가 담당한다. B 아파트 내 택배보관소는 가 집하장에서

일괄 배송한 택배를 수령하는 곳으로 접수 업무를 하지 않는다고 볼 수 있다. 따라서 가 집하장 관할의 모든 택배는 택배 접수 센터를 통해 접수된다.

| 오답풀이 |

ㄱ. 같은 집하장 관할 내에서 접수되고 배송되는 택배는 중앙 집하장을 거치지 않으나 같은 지역의 다른 집하장 관할로 배송되는 택배는 중앙 집하장을 거쳐 해당 관할 집하장으로 이동 배송된다.

ㄹ. 다 집하장 관할의 무인택배함으로 접수된 택배는 다 집하장에서 배달사원이 수거하므로 다 집하장을 거쳐 중앙 집하장으로 운송된다.

25 문제처리능력 자료를 바탕으로 일정 파악하기

| 정답 | ③

| 해설 | 오전 9시 시작
→ 가 택배 접수 센터에서 가 집하장으로 이동(15분 소요, 9시 15분)
→ 특송택배 5건 배송(50분 소요, 10시 5분)
→ 다 집하장으로 이동(15분 소요, 10시 20분)
→ 무인택배함 업무(왕복 40분, 11시)
→ 일반택배 7건 배송(1시간 45분 소요, 오후 12시 45분)
→ 점심시간(1시간 소요, 1시 45분)
→ 가 집하장으로 이동(15분 소요, 2시)
→ 특송택배 8건 배송(1시간 20분 소요, 3시 20분)
→ 다 집하장으로 이동(15분 소요, 3시 35분)
→ 무인택배함 업무(왕복 40분, 4시 15분)
→ 나 집하장으로 이동(15분 소요, 4시 30분)
→ 일반택배 3건 배송(45분 소요, 5시 15분)
→ 편의점 택배 수거(왕복 50분 소요, 오후 6시 5분)
따라서 업무가 종료되는 시간은 오후 6시 5분이다.

26 문제처리능력 자료의 내용 이해하기

| 정답 | ⑤

| 해설 | 미성년자가 법률행위를 할 때에는 원칙적으로 법정대리인의 동의를 얻어 법률행위를 하여야 하며, 동의 없이 법률행위를 한 경우에 그 법률행위는 취소할 수 있다.

| 오답풀이 |

③ 처분을 허락한 재산의 처분 등에 해당하는 경우이다.

④ 성년의제 제도는 친권자 등 제3자의 간섭을 받아 부당한 부부생활이 될 수 있는 가능성을 막기 위해 있는 제도라고 하였고, 성년이 되기 전에 이혼하여도 성년의제의 효과는 유지된다고 하였다. 즉, 해당 제도는 미성년자라도 혼인한 경우 완전한 행위능력을 인정하며 자주 독립성을 유지할 수 있도록 보호하려는 취지에 따른다.

27 문제처리능력 자료를 통해 추론하기

| 정답 | ③

| 해설 | ㉠ 의사능력이 없는 사람이 행한 법률행위는 무효로 간주하고 있다.
㉢ 피한정후견인의 법률행위는 한정후견인의 동의가 없다면 취소할 수 있다.

| 오답풀이 |

㉡ 일용품의 구입 등 일상생활에 필요하고 그 대가가 과도하지 않은 법률행위는 스스로 할 수 있고 이러한 행위는 취소할 수 없다.

28 문제처리능력 자료의 내용 이해하기

| 정답 | ④

| 해설 | 임상시험 2상에서 약 67% 정도의 약물이 떨어지고 약 33% 정도의 약물이 임상시험 3상으로 진행된다고 하였다.

| 오답풀이 |

① 임상시험은 총 3상에 걸쳐 진행되며 3 ~ 10년의 소요 시간을 거친다.

② 임상시험 1상에서는 안전성을 평가하고 임상시험 2상에는 안전성과 효능 그리고 임상시험 3상에서는 효능을 평가한다. 따라서 효능을 평가하기에 앞서 안전성을 먼저 평가한다.

③ 사람에게 사용할 수 있는 최대용량과 부작용을 조사하는 과정은 임상시험 1상이다.

⑤ 전임상시험은 약물이 사람에게 안전하고 효과가 있는지를 시험하기 전에 그 안정성과 효과를 확인하기 위해 동물 모델을 대상으로 진행하는 시험단계이다.

29 문제처리능력 자료 분석하기

|정답| ④

|해설| 남직원의 선호도는 C−A−D−B−E 순으로 높고, 여직원의 선호도는 D−A−E−C−B 순으로 높다. 따라서 A는 남녀 직원 모두에서 2위로 순위가 동일하다.

|오답풀이|

① 4층을 사용할 수 있는 후보지는 B, C, D이다. 이 중 월 임대료가 가장 저렴한 C 후보지를 선택할 경우 1,200−900=300(만 원)이 추가된다.

② 사용 가능 층당 평균 월 임대료는 다음과 같다.

후보지	사용 가능 층당 평균 월 임대료
A	$\frac{1,000}{3} ≒ 333$(만 원)
B	$\frac{1,450}{5} = 290$(만 원)
C	$\frac{1,200}{3} = 400$(만 원)
D	$\frac{1,500}{5} = 300$(만 원)
E	$\frac{1,350}{3} = 450$(만 원)

따라서 가장 높은 곳은 E, 가장 낮은 곳은 B이다.

③ 5개 층을 사용할 수 있는 후보지는 B, D이다. 두 후보지 모두 월 업무비용 절감액은 30만 원 이하이다.

⑤ 직원들에게 가장 많은 표를 받은 후보지는 17+39=56 (표)를 득한 D이다. D의 월 임대료는 1,500만 원으로 후보지들 중 가장 비싸다.

30 사고력 명제 판단하기

|정답| ③

|해설| ㄱ. 학생들의 인성교육이 학원폭력의 근절 방안이 될 수 있다는 전제를 제시하여 학원폭력에 대한 경찰청의 개입보다 인성교육이 우선되어야 한다는 주장을 제기할 수 있다.

ㄴ. 학원폭력의 원인이 학생들의 묵인과 학교 측의 미온적 대응에 있다는 전제를 제시하면, 학원폭력을 개선하기 위해 각각 학생들의 인성교육과 학원폭력에 대한 선생님들의 대응방법 교육에 투자해야 한다는 주장을 제기할 수 있다.

|오답풀이|

ㄷ. 경찰청의 개입이 학원폭력 방지의 최선의 방안이며 효과적이었다는 주장은 학원폭력 근절을 위해 경찰청의 개입을 옹호하는 입장에 해당한다.

ㄹ. 학원폭력을 행사하는 아이들이 경찰을 무서워한다는 내용은 경찰이 학원폭력 근절에 영향을 미칠 수 있다는 전제이므로 경찰청의 개입을 옹호하는 입장에 해당한다.

과목2 철도관련법령 [31 ~ 40]

31

|정답| ②

|해설| 철도산업위원회는 상정할 안건을 미리 검토하고 위원회가 위임한 안건을 심의하기 위한 분과위원회를 설치한다(「철도산업발전기본법」 제6조 제4항). 그중에서 철도산업위원회 실무위원회는 철도산업위원회의 심의·조정사항과 위원회에서 위임한 사항의 실무적인 검토를 위한 기관이다(「철도산업발전기본법 시행령」 제10조 제1항). 실무위원회의 위원장은 국토교통부장관이 국토교통부의 3급 공무원 또는 고위공무원단에 속하는 일반직공무원 중에서 지명하며, 해당 위원회의 위원 중 1인은 한국철도공사 사장이 한국철도공사의 임직원 중에서 지명하는 자가 된다(「철도산업발전기본법 시행령」 제10조 제3항, 제4항 제3호).

32

|정답| ①

|해설| 한국철도협회는 철도산업과 관련된 기업, 기관 및 단체와 이와 관한 업무에 종사하는 자가 철도산업의 건전한 발전과 해외진출을 도모하기 위해 설립하는 법인으로, 국토교통부장관의 인가를 받아 설립등기를 함으로써 성립한다(「철도산업발전기본법」 제13조의2 제1항, 제2항, 제3항). 국가, 지방자치단체 및 철도 분야 공공기관은 한국철도협회에 업무를 위탁하고 그 수행에 필요한 비용의 전부혹은 일부를 예산의 범위에서 지원할 수 있다(「철도산업발전기본법」 제13조의2 제5항).

33

|정답| ⑤

|해설| 철도시설관리권의 설정을 받은 자는 대통령령으로 정하는 바에 따라 국토교통부장관에게 등록하여야 한다(「철도산업발전기본법」 제26조 제2항).

|오답풀이|

①, ② 「철도시설발전기본법」 제27조

③ 「철도시설발전기본법」 제28조

④ 「철도산업발전기본법」 제29조 제1항

34

|정답| ③

|해설| 국토교통부장관은 철도산업에 관한 정보를 효율적으로 처리하고 원활하게 유통하기 위하여 철도산업정보화기본계획을 수립 · 시행하여야 한다(「철도산업발전기본법」 제12조 제1항). 또한 국토교통부장관은 철도산업정보화기본계획을 수립 또는 변경하고자 하는 때에는 철도산업위원회의 심의를 거쳐야 한다(「철도산업발전기본법 시행령」 제15조 제2항).

|오답풀이|

① 「철도산업발전기본법」 제7조 제1항

② 「철도산업발전기본법」 제8조

④ 「철도산업발전기본법」 제11조 제3항

⑤ 「철도산업발전기본법」 제13조 제2항 제1호

35

|정답| ④

|해설| 철도사업자는 여객에 대한 운임 · 요금을 국토교통부장관에게 신고하여야 한다. 이를 변경하려는 경우에도 같다(「철도사업법」 제9조 제1항).

|오답풀이|

① 「철도사업법」 제14조 제2항

② 「철도사업법 시행령」 제5조 제3호

③ 「철도사업법 시행령」 제5조 제2호

⑤ 「철도사업법」 제14조 제1항

보충 플러스+

인가와 신고
인가(認可)는 일정한 행위에 대해 행정청의 동의가 있어야 효력이 완성되는 것으로, 일정 요건을 갖추어 절차에 따라 행정청의 동의를 받지 않는다면 그 행위의 효력은 인정되지 않는다. 한편 신고는 특정 사실이나 법률관계가 존부를 행정청에 알리는 것으로, 법률에서 정하는 일정한 요건을 갖추어 행정청에 접수하는 식으로 알리는 것만으로도 심사절차나 등록 없이 바로 효력이 인정된다는 점에서 인가에 비해 규제의 강도가 낮다.

36

|정답| ②

|해설| 한국철도공사는 매 사업연도 결산 결과 이익금이 생기면 다음의 순서대로 처리하여야 한다(「한국철도공사법」 제10조 제1항).

1. 이월결손금의 보전(補塡)

2. 자본금의 2분이 1이 될 때까지 이익금의 10분의 2 이상을 이익준비금으로 적립

3. 자본금과 같은 액수가 될 때까지 이익금의 10분의 2 이상을 사업확장적립금으로 적립

4. 국고에 납입

37

|정답| ①

|해설| ㉡ 건널목 입체화 등 철도 횡단시설사업은 한국철도공사가 아닌 「국가철도공단법」 제7조 제5호에서 정하는 국가철도공단의 사업에 해당한다.

|오답풀이|

㉠ 「한국철도공사법」 제9조 제1항 제2호

㉢ 「한국철도공사법 시행령」 제7조의2 제5항 제1호

㉣ 「한국철도공사법」 제9조 제1항 제7호

1회 기출복원 2회 기출복원 3회 기출예상 4회 기출예상 5회 기출예상 6회 기출예상

38

| 정답 | ③

| 해설 | 한국철도공사는 임원의 성명 및 주소의 변동이 있는 경우에는 주된 사무소의 소재지에서 2주일, 하부조직의 소재지에서 3주일 이내에 변경된 사항을 등기하여야 한다(「한국철도공사법 시행령」 제5조).

| 오답풀이 |

① 「한국철도공사법 시행령」 제3조 제1호

② 「한국철도공사법 시행령」 제4조 제1항

④ 「한국철도공사법 시행령」 제6조 제1항 제1호

⑤ 「한국철도공사법」 제5조 제3항

39

| 정답 | ④

| 해설 | 국토교통부장관은 민자철도에 대한 전문성을 고려하여 정부출연연구기관이나 공공기관을 민자철도 관리지원센터로 지정할 수 있다(「철도사업법」 제25조의5 제1항).

| 오답풀이 |

① 「철도사업법」 제25조의5 제2항 제1호

② 「철도사업법」 제25조의5 제2항 제3호

③ 「철도사업법」 제25조의5 제3항

⑤ 「철도사업법」 제25조의5 제4항 제2호

40

| 정답 | ①

| 해설 | 「철도사업법」 제10조의2(승차권 등 부정판매의 금지)를 위반하여 상습 또는 영업으로 승차권 또는 이에 준하는 증서를 자신이 구입한 가격을 초과한 금액으로 다른 사람에게 판매하거나 이를 알선한 자에게는 1천만 원 이하의 과태료를 부과한다(「철도사업법」 제51조 제1항 제4호).

5회 기출예상문제

문제 132쪽

01	②	02	②	03	③	04	①	05	⑤
06	③	07	④	08	④	09	④	10	③
11	②	12	④	13	③	14	③	15	⑤
16	③	17	②	18	①	19	①	20	⑤
21	④	22	④	23	③	24	①	25	③
26	⑤	27	②	28	②	29	③	30	③
31	①	32	②	33	③	34	③	35	④
36	⑤	37	①	38	④	39	①	40	①

과목 1 직업기초 [1 ~ 30]

01 문서이해능력 글의 내용을 바탕으로 추론하기

| 정답 | ②

| 해설 | 최근 매체의 범위와 다양성이 커졌으며, 뉴미디어가 빠르게 발전하고 있다는 내용을 통해 과거 매체는 상대적으로 매체 간 경쟁이 적었다고 추론할 수 있으나, 경제적 수익 창출에 부담이 없어 공공성을 중시할 수 있었다는 것은 알 수 없다.

02 문서이해능력 올바른 한글맞춤법 적용하기

| 정답 | ②

| 해설 | ㉠ '히읗'의 '읗' 받침이 'ㅎ'이므로, 음절의 끝소리 규칙에 따라 'ㅎ'이 'ㄷ'으로 바뀌어 [히은]으로 발음된다.

㉣ '웃옷'은 '웃'의 받침 'ㅅ' 뒤에 실질적인 뜻을 지닌 '옷'이 나온 형태이므로, 음절의 끝소리 규칙을 적용한 후 다음 음절의 첫소리로 발음하여 [우돋]이 된다.

| 오답풀이 |

㉡ '빗으로'는 '빗' 뒤에 조사 '~ 으로'가 붙은 형태이므로, 받침이 온전히 발음되어 [비스로]가 된다.

㉢ '부엌'의 '엌' 받침이 'ㅋ'이므로 음절의 끝소리 규칙에 따라 'ㅋ'이 'ㄱ'으로 바뀌어 [부억]으로 발음된다.

03 문서이해능력 세부 내용 이해하기

| 정답 | ③

| 해설 | 마지막 문단에서 투명한 유리의 건물 외벽 사용은 '투명성'이라고 정의될 수 있는 새로운 시대의 도시 모습을 상징하기도 하지만, 유리의 사용을 통해서만 현대 도시의 '투명성' 개념을 설명하는 것은 과도한 의미 부여로 보인다고 하였다. 따라서 근대 공공 공간은 건물 외벽의 투명성을 기반으로 한다고 볼 수 없다.

04 문서이해능력 사례에 알맞은 한자성어 찾기

| 정답 | ①

| 해설 | 말라리아의 주요 증세가 고열이라는 점을 이용하여 병으로 병을 치료하였다. 따라서 '열은 열로써 다스린다'는 의미의 이열치열(以熱治熱)이 가장 적합하다.

| 오답풀이 |

② 순망치한 : 입술이 없으면 이가 시리다는 뜻으로, 가까운 사이에 있는 하나가 망하면 다른 하나도 그 영향을 받아 온전하기 어려움을 비유적으로 이르는 말이다.

③ 하충의빙 : 여름의 벌레는 얼음을 안 믿는다는 뜻으로, 견식이 좁음을 비유해 이르는 말이다.

④ 연목구어 : 나무에 올라 물고기를 구한다는 뜻으로, 불가능한 일을 무리해서 굳이 하려 함을 비유적으로 이르는 말이다.

⑤ 새옹지마 : 인생에 있어서 길흉화복은 항상 바뀌어 미리 헤아릴 수가 없다는 뜻으로, 화가 복이 될 수도 있고 복이 화가 될 수도 있다는 것을 비유적으로 이르는 말이다.

05 문서이해능력 글의 내용을 바탕으로 추론하기

| 정답 | ⑤

| 해설 | 여섯 번째 문단과 마지막 문단에 따르면 합성섬유가 면이나 비스코스 레이온보다는 흡습성이 낮으나, 모양이 잘 변하지 않고 빨리 마른다는 것을 알 수 있다. 따라서 땀이 많이 나는 운동 시에는 면으로 된 운동복보다 합성섬유로 된 운동복을 착용하는 것이 적절하다.

06 문서이해능력 세부 내용 이해하기

| 정답 | ③

| 해설 | ⓒ '공간의 가변성을 특징으로 하는 한옥에서 창호는 핵심적인 역할을 한다'고 하였으므로 공간의 가변성과는 관련이 없다는 설명은 적절하지 않다.

ⓜ '창호지가 얇기 때문에 창호가 닫혀 있더라도 외부와 소통이 가능하다는 장점도 있다'라고 하였으므로 외부의 소음을 차단한다는 설명은 적절하지 않다.

| 오답풀이 |

㉠ '한국전통 건축, 곧 한옥에서 창과 문은 그 크기와 형태가 비슷해서 구별하지 않는 경우가 많다. 그리하여 창과 문을 합쳐서 창호라고 부른다'를 통해 알 수 있다.

㉡ '머름은 창 아래 설치된 낮은 창턱으로, 팔을 얹고 기대어 앉기에 편안한 높이로 하였다'를 통해 알 수 있다.

㉣ '한옥의 실내 공간은 자연과 하나 된 심미적인 공간으로 탈바꿈한다. 열린 창호가 안과 밖, 사람과 자연 사이의 경계를 없앤 것이다'를 통해 알 수 있다.

07 문서이해능력 세부 내용 이해하기

| 정답 | ④

| 해설 | 비록 현재의 컴퓨터는 완전히 무작위적으로 수들을 골라낸 난수를 만들지 못하지만, 무작위적인 것처럼 보이는 수들을 산출하는 수학 공식 프로그램을 내장하고 있다고 하였다. 즉, 일련의 정확한 계산 결과로 만든 것이지만 무작위적인 것처럼 보이는 수열을 만들어 내는 것이므로, 컴퓨터가 만들어 내는 수열 중에는 인간의 능력으로 그 규칙을 예측할 수 없는 것처럼 보이는 경우도 있을 수 있다.

| 오답풀이 |

① 완전히 무작위적인 수열을 아직 만들어 내지 못하고 있고, 컴퓨터의 작동 원리를 생각하면 이는 앞으로도 불가능할 수밖에 없다고 하고 있으므로, 인간은 완전히 무작위적인 규칙과 공식들을 컴퓨터에 입력할 수 없다.

② 완전히 무작위적인 수열이란 모든 수가 다른 수들과 거의 같은 횟수만큼 나와야 하며, 그 수열은 인간의 능력으로 예측이 가능한 어떤 패턴도 나타내지 않아야 한다는 기준을 통과하는 수열이다. 따라서 같은 수가 5번 이상 연속으로 나오더라도 위의 두 가지 기준을 통과한다면 완전히 무작위적인 수열이 될 수 있다.

③ 시작수는 사용자가 직접 입력할 수도 있고, 컴퓨터에 내장된 시계에서 얻을 수도 있다고 하고 있으므로, 사용자가 시작수를 직접 입력하지 않더라도 컴퓨터는 다른 방법으로 수열을 만들어 낼 수 있다.

⑤ 어떤 수열의 패턴이 인간의 능력으로 예측이 가능할 때, 그 수열에는 모든 수가 거의 같은 횟수만큼 나올 수도 있고, 나오지 않을 수도 있다.

08 문서작성능력 글의 흐름에 맞게 문단 배열하기

| 정답 | ④

| 해설 | 서론에서 온실가스 배출량이 점점 증가하고 있다고 하였으므로 그에 대한 구체적 수치를 제시한 (마)가 먼저 오는 것이 적절하다. (마)의 마지막 문장에서 '온실가스 의무감축 국가라고 가정해 보자'라고 하였으므로 그 이후에는 감축 목표를 가정하고 있는 (다)가 오는 것이 적절하다. (다)에서 온실가스 절반을 줄여야 한다고 하였으므로 이에 대한 내용이 이어지는 (가)가 (다) 다음에 와야 한다. (가)의 마지막 문장에서 이명박 대통령이 온실가스 감축 목표를 설정하겠다고 하였으므로 정부의 목표가 언급되는 (나)가 이어지는 것이 적절하며, 정부의 낮은 목표치에 대해 덧붙여 설명하고 있는 (라)가 이어지는 것이 적절하다. 따라서 (마)-(다)-(가)-(나)-(라) 순이 적절하다.

09 문서작성능력 빈칸에 들어갈 내용 찾기

| 정답 | ④

| 해설 | 세 번째 문단을 보면 과거 왕이 집권하던 시절에 사용되던 '대권'을 예로 들며, 민주공화국인 대한민국에서 이 같은 시대착오적인 표현을 언론에서 사용하는 것은 적절하지 않다고 말하고 있다. 따라서 (라)에는 '왕조시대 언어 사용'을 삼가야 한다는 말이 들어가는 것이 적절하다.

10 문서이해능력 세부 내용 이해하기

| 정답 | ③

| 해설 | '1960년대 후반에 접어들면서 과학에 대한 낙관론은 서구 사회에서 급격히 무너져 내렸다'고 제시되어 있다.

산업화 과정에서 누적된 환경오염의 심각성에 대한 우려 및 베트남 전쟁에서 사용된 대량 살상 무기에 대한 반대 등으로 인해 발생된 과학 기술에 대한 강한 비판 의식이 나타났다고 하였으므로 낙관론이 1970년대까지 이어졌다는 설명은 적절하지 않다.

11 문서작성능력 빈칸에 들어갈 내용 찾기

| 정답 | ②

| 해설 | ㉠의 앞 내용은 정부가 모든 대학의 정원을 감축하면 전체 학생 수는 감소하지만 부실대학은 살아남게 된다는 것이다. 이는 대학의 정원 수가 낮아짐에 따라 진학에 실패한 학생들은 부실대학으로 진학하게 되기 때문이라고 짐작할 수 있다. 따라서 ㉠에는 부실대학에 진학한 4년제 대졸자 학생들의 임금이 고졸자보다 낮은 현실을 초래하여 성장저해와 소득불평등이 악화될 수 있다는 내용이 들어가는 것이 적절하다.

12 도표분석능력 자료의 수치 분석하기

| 정답 | ④

| 해설 | 20X0년 세종의 총 연구개발비는 $3,562 \times 13,154 = 46,854,548$(만 원)으로 4,500억 원을 넘는다.

| 오답풀이 |

① 경기도의 연구원 수는 20X0년에 166,737명, 20X1년에 172,583명으로 두 해 모두 가장 많다.

② 20X1년 인천, 대전, 세종의 전년 대비 증가한 연구원 수를 구하면 다음과 같다.
- 인천 : $19,635 - 18,435 = 1,200$(명)
- 대전 : $35,745 - 34,509 = 1,236$(명)
- 세종 : $4,109 - 3,562 = 547$(명)

따라서 대전이 가장 많이 증가하였다.

③ 20X1년에 전년보다 연구원 수가 감소한 지역은 부산, 광주, 충남, 전북으로 4곳이다.

⑤ 20X0년 강원의 총 연구개발비는 $5,886 \times 6,662 = 39,212,532$(만 원)으로, 20X0년과 20X1년을 통틀어 총 연구개발비가 가장 적은 지역이다.

13 도표분석능력 자료의 수치 분석하기

|정답| ③

|해설| 기존시청점유율이 20X1년 대비 20X2년에 상승한 방송사는 D, G, H, I, J 방송사로, 증가율을 구하면 다음과 같다.

• D 방송사 : $\dfrac{10-8.4}{8.4}\times 100 = 19.0(\%)$

• G 방송사 : $\dfrac{6-5.8}{5.8}\times 100 = 3.4(\%)$

• H 방송사 : $\dfrac{5.2-5}{5}\times 100 = 4(\%)$

• I 방송사 : $\dfrac{2.5-2.4}{2.4}\times 100 = 4.2(\%)$

• J 방송사 : $\dfrac{2.4-2.3}{2.3}\times 100 = 4.3(\%)$

따라서 20X2년 기존시청점유율이 전년 대비 5% 이상 증가한 방송사는 D 방송사뿐이다.

|오답풀이|

① 20X2년 통합시청점유율 상위 3개 방송사는 A, B, C 방송사로 전체의 22.5+14.6+11.7=48.8(%)를 차지한다.

② 20X1년 기존시청점유율 순위는 A-B-C-E-F-D-G-H-I-J-K이고, 20X2년 기존시청점유율 순위는 A-B-C-D-E, F-G-H-I-J-K이다. 따라서 순위가 20X1년 대비 20X2년에 상승한 방송사는 D 방송사뿐이다.

④ 20X2년에 기존시청점유율보다 통합시청점유율이 더 높은 방송사는 B, C, E, F, G 방송사로 총 5개이다.

⑤ K 방송사는 20X2년 기존시청점유율이 전년 대비 감소하였지만, 통합시청점유율이 기존시청점유율보다 낮다.

14 도표작성능력 자료를 바탕으로 그래프 작성하기

|정답| ③

|해설| A ~ K 방송사의 영향력을 계산하면 다음과 같다.

• A 방송사 : $\dfrac{22.5-25}{25}\times 100 = -10(\%)$

• B 방송사 : $\dfrac{14.6-12.5}{12.5}\times 100 = 16.8(\%)$

• C 방송사 : $\dfrac{11.7-11}{11}\times 100 = 6.4(\%)$

• D 방송사 : $\dfrac{9.6-10}{10}\times 100 = -4(\%)$

• E 방송사 : $\dfrac{9.2-8}{8}\times 100 = 15(\%)$

• F 방송사 : $\dfrac{8.7-8}{8}\times 100 = 8.75(\%)$

• G 방송사 : $\dfrac{6.1-6}{6}\times 100 = 1.7(\%)$

• H 방송사 : $\dfrac{5.1-5.2}{5.2}\times 100 = -1.9(\%)$

• I 방송사 : $\dfrac{2.5-2.5}{2.5}\times 100 = 0(\%)$

• J 방송사 : $\dfrac{2.3-2.4}{2.4}\times 100 = -4.2(\%)$

• K 방송사 : $\dfrac{1.9-2}{2}\times 100 = -5(\%)$

영향력이 높은 순서대로 나열하면 B(16.8%)-E(15%)-F(8.75%)-C(6.4%)-G(1.7%)-I(0%)-H(-1.9%)-D(-4%)-J(-4.2%)-K(-5%)-A(-10%)이다. 따라서 방송사와 수치가 바르게 나열된 것은 ③이다.

15 도표분석능력 자료의 수치 분석하기

|정답| ⑤

|해설| 유실·유기 동물 중 안락사 된 동물의 수는 20X2년이 89,732×0.199≒17,857(마리), 20X1년이 82,082×0.2≒16,416(마리)로, 전년 대비 증가하였다.

|오답풀이|

① 동물보호센터의 개수는 지속적으로 감소하다가 20X3년, 20X4년에 전년 대비 증가하였다.

② 유실·유기 동물 수의 전년 대비 증가량을 구하면 다음과 같다.

• 20X1년 : 82,082-81,147=935(마리)
• 20X2년 : 89,732-82,082=7,650(마리)
• 20X3년 : 102,593-89,732=12,861(마리)
• 20X4년 : 121,077-102,593=18,484(마리)
• 20X5년 : 135,791-121,077=14,714(마리)

유실·유기 동물 수의 전년 대비 증가량은 20X5년에 감소하였다.

③ 20X2년에는 동물등록기관 1개소당 평균 $\frac{91,509}{3,450}$ ≒ 26.5(마리)가 신규 등록하였다.

④ 동물보호센터의 개수는 전년 대비 감소−감소−증가−증가−감소한 반면, 운영비용은 전년 대비 감소−증가−증가−증가−증가하였다.

16 도표작성능력 | 자료를 바탕으로 그래프 작성하기

| 정답 | ③

| 해설 | 20X1 ~ 20X5년의 인도, 분양, 안락사로 조치되는 유실·유기 동물 중 인도 및 분양되는 비율을 구하면 다음과 같다.

- 20X1년 : $\frac{11.6+28.4}{11.6+28.4+20} \times 100 ≒ 67(\%)$
- 20X2년 : $\frac{18+30.1}{18+30.1+19.9} \times 100 ≒ 71(\%)$
- 20X3년 : $\frac{12.2+30.2}{12.2+30.2+20.2} \times 100 ≒ 68(\%)$
- 20X4년 : $\frac{14+26.2}{14+26.2+20.2} \times 100 ≒ 67(\%)$
- 20X5년 : $\frac{12.1+26.4}{12.1+26.4+21.8} \times 100 ≒ 64(\%)$

따라서 A는 20X2년, B는 68%이다.

17 도표분석능력 | 자료의 수치 분석하기

| 정답 | ②

| 해설 | ⓒ 취업률은 '고용률÷경제활동참가율×100'으로 계산하며, 실업률은 '100−취업률'로 계산할 수 있다. 20X3년부터 고령자 실업률을 계산하면 다음과 같다.

구분	20X3년	20X4년	20X5년	20X6년	20X7년
고령자 실업률	2.13%	2.37%	2.80%	2.79%	2.32%

따라서 고령자 실업률은 20X3년부터 20X5년까지 증가하다 그 이후로 감소한다.

| 오답풀이 |

㉠ 고령자 수입은 매년 증가하지 않는다.

㉡ 20X7년 고령자 고용률은 전년보다 1.3%p 증가했다.

㉣ 제시된 나라 중 OECD 평균보다 고령자 고용률이 낮은 나라는 프랑스뿐이다.

㉤ 스웨덴의 고령자 고용률은 일본에 비해 4.2%p 높다.

18 도표분석능력 | 자료를 바탕으로 수치 계산하기

| 정답 | ①

| 해설 | 20X7년 한국의 고령생산가능인구는 $43,931 \times \frac{16.8}{100}$ ≒ 7,380(천 명)으로, 이는 전년도 고령생산가능인구인 $43,606 \times \frac{16.3}{100}$ ≒ 7,108(천 명)보다 $\frac{7,380-7,108}{7,108} \times 100$ ≒ 4(%) 증가한 값이다.

19 기초연산능력 | 신호 체계 이해하기

| 정답 | ①

| 해설 | 신호 체계가 100+70+20=190(초)의 주기로 반복되므로, 1시간 동안 '직진−빨간불−좌회전'이 18번 반복되고 3,600−(190×18)=180(초)가 남는다. 180초 중 100초는 직진 신호, 70초는 빨간불이므로 오전 9시에는 좌회전 신호가 들어와 있는 상태이다.

20 기초연산능력 | 국어 점수 계산하기

| 정답 | ⑤

| 해설 | 국어, 사회, 과학, 수학, 영어의 점수를 각각 a, b, c, d, e라 하면,

a+b=142 ················· ㉠
b+c+d=165 ················· ㉡
d+e=150 ················· ㉢
a+b+c+d+e=5c ················· ㉣

이를 다음과 같이 조합하고 정리하면,

㉠+㉢ : a+b+d+e=292 ················· ㉤
㉣−㉤ : c=5c−292   4c=292   c=73

$@-ⓒ$: $a+e=5c-165$ $a+e=5×73-165$

$a+e=200$

이와 같이 국어, 영어 점수의 합이 200점인 것을 알 수 있다. 각 과목의 만점이 100점이므로, 국어 점수와 영어 점수 모두 100점이다.

---

21 문제처리능력 SWOT분석 이해하기

| 정답 | ④

| 해설 | 해외 기업의 시장잠식(T)에 대비한 국내 지하수 관리 산업보호육성(W)은 약점을 보완해 위협을 회피하는 전략이다.

| 오답풀이 |

① 국내 지중환경에 부합하는(O) 지하수 관리 및 토사계측 전문인력(W) 양성은 약점을 보완하여 기회를 잡는 전략이다.

② 우수한 장비와 IT기술(S)을 바탕으로 센서 및 네트워크 기술(O)의 해외진출 추진은 강점을 활용해 기회를 잡는 전략이다.

③ 정부의 적극적인 R&D(S)를 통한 조사/탐사 장비 기술 격차(T) 축소는 강점을 활용해 위협을 줄이는 전략이다.

⑤ SWOT 분석을 통해 SO, WO, ST, WT 전략을 세울 수 있다.

---

22 사고력 진위 추론하기

| 정답 | ④

| 해설 | C. 생산팀 사원의 말이 거짓말이라면 노트북은 생산팀에 있으며, 나머지 사원들의 진술이 모두 참이 되므로 C는 항상 참이 된다.

| 오답풀이 |

A. 개발팀 사원이 거짓말을 하고 있다면 나머지 사원들의 진술이 참이 되어야 하는데, 생산팀과 법무팀 사원의 진술이 서로 상충된다.

B. 영업팀 사원이 거짓말을 하고 있다면 나머지 사원들의 진술이 참이 되어야 하는데, 생산팀과 법무팀 사원의 진술이 서로 상충된다.

D. 법무팀 사원이 거짓말을 하고 있다면 노트북은 개발팀에 있게 된다.

---

23 문제처리능력 변경사항 적용하기

| 정답 | ③

| 해설 | 각 부서별 선발 인원을 (신입사원/경력사원)으로 정리하면 다음과 같다.

인사팀	재무팀	법무팀	기획팀	홍보팀	기술 지원팀	교육팀
6명 (3/3)	9명 (6/3)	10명 (5/5)	7명 (0/7)	6명 (6/0)	12명 (6/6)	12명 (6/6)

이에 따라 변경 전 지시사항대로 면접시험 일정을 계획하면 다음과 같다.

월	화	수	목	금
1 기술 지원팀	2 법무팀	3 X	4 기획팀 또는 X	5 인사팀
8 X 또는 기획팀	9 X	10 홍보팀	11 교육팀	12 재무팀

선발 인원이 가장 적은 2개 부서는 인사팀과 홍보팀이다. 이 두 부서 중 원래 면접시험일이 더 빠른 10월 5일에 두 팀의 면접을 실시하면 일정은 다음과 같이 변경될 수 있다.

월	화	수	목	금
1 기술 지원팀	2 법무팀	3 X	4 기획팀	5 인사팀, 홍보팀
8 교육팀	9 X	10 재무팀	11	12

따라서 기술지원팀, 법무팀, 홍보팀의 면접시험은 첫째 주에 이루어진다.

| 오답풀이 |

① 같은 날 면접시험을 진행하는 2개 부서는 인사팀과 홍보팀이다.

② 같은 날 면접시험을 진행하는 2개 부서 중 홍보팀은 신입사원만 선발하지만 인사팀은 신입사원과 경력사원을 모두 선발한다.

④ 상사의 변경 지시 전과 후의 일정이 반드시 똑같은 부서는 기술지원팀, 법무팀, 인사팀이다.

⑤ 마지막으로 면접시험을 진행하는 부서는 재무팀이며, 10일에 모든 일정이 끝난다.

1회 기출복원 2회 기출복원 3회 기출예상 4회 기출예상 5회 기출예상 6회 기출예상

24 문제처리능력 자료를 참고하여 결과 추론하기

|정답| ①

|해설| 총 상금을 70만 원 받은 바, 사는 부문별 상금을 받지 못하고 성적순위 6, 7위 중 하나씩을 기록했음을 알 수 있다. 마는 성적순위별 상금 70만 원과 부문별 상금 30만 원을 받아 100만 원을 받았을 수도 있지만, 앞서 성적순위 6, 7위가 정해졌으므로 마는 부문별 상금을 받지 못하고 성적순위 5위를 기록했음을 알 수 있다.

남은 가 ~ 라가 1 ~ 4위에 해당하는데, 총 상금은 1,320만 원이므로 다, 라가 받은 상금은 총 380만 원이어야 한다. 2위가 가 또는 나인 경우와 다 또는 라인 경우를 나누어 생각하면 다음과 같다.

ⅰ) 가 또는 나인 경우

둘 중 한 명이 성적순위별 2위 상금 250만 원과 부문별 상금 100만 원을 받아 350만 원을 받고, 다른 한 명이 성적순위별 1위 상금 300만 원과 부문별 상금 50만 원을 받아 350만 원을 받는다. 다, 라는 3, 4위에 자리하므로 둘이 받는 성적순위별 상금은 200+150=350(만 원)이며, 이에 둘 중 한 명이 '미' 또는 '양' 부문별 상금 30만 원을 받았음을 알 수 있다.

ⅱ) 다 또는 라인 경우

둘 중 한 명이 성적순위별 상금 250만 원을 받을 경우, 다른 한 명이 받는 상금은 380-250=130(만 원)이다. 130만 원을 받을 수 있는 방법은 5위를 기록하고 부문별 상금 30만 원을 받는 것인데, 이미 5위는 마로 정해졌으므로 조건과 상충한다.

따라서 성적순위 2위는 가 또는 나 둘 중 하나이다.

|오답풀이|

(b) 7위는 바 또는 사이다.

(c) 다 또는 라가 성적순위 3, 4위 중 하나씩 기록했으므로 가능성이 있다.

(d) 가는 성적순위별 1위 상금과 '우' 부문 특별상을 받았을 수도 있고, 성적순위별 2위 상금과 '수' 부문 특별상을 받았을 수도 있다.

(e) '우' 부문을 받은 사람이 다른 특별상을 중복하여 수상하는 경우는 없다.

25 문제처리능력 자료에 추가할 내용 파악하기

|정답| ⑤

|해설| 제시된 글에서 현재 e-스포츠의 어려움으로 언급되고 있는 것은 부족한 투자자금과 글로벌역량, 프로 중심의 현장구조 등이다. e-스포츠의 명칭을 변경하는 것은 e-스포츠 인식을 제고하기 위한 적절한 방안이 아니며, 게임규칙에 대한 문제점 역시 따로 언급되지 않았기 때문에 이를 개편하는 것은 필요한 내용이라고 할 수 없다.

|오답풀이|

① 현재 e-스포츠의 한계점 중 하나는 프로게임단 중심의 e-스포츠협회 구조이다. 따라서 아마추어 분야의 활성화는 문제들을 개선하기 위해 보고서에 추가될 현안과제로 적절하다.

②, ④ 글로벌 역량을 위한 지원책 강화 및 게임 산업과의 연계 강화는 우리나라 e-스포츠의 위상을 높이고 외국 투자자들로부터 관심을 불러일으킬 수 있는 방안이다.

③ e-스포츠 관련 유통채널 확대를 통해 다양한 팬층이 형성될 수 있고 e-스포츠의 대중적 인기도 확장할 수 있다.

26 문제처리능력 자료를 바탕으로 추론하기

|정답| ⑤

|해설| 〈신·재생에너지설비 설치계획서 첨부서류〉를 보면 건물설계개요에는 건물명, 주소, 연면적, 주차장 면적 등의 내용이 포함되어야 한다고 건물설계개요의 비고란에 제시되어 있다.

27 문제처리능력 입찰 공고 평가 방법 파악하기

|정답| ②

|해설| 각 직원의 주장은 다음과 같이 평가할 수 있다.

• 박 사원 : 공원의 면적은 최대 제안자에게 50점, 개발 연면적은 최소 제안자에게 50점이 각각 부여되므로 박 사원의 의견은 적절하다.

• 최 대리 : 용적률을 활용하여 개발 밀도를 높이게 되면, 개발 연면적이 커지므로 개발 연면적 평가점수가 낮아지게 된다.

- 오 과장 : 사업이익 항목에서 만점을 받기 위해서는 적정 이윤이 5.5% 미만이어야 하므로 적절한 의견이다.
- 남 대리 : 공원구역 외의 추가 시설물 설치는 인센티브가 부여되므로 이 부분도 고려하여 적절한 제시 가격을 산출하여야 한다.

따라서 사업성 평가 지침을 올바르게 이해한 사람은 박 사원과 오 과장이다.

28 문제처리능력 공고를 바탕으로 빈칸 넣기

| 정답 | ②

| 해설 | 태양열에너지 기술을 접목한 작품은 친환경에너지 분야에 해당하여 출품주제에 포함된다.

| 오답풀이 |

① 출품신청 항목의 신청방법에 제시된 내용이다.

③ 출품요건 항목의 출품규격에 제시된 내용이다.

④ 유의사항에 제시된 내용이다.

⑤ 출품요건 항목의 출품자격에 제시된 내용이다.

29 문제처리능력 자료를 바탕으로 추론하기

| 정답 | ③

| 해설 | ㄴ. 메주를 소금에 절이면 미생물이 당분을 분해하여 이산화탄소가 발생한다. 발효균(유산균)의 팽창은 이산화탄소가 메주 속의 공기를 밀어낸 후에 발생하므로 메주를 소금에 절이는 것은 발효균의 팽창에 유리한 환경을 만들어 준다고 볼 수 있다.

ㄷ. 부패균에 의해 음식물이 부패되면 아민과 황화수소가 발생하여 악취가 난다. 따라서 황화수소가 발생하면 이미 부패가 진행된 것이므로 발효에 실패한 것으로 볼 수 있다.

| 오답풀이 |

ㄱ. 냉장고가 아니라 우유에 이산화탄소가 발생하지 못했기 때문이다.

ㄹ. 소금이 지나치게 많아지면 유산균을 포함한 각종 미생물이 죽거나 활동이 정지된다.

ㅁ. 유산 발효 과정을 거친 후 생긴 유산이 우유의 pH를 낮춘다고 하였다. 따라서 pH는 유산균이 당을 분해한 후에 낮아지는 것임을 알 수 있다.

30 문제처리능력 자료를 바탕으로 내용 파악하기

| 정답 | ③

| 해설 | 김치의 양과 발효 과정 사이의 상관관계는 나타나 있지 않다.

| 오답풀이 |

① 김치와 국물 속에 산소가 있는 시점과 없는 시점을 기점으로 그래프가 변화하므로 김치의 발효 과정에 산소가 미치는 영향이 크다는 것을 알 수 있다.

② 김장독을 연 후부터 유산균이 감소하므로 최대한 공기와 접촉하지 않는 것이 김치의 맛을 유지하는 데 좋음을 알 수 있다.

④ 김장을 담근 직후 산소를 좋아하는 잡균이 증가하였음을 알 수 있다.

⑤ 김치의 상쾌하고 새콤한 맛은 유산균의 작용으로 생기는 유산에서 나오는 것이며, 유산균은 김장독 안의 산소가 없어지는 시점에서부터 번성하기 시작한다.

과목2 철도관련법령 [31 ~ 40]

31

| 정답 | ①

| 해설 | 철도시설관리자는 철도시설의 건설 및 관리 등에 관한 업무를 수행하는 자로서, 철도의 관리청인 국토교통부장관(「철도산업발전기본법」 제19조 제1항), 국가철도공단, 철도시설관리권을 설정받은 자와 이들로부터 철도시설의 관리를 대행·위임 또는 위탁받은 자가 여기에 해당한다(「철도산업발전기본법」 제3조 제9호).

| 오답풀이 |

② 「철도산업발전기본법」 제3조 제9호 나목

③ 철도시설관리자는 그 시설을 설치 또는 관리할 때에 법령에서 정하는 바에 따라 해당 시설의 안전한 상태를 유지하고, 해당 시설과 이를 이용하려는 철도차량간의 종합적인 성능검증 및 안전상태 점검 및 안전확보에 필요한 조치를 하여야 한다(「철도산업발전기본법」 제14조 제2항).

④ 「철도산업발전기본법」 제31조 제2항

⑤ 「철도산업발전기본법」 제37조 제1항

32

|정답| ②

|해설| 철도운영 관련사업을 효율적으로 경영하기 위하여 철도청 및 고속철도건설공단의 관련조직을 전환하여 특별법에 의하여 설립한 것은 한국철도공사이다(「철도산업발전기본법」 제21조 제3항). 국가철도공단은 철도시설 관련 업무를 추진하기 위해 설립된 법인이다(「철도산업발전기본법」 제20조 제3항).

33

|정답| ③

|해설| 철도시설관리자와의 시설사용계약은 해당 철도시설의 사용목적이 여객 또는 화물운송이어야 하며, 그 사용기간은 5년을 초과하지 않아야 한다(「철도산업발전기본법 시행령」 제35조 제2항).

|오답풀이|

① 철도시설을 사용하려는 자는 관리청의 허가를 받거나, 철도시설관리자와 시설사용계약을 체결하거나, 그 시설사용계약을 체결한 자의 승낙을 얻어 사용할 수 있다(「철도산업발전기본법」 제31조 제1항).

② 철도시설관리자는 철도시설을 사용하려는 자와 사용계약을 체결하여 철도시설을 사용하게 하려는 경우에는 미리 그 사실을 공고해야 한다(「철도산업발전기본법 시행령」 제35조 제4항).

④ 철도시설관리자는 사용료를 정하는 경우에는 각 호의 한도를 초과하지 않는 범위에서 「철도산업발전기본법」에서 규정한 철도시설의 유지보수비용 등 관련 비용을 회수할 수 있도록 해야 한다. 이 때 국가 또는 지방자치단체가 건설사업비의 전액을 부담한 철도시설의 경우 해당 철도시설에 대한 유지보수비용의 총액을 한도로 한다(「철도산업발전기본법 시행령」 제36조 제1항 제1호).

⑤ 시설사용계약을 체결하여 해당 철도시설을 사용하고 있는 자는 이를 계속하여 사용하고자 하는 경우에는 사용기간이 만료되기 10월전까지 계약의 갱신을 신청하여야 한다. 이때 철도시설관리자는 특별한 사유가 없는 한 해당 시설의 사용에 관하여 우선적으로 협의하여야 한다(「철도산업발전기본법 시행령」 제38조 제1항, 제2항).

34

|정답| ⑤

|해설| 한국철도공사는 업무수행을 위하여 필요하면 이사회의 의결을 거쳐 하부조직을 설치할 수 있으며(「한국철도공사법」 제3조 제2항), 하부조직을 설치한 때에는 「한국철도공사법 시행령」 제3조에 따라 등기하여야 한다.

|오답풀이|

① 「한국철도공사법」 제1조

② 「한국철도공사법」 제4조 제1항

③ 「한국철도공사법 시행령」 제2조

④ 「한국철도공사법」 제3조 제1항, 제5조 제1항

35

|정답| ④

|해설| 「한국철도공사법」에 따른 공사가 아닌 자가 한국철도공사 또는 이와 유사한 명칭을 사용한 자는 500만 원 이하의 과태료를 부과하며, 이는 국토교통부장관이 부과·징수한다(「한국철도공사법」 제20조).

36

|정답| ⑤

|해설| 사업연도 결산 결과 발생한 이익금은 이월결손금의 보전 후 일정 비율로 이익준비금과 사업확장적립금으로 적립하고, 남은 금액은 국고에 납입한다(「한국철도공사법」 제10조 제1항).

|오답풀이|

① 한국철도공사는 매 사업연도 결산 결과 손실금이 생기면 사업확장적립금으로 보전하고, 그 적립금으로 부족하면 이익준비금으로 보전하되, 보전미달액은 다음 사업연도로 이월한다(「한국철도공사법」 제10조 제2항).

② 「한국철도공사법」 제10조 제1항 제1호

③ 「한국철도공사법」 제10조 제1항 제2호

④ 이익준비금 또는 사업확장적립금을 자본금으로 전입하고자할 때에는 이사회의 의결을 거쳐 기획재정부장관의 승인을 얻어야 한다(「한국철도공사법 시행령」 제8조 제1항).

37

| 정답 | ①

| 해설 | 국토교통부장관은 철도사업자에게 사업정지처분을 하여야 하는 경우로서 그 사업정지처분이 그 철도사업자가 제공하는 철도서비스의 이용자에게 심한 불편을 주거나 그 밖에 공익을 해칠 우려가 있을 때에는 그 사업정지처분에 갈음하여 1억 원 이하의 과징금을 부과 · 징수할 수 있다(「철도사업법」 제17조 제1항). 「철도사업법」에서는 해당 사유로 하는 사업정지처분에 과징금을 병과할 수 있도록 하는 내용은 제시되어 있지 않다.

| 오답풀이 |

② 「철도사업법」 제25조의2 제1항 제1호

③ 「철도사업법 시행령」 제10조 제2항

④ 「철도사업법」 제17조 제4항 제1호

⑤ 「철도사업법」 제17조 제3항

38

| 정답 | ④

| 해설 | 전용철도의 운영은 양도 · 양수할 수 있다. 전용철도의 운영을 양수한 자는 전용철도의 운영을 양도한 자의 전용철도운영자의 지위를 승계하며, 합병으로 설립되거나 존속하는 법인은 합병으로 소멸하는 법인의 전용철도운영자의 지위를 승계한다(「철도사업법」 제36조 제4항).

| 오답풀이 |

① 「철도사업법」 제34조 제1항

② 「철도사업법」 제34조 제3항

③ 「철도사업법」 제35조 제2호

⑤ 「철도사업법」 제39조 제1호

39

| 정답 | ①

| 해설 | 철도사업의 면허를 받을 수 있는 자는 법인으로 한다(「철도사업법」 제5조 제3항).

| 오답풀이 |

② 철도사업의 면허를 받으려는 자는 사업계획서를 첨부한 면허신청서를 국토교통부장관에게 제출하여야 한다(「철도사업법」 제5조 제2항).

③ 파산선고를 받고 복권되지 아니한 사람을 임원으로 하는 법인은 철도사업의 면허를 받을 수 없다(「철도사업법」 제7조 제1호 나목). 그러나 파산선고를 받은 후 복권된 자는 파산선고 이전의 상태로 돌아가며 파산선고에 인한 불이익은 제거된다.

④ 철도사업의 면허를 받으려는 자는 국토교통부령「철도사업법 시행규칙」으로 정하는 수수료를 내야 한다(「철도사업법」 제48조).

⑤ 거짓이나 그 밖의 부정한 방법으로 철도사업의 면허를 받은 자는 2년 이하의 징역 또는 2천만 원 이하의 벌금에 처한다(「철도사업법」 제49조 제1항 제2호).

40

| 정답 | ①

| 해설 | 철도사업자는 열차를 이용하는 여객이 정당한 운임 · 요금을 지급하지 아니하고 열차를 이용한 경우 승차구간에 해당하는 운임 외에 그의 30배의 범위에서 부가 운임을 징수할 수 있다(「철도사업법」 제10조 제1항).

| 오답풀이 |

② 「철도사업법」 제10조 제5항

③ 「철도사업법」 제10조 제1항, 제2항, 제48조의2 제2호

④, ⑤ 「철도사업법」 제10조 제3항

6회 기출예상문제　　　문제 174쪽

01	④	02	②	03	③	04	③	05	②
06	④	07	③	08	④	09	①	10	①
11	①	12	④	13	①	14	⑤	15	③
16	⑤	17	②	18	①	19	③	20	⑤
21	③	22	③	23	③	24	②	25	③
26	⑤	27	③	28	④	29	③	30	③
31	①	32	②	33	③	34	⑤	35	①
36	⑤	37	①	38	④	39	⑤	40	③

과목 1 직업기초 [1 ~ 30]

01 문서작성능력 　적절한 접속어 파악하기

| 정답 | ④

| 해설 | ⓐ의 앞 문장에서는 치아재식술의 장점에 대해 이야기하고, 뒤 문장에서는 치아재식술의 단점에 대해 이야기하고 있으므로 역접의 접속어가 들어가는 것이 적절하다.

ⓑ의 앞 문장에서는 미세현미경술의 장점에 대해 이야기하고 있으며, 뒤 문장에서는 동일한 치료를 시행하는 것의 경우를 제시하고 있다. 따라서 '예를 들어'를 의미하는 '가령'이 들어가는 것이 적절하다.

02 문서작성능력 　올바른 맞춤법 적용하기

| 정답 | ②

| 해설 | 의존 명사 '시'는 '사용 시'와 같이 앞말과 띄어 적어야 한다. 다만 '비상시(非常時), 유사시(有事時), 평상시(平常時), 필요시(必要時)'와 같이 합성어로 인정된 경우는 '시'를 앞말과 띄어 적지 않는다.

| 오답풀이 |

① 말이나 생각, 행동 따위가 옳고 바르다는 뜻의 단어는 '올바르다'가 적절하다.

③ '절임'은 소금, 장, 술찌끼, 설탕 따위를 써서 절이는 일이나 그렇게 한 식료품을 의미한다.

⑤ '뿐'이 조사가 아닌 의존명사로 사용되었으므로 앞말과 띄어 쓴다.

03 문서작성능력 　글의 서술 방식 파악하기

| 정답 | ③

| 해설 | 제시된 글은 아동의 인지발달이라는 하나의 주제에 대한 피아제와 비고츠키라는 두 이론가의 서로 다른 주장을 제시하며 내용을 서술하고 있다.

04 문서이해능력 　세부 내용 이해하기

| 정답 | ③

| 해설 | 첫 번째 문단에서는 글쓴이가 경주 시내를 떠나 불국사로 향하고 있음을 알 수 있다. 두 번째 문단에서는 경주 시내에서 불국사역까지 기차로 이동한 글쓴이가 자동차로 갈아타서 불국사에 도착한 경로를 보여주며, 네 번째 문단에서는 토함산 등산길을, 다섯 번째 문단에서는 석굴암을 묘사하고 있다.

05 문서작성능력 　빈칸에 들어갈 내용 찾기

| 정답 | ②

| 해설 | 제시된 글에서는 1987년의 블랙 먼데이를 당시 재할인율 인상에 의한 투자 심리의 위축과 그에 따른 투자자들의 이탈과 주가 하락이 미국 금융 시장에서 유행하던 선물 매도의 흐름에 반영되어 투자자들이 주가 폭락에 대비해 미리 주식을 파는 선물 매도로 몰리고, 이것이 투자자들의 이탈을 유도하며, 다시 이것이 선물 매도로 몰리게 하는 악순환을 설명하고 있다.

| 오답풀이 |

① 포트폴리오 기법은 기업이 아니라 투자자를 보호하기 위해 만든 기법이라고 하는 것이 보다 적절하다.

③ 필자는 블랙 먼데이의 발생 원인을 주식 상승이 아닌 주식 하락을 예상한 투자자들이 선물 매도 포지션을 취한 것으로 보고 있다.

④ 투자자들의 이탈은 당시 투자자들이 보유한 포트폴리오의 주가 상승이 아닌 달러 약세에 대한 기대감 때문이다.

⑤ 주가가 하락할 것이라는 시장 심리가 팽배해지면 주식을 사려는 사람보다는 판매하려는 사람이 많아지게 된다.

06 문서이해능력 세부 내용 이해하기

| 정답 | ④

| 해설 | 여섯 번째 문단에서 '자율주행 택시가 보급되면 집 앞까지 부담 없이 택시를 부를 수 있고 인건비 절감으로 요금도 저렴해진다'고 하였으므로 자율주행 택시를 이용하면 요금이 높아진다는 내용은 적절하지 않다.

| 오답풀이 |

① 첫 번째 문단을 통해 알 수 있다.

② 세 번째 문단에서 '인터넷 시대와 다른 점 또 하나는 정보의 가공 수준이다'를 통해 알 수 있다.

③ 세 번째 문단을 통해 알 수 있다.

⑤ 마지막 문단에서 '스마트 시티 추진을 위해 염두에 둬야 할 점은 반드시 시민을 중심으로 이뤄져야 한다는 것이다'를 통해 알 수 있다.

07 문서이해능력 세부 내용 이해하기

| 정답 | ③

| 해설 | 네브래스카 기자협회 사건 판결에 의하면 연방 대법원은 공판 전 보도금지명령에 대하여 침해의 위험이 명백하지 않은데도 가장 강력한 사전 예방 수단을 쓰는 것은 위헌이라고 판단하였다. 따라서 보도금지명령을 최소한의 사전 예단 방지 수단이라고 볼 수 없다.

| 오답풀이 |

① 실제로 피의자의 자백이나 전과, 거짓말탐지기 검사 결과 등에 관한 언론 보도는 유죄판단에 큰 영향을 미친다는 실증적 연구가 있다고 하였으므로 적절하다.

② 일반적으로 변호인이 피고인을 위하여 사건에 대해 발언하는 것은 수사기관으로부터 얻은 정보에 근거한 범죄 보도의 경우보다 적법절차를 침해할 위험성이 크지 않다고 하였으므로 적절하다.

④ 언론의 범죄 관련 보도는 범죄 사실이 인정되는지 여부를 백지상태에서 판단하여야 할 법관이나 배심원들에게

유죄의 예단을 심어 줄 우려가 있다고 언급하고 있으므로 적절하다.

⑤ 변호인은 적극적으로 피고인 측의 주장을 보도기관에 전하여 보도가 일방적으로 편향되는 것을 방지할 필요가 있으며, 언론이 검사 측 못지않게 피고인 측에게도 대등한 보도를 할 수 있도록 실질적으로 조력을 해야 한다고 제시되어 있으므로 적절하다.

08 문서이해능력 문단별 중심 내용 파악하기

| 정답 | ④

| 해설 | (다)에서 정부의 규제적인 성향이 도덕적 해이의 원인이라고 지적하고 있다. 따라서 정부가 규제를 강화하는 것은 오히려 정부의 도덕적 해이를 강화하는 것이라 볼 수 있다. 또한 (라)에 제시된 정부의 의도는 도덕적 해이 시정이 아니라 배출권 가격 안정화에 있다고 볼 수 있으므로 (라)의 중심 내용이 도덕적 해이를 시정하기 위한 정부의 노력이라고 보기 어렵다.

09 문서이해능력 글의 주제 파악하기

| 정답 | ①

| 해설 | 전통적인 리스크 관리는 리스크를 피하면서 기업의 기존 자산을 보호하는 것에 중점을 두었지만, 2000년대 이후에는 글로벌 금융위기와 외환위기를 겪으면서 이러한 리스크 관리가 효과를 보지 못하였다고 설명한다. 그 후에 대두된 리스크 인텔리전스 경영이론이나 글로벌 기업 듀폰사의 사례를 통해 리스크를 회피해야 할 대상이 아니라 새로운 도약을 맞을 기회로 삼아야 한다는 것을 주장하고 있다. 따라서 글의 주제는 '리스크 관리에 대한 인식의 변화'이다.

10 문서이해능력 세부 내용 이해하기

| 정답 | ①

| 해설 | 복사 냉난방 패널 시스템의 분배기는 난방용뿐만 아니라 냉방용으로도 사용된다고 하였다.

1회 기출복원 2회 기출복원 3회 기출예상 4회 기출예상 5회 기출예상 6회 기출예상

| 오답풀이 |

② 온도와 유량을 조절하고 냉온수 공급 상태를 확인하며 냉온수가 순환되는 성능을 개선하는 일을 수행하는 것은 분배기이다.

③ 실내에 난방 시 열을 공급하고 냉방 시 열을 제거하는 열매체를 생산해 내는 기기는 열원이다.

④ 거주자가 머무르는 실내 공간과 직접적으로 열 교환을 하여 냉난방의 핵심 역할을 담당하고 있는 것은 패널이다.

⑤ 복사 냉난방 패널 시스템은 다른 냉난방 설비에서 사용되는 열매체의 온도보다 낮은 온도의 열매체로 난방이 가능하다고 하였다.

11 | 문서작성능력 | 문단별 소제목 작성하기

| 정답 | ①

| 해설 | (가) 피는 몸에서 요구하는 산소를 공급해 주며 생명 유지에 중요한 역할을 하고 있음을 설명하고 있다.

(나) 혈액을 구성하는 적혈구, 백혈구, 혈소판, 혈장 등에 대해 설명하고 있다.

(다) 출혈을 멈출 수 있게 하는 혈액의 응고기전에 대해 설명하고 있다.

(라) 산소, 영양소 운반 등 혈액의 운반기능에 대해 설명하고 있다.

(마) 혈액이 열을 흡수 및 방출함으로써 체온을 조절하고 있음을 설명하고 있다.

따라서 소제목으로 옳은 것은 5개이다.

12 | 도표작성능력 | 적절하지 않은 그래프 찾기

| 정답 | ④

| 해설 | 꺾은선형 그래프는 각 값들의 증가 또는 감소 등의 추이를 알아볼 때 유용하게 사용되는 그래프이다. 그러나 10대의 생활체육 참여율 자료에는 시간의 경과에 따라 변화해 가는 경향이 나타나 있지 않으므로, 수치의 증가나 감소 추이를 파악하는 것은 필요하지 않다. 따라서 꺾은선형 그래프가 가장 적절하지 않은 그래프형이다.

나머지 막대그래프, 원그래프, 레이더 차트로는 몇 회의 생활체육 횟수가 가장 많은지, 각 항목이 전체에서 차지하는 비중이 얼마나 되는지 등을 표현할 수 있으므로, 제시된 지표를 표현하기에 적절한 그래프형이다.

| 오답풀이 |

① 가로막대형 그래프이다.

② 원형 그래프이다.

③ 레이더 차트이다.

⑤ 세로막대형 그래프이다.

13 | 도표분석능력 | 자료의 수치 분석하기

| 정답 | ①

| 해설 | ㉠ 〈자료 1〉의 막대그래프를 보면, 2014년 이후 국내 자동차 등록대수가 지속적으로 증가하고 있음을 알 수 있다.

| 오답풀이 |

㉡ 2013년 국내 자동차 등록대수는 $17,940-616=17,324$ (천 대)로, 2013년 대비 2022년 국내 자동차 등록대수는 $\frac{23,200-17,324}{17,324} \times 100 ≒ 33.9(\%)$ 증가하였다.

㉢ 인도의 자동차 1대당 인구수는 약 57명으로 중국보다 많다.

㉣ 한국의 자동차 1대당 인구수가 2.7명이므로, 인구수가 자동차 등록대수의 3배 미만인 국가만 자동차 1대당 인구수를 확인해 보면 된다. 이에 해당되는 국가는 미국, 일본, 독일, 이탈리아, 프랑스, 영국, 스페인, 캐나다, 폴란드인데, 이들 모두 인구수가 자동차 등록대수의 2배 미만이므로 총 9개이다.

14 | 도표분석능력 | 자료의 수치 계산하기

| 정답 | ⑤

| 해설 | 제시된 연도의 전년 대비 증가율을 계산하면 다음과 같다.

• 2015년 : $\frac{1,844-1,794}{1,794} \times 100 ≒ 2.8(\%)$

• 2016년 : $\frac{1,887-1,844}{1,844} \times 100 ≒ 2.3(\%)$

- 2017년 : $\dfrac{1,940-1,887}{1,887}\times100 ≒ 2.8(\%)$

- 2022년 : $\dfrac{2,320-2,253}{2,253}\times100 ≒ 3.0(\%)$

- 2023년 : $\dfrac{2,368-2,320}{2,320}\times100 ≒ 2.1(\%)$

따라서 국내 자동차 등록대수의 전년 대비 증가율이 가장 작은 연도는 2023년이다.

15 도표분석능력 자료의 수치 분석하기

| 정답 | ③

| 해설 | 20X6년 고등교육기관을 졸업한 취업자는 349,584명, 그중 프리랜서의 수는 20,280명이므로 프리랜서의 비율은 $\dfrac{20,280}{349,584}\times100 ≒ 5.8(\%)$이다.

| 오답풀이 |

① 남자와 여자의 취업률 차이는 20X1년에 6.2%p, 20X2년에 4.9%p, 20X3년에 5%p, 20X4년에 3.8%p, 20X5년에 2.9%p, 20X6년에 2.6%p로, 20X3년에는 20X2년에 비해 취업률 차이가 커졌다.

② 제시된 자료에는 취업률만 나와 있으므로 20X1 ~ 20X5년의 취업자 수는 비교할 수 없다.

④ 20X6년 남자의 진학률은 $\dfrac{19,415}{285,443}\times100 ≒ 6.8(\%)$, 여자의 진학률은 $\dfrac{17,423}{295,252}\times100 ≒ 5.9(\%)$로 남자의 진학률이 더 높다.

⑤ 20X6년 고등교육기관 졸업자 취업통계조사 결과에 따르면 취업률은 $\dfrac{349,584}{516,620}\times100 ≒ 67.7(\%)$이다.

16 도표분석능력 자료의 수치 분석하기

| 정답 | ⑤

| 해설 | 20X6년 고등교육기관을 졸업한 취업자 중 해외취업자(B), 개인창작활동종사자(D), 1인 창업·사업자(E)의 비율을 각각 구하면 다음과 같다.

- 해외취업자 : $\dfrac{2,333}{349,584}\times100 ≒ 0.67(\%)$

- 개인창작활동종사자 : $\dfrac{3,125}{349,584}\times100 ≒ 0.89(\%)$

- 1인 창업·사업자 : $\dfrac{4,791}{349,584}\times100 ≒ 1.37(\%)$

따라서 1인 창업·사업자의 비율은 1.2%를 초과한다.

| 오답풀이 |

① 20X6년 고등교육기관 졸업자 수는 580,695명, 취업대상자 수는 516,620명이다. 따라서 고등교육기관 졸업자 중 취업대상자의 비율은 $\dfrac{516,620}{580,695}\times100 ≒ 89.0(\%)$이다.

② 남자의 경우 국내진학자 19,066명, 국외진학자 349명으로 국내진학자는 국외진학자의 $\dfrac{19,066}{349}≒54.6(배)$이고, 여자의 경우 국내진학자 16,893명, 국외진학자 530명으로 국내진학자는 국외진학자의 $\dfrac{16,893}{530}≒31.9(배)$이다.

③ 〈자료 3〉의 '취업현황'을 보면 C(농림어업종사자)의 수가 가장 적다. 따라서 20X6년 고등교육기관을 졸업한 취업자 중 농림어업종사자의 비율이 가장 낮으며, 그 값은 $\dfrac{617}{349,584}\times100 ≒ 0.18(\%)$이다.

④ 〈자료 3〉의 '취업현황'을 보면 A(건강보험 직장가입자)의 수가 가장 많다. 따라서 20X6년 고등교육기관을 졸업한 취업자 중 건강보험 직장가입자의 비율이 가장 높으며, 그 값은 $\dfrac{318,438}{349,584}\times100 ≒ 91.1(\%)$이다.

17 도표분석능력 자료의 수치 분석하기

| 정답 | ②

| 해설 | 수출액에서는 한국 1개국만, 무역액에서는 중국 1개국만 순위가 상승했다.

| 오답풀이 |

① 한국의 5,737억 불이 3.45%의 점유율이므로 세계 수출시장 규모는 5,737÷3.45×100≒166,290(억 불)이다.

③ 2.75%→2.61%, 3.05%→2.95%, 3.19%→3.10%로 세 번의 감소시기를 거쳐 $\dfrac{3.45-2.43}{2.43}\times100 ≒ 42(\%)$의 증가율을 보이고 있다.

④ 한국의 점유율을 근거로 계산해 보면 세계 수출시장의 규모는 $5,737÷3.45×100≒166,290$(억 불)이다. 상위 10개국의 수출액 합은 92,196억 불이므로 $\frac{92,196}{166,290}×100≒55$(%)로 50%가 넘는다.

⑤ 전년 대비 증가율을 통해 2022년의 수출액을 계산해 보면, 네덜란드는 $6,525÷1.142≒5,714$(억 불), 한국은 $5,737÷1.158≒4,954$(억 불)이므로 약 760억 불의 차이가 난다.

18 도표분석능력 | 자료의 수치 분석하기

| 정답 | ①

| 해설 | '수입액=무역액−수출액'이므로 국가별로 계산하면 다음과 같다.

국가	수입액(억 불)	국가	수입액(억 불)
중국	41,052−22,633 =18,419	프랑스	11,589−5,350 =6,239
미국	39,562−15,468 =24,094	홍콩	11,402−5,503 =5,899
독일	26,155−14,485 =11,670	영국	10,891−4,450 =6,441
일본	13,694−6,982 =6,712	한국	10,522−5,737 =4,785
네덜란드	12,257−6,525 =5,732	이탈리아	9,585−5,063 =4,522

수출액, 수입액, 무역액의 순위를 표시하면 다음과 같다.

순위	수출액	수입액	무역액
1	중국	미국	중국
2	미국	중국	미국
3	독일	독일	독일
4	일본	일본	일본
5	네덜란드	영국	네덜란드
6	한국	프랑스	프랑스
7	홍콩	홍콩	홍콩
8	프랑스	네덜란드	영국
9	이탈리아	한국	한국
10	영국	이탈리아	이탈리아

따라서 독일, 일본, 홍콩의 3개국이 세 가지 지표의 순위가 모두 동일한 것을 알 수 있다.

19 기초연산능력 | 수의 규칙 찾기

| 정답 | ③

| 해설 | 다음 규칙에 따라 숫자가 배열되어 있다.

(1열+2열)−(3열+4열)=5열

1행 : (2+3)−(2+1)=2

2행 : (4+6)−(5+2)=3

3행 : (1+8)−(3+4)=2

4행 : (2+5)−(3+2)=2

5행 : (3+6)−(4+?)=2

따라서 빈칸에 들어갈 숫자는 3이다.

20 도표분석능력 | 자료의 수치 분석하기

| 정답 | ⑤

| 해설 | 전반적으로 서비스업의 한계기업 비중이 높은 이유에 대해서는 알 수 없다.

| 오답풀이 |

①, ③ 제시된 두 자료를 보면 제조업보다는 서비스업의 한계기업 비중이 전반적으로 더 높고 세부업종별 편차도 더 크다.

② 20X5년부터 조선업은 홀로 20%대를 넘으며 다른 업종들에 비해 크게 증가하고 있다.

④ 보건업 및 사회복지업은 60 ~ 100%로 가장 높은 비중을 나타내고 있다.

21 문제처리능력 | 안내에 따라 행동하기

| 정답 | ③

| 해설 | 청문회가 시작된 이후에 자료제출을 요청받을 경우 요구를 받은 날을 포함하여 3일 내에 해당 자료를 제출해야 하므로 20XX년 6월 17일 내에 제출해야 한다.

| 오답풀이 |

① 구두질의의 경우 답변서를 제출하지 않고 청문회에서 직접 관련 답변을 하면 된다.

② 청문회 이전에 자료제출 요구서를 받은 경우, 전달받은 날을 포함하여 2일 내로 관련 자료를 당사에 제출해야 하므로 20XX년 6월 11일 내에 제출해야 한다.

④ 서면질의서가 청문회 예정시각 5일 전까지 전달되지 않았으므로 자료제출의 의무가 없으며, 자료를 제출한다고 하더라도 청문회 예정시각 48시간 전까지 제출해야 하므로 적절하지 않다.

⑤ 인사청문회가 시작된 이후에 자료제출을 요청받았으므로 제출요구를 받은 날을 포함하여 3일 내에 제출해야 한다. 또한, 요구받은 자료를 제출하지 않았을 때 어떤 조치가 내려지는지 안내되어 있지 않으므로 적절하지 않다.

22 문제처리능력 자료 분석으로 문제 해결하기

| 정답 | ③

| 해설 | 의료급여수급자는 만 19 ~ 64세 세대주가 해당하며, 암 검진 비용은 의료급여수급자에 한해 건강보험공단에서 100% 부담한다. 따라서 ③은 무료검진대상자가 아니다.

23 문제처리능력 조건을 바탕으로 직원 선발하기

| 정답 | ③

| 해설 | C 팀장은 직전 해외 파견근무 종료가 2022년 11월로 2024년 10월 기준에서 2년이 경과되지 않아 선발되지 않는다. 지원자 중 업무능력 우수자인 D 팀장은 반드시 선발되어야 하며, 동일 부서에 근무하는 2명 이상의 팀장을 선발할 수 없으므로 같은 영업부에서 근무하는 E 팀장은 선발되지 않는다. 업무능력이 미흡한 B 과장과 G 사원도 선발될 수 없으므로 파견근무에 선발될 직원은 A 과장, D 팀장, F 사원이다.

24 문제처리능력 출장비 산출하기

| 정답 | ②

| 해설 | 필수 참여 세미나인 '환경마크 인증 심사'는 8월 4일, '고속열차와 사회문제'는 8월 5일이다. 그리고 '특허

전략 A to Z'는 8월 6일, '특허의 이해와 활용'은 8월 3일이므로 박 사원의 세미나 참여 일정은 8월 3 ~ 5일 혹은 4 ~ 6일이다. 교통비는 8월 3 ~ 5일의 경우 40,000원, 8월 4 ~ 6일의 경우 45,000원이 필요하다. 따라서 '특허의 이해와 활용'을 선택하여 3 ~ 5일에 출장을 가야 한다.

보안 요청에 따라 그랜드 호텔, 호텔 주성에서 머무르며 조식비와 숙박비는 $(3,000+32,000)+(2,500+29,500)=67,000$(원)이 된다.

따라서 출장에 필요한 최소 비용은 교통비 40,000원과 총숙박비 67,000원을 합한 107,000원이다.

25 사고력 논리적 오류 이해하기

| 정답 | ③

| 해설 | 제시된 글을 통해 선언지 긍정의 오류는 포괄적인 의미로만 사용되고 배타적 선언명제에는 해당되지 않음을 알 수 있다. 배타적 선언명제는 주어진 선언지가 동시에 발생할 수 없는 경우이며, 이는 선언지 긍정의 오류에 해당하지 않는다.

ⓒ의 미술부원과 축구부원, ⓔ의 가수와 작곡가는 동시에 발생할 수 있기 때문에 포괄적 선언명제에 해당되어 선언지 긍정의 오류의 예가 될 수 있다.

| 오답풀이 |

㉠ 남자와 여자는 동시에 발생할 수 없는 배타적 선언명제이다.

ⓒ 서울과 설악산은 동시에 발생할 수 없는 배타적 선언명제이다.

ⓜ 경기에서 이긴 것과 비긴 것은 동시에 발생할 수 없는 배타적 선언명제이다.

26 문제처리능력 규칙 이해하기

| 정답 | ⑤

| 해설 | 제23조 제1항에 따라 퇴근 시가 아니라 즉시 지각계를 제출해야 한다.

| 오답풀이 |

① 제38조 제1항과 제2항의 제3호에 따라 15일의 유급휴가에 경력직 입사와 관련된 2일을 가산할 수 있다.

② 작년 B 대리는 입사한 지 4년차이다. 따라서 제38조 제1항과 제2항의 제1호에 따라 15일의 유급휴가에 1일을 가산할 수 있다.

③ 장모는 배우자부모와 관련된 기복 휴가에 해당하므로, 제39조에 따라 5일의 인정휴가가 가능하다.

④ 제36조에 따라 휴일근무를 하고 휴일근무수당을 지급받을 수 있다.

---

27 |문제처리능력| 연장근로 수당 계산하기

|정답| ④

|해설| 김새롬 사원의 시급은 $\frac{94,560}{8}=11,820$(원)이다.

시간 외 근로수당은 통상임금에 50%를 가산하며 지난주 연장근로 시간은 5시간이므로, 지난주 연장근로 수당은 $11,820 \times 1.5 \times 5 = 88,650$(원)이다.

---

28 |문제처리능력| 행동요령 이해하기

|정답| ④

|해설| '불시정전 대비사항'을 통해 천재지변이나 전기 고장으로 인한 정전 피해에 대하여는 배상하지 않는다는 것을 알 수 있다. 따라서 그 사실을 입증하더라도 자연재해로 인한 손실에 대해서는 ○○공사로부터 배상받지 못한다.

---

29 |문제처리능력| 이익 계산하기

|정답| ⑤

|해설| 각 제품의 발주 1회당 이익은 다음과 같다(1회 발주당 총수익−생산비용).

• A 제품 : $800 \times (5-1) - 2,000 = 1,200$(만 원)
• B 제품 : $1,200 \times (6-1) - 4,000 = 2,000$(만 원)
• C 제품 : $1,000 \times (4-1) - 1,500 = 1,500$(만 원)
• D 제품 : $1,400 \times (7-1) - 6,500 = 1,900$(만 원)
• E 제품 : $1,600 \times (9-1) - 8,200 = 4,600$(만 원)

공휴일과 주말을 제외한 8 ∼ 9월의 총영업일은 $(5 \times 9) - 4 = 41$(일)이므로 A 제품은 9번, B 제품은 7번, C 제품은 11번, D 제품은 6번, E 제품은 5번 발주한다. 다만 마지막

발주 건의 경우 수익을 얻는 날이 적어서 1회당 총수익을 모두 얻지 못하는 것을 알고 있어야 한다. 마지막 발주 건에서 A 제품은 4일, B 제품은 1일, C 제품은 3일, D 제품은 1일, E 제품은 4일만큼의 수익을 얻지 못하므로 이를 빼서 계산한다.

• A 제품 : $1,200 \times 9 - 800 \times 4 = 7,600$(만 원)
• B 제품 : $2,000 \times 7 - 1,200 = 12,800$(만 원)
• C 제품 : $1,500 \times 11 - 1,000 \times 3 = 13,500$(만 원)
• D 제품 : $1,900 \times 6 - 1,400 = 10,000$(만 원)
• E 제품 : $4,600 \times 5 - 1,600 \times 4 = 16,600$(만 원)

따라서 8 ∼ 9월 동안 가장 많은 이익을 낼 수 있는 제품은 E이다.

---

30 |문제처리능력| 발생 이익 계산하기

|정답| ③

|해설| A 제품과 D 제품의 발주 간격이 각각 8일, 6일로 변경되므로 1회 발주당 순이익이 달라진다는 것에 주의해야 한다. 8월 한 달만 고려해야 하므로 영업일은 22일이며 A 제품은 3번, D 제품은 4번 발주한다. 발주 횟수만큼 모두 이익이 발생한다고 가정하였으므로 마지막 발주건도 1회당 순이익으로 계산해야 한다.

• A 제품 : $(800 \times 7 - 2,000) \times 3 = 10,800$(만 원)
• D 제품 : $(1,400 \times 5 - 6,500) \times 4 = 2,000$(만 원)

따라서 8월 한 달간 발생하는 A와 D 제품의 순이익의 합은 12,800만 원이다.

과목 **2** 철도관련법령 [31 ~ 40]

31

|정답| ①

|해설| '철도운영'이란 철도와 관련된 철도 여객 및 화물 운송, 철도차량의 정비 및 열차의 운행관리, 철도시설 · 철도차량 및 철도부지 등을 활용한 부대사업개발 및 서비스를 의미한다(「철도산업발전기본법」 제3조 제3호).

㉠ 철도시설의 현상유지 및 성능 향상을 위한 점검·보수·교체 개량 등의 일상적인 활동은 '철도시설의 유지보수'에 해당한다(「철도산업발전기본법」 제3조 제7호).

㉢ 철도시설의 신설과 기존 철도시설의 직선화·전철화·복선화 및 현대화 등 철도시설의 성능 및 기능향상을 위한 철도시설의 개량을 포함한 활동은 '철도시설의 건설'에 해당한다(「철도산업발전기본법」 제3조 제6호).

따라서 ㉠, ㉢은 '철도운영'에 해당하지 않는다.

32

|정답| ②

|해설| 「철도산업발전기본법」은 철도산업의 경쟁력을 높이고 발전기반을 조성함으로써 철도산업의 효율성 및 공익성의 향상과 국민경제의 발전에 이바지함을 목적으로 한다(「철도산업발전기본법」 제1조).

33

|정답| ③

|해설| 철도시설 사용료를 징수하는 철도시설관리자 또는 시설사용계약자는 이를 징수하는 경우 철도의 사회경제적 편익과 다른 교통수단과의 형평성 등이 고려되어야 한다(「철도산업발전기본법」 제31조 제3항).

|오답풀이|

① 철도시설을 사용하려고 하는 자는 철도시설관리자와 시설사용계약을 체결한 시설사용계약자의 승낙을 얻어 이를 사용할 수 있으며, 시설사용계약자는 철도시설을 사용하는 자로부터 사용료를 징수할 수 있다(「철도산업발전기본법」 제31조 제1항, 제2항).

② 「철도산업발전기본법 시행령」 제34조의2 제2항 제1호

④ 「철도산업발전기본법 시행령」 제36조 제1항 제1호

⑤ 철도시설의 사용계약에는 사용기간·대상시설·사용조건 및 사용료에 관한 사항이 포함되어야 한다(「철도산업발전기본법 시행령」 제35조 제1항 제1호).

34

|정답| ⑤

|해설| 국토교통부장관은 비상사태 시 처분을 할 사유가 소멸되었다고 인정하는 때에는 지체없이 이를 해제하여야 한다(「철도산업발전기본법」 제36조 제3항).

|오답풀이|

① 「철도산업발전기본법」 제36조 제1항

② 「철도산업발전기본법」 제36조 제1항 제6호

③ 「철도산업발전기본법」 제36조 제1항 제2호

④ 「철도산업발전기본법」 제36조 제2항

35

|정답| ①

|해설| 한국철도공사의 주된 사무소의 소재지는 정관으로 정한다(「한국철도공사법」 제3조 제1항).

|오답풀이|

② 「한국철도공사법 시행령」 제2조 제2호, 제3호

③ 「한국철도공사법 시행령」 제5조

④ 「한국철도공사법 시행령」 제10조 제2항 제1호

⑤ 「한국철도공사법」 제20조

36

|정답| ⑤

|해설| 한국철도공사 사장은 공사의 직원 중에서 사장을 대신하여 한국철도공사의 업무에 관한 재판상 또는 재판 외의 모든 행위를 할 수 있는 대리·대행인을 선임할 수 있다(「한국철도공사법」 제7조). 다만 이에 대하여 선임 후 2주일 이내에 선임등기를 해야 함은 별론으로 하고 대리·대행인의 선임에 대하여 국토교통부장관의 승인을 별도로 요구하지는 않는다.

|오답풀이|

① 「한국철도공사법」 제11조 제5항

② 「한국철도공사법」 제15조 제2항

③ 「한국철도공사법」 제16조 제3호

④ 「한국철도공사법 시행령」 제8조 제2항

37

|정답| ①

|해설| ㉠ 국토교통부장관은 철도사업자의 여객 운임·요금 신고 또는 변경신고를 받은 날로부터 3일 이내에 신고수리 여부를 신고인에게 통지하여야 한다(「철도사업법」 제9조 제4항).

㉡ 철도사업자는 여객 운임·요금을 감면한 경우에는 그 시행 3일 이전에 인터넷 홈페이지, 관계 역·영업소 및 사업소 등 일반인이 잘 볼 수 있는 곳에 게시하여야 한다(「철도사업법」 제9조의2 제2항).

38

|정답| ④

|해설| 국토교통부장관으로부터 철도서비스 평가업무를 위탁받아 해당 업무에 종사하는 관계 전문기관 등의 임원 및 직원은 「형법」 제129조부터 제132조까지의 규정을 적용할 때에는 공무원으로 본다(「철도사업법」 제33조).

|오답풀이|

① 「철도사업법」 제30조 제1항

② 「철도사업법」 제30조 제2항

③ 「철도사업법」 제27조 제2항

⑤ 「철도사업법 시행령」 제11조 제2항

> **보충 플러스+**
>
> 공무원 의제
> 「형법」 제129조부터 제132조까지의 규정 적용에서의 공무원 의제란 공공기관 등의 임직원 또는 행정기관으로부터 위탁받은 업무를 수행하는 법인이나 단체의 임직원과 개인 등에게 업무와 관련한 금품의 수수 등의 행위에 대해 공무원과 동등한 수준의 책임을 부과하도록 하는 규정이다. 「형법」에서는 공무원 또는 중재인이 그 직무에 관하여 뇌물을 수수, 요구 또는 약속한 때에는 5년 이하의 징역 또는 10년 이하의 자격정지에 처하도록 정하고 있다.

39

|정답| ⑤

|해설| 국토교통부장관은 국가가 소유·관리하는 철도시설에 건물이나 그 밖의 시설물을 설치하려는 자에게 「국유재산법」 제18조에도 불구하고 시설물의 종류 및 기간을 정하여 점용허가를 할 수 있다(「철도사업법」 제42조 제1항).

40

|정답| ③

|해설| 철도사업자가 국토교통부장관의 개선명령을 이행하지 않은 경우는 「철도사업법」 제51조에서 정하는 과태료 부과 사유에 해당하지 않는다.

|오답풀이|

① 「철도사업법」 제16조 제1항 제11호

② 「철도사업법」 제12조 제2항 제3호

④ 「철도사업법」 제48조의2 제3호

⑤ 「철도사업법」 제39조

한국철도공사
코레일 NCS + 철도법
기출예상모의고사

www.gosinet.co.kr gosinet

공기업_NCS